Frühkindlicher Autismus

Klinische, pädagogische und soziale Aspekte

Herausgegeben von J.K. Wing

BELTZ
Quadriga

Aus dem Englischen übersetzt und bearbeitet von Jürgen Wendeler

Titel der Originalausgabe:
Early Childhood Autism
Copyright © 1966 Pergamon Press Ltd.

Die Deutsche Bibliothek – CIP-Einheitsaufnahme

Frühkindlicher Autismus : klinische pädagogische und soziale
Aspekte / hrsg. von J.K. Wing. [Aus dem Engl. übers. und
bearb. von Jürgen Wendeler]. – 4., unveränd. Neuausg. –
Weinheim ; Basel : Beltz, 1992
   Einheitssacht.: Early childhood autism <dt.>
   ISBN 3-407-83122-6
NE: Wing, John K. [Hrsg.]; Wendeler, Jürgen [Bearb.]; EST

Lektorat: Peter E. Kalb

1. Auflage 1973
3., überarbeitete und ergänzte Auflage 1988
4., unveränderte Neuausgabe 1992

© 1973 Beltz Verlag · Weinheim und Basel
Gesamtherstellung: Druckhaus Beltz, Hemsbach
Umschlaggestaltung: Zembsch' Werkstatt, München
Printed in Germany

ISBN 3 407 83122 6

„*Jeder Fall einer Entwicklungsverzögerung ist ein individuelles Problem, bei dem die organischen Bedingungen, die emotionalen Reaktionen, die pädagogischen Erfordernisse und die vorhandenen heilpädagogischen Einrichtungen berücksichtigt werden müssen, wenn ein Förderungsprogramm aufgestellt werden soll. Dies kann gar nicht genug betont werden, weil wir alle dazu neigen, nach einer vereinfachten und universal anwendbaren Formel zu suchen. Es gibt aber für keines dieser Syndrome eine solch allgemeine „Methode", so daß jeder Versuch, eine Art Blankovorschrift ohne gründliche Analyse des Einzelfalls anzuwenden, zweifellos zu Irrtümern und falschen Bemühungen führen wird.*"

(S. T. Orton; Reading, Writing and Speech Problems in Children. London: Chapman & Hill, 1937)

„*Der Mensch ist in hohem Maße von seinen Sinnen abhängig. Seine Sinneseindrücke sind die Grundlage seiner Erfahrung. Aufgrund der Informationen, die er durch seine Sinne empfängt, baut er seine Welt der Wahrnehmungen und Begriffe, der Erinnerungen, Vorstellungen und Gedanken auf. Durch Ausfälle von Sinnesbereichen wird die Welt der Erfahrung eingeengt, weil einige der grundlegenden Bedingungen für die Entwicklung des Geistes fehlen.*"

(H. R. Myklebust, The Psychology of Deafness: Sensory Deprivation, Learning and Adjustment. New York: Grune & Stratton, 1960)

Die Autoren dieses Buches

Connell, P. H., M. D., D. P. M., Consultant Psychiatrist am Maudsley und Bethlem Royal Hospital. Ehrenvorsitzender des wissenschaftlichen Beirats der Society for Autistic Children, Maudsley Hospital, Denmark Hill, London, S.E. 5.

Elgar, Sybil, Leiterin der Schule der Society for Autistic Children, 8–10, Florence Road, Ealing, W. 5.

Hermelin, Beate, Ph. D. Wissenschaftliche Mitarbeiterin des Medical Research Council, Maudsley Hospital, Denmark Hill, London, S.E. 5.

Lauder, Margaret A. Mutter eines normalen und eines autistischen Kindes. 7 Ilkley Road, Caversham, Reading, Berks.

Mittler, P., M. A. Lecturer for Psychology, Birkbeck College, London.

Rutter, M., M. D., M. R. C. P., D. P. M. Senior Lecturer am Institut für Psychiatrie, Hon. Consultant Psychiatrist am Maudsley und Bethlem Royal Hospital. Maudsley Hospital, Denmark Hill, London, S.E. 5.

Wendeler, J., Dr., Dipl. Psych. Professor für sonderpädagogische Psychologie. Universität Gießen.

Wilson. Mary D., Ph. D. Staff Inspektor für Sonderpädagogik, Inner London Educational Authority, County Hall, London, S.E. 1.

Wing, J. K., M. D., D. P. M. Director des Social Psychiatry Research Unit des Medical Research Council. Hon. Consultant Psychiatrist am Maudsley und Bethlem Royal Hospital. Ehrensekretär des wissenschaftlichen Beirats der Society for Autistic Children. Maudsley Hospital, Denmark Hill, London, S.E. 5.

Wing, Lorna, M. D., D. P. M. Wissenschaftliche Mitarbeiterin des Medical Research Council, Maudsley Hospital, Denmark Hill, London, S.E. 5.

Inhaltsverzeichnis

3. Teil:
Soziale und organisatorische Aspekte

Anhang

Vorbemerkung zur 4. Auflage der deutschen Ausgabe

Als die englische Originalfassung des vorliegenden Buches 1966 erschien, gehörte sie zu den ersten Veröffentlichungen, die eine umfassende Information über den frühkindlichen Autismus boten: über die Erscheinungsform und über den Verlauf, über die medizinischen, psychologischen, pädagogischen und sozialen Probleme, die mit ihm verbunden sind. Gleichzeitig gab das Buch der zukünftigen Arbeit mit den betroffenen Menschen und ihren Familien die Wegrichtung an. Die deutsche Übersetzung und Bearbeitung, 1973 erschienen, sollte denselben Zwecken dienen. Inzwischen ist unser Wissen über diese Behinderung ständig erweitert und gefestigt worden. Die Grundlagen, die von den Autoren des Buches gelegt wurden, haben sich indessen als richtig und als tragfähig erwiesen. Das rechtfertigt angesichts des weiterhin vorhandenen Interesses eine vierte Auflage der deutschen Fassung des Buches. Das letzte Kapitel, das über neuere Forschungsergebnisse berichtet, ist vollständig überarbeitet worden; damit soll wiederum der Anschluß an die seitherige Forschung und ihre Resultate hergestellt werden.

Gießen   Jürgen Wendeler

Vorwort des Übersetzers zur deutschen Ausgabe

Die Probleme des frühkindlichen Autismus haben auch in Deutschland in den letzten Jahren immer mehr Aufmerksamkeit gefunden. Die bisher vorliegenden deutschsprachigen Publikationen – so die Arbeiten von Bosch, Weber, Gottwald und Redlin, sowie einige Aufsätze in Fachzeitschriften – behandeln das Problem jeweils nur von einem einzigen Aspekt oder wenden sich hauptsächlich an einen engeren Kreis von Fachleuten. So fehlte bisher die Möglichkeit, sich in einem Buch umfassend über die gesamte Problematik zu informieren. Das hier vorliegende Buch soll diese Lücke schließen. Es ist für Lehrer, Erzieher, Kinderärzte, Psychologen und alle im Gesundheits- und Sozialdienst tätigen Menschen bestimmt – und nicht zuletzt für die Eltern, die sich so oft besonders intensiv um Verständnis und Hilfe für ihre Kinder bemühen.

Die Beiträge dieses Buches zeigen deutlich, daß es auf viele Fragen noch gar keine oder nur vorläufige Antworten gibt, daß wir aber andererseits nicht mehr vor einem völligen Rätsel stehen, sondern heute mindestens die Ansätze einer möglichen Hilfe für diese Kinder kennen. Wichtigste Voraussetzung dieser Hilfe ist ein genaues Verständnis für die besondere Eigenart autistischer Kinder und ihrer Behinderungen. Wichtig ist ferner die Erkenntnis, daß diese Kinder trotz ihrer schweren Behinderungen entwicklungs- und bildungsfähig sind, daß sie dafür aber eine speziell auf ihre Störungen ausgerichtete Heilpädagogik und Therapie brauchen. So möge die deutsche Ausgabe dieses Buches vor allem dazu helfen, daß die Notwendigkeit einer speziellen Hilfe für autistische Kinder auch bei uns allgemein erkannt wird, und daß solche Hilfen geschaffen werden, wo immer sie nötig sind.

Alle Beiträge sind in der Übersetzung leicht gekürzt, hauptsächlich um solche Teile, die sich speziell an englische Leser richten. Die Kapitel von Lotter und von Lovaas wurden – mit Einverständnis des Herausgebers – aus der deutschen Ausgabe herausgelassen. Lotters Bericht über eine epidemiologische Untersuchung in Middlesex schien für deutsche Leser nicht in allen Details interessant genug. Die Hauptergebnisse werden in anderen Kapiteln (u. a. in Kapitel 11) beschrieben. Auf Lovaas Darstellung seines Sprachtrainingsprogramms wurde verzichtet, weil es in der Fassung des Originals wegen der Weiterentwicklung der Methode nicht mehr ganz dem neuesten Stand entspricht. Für ein verhaltenstherapeutisches Programm, das ja gerade auf eine Weiterentwicklung angelegt ist, ist das durchaus kein negatives Werturteil, sondern eher eine Empfehlung. Tatsächlich sind viele Teile dieses Programms von anderen therapeutischen Gruppen übernommen worden. Eine kurze Darstellung der allgemeinen Theorie und eine Beschreibung eines neueren Programms ist im ergänzenden Kapitel des Anhangs enthalten. In diesem Kapitel wird auch über einen Teil der neueren Forschung berichtet, die seit der Veröffentlichung des Originals dieses Buches publiziert wurde.

Am Ende des Buches ist ein Verzeichnis von Fachausdrücken angefügt, das dem Laien die Lektüre erleichtern soll. Mehrere Kapitel sind mit Anmerkungen versehen, die man gesammelt ebenfalls am Ende des Buches findet. Sie geben Hinweise auf neuere Forschungsergebnisse, auf deutschsprachige Publikationen oder auf Einrichtungen bzw. gesetzliche Regelungen in der Bundesrepublik.

Wer selbst autistische Kinder nicht kennt und sich aufgrund dieses Buches ein Bild von ihnen machen möchte, beginnt am besten mit den Fallberichten am Ende von Kapitel 1. Auch am Ende von Kapitel 9 und im Kapitel 12 findet man ausführliche Beschreibungen einzelner Kinder. Als Ergänzung dazu eignet sich nichts besser als Truffauts Film „Der Wolfsjunge", der sehr genau nach den Aufzeichnungen von Itard (siehe Kapitel 8) gedreht wurde, und der die Besonderheit dieser Kinder, den Erfolg eines systematischen Unterrichts und die wohl unvermeidlichen Mißverständnisse sehr eindrucksvoll vor Augen führt.

Frankfurt, Februar 1973   Jürgen Wendeler

Vorwort des Herausgebers

Dieses Buch ist ein Versuch, die wichtigsten Informationen, die zur Zeit über autistische Kinder verfügbar sind, zusammenzubringen und zu integrieren. Fachleute der Verwaltung, Ärzte, Eltern, Psychologen, Sozialarbeiter und Lehrer, sie alle machen ihre eigenen Erfahrungen, aber nicht immer gelangen diese Kenntnisse über die Grenzen der Fachgebiete hinaus. Deshalb bleiben Fortschritte in einem Bereich manchmal ohne Einfluß auf die Entwicklung in anderen Bereichen. Die Autoren dieses Bandes kommen aus verschiedenen Fachgebieten, jeder hat seine besondere Art, das Problem zu sehen, aber es ergibt sich trotzdem eine gemeinsame Grundauffassung. Die Behinderung des autistischen Kindes besteht primär in der Unfähigkeit, visuelle und auditive Sinneseindrücke zu den sinnvollen Strukturen zu verarbeiten, die die Grundlage für das sich entwickelnde Weltverständnis des normalen Kindes sind. Daraus entstehen unvermeidbar Kommunikationsprobleme, Verhaltensabnormitäten und emotionale Schwierigkeiten, und diese wiederum führen zu gestörten Familienbeziehungen und zu einer Anhäufung sekundärer Behinderungen. Wenn ein Kind als hoffnungslos aufgegeben und einer ungeeigneten Institution überlassen wird, dann sind die Besserungschancen vermutlich gering. Wenn die fundamentalen Probleme früh erkannt und die größtmögliche Hilfe zu der Zeit erfolgt, zu der sie am nötigsten ist, dann kann die natürliche, mit der kindlichen Reifung einhergehende Tendenz zur Besserung gefördert werden, kann man das gestörte Verhalten regulieren, die Familie unterstützen und das Ausmaß der Behinderung durch einen geeigneten heilpädagogischen Unterricht so weit wie möglich verringern.

Die Autoren interpretieren diese Sachverhalte aufgrund ihrer unterschiedlichen beruflichen Standpunkte, aber jede Interpretation ist auf die anderen bezogen, so daß eine Grundlage für einen integrierten Ansatz sichtbar wird. Dieses Vorgehen im Team ist das Kernstück des modernen Begriffes von Gemeinwesenarbeit. So werden alle Fragen, mit denen sich die gegenwärtige Sozialpsychiatrie beschäftigt, auch in diesem Buch diskutiert. Dasselbe Modell kann auf andere chronische psychiatrische Krankheiten angewendet werden, bei denen man früher eine ständige Unterbringung in einer Anstalt vornahm. In jedem Fall ist der wichtigste erste Schritt, die Struktur der grundlegenden Behinderungen, unter denen das Individuum leidet, zu erkennen, die Sozialbeziehungen, in denen es lebt, und die schädigenden oder fördernden sozialen Einflüsse auf den Krankheitszustand zu beschreiben, und schließlich einen rationalen langfristigen Plan zur Verminderung und zur Verhütung der klinischen und sozialen Störungen aufzustellen. Die Probleme der autistischen Kinder werden demzufolge nicht länger isoliert gesehen, sondern in Beziehung zu den im wesentlichen gleichen Problemen anderer Kinder mit Störungen der zentralen oder peripheren Wahrnehmungsmechanismen; allerdings sind ihre Behinderungen meist mehrfacher Art und meist schwerwiegender. Kein Spezialist kann allein all diese Probleme erfassen, und deshalb ist die Zusammenarbeit im Team erforderlich. An manchen Stellen dieses Buches mag der Leser das Gefühl haben, daß die ganze Idee eines Teams von Experten – von denen jeder seine Spezialkenntnisse beiträgt, aber jeder sich des subtilen Zusammenspiels biologischer, psychologischer und sozialer Prozesse bewußt ist – utopisch und nicht praktizierbar ist. Sicherlich, sie ist zur Zeit praktisch nirgends verwirklicht. Wir haben versucht, möglichst oft konkrete Vorschläge zu machen, aber wir haben es im Rahmen dieses Buches nicht für zweckmäßig gehalten, einen präzisen Plan vorzulegen, wie die Strukturen der gegenwärtigen Verwaltung, der Kliniken und der privaten Organisationen und Einrichtungen geändert werden sollten, um eine Teamarbeit zu erleichtern. Viele Versuche werden erforderlich sein, bevor man auf eine allgemeine Lösung drängen kann, und zur Zeit wird mehr von der Energie und dem Enthusiasmus Einzelner als von der exakten Struktur der Einrichtungen abhängig sein. Die allgemeinen Lösungen, die von den Autoren vorgeschlagen wurden, mögen utopisch klingen, und trotzdem verlangt das aufgeworfene Grundproblem nach praktischen Maßnahmen, die eines Tages überall durchgeführt werden können. In diesem Sinne möge das Buch als ein Beitrag zur gegenwärtigen

Diskussion über die notwendigen sozialen Einrichtungen angesehen werden. Endgültige Lösungen enthält es freilich nicht.

Die ursprüngliche Idee für das Buch entstand aufgrund einer Reihe von sechs Vorträgen, die im Herbst 1965 mit Unterstützung des Department of Extra-Mural Studies der University of London auf Einladung von Mr. G. F. A. Wilmot, dem Assistenten des Direktors, gehalten wurden. Die Organisationsarbeit wurde von Mrs. Ilse Burnell und Mrs. Helen Allison von der Society for Autistic Children geleistet, der wissenschaftliche Beirat dieser Gesellschaft hat den Programmentwurf ausgearbeitet. Die Vortragsreihe hatte mit etwa 300 Zuhörern bei jedem Einzelvortrag großes Interesse gefunden. Alle Vorträge sind für dieses Buch erweitert oder modifiziert worden, mehrere andere Fachleute haben zusätzliche Kapitel beigesteuert.

Autistische Kinder sind ziemlich selten, scheinen aber wegen ihrer körperlichen Attraktivität und wegen des Eindrucks, daß eine wache Intelligenz von Barrieren und Hemmnissen befreit werden muß, die Gedanken und Sympathien derer fesseln zu können, die mit ihnen in Kontakt kommen. Es ist wichtig, diese Chance nicht nur zum Vorteil autistischer Kinder, sondern als Ansatz zur Hilfe für alle behinderten Kinder zu nutzen, weil für alle dieselben allgemeinen Prinzipien für die Behandlung, Lenkung, Erziehung und für vorbeugende Maßnahmen gelten.

Niemand, der mit der Geschichte der Psychiatrie vertraut ist, wird die Aussichten, Heilmethoden zu finden, allzu optimistisch beurteilen. Er wird auch das Ausmaß der weiterbestehenden Ignoranz der vorhandenen Möglichkeiten zur Verminderung der Behinderungen nicht unterschätzen. Wir wissen jedenfalls heute so viel, daß wir einige der zusätzlichen Behinderungen verhüten können, die sich entwickeln, wenn nicht einmal eine ungefähre Vorstellung von den primären Behinderungen, vom natürlichen Verlauf des Zustandes und von den wirksamsten sozialen und pädagogischen Maßnahmen vorhanden ist. Wir sehen jetzt auch, wie weit Männer wie Itard ihrer Zeit voraus waren, der schon während der Französischen Revolution die pädagogischen Prinzipien ausgearbeitet hat, die jetzt wiederentdeckt werden. Hier und da gibt es etwas Hoffnung. Wenn die Kenntnisse, die wir schon besitzen, wirklich angewendet werden, wird sich manches nicht unwesentlich ändern.

1. Teil:
Klinische Aspekte

Kapitel 1
Symptome, Verbreitung und Ursachen des frühkindlichen Autismus

J. K. Wing

Es gibt eine Gruppe abnormer Verhaltensweisen, die so häufig zusammen auftreten, daß sie ein klinisches Syndrom bilden, das Syndrom des „kindlichen Autismus". Diese Auffassung, die heute in der Medizin allgemein anerkannt ist, geht auf Leo Kanner zurück. Allerdings sind Kanners Fallbeschreibungen eher illustrativ, nicht systematisch und nicht erschöpfend (Eisenberg und Kanner, 1956; Kanner, 1943, 1954, 1957; Kanner und Lesser, 1958). Die interessanteste Fallgeschichte, die in allen Einzelheiten aufgezeichnet wurde, findet man in Itards hervorragendem Bericht über den „wilden Jungen von Aveyron" (siehe Kapitel 8)[1]. Das folgende Kapitel enthält eine kurze Beschreibung des Syndroms, eine Erörterung differentialdiagnostischer Fragen und Abschnitte über Verbreitung und mögliche Ursachen. Der deskriptive Teil beruht auf den systematischen Untersuchungen von Wolff und Chess (1964, 1965), Rutter (Kapitel 2), Lotter (1967) und den Informationen der Society for Autistic Children. Eine detailliertere Beschreibung der Krankheitssymptome wird im zweiten Kapitel dieses Buches gegeben. Die Prognostik wird im dritten Kapitel behandelt.

Terminologie dieses Buchs

Die Terminologie, die in Bezug auf den kindlichen Autismus verwendet wird, ist oft verwirrend[2]. Der eindeutigste Name ist „Kanners Syndrom", und die Kerngruppe der Fälle wird wahrscheinlich am besten so bezeichnet (siehe den Bericht über Sally, Seite 53 f.)*.

---

* Wer autistische Kinder persönlich nicht kennt, liest am besten als erstes diesen Fallbericht (Anm. des Übers.).

Jedoch gibt es auch eine Gruppe mit weniger typischem Zustandsbild, bei dem zwar die meisten Elemente von Kanners Syndrom vorhanden sind, aber nicht alle (siehe den Bericht über Paul, Seite 57 f.), oder bei dem neben dem typischen Verhaltenskomplex offenkundige neurologische Abnormitäten bestehen. Angesichts der Tatsache, daß wir überhaupt keine sichere Kenntnis der Pathologie besitzen, scheint es nicht sinnvoll, diese anderen Fälle auszuschließen; denn die sozialen, pädagogischen und organisatorischen Probleme sind ganz ähnlich wie bei der Kerngruppe. Zur spezifischen Kennzeichnung der gesamten Fallgruppe ist der Begriff „Kindheitspsychose" ungeeignet, weil er auch bei vielen anderen nicht-autistischen Zustandsbildern verwendet wird und weil er ungünstige soziale Implikationen hat. Gründe für die Ablehnung des Begriffs „Schizophrenie" werden im Abschnitt zur Differenzialdiagnose angeführt. „Frühkindlicher Autismus" ist wahrscheinlich der befriedigendste Begriff, weil er nicht impliziert, daß die Störung unbedingt schon von Geburt an bestehen muß[3], und weil er darauf hinweist, daß das „autistische" Verhalten in der frühen Kindheit am stärksten ist und später zurückgehen kann. Der Begriff hat außerdem den großen Vorteil, daß er sozial neutral ist – also keine Abwehrhaltung, sondern heute vermutlich eine insgesamt positive Einstellung hervorruft.

Die Gruppe der Kinder, die Rutter in Kapitel 2, Mittler in Kapitel 5 und Hermelin in Kapitel 6 beschreiben, wird „psychotisch" genannt, weil sie nicht so homogen wie die in diesem Kapitel beschriebene Gruppe ist. Der Begriff „Psychose" wird aber nicht in seinem allgemeinsten Sinn verwendet, sondern nur, um anzuzeigen, daß bei einigen dieser Kinder vielleicht nicht das vollständige oder typische Zustandsbild vorhanden war. Soweit es Rutters Gruppe betrifft, gibt es darin vermutlich nur wenige solcher Ausnahmen.

Der Begriff „autistisch" wird im Folgenden gelegentlich als Adjektiv in dem ursprünglich von Bleuler vorgeschlagenen Sinn gebraucht, also zur Beschreibung eines sich aktiv in sich zurückziehenden Verhaltens. Wenn der Begriff in dieser Weise, also nicht als Bezeichnung des Syndroms des kindlichen Autismus verstanden werden soll, wird er immer in Anführungszeichen gesetzt.

Die Symptome[4]

Das typische Zustandsbild entwickelt sich allmählich während der ersten Lebensjahre und ist im Alter von etwa 3 oder 4 Jahren am stärksten ausgeprägt. Eine Besserung beginnt in vielen Fällen im Alter von 6 Jahren, sofern der natürliche Ablauf nicht durch falsche Behandlung des Kindes gehemmt wird. Diese Besserung ist bei den eher sekundären Erscheinungen, wie den affektiven Störungen, der sozialen Isolierung und dem Fehlverhalten am deutlichsten. Allerdings scheint die Krankheit in manchen Fällen, unabhängig von den Umweltbedingungen, progressiv zu verlaufen.

Jedes Symptom, das in diesem Abschnitt beschrieben wird, findet sich bei den meisten autistischen Kindern in irgendeinem Stadium ihrer Entwicklung, aber besonders vor Beginn der Besserung. Jedoch bestehen bei keinem Kind irgendwann alle Behinderungen gleichzeitig. Das abnorme Verhalten tritt bei Kindern auf, die im typischen Fall lebhaft und aufgeweckt sind, auffallend hübsch aussehen und sich graziös bewegen, und bei denen kein gravierendes neurologisches Krankheitszeichen feststellbar ist. Die motorische Entwicklung ist unter Umständen verzögert, liegt im typischen Fall jedoch innerhalb des Normalbereichs. Die Sprache ist jedoch nahezu immer in ihrer Entwicklung verzögert, obwohl es vorkommt, daß sie sich ein oder zwei Jahre lang normal zu entwickeln scheint und dann verloren geht.

Verhalten im ersten Lebensjahr

Obwohl es fast unmöglich ist, während des ersten Lebensjahrs eine Diagnose zu stellen, beschreiben die Eltern rückblickend bestimmte Symptome recht häufig. Viele Kinder haben als Säugling – und zwar schon von Geburt an – Schwierigkeiten gehabt, feste Gewohnheiten im Essen, Schlafen und in den Ausscheidungsvorgängen anzunehmen. Die motorische Entwicklung ist gewöhnlich normal, ebenso die Entwicklung des Lächelns, aber die Kinder reagieren anscheinend auf ihre Umwelt recht wenig. Sie strecken der Mutter nicht die Arme entgegen, in Erwartung, aufgenommen zu werden, und wenn sie im

Arm gehalten werden, stellen sie ihre Körperhaltung nicht darauf ein. Die Mutter klagt, daß ihr Baby nicht anschmiegsam sei. Es zeigt nicht auf Dinge im Zimmer, die es haben möchte oder die es interessieren, und ist vielleicht am zufriedensten, wenn es allein gelassen wird. Manche beschäftigen sich allzu lange damit, mit den Fingernägeln an der Bespannung des Kinderwagens zu kratzen (wie es blinde Säuglinge tun) oder merkwürdige Fingerbewegungen im peripheren Gesichtsfeld zu machen. Manche Kinder haben eine Abneigung gegen bestimmte Geräusche, reagieren aber andererseits so wenig auf Laute, daß man sich fragt, ob sie taub seien. Einige Säuglinge sind ungewöhnlich ruhig und friedlich, aber viele schreien übermäßig, besonders nachts oder nach dem Aufwachen; auch sind sie dann überhaupt nicht wieder zu beruhigen. Bei anderer Gelegenheit können sie vergnügt lachen, besonders wenn sie gekitzelt oder geschaukelt oder im Kinderwagen oder Auto gefahren werden. Schaukelbewegungen und Stoßen mit dem Kopf (gegen Bettgestell, Wand und dergleichen) sind häufig zu beobachten.

Probleme der auditiven Wahrnehmung

Autistische Kinder haben Schwierigkeiten, auditive Informationen zu verwerten. Typisch ist, daß sie in irgendeiner Phase auf bestimmte Geräusche augenscheinlich nicht reagieren. Es kommt vor, daß ein Kind auf ein lautes Geräusch hinter seinem Rücken nicht reagiert, sich aber bei leisem Papiergeraschel umdreht. Manchmal scheint es, als habe das Kind Mühe festzustellen, aus welcher Richtung ein Laut kommt. Oft wird gefragt, ob das Kind taub sei. „Auditive Meidung" ist häufig, besonders bei lauten Geräuschen und gesprochener Sprache: das Kind geht fort und hält sich die Ohren zu oder gerät in Spannung, Unruhe und Angst. Andererseits interessieren sich manche Kinder für bestimmte Laute sehr: für ein Echo, für Klopfen, für das Geräusch eines Windrädchens usw. Besondere Freude haben sie an Musik. Viele können singen, auch wenn sie nicht sprechen können, und geben selbst komplizierte Melodien vollkommen richtig wieder. Es bestehen große Schwierigkeiten im Sprachverständnis, obwohl manche Kinder mehr verstehen, als sie selbst in Worten ausdrücken können. Das führt zu einer Verzögerung im aktiven Sprechen und zu anderen Sprachproblemen, die im nächsten Abschnitt beschrieben werden.

Sprachstörungen

Die Sprache entwickelt sich bei manchen Kindern gar nicht, bei manchen eine gewisse Zeit lang und geht dann wieder verloren. Wenn ein Kind schließlich doch mit Sprechen anfängt – vielleicht erst mit 5 Jahren oder noch später –, macht es nur langsame Fortschritte und hat viele sprachliche Eigentümlichkeiten. Die Störung besteht nicht einfach darin, daß die verschiedenen Stadien der Sprachentwicklung (vom Lallen über die Echolalie bis zum Erwerb von Worten, Wortgruppen und schließlich Sätzen) nur verzögert durchlaufen werden, wie es zum Beispiel beim mongoloiden Kind der Fall ist (Lenneberg et al., 1964).

Es gibt zwei spezielle Sprachabnormitäten. Die erste ist die für autistische Kinder besonders charakteristische Echolalie: das Kind wiederholt den letzten Ausdruck oder das letzte Wort, das gesagt wurde, oft mit derselben Flexion. Das führt auch zur Umkehrung von Pronomen. Das Kind hat die Neigung, bestimmte Ausdrücke endlos zu wiederholen, in fast gleichem Tonfall, wie es sie gehört hat; auch beantwortet es keine Fragen, sondern spricht sie als Echo nach. Wenn sich Sprache entwickelt, kommt die Antwort „nein" viel früher als die Antwort „ja" (die manchmal überhaupt nicht gelernt wird).

„Verzögerte Echolalie" ist ebenfalls eine typische Erscheinung. Das Kind gibt Ausschnitte von Unterhaltungen wieder, die es gehört hat, wiederum mit den Flexionen des ursprünglichen Sprechers. Manchmal wiederholt es diese Wörter tagelang in endloser Weise.

Ein autistisches Mädchen hatte seine Kusine besucht, und es war ihm verboten worden, deren Spieldose mitzunehmen. Danach wiederholte es ungefähr 14 Tage lang ständig Sätze wie: „Nein, du darfst dieses Kästchen nicht haben, das ist Lindas Kästchen. Tu das Kästchen doch wieder zurück. Du kannst Lindas Kästchen nicht nach Hause nehmen. Nein, nein. Das ist Lindas Kästchen. Das ist nicht dein Kästchen..."

Es gibt noch eine weitere Form der Sprachstörung, die starke Ähnlichkeit mit der als Entwicklungs-„Aphasie" (Hörstummheit)[5] beschriebenen Sprachabnormität hat. Sie zeigt sich in den spontanen Äußerungen autistischer Kinder, die in Ausdrucksweise und grammatischer Form fehlerhaft und oft schwer verständlich sind. Häufig werden Wörter zu konkret verwendet; z. B. kann „Schüssel" für ein Kind nur die Abwaschschüssel bedeuten, aber nicht die Schüssel, woraus der Hund Wasser trinkt. Auch können die Namen von Dingen, die gewöhnlich zusammengehören, durcheinander gebracht werden; z. B. nannte ein Kind die Haarbürste „Kamm", den Strumpf „Schuh". Die Gegenstände selbst werden nicht verwechselt, nur ihre Namen. Charakteristisch ist auch ein Symptom, das der Nominalaphasie entspricht; z. B. wird ein Teekessel ein „Mach-eine-Tasse-Tee" genannt, ein Hammer ein „Schlag-es-hinein", ein Streichholz ein „Zünd-ein-Licht-an". Aus Wörtern, die es nicht kennt, macht das Kind Sequenzen aus vertrauten Wörtern; z. B. sagt ein (englischsprachiges) Kind statt „hospital" (Krankenhaus) „horse-a-petal", statt „Peter and the wolf" „Peter on the roof" (Peter auf dem Dach). Sprachfragmente werden unter Umständen als Bedeutungsträger verwendet; z. B. „n'n" für „I want" (ich möchte); „jui" für „orange juice", „na" für „Ribena". Diese Fragmente können lange Zeit die einzigen Sprachäußerungen sein. Reden im Telegrammstil kommt häufig vor; als z. B. ein Kind gefragt wurde, wo es gewesen sei, sagte es „Hütte – Stock – gehen", womit es meinte, daß es einen Spaziergang zur Hütte gemacht und auf dem Weg einen Stock gefunden habe. Manche ziehen längere Sätze zu einem einzigen Wort zusammen, das für andere kaum noch verständlich ist. Solche Ausdrücke haben für das Kind fast immer eine wörtliche (keine übertragene) Bedeutung, und es kann sehr ärgerlich und sehr enttäuscht sein, wenn es nicht verstanden wird. Oft werden Wörter in falsche Reihenfolge gesetzt; z. B. „Geh mit dem Park zum Hund". Substantive werden am leichtesten verstanden, am zweitleichtesten Verben; Adjektive sind schwer, und die kleinen Wörter „zu", „mit", „und", „aber" usw. am schwersten. Subtile oder abstrakte Bedeutungen werden nicht verstanden; die typische Antwort auf die Frage „Was würdest du tun, wenn du dich mit dem Messer schneidest?" lautet „Blut". Die Kinder haben besondere Schwierigkeiten, komplizierte sprachliche Konstruktionen zu verstehen. Oft kommen sie in Bedrängnis, wenn Aufforderungen sprachlich zu kompliziert sind. Ein Kind bat seine Mutter, ihm den Mantel zuzuknöpfen. Die Mutter antwortete: „Frage Papa, ich habe Handschuhe an." Das Kind dachte einen Moment nach, ging dann zu einem Schubfach, holte ein Paar Handschuhe heraus und gab sie seinem Vater. Gestik und Mimik werden nur von Kindern mit sehr geringem Behinderungsgrad benutzt; es ist aber für autistische Kinder ganz typisch, daß sie die Hand eines Erwachsenen nehmen und führen, damit dieser etwas für sie tut. (Dies kann eine Gewohnheit werden, die beibehalten wird, nachdem sie eigentlich nicht mehr notwendig ist.)

Häufig wird mit einer „Spezialstimme" gesprochen, die sich von der normalen unterscheidet. Bei vielen Kindern bestehen Abnormitäten der Artikulation, wenn sie mit Sprechen beginnen. Die aufgeweckteren Kinder haben eine ausgeprägte Vorliebe für nicht-verbale Sprachen wie Mathematik oder Musik. Einige Kinder, die visuell nicht behindert sind, lernen lesen, bevor sie sprechen können.

Probleme der visuellen Wahrnehmung

Es besteht eine charakteristische Schwierigkeit, gesehene Dinge wirklich zu erfassen. Es kommt vor, daß ein Kind sein eigenes Haus von weitem nicht erkennt. Einige Kinder fürchten sich sehr vor Hunden, weil diese meist plötzlich aus einem undifferenzierten Hintergrund auftauchen. Die Fähigkeit zur Figur-Grund-Differenzierung entwickelt sich meist nur langsam. Eltern können (ohne es zu wissen) eine Technik im Winken, Rufen oder Pfeifen entwickeln, um das Kind auf etwas aufmerksam zu machen. Leute fragen manchmal, ob das Kind kurzsichtig oder gar blind sei. Ein Kind wurde tatsächlich mehrere Jahre lang von ärztlicher Seite als blind behandelt, obwohl die Mutter wußte, daß es kleine Stoffstücke aufheben konnte, die es gern sammelte.

Die Kinder haben oft die Neigung zu peripherem statt zentralem Sehen. So gibt es Kinder, die treppab gehen und dabei scheinbar nicht auf ihre Füße schauen. Manche sehen an Objekten oder Personen vorbei (wobei sie ab und zu einen raschen Blick auf das Objekt werfen und ihn gleich wieder abwenden), manche bewegen ihre Finger seitlich am Rande des Sehfeldes, manche erkennen bewegte Gegenstände leichter als ruhende. Ein Pferd wird vielleicht erkannt, wenn es läuft oder im Fernsehen erscheint, aber nicht, wenn es in einem Buch abgebildet ist. Solche Kinder sind selbst gern in Bewegung, z. B. als Mitfahrer in Autos. Manche untersuchen einen Gegenstand, indem sie ihn vor ihren Augen auf und ab *bewegen*, manche bewegen ihren Kopf hin und her, um einen ruhenden Gegenstand zu untersuchen.

„Visuelle Meidung" kommt oft vor, z. B. das Bedecken der Augen oder das Abwenden des Kopfes. Wegen der Schwierigkeiten, visuelle Reize zu sinnvollen Strukturen zu verarbeiten, versucht das Kind oft, komplexe visuelle Strukturen (von denen ein menschliches Wesen, das meist außerdem noch spricht, das komplizierteste ist) überhaupt nicht zu sehen.

Autistische Kinder kratzen und klopfen oft an Oberflächen (wegen des Geräuschs und der Tastempfindung), ganz ähnlich wie blinde Kinder. Ebenso wie bestimmte Töne und Geräusche üben auch manche visuelle Sinneseindrücke auf sie einen besonderen Reiz aus – manche Farben, Strukturen oder Umrisse sind für sie sehr anziehend, sie können in offensichtlicher Begeisterung davorstehen.

Andere Sinnesbereiche

Andere Sinnesbereiche können ebenfalls beeinträchtigt sein. Am häufigsten wird eine Unempfindlichkeit gegenüber Schmerz oder Kälte beschrieben. Es gibt auch Kinder, die Berührungsreize nicht lokalisieren können, ungewöhnliche Geschmacksvorlieben zeigen oder an bestimmten Gerüchen starkes Interesse haben. Manche identifizieren Gegenstände, indem sie daran lecken oder klopfen. Andere verbringen viel Zeit damit, pelzartige Stoffe oder mattglänzende Oberflächen mit offensichtlichem Vergnügen zu befühlen. Am Spiel mit Wasser haben sie große Freude, ebenso an allen Aktivitäten, bei denen sie gekitzelt oder geschaukelt werden.

Andere Agnosien und Apraxien

Viele der kognitiven und motorischen Abnormitäten, die bei schwer aphasischen oder dyslexischen Kindern zu beobachten sind, gibt es auch bei autistischen Kindern (Ingram, 1963; Ingram und Reid, 1956). „Gemischte Dominanz" ist häufig, links und rechts werden verwechselt, Messer und Gabel in verkehrter Ordnung auf den Tisch gelegt, Kleidung wird falsch herum angezogen, Zeichnen und Malen sind oft verzögert und unzulänglich. Apraxien sieht man im Gymnastik- und Sportunterricht besonders deutlich – es ist für das Kind sehr schwer, im Takt zur Musik zu klatschen, Schwimmbewegungen zu imitieren (es führt z. B. den Armstoß mit genau entgegengesetzter Drehrichtung aus) oder zu hüpfen. Buchstaben und Figuren werden verdreht und Buchstaben wie „b" und „d" miteinander verwechselt. (Das Lesen ist dabei unter Umständen nicht beeinträchtigt, und manche Kinder haben Lesen und sogar Maschinenschreiben gelernt, bevor sie kommunikativ sprechen konnten.) Von einer bedeutungshaltigen Gestik wird kaum Gebrauch gemacht.

Motorisches Verhalten

Die meisten Kinder sind in ihren Bewegungen graziös, aber oft besteht in jüngerem Alter eine gewisse Unbeholfenheit, besonders in der Feinmotorik. Die Muskulatur des Kindes wirkt oft sehr schlaff. Überaktivität ist mit 3 oder 4 Jahren die Regel; sie verstärkt sich in komplizierten Situationen (Hutt et al., 1965).

Besondere Bewegungen, wie Handgelenke verdrehen, mit den Armen schlenkern, auf und ab hüpfen, Gesichter schneiden, auf Zehenspitzen oder in sonst besonderer Gangart gehen, sind charakteristische Merkmale. Sie treten besonders auf, wenn das Kind erregt ist. Blinde Kinder zeigen ebenfalls viele dieser Bewegungen, besonders wenn sie allein sind[6]. Fingerbewegungen an der Peripherie des Gesichtsfeldes findet man auch oft bei partiell blinden Kindern.

Sekundäre Selbststimulationen (Schaukelbewegungen, Anschlagen des Kopfes, Destruktionen, Selbstverletzungen, In-den-Mund-nehmen und Befühlen kleiner Gegenstände) treten ebenfalls häufig auf, sind aber kein spezifisches diagnostisches Zeichen für Autismus. Großes Vergnügen haben die Kinder an bestimmten Bewegungen wie Schaukeln, Sich-Wiegen, Rutschen, Gefahrenwerden und Sich-Drehen.

Absonderliches und stereotypes Verhalten

Viele der folgenden Verhaltensweisen sind erklärbar, wenn man sie als einen Versuch des Kindes auffaßt, in eine als chaotisch erlebte Welt einen Sinn hineinzubringen, und zwar mit Hilfe von Strukturen, die es schon gelernt und verstanden hat und die es aus eigenem Willen nicht aufgibt (entsprechend der Umwandlung von „hospital" in „horse-a-petal").

Manche Kinder legen sich eine Sammlung von Gegenständen zu – Deckel von Blechdosen, Steine, Plättchen, Stückchen von Fotonegativen, Garnrollen – wirklich von all und jedem. Wenn ein Stück davon verlorengeht, ist der Kummer oft groß. Manchmal begeben sie sich in große Gefahr, um etwas zu sammeln, was sie haben möchten. Auf einem anderen Niveau können sie imstande sein, lange Gedichte aufzusagen, Details von Busfahrplänen auswendig zu lernen oder sich leidenschaftlich für Autoräder zu interessieren. Solche Interessen treten an die Stelle der üblichen Beschäftigungen von Kindern mit gleichem Intelligenzniveau.

Linien und Muster werden mit allen möglichen Gegenständen hergestellt, ganz unabhängig von deren eigentlichem Zweck. An Stelle des normalen Spielens entwickeln sich absonderliche Stereotypien – ein Stückchen Schnur wird in der Luft herumgedreht, ein Deckel in kreiselnde Bewegungen versetzt, eine Müllschaufel immer und immer wieder im Kreis gedreht. Wolff und Chess (1964) haben festgestellt, daß solche stereotypen Gewohnheiten um so komplizierter sind, je leichter die allgemeine Behinderung ist. Dem Kind fällt es schwer, einmal erworbene feste Gewohnheiten zu ändern: es beharrt z. B. auf einer speziellen Anordnung von Möbeln, einer speziellen Route bei einem täglich gegangenen Weg, einer besonderen Art zu gehen (nur immer geradeaus gehen und bei jedem Knick einen Schrei ausstoßen); es weigert sich, etwas anderes außer ganz bestimmten

Kleidungsstücken anzuziehen oder besteht auf einer einzigen Art von Nahrung. Eine charakteristische Eigenheit ist die Weigerung, Neues zu lernen (obwohl das Kind die Sache gut lernen und bewältigen kann, wenn der anfängliche Widerstand überwunden ist), ferner die Schwierigkeit, routinemäßige Gewohnheiten aufzubauen, seien sie biologischer (essen, schlafen, Ausscheidungsvorgänge, besonders während des ersten Lebensjahres) oder sozialer Art.

Abnormitäten in Gefühlen und Stimmungen

Abkapselung, Indifferenz und Unzugänglichkeit sind mit 3 bis 4 Jahren am deutlichsten ausgeprägt. Wenn sich dem Kind jedoch Menschen, die es mag, auf die richtige Weise nähern, so reagiert es selbst in dieser Zeit mit Freude. Später, etwa vom 5. bis 6. Lebensjahr an, kann es zu Hause oder in einer vertrauten Umgebung zärtlich und aufgeschlossen werden, in einer fremden Umgebung hingegen, wie einer Krankenhausstation (wo sein Verhalten oft regrediert) wirkt es immer noch sehr in sich selbst zurückgezogen. Der Gesichtsausdruck der Kinder ist gewöhnlich ernst oder sogar traurig (Wolff und Chess, 1964), besonders wenn sie nicht zu Hause sind. Viele haben einen verwirrten Blick. Wutausbrüche, Tränen, Füßestampfen und Treten kommen häufig vor – oft durch Frustrationen ausgelöst, oder als Reaktion auf Vorgänge wie das Haarekämmen oder wegen einer speziellen Furcht oder aus überhaupt keinem erkennbaren Anlaß. Die Kinder sind dann schwer zu besänftigen, können aber ganz plötzlich ohne sichtbaren Grund wieder ruhig werden. Oft haben sie Perioden, in denen sie lachen und kichern, ebenfalls ohne verständlichen Anlaß (wenn aber ein Kind, das sprechen kann, eine Erklärung gibt, dann ist offenkundig, daß es sich nicht um Halluzinationen handelt, die beim Autismus nicht vorkommen). Manchem Kind fehlt die Furcht vor realen Gefahren: es klettert auf ein Dach, rennt direkt vor eine schwingende Schaukel oder vor ein fahrendes Auto. Andererseits fürchten sie sich manchmal vor ganz harmlosen Dingen, wie dem Baden in der Wanne, dem Tragen von Schuhen oder bestimmten Möbelstücken oder Autobussen. Manchmal läßt sich der

Beginn einer derartigen Furcht auf einen besonderen Vorfall zurück-führen.

„Autistisches" Verhalten

Die Verhaltensweisen, die zum Syndrom der „autistischen" Abkap-selung gehören, sind bereits oben in verschiedenem Zusammenhang beschrieben worden. Die Tendenz des jungen autistischen Kindes, an Gegenständen und Personen vorbeizusehen, sie nur für sehr kurze Zeit zu fixieren, komplizierte Reizkonfigurationen zu ignorieren oder zu meiden (deshalb besonders diejenigen, die von anderen menschlichen Wesen ausgehen), ferner die Tendenz zur Ausbildung von gewohnheitsmäßigen Selbststimulationen, die ein Sozialverhal-ten gewöhnlicher Art ausschließen – das alles hat zu der Vermutung geführt, daß der „Autismus" (d. h. die Unfähigkeit, Beziehungen zu anderen Menschen herzustellen) der Kern des Syndroms ist (Kanner und Eisenberg, 1955). Tatsächlich beginnt die Störung aber oft un-mittelbar nach der Geburt, also bevor ein Säugling soziale Beziehun-gen entwickeln kann. Außerdem gehen die affektiven Störungen all-mählich zurück, so daß das Kind etwa vom 8. Lebensjahr an die-selben herzlichen Beziehungen zu anderen Menschen aufnehmen kann wie andere behinderte Kinder. Die Fähigkeit, in der späten Kindheit Sozialbeziehungen zu entwickeln, führt jedoch nicht zwangsläufig dazu, daß die übrigen Behinderungen verschwinden. Es ist sehr schwer einzusehen, wie die *spezifischen* Abnormitäten des Sehens, Hörens und der Sprache aufgrund eines Symptoms wie der sozialen Abkapslung entstehen können, ganz abgesehen davon, daß dieses Symptom gar kein generelles Phänomen ist. Nach Hermelin und O'Connor reagieren schwer psychotische Kinder auf die An-wesenheit eines Erwachsenen im gleichen Raum ebenso häufig wie andere geistig behinderte Kinder mit gleichem Intelligenzniveau. Aber wenn der Erwachsene einfache Aufforderungen gibt oder Fra-gen stellt, reagiert das psychotische Kind seltener.

Auch der „Mangel an Initiative", den Wolff und Chess (1964) als charak-teristisch ansehen, kann kaum ein primäres Symptom sein. Wenn die Beein-trächtigung der Wahrnehmung sehr stark ist, hat das Kind vermutlich fast nur Mißerfolge erlebt und ist deshalb wahrscheinlich an Versuchen, etwas zu lernen, kaum noch interessiert. Jedenfalls widerlegt der außerordentliche Einfallsreichtum und die große Ausdauer vieler autistischer Kinder bei der Verfolgung solcher Ziele, die sie *wirklich* verstehen konnten, die Ansicht, daß Antriebsmangel ein allgemeines Charakteristikum des kindlichen Autismus ist.

Primäre und sekundäre Behinderungen

Die primären Behinderungen des autistischen Kindes scheinen Störungen in den Bereichen der Wahrnehmung und der Sprache zu sein. Myklebust (1960) hat das Verhalten beschrieben, das sich ergibt, wenn bei Kindern einer der „Fern"-Sinne Hören und Sehen völlig ausfällt. Hören ist primär ein Hintergrund-Sinn: also ständig auf die Wahrnehmung von Veränderungen in der Umgebung eingestellt. Dagegen ist Sehen primär ein Vordergrund-Sinn: meist auf ein bestimmtes Ereignis ausgerichtet, sobald es durch das Gehör entdeckt wurde. Kinder, denen einer dieser Sinne fehlt, mussen mit dem anderen auskommen und nach Möglichkeit die „Nah"-Sinne (Riechen, Schmecken und Tasten) benutzen. Taub-blinde Kinder müssen den Tastsinn zu dem für sie entscheidenden Entfernungssinn entwickeln. Anhand dieser Grundtatsachen ist es möglich, viele Verhaltenszüge von Kindern mit sensorischen Ausfällen zu erklären. Autistischen Kindern fehlen die Empfindungen der Fernsinne nicht völlig, aber ihre Grundbehinderung ähnelt vermutlich derjenigen der taub-blinden Kinder. Sie sind zunächst nicht imstande, die sensorischen Reize, ob auditiver oder visueller Art, zu sinnvollen Einheiten zu verarbeiten. Die daraus entstehenden Verhaltensabnormitäten scheinen – zusammen mit der Sprachstörung – die fundamentalsten Symptome des frühkindlichen Autismus zu sein, während das Fehlverhalten und die affektiven Störungen in ihren verschiedenen Formen eher die Folge eines Versuchs des Kindes sind, den Forderungen der Umwelt mit unzureichenden Mitteln zur Wahrnehmung und Kommunikation nachzukommen.

Unterschiedliches Ausmaß der Behinderung

Nicht alle autistischen Kinder sind gleich schwer behindert (Wolff und Chess, 1964). Die vielen Ursachen für die unterschiedliche Schwere der Störungen sind oftmals miteinander verflochten. Trotzdem muß man versuchen, jede Komponente für sich zu untersuchen, denn andernfalls ist es schwierig, Empfehlungen für die Erziehung und Lenkung des Kindes zu geben. Erstens können die Wahrnehmungs- und Sprachstörungen selbst mehr oder weniger schwer sein. Häufig sind bestimmte Störungen stärker ausgeprägt, andere Störungen weniger. Bei jedem Kind ist die Struktur der beeinträchtigten und der nicht beeinträchtigten Funktionen anders. Zweitens wird das Ausmaß der Störung durch das Wechselspiel zwischen den primären Behinderungen und der Umwelt beeinflußt. Behinderte Kinder werden durch schädigende soziale Einflüsse besonders beeinträchtigt, und selbst in einer normalen Umgebung brauchen sie eine *besonders* kluge Führung, um sich optimal entwickeln zu können. So können „Autismus", Selbstisolierung, Verhaltensstörungen und schulische Leistungsrückstände sehr unterschiedlich sein, was sowohl von dem Ausmaß der Wahrnehmungs- und Sprachstörung selbst als auch von der fördernden oder hemmenden Wirkung der Umweltsituation abhängig ist. Schließlich gibt es eine Besserung durch Reifungsvorgänge, die bei vielen Kindern mit kindlichem Autismus, Aphasie, Dyslexie und ähnlichen Behinderungen zu beobachten ist. Es gibt Kinder, die sich mit 4 Jahren vollständig stumm, in sich eingekapselt und nahezu unerträglich verhalten, und die mit 10 Jahren aufgeschlossen, freundlich und selbständig sind, die auf einfache Art sprechen und nahezu alles, was ihrer Altersstufe entspricht, lesen können, wobei von allen Verhaltensabnormitäten kaum noch etwas zurückgeblieben ist.

Generelle Feststellungen über die Schwere des Syndroms bei einem bestimmten Kind sind deshalb leicht falsch und können schädliche Auswirkungen haben.

Differentialdiagnose

Die hauptsächlichen Definitionsprobleme (Anthony, 1958a, b) ergeben sich durch die Tatsache, daß das Syndrom Übergänge hat zu:
a) normalem Verhalten,

b) anderen Syndromen wie Blindheit, Taubheit, Aphasie, Epilepsie, Hyperkinese usw.,
c) Schwachsinn ohne gravierende neurologische Krankheitszeichen.

Man kann eine reine bzw. „Kern"-Form des Syndroms, in der die meisten in diesem Kapitel beschriebenen Elemente vorkommen, von „gemischten" Formen abgrenzen, bei denen Elemente anderer Syndrome vorhanden sind oder bei denen zwar mehrere, aber nicht alle Eigenarten des Kernsyndroms zu beobachten sind (siehe die Fallgeschichten, S. 52 bis 75). Die reine Form wird am besten als Kanners Syndrom bezeichnet, obwohl selbst innerhalb dieser engen Gruppe Unterschiede bestehen können.

Abgrenzung von der Normalität

Die meisten Symptome des kindlichen Autismus kann man auch bei normalen Kindern in irgendeiner Phase ihrer Entwicklung beobachten. So gibt es eine Zeit, in der alle Kinder ihre Eltern nur dann erkennen, wenn diese ziemlich nah vor ihnen sind, und bei allen Kindern zeigt sich in den frühen Stadien der Sprachentwicklung die Echolalie. Hutt et al. (1965) fanden es schwer, in einer unstrukturierten Situation zwischen dem motorischen Verhalten normaler vierjähriger und autistischer Kinder zu unterscheiden. Einige schwach autistische Kinder entwickeln sich tatsächlich in der späten Kindheit normal; vielleicht ist das Syndrom bei ihnen in der frühkindlichen Zeit schwer feststellbar. Jedoch ist das Verhalten der meisten jungen autistischen Kinder sehr abnorm, weil es aus Verhaltensweisen besteht, die nur bei vorübergehendem Auftreten normal wären, die das Kind aber jahrelang ständig Tag für Tag zeigt. Auch normale Kinder sondern sich zeitweise völlig ab, haben Zwänge oder Trotzanfälle oder klammern sich an besondere Lieblingsobjekte. Das autistische Kind dagegen zeigt solche Verhaltensweisen jahrelang und tut im Grunde gar nichts anderes (bevor sich der Zustand allmählich bessert). Es ist deshalb sehr unwahrscheinlich, daß die Abnormität nicht erkannt wird.

Blindheit und Taubheit

Obwohl bei partieller Blindheit oder Taubheit oft einige autistische Verhaltenszüge auftreten, macht die allgemeine Abgrenzung gegenüber diesen Krankheiten vermutlich kaum Schwierigkeiten. Allerdings läßt sich oft schwer feststellen, ob ein autistisches Kind außerdem noch blind oder taub ist. Das Erkennen von Taubheit ist bei diesen Kindern genauso schwierig wie bei Kindern mit Aphasie. Gordon und Taylor (1964) haben diese Probleme erörtert. Bei den meisten autistischen Kindern läßt sich schließlich nachweisen, daß ihre peripheren Seh- und Hörorgane intakt sind. Keeler (1958) hat bei Kindern, die von Geburt an blind waren, einige Verhaltenszüge dargestellt, die dem Autismus ähneln. Sie hat 5 Kinder mit retrolentaler Fibroplasie beschrieben, die sozial isoliert waren, Echolalie zeigten, ständig dieselben Ausdrücke wiederholten, Pronomen vertauschten, große Freude an Musik hatten, die Umwelt durch Beklopfen, Riechen und Schmecken untersuchten, von bestimmten Geräuschen fasziniert waren (wie dem Geräusch sich drehender Blechdeckel), auf Zehenspitzen gingen, mit den Armen wie mit Flügeln schlugen oder merkwürdige Fingerspiele vollführten. 35 andere Kinder mit derselben Erkrankung und 18 weitere, die von Geburt an blind oder fast blind waren, zeigten ähnliche Eigentümlichkeiten, allerdings weniger stark, während 17 Kinder, die erst in der späteren Kindheit blind geworden waren, nur sehr wenige dieser Verhaltensweisen aufwiesen. Bei retrolentaler Fibroplasie können außerdem Hirnschädigungen unterschiedlicher Schwere vorhanden sein, so daß die Verursachungsrichtung also nicht klar ist – die Ähnlichkeiten im Verhalten sind aber trotzdem sehr bemerkenswert.

Entwicklungsaphasie [5]

Die Entwicklungsaphasie muß ausführlicher besprochen werden. Wenn man die oben und in Kapitel 2 gegebene Beschreibung der Sprache autistischer Kinder mit der Sprache aphasischer Kinder vergleicht, wie sie Ingram (1959) in einer Edinburger Untersuchungsreihe oder Lea (1965) und McGinnis (1963) vom Unterrichtsstandpunkt aus beschrieben haben, kann man zahlreiche Übereinstimmungen feststellen. Ingram fand eine Verzögerung der Sprachentwicklung, fehlerhafte Artikulation von Konsonanten, eine Tendenz, nur den ersten Teil eines Wortes zu benutzen, Auslassung von Präpositionen und Konjunktionen, Umkehrung der Reihenfolge von Wörtern und Ersatz eines unbekannten durch ein bekanntes Wort. Die imitierte Sprache war verständlicher als die spontane. Viele Kinder hatten Schwierigkeiten im Sprachverständnis. Diese Schwierigkeiten waren nach dem 6. Lebensjahr gewöhnlich sehr viel geringer. Es gab natürlich emotionale Probleme, die Ingram angesichts des Wesens der Behinderung nicht überraschen. „Vereinsamung, manifeste Unfähigkeit mit anderen Kindern zu spielen, Tagträumen, fehlendes Bewußtsein der Umwelt, In-sich-Gekehrtsein und schwache Konzentration sind die häufigsten Erscheinungen ... In mehreren Fällen entspricht ihr Verhalten recht genau dem Verhalten autistischer Kinder." Viele dieser Kinder hatten außerdem spezifische Dyslexien und Dysgraphien. Der Anteil der Väter mit sozio-ökonomisch höheren Berufen war im Vergleich zur Grundgesamtheit sehr hoch (46 % gehörten nach der amtlichen Berufsklassifikation zu den beiden höchsten Berufsschichten, während in Schottland insgesamt nur 13 % diesen Schichten angehören).

Ortons (1937) Beschreibung der sensorischen Entwicklungsaphasie liest sich wie eine Darstellung der Sprachstörung bei kindlichem Autismus. „Das Kind beachtet zwar die Sprache nicht, ist aber keineswegs inaktiv, sondern untersucht seine Umwelt sehr aktiv, soweit es das mit seinen Fähigkeiten kann, und zwar durch Sehen, Befühlen und manchmal sogar durch Riechen. Die Sprache bildet sich zwar meist nur mit großer Verzögerung aus, entwickelt sich aber trotzdem langsam. In der Anfangsphase gibt es meist eine besonders lange Periode der Echolalie und einen überreichen Gebrauch des schmalen und oft fehlerhaften Vokabulars, das verfügbar ist. In dieser Hinsicht besteht eine interessante Parallele zum Wortschwall und zur Paraphasie bei den sensorischen Aphasien des Erwachsenenalters. Wenn diese Kinder älter werden, erwerben sie in unterschiedlichem Maß ein Verständnis für gesprochene Worte. Ebenso wie bei Lesestörungen ist dabei bemerkenswert, daß das Verständnis für isolierte Wörter oft viel besser ist als das Verständnis für Wörter gleicher

Schwierigkeit im Satzzusammenhang, besonders, wenn die Sätze lang sind oder in etwas ungewöhnlicher Weise dargeboten werden. Bedeutungen werden nur langsam aufgefaßt; man erkennt es daran, daß das Verständnis viel besser ist, wenn bedächtig gesprochen und jedes Wort sorgfältig artikuliert wird. Eine einfache Aufforderung führt das Kind oft sofort richtig aus – stellt man aber eine ganze Reihe gleich schwieriger Aufgaben auf einmal, so versucht es sich nur an einer, und selbst das kann in einem Mißerfolg enden. Die eigene Sprache dieser älteren Kinder enthält sowohl in der Artikulation wie der Syntax viele Fehler." Orton gibt in seiner weiteren Darstellung weitere Beispiele der Sprachstörung: Auslassungen oder Entstellungen von Teilen eines Wortes, Verwechslungen zwischen Wörtern, Auslassungen von Partikeln, Schwierigkeiten bei der Flexion des Verbs, Gebrauch von Neologismen. Jedes der von Orton angeführten Beispiele könnte der Sprache eines autistischen Kindes entnommen sein, das Entwicklungsfortschritte gemacht hat.

Echolalie steht bei Erwachsenen mit einer allgemeineren Hirnschädigung in Zusammenhang (Geschwind, 1964), aber sie tritt auch bei angeborener sensorischer Aphasie von Kindern auf: „...Das Kind kann viele Wörter richtig nachsprechen, die es selbst aktiv nicht gebrauchen kann. Gewöhnlich gibt es bei dieser Krankheit eine sehr lange Periode der Echolalie. Während dieser Zeit wiederholt das Kind automatisch viele Wörter oder sogar Satzteile und Sätze, die zu ihm gesprochen werden, die es aber nur als Echo produzieren kann... Das ist eine interessante Parallele zu den Fällen von Wortblindheit, bei denen Wörter abgeschrieben, aber weder gelesen noch buchstabiert werden können" (Orton, 1937). Daß die autistischen Kinder schwerer behindert sind als die aphasischen, kann man durch den Intelligenzvergleich zeigen. Bei aphasischen Kindern ist die Intelligenzverteilung ungefähr normal (Ingram, 1959), bei autistischen hingegen liegt das Mittel sehr deutlich unter dem allgemeinen Durchschnitt (Rutter, siehe S. 96). Jedoch gibt es anscheinend keine klare Grenzlinie zwischen den beiden Krankheitszuständen[7].

Andere organische Syndrome

Viele andere Syndrome, die mit unterschiedlichen Arten und Schweregraden von Hirnschädigungen in Verbindung stehen – besonders Unbeholfenheit und Überaktivität – können so starke Verhaltensstörungen hervorrufen, daß die Diagnose „Kindheitspsychose" gestellt wird (Birch, 1964; Bond und Smith, 1935; Eisenberg, 1964, Pond, 1961; Prechtl und Stemmer, 1962; Strauss und Lehtinen, 1950; Walton, Ellis und Court, 1962). Der Begriff „Hirnschädigung" wird jedoch oft zu allgemein verwendet, um als Hinweis auf eine spezifische Ätiologie oder bestimmte Behandlungsmethoden einen Wert zu haben (Birch, 1964). Bei Erwachsenen kennt man viele spezifische Syndrome wie etwa die von McFie, Piercy und Zangwill (1950) beschriebenen visuellen Agnosien und die von Reinhold (1950) beschriebene auditive Agnosie. Orton (dessen „Objektagnosie" für die Probleme autistischer Kinder relevant ist) und nach ihm viele andere Autoren haben jedoch gezeigt, daß Begriffe wie „Aphasie" oder „Alexie" keine reinen Krankheitszustände bezeichnen, sondern Mehrfachbehinderungen. Vielleicht kann man einmal ein charakteristisches Gefüge von Behinderungen spezifizieren, das Kanners Syndrom zugrunde liegt. Abgesehen davon, gehören zu dem Verhalten, das man gewöhnlich als typisch für eine „Hirnschädigung" angibt, nicht die besonderen Eigentümlichkeiten, die an früherer Stelle in diesem Kapitel beschrieben wurden. Deshalb dürfte die Diagnose im Regelfall nicht zweifelhaft sein, sofern sich die beiden Syndrome in einem Einzelfall nicht überlappen.

Schwachsinn

Das intellektuelle Niveau einiger autistischer Kinder liegt anscheinend weit unter dem Durchschnitt. Der Begriff „Schwachsinn" bezeichnet einen Gesamtzustand, der die Folge einer Kombination vieler Ursachen ist, biologischer und sozialer. Er würde z. B. auf ein blindes Kind zutreffen, das keinen Spezialunterricht gehabt hat, dessen intellektuelle Fähigkeiten aber groß sind. „Schwachsinn" ist keine Diagnose. Es gibt Kinder, deren motorische und kognitive Entwicklung insgesamt verzögert ist, und vielleicht könnte man auf sie den Begriff „Schwachsinn" im diagnostischen wie im deskriptiven Sinn anwenden. Diese Kinder zeigen nur wenige klinische Eigentümlichkeiten des kindlichen Autismus, so daß gewöhnlich keine Möglichkeit zur Verwechslung besteht. Gelegentlich kommt es vor, daß ein nicht-sprechendes Kind sekundäre Stereotypien und Manierismen entwickelt, die denen des kindlichen Autismus ähnlich sehen, und dann ist die Diagnose schwieriger. Jedoch findet man „autistisches" Verhalten wie Meidung des Augenkontakts, die Absonderung von anderen, das Fehlen eines richtigen Spielens mit anderen Kindern und die Unfähigkeit, Freundschaften zu schließen – was alles bei autistischen Kindern in einer frühen Phase ihrer Entwicklung sehr ausgeprägt ist – bei Schwachsinnigen nicht so häufig und nicht in solcher Intensität. Es ist natürlich wichtig, auch daran zu erinnern, daß autistische Kinder in ihrem intellektuellen Niveau nicht unbedingt unter dem Durchschnitt liegen müssen.

Mutismus

Angesichts der manchmal geäußerten Vermutung, daß autistische Kinder sprechen können, es aber nicht wollen, lohnt auch die Betrachtung des Zustandsbildes, das als „Mutismus" (Tramer, 1934) bekannt ist. Diese Erscheinung ist sehr selten. In einer großen Kinderklinik, in der 2000 Kinder behandelt wurden, fand man nur vier Fälle (Reed, 1963). Alle vier Kinder zeigten, wenn sie irgendwann einmal sprachen, keine Sprachabnormitäten, auch hatten sie überhaupt kein anderes Symptom des kindlichen Autismus. Es ist wohl unmöglich, die beiden Zustandsbilder zu verwechseln.

„Emotionale Störung"

Der Begriff „emotionale Störung" wird oft so locker gebraucht, daß er fast bedeutungslos ist. Man kann ihn auf praktisch jedes Kind anwenden, das einem Psychiater vorgestellt wird. Auch autistische Kinder werden oft so bezeichnet; dies hat aber keine spezielle diagnostische oder ätiologische Bedeutung. Wegen der charakteristischen Symptomatologie und des typischen Entwicklungsverlaufs beim Autismus gibt es selten irgendwelche Schwierigkeiten, kindlichen Autismus von neurotischen Störungen zu unterscheiden.

Der kindliche Autismus ist oft Kindheitsschizophrenie genannt worden. Es gibt einige Parallelen zum Verhalten bei den nicht-paranoiden Formen der Schizophrenie Erwachsener, bei denen „Autismus" (im Sinne einer aktiven sozialen Absonderung) häufig vorkommt. Außerdem sehen sich Erwachsene, die in Anstalten leben, oft ohnehin ähnlich, und da autistische Kinder durch eine anregungsarme Umwelt besonders beeinträchtigt werden, besitzen sie nach einem mehrjährigen Leben in einer Anstalt vielleicht nur noch sehr wenige spezielle Unterscheidungsmerkmale. Diese Analogien im Verhalten sind ohne diagnostischen Wert und gelten in jedem Fall nicht für solche Kinder, die in ihren Familien aufwachsen und eine angemessene Erziehung erhalten. Keine der speziellen Eigentümlichkeiten der Schizophrenie (wie die einzelnen Formen von Wahnideen oder Halluzinationen oder die katatonen Phänomene) treten bei autistischen Kindern auf, sie entwickeln sich bei ihnen auch nicht im Erwachsenenalter. Es gibt keine erwachsenen schizophrenen Patienten, die in ihrer Kindheit das Kannersche Syndrom gezeigt haben. Sprachstörungen verschiedener Art sind bei der Schizophrenie sehr häufig, aber sie entsprechen bei genauem Vergleich weder der Sprache autistischer Kinder noch der Sprache aphasischer Erwachsener. Keine der gut dokumentierten Untersuchungsreihen hat bei den Verwandten autistischer Kinder ein erhöhtes Risiko für Schizophrenie gezeigt, auch kein erhöhtes Auftreten von Kanners Syndrom bei den Verwandten von Schizophrenen.

„Man könnte soweit gehen und annehmen, daß Kraepelin, hätte er von der Existenz und den Symptomen frühkindlicher Schizophrenie gewußt, er sie höchstwahrscheinlich in eine spezielle Kategorie außerhalb der Schizophrenien Erwachsener eingeordnet hätte" (Kanner, 1954). Man könnte allerdings den noch weitergehenden Schluß ziehen, daß es irreführend ist, die Bezeichnungen „Schizophrenie" und „Autismus" synonym zu gebrauchen, weil es überhaupt keinen Beweis für eine Beziehung zwischen den beiden Syndromen gibt. Der Begriff „Kindheitsschizophrenie" sollte einstweilen nur auf ein Zustandsbild angewendet werden, bei dem ein erkennbares schizophrenes Bild mit Symptomen wie bei Erwachsenen besteht, und das sich in der Kindheit entwickelt – gewöhnlich vor Beginn der Pubertät. Kanner gibt eine illustrative Fallgeschichte auf Seite 732 der dritten Ausgabe seines Buches (1957)[8]. Andere Syndrome mit bizarren Vorstellungsinhalten und Verhaltensstörungen wie die beiden von Despert (1955) und Bradley (1942) beschriebenen Fälle repräsentieren weder die Symptome des frühkindlichen Autismus noch entwickeln sie sich zu einer typischen Schizophrenie; sie werden besser unspezifisch als „Kindheitspsychose" beschrieben.

Welche Behandlung erfolgen kann, wenn eine Diagnose wie „Schizophrenie" gestellt wird – auch wenn nur als Analogie – sieht man am Beispiel des Vorgehens von Bender (1954), die nach eigenen Angaben in 20 Jahren eine Reihe von 850 Fällen gesammelt hat. Sie hielt es für notwendig, „das Kind aus dem angstbesetzten Elternhaus in eine Klinik zu holen" und führte bei 500 Kindern eine Elektroschocktherapie durch, „um die biologische Reifung zu stimulieren, die primitive embryonische Plastizität zu strukturieren, um bei den apathischen autistischen Kindern die Angst aus der Erstarrung zu lösen und um beim pseudo-neurotischen Kind die Angst zu reduzieren". Von den Kindern, die Elektroschocks erhielten, waren 120 noch nicht sieben Jahre alt.

Epidemiologie

Anzahl autistischer Kinder

Die Verbreitung schwerer geistiger Behinderungen ist auf etwas weniger als 4 pro 1000 der Population Zehn- bis Vierzehnjähriger geschätzt worden (Goodman und Tizard, 1962; Kushlick, 1962, 1966). Über die Verbreitung des kindlichen Autismus liegt bisher keine umfassende Untersuchung vor. Die Zahl der dem London County Council bekannten Kinder mit der Diagnose Autismus liegt bei etwa 2 pro 10 000 (Wilson, 1964). Rutter fand vier Fälle bei 9000 Schulkindern in Aberdeen (persönliche Mitteilung). Lotter (1967), der alle Kinder im Alter von acht, neun und zehn Jahren erfaßt hat, die am 1. Januar 1964 im County Middlesex lebten, fand auf je 10 000 Kinder 2,1 Fälle mit dem „Kern"-Syndrom. Weitere 2,4 Fälle pro 10 000 zeigten viele der Eigentümlichkeiten des kindlichen Autismus, so daß sich eine Gesamtverbreitung von 4,5 pro 10 000 ergab. Wenn von den Kindern in Lotters Gruppe nur diejenigen in die Berechnung aufgenommen werden, bei denen eine ganz sichere Diagnose gestellt wurde, dann ist der Anteil mit 2,1 pro 10 000 fast genau so wie bei Wilson.

Auf der Grundlage der Middlesex-Zahlen kann man schätzen, daß es in der Bundesrepublik [9] etwa 1900 Kinder im Alter von 5–15 Jahren mit dem Kernsyndrom und weitere 2100 autistische Kinder mit einem weniger klaren klinischen Bild gibt. Von diesen 4000 Kindern haben schätzungsweise rund 1800 einen feststellbaren Intelligenzquotienten über 55. Viele der anderen sind mit formalen Methoden „nicht testbar", können aber trotzdem für eine spezielle Form der Erziehung sehr gut geeignet sein (siehe Kapitel 5).

Man vergleiche diese Zahl mit denen von rund 1000 blinden, 1250 sehbehinderten, 4300 gehörlosen und 2600 schwerhörigen Kindern, die im Jahr 1969 eine staatlich anerkannte Sonderschule besuchten und dort eine besondere Erziehung erhielten. Das Problem ist deshalb ebenso groß wie bei den anderen Arten der Behinderung. Die wahre Verbreitung des frühkindlichen Autismus ist schwer zu schätzen. Lotters Auswahltechnik war gewissenhaft, aber einige Fälle sind möglicherweise trotzdem nicht erkannt worden. Die Sterblichkeit ist hoch, und Kinder, die vor dem Alter von acht Jahren starben, wurden automatisch ausgeschlossen, ebenso diejenigen, bei denen große Entwicklungsfortschritte stattgefunden hatten und die zur Zeit der Erfassung keine ausgeprägten Symptome mehr aufwiesen.

Stellung in der Geschwisterreihe

Kindlicher Autismus, so wird oft gesagt, findet sich häufiger unter den Erstgeborenen als unter Spätergeborenen (Rimland, 1965), aber eine exakte Untersuchung ist darüber noch nicht angestellt worden. Die einfachste Erhebungsmethode besteht darin, Geschwistergruppen gleicher Größe zu nehmen und die Häufigkeit der Erkrankung für jeden Rangplatz in der Reihe miteinander zu vergleichen. Lotters

Daten zeigen keine Häufung bei den Erstgeborenen; im Gegenteil, es besteht bei größeren Geschwisterzahlen die Tendenz, daß die betroffenen Kinder der zweiten Hälfte der Geschwisterreihe angehören. Die Daten von Pitfield und Oppenheim (1964) bestätigen dieses Ergebnis, zeigen jedoch bei Familien mit zwei Kindern eine Häufung bei den Erstgeborenen. Ein viel größeres Datenmaterial ist aufgrund der Unterlagen der Society for Autistic Children verfügbar, deren Mitglieder vor dem Beitritt einen Fragebogen über ihre Kinder ausfüllen. Aus diesen Unterlagen ergibt sich ein ganz ähnliches Ergebnis wie bei Pitfield und Oppenheim: bei zwei Geschwistern ist häufiger das ältere das autistische Kind, von drei Geschwistern an ist es dagegen häufiger ein Kind in der zweiten Hälfte der Geschwisterreihe.

Die Ergebnisse für andere Gruppen behinderter Kinder sind widersprüchlich. Malzberg (1950), der eine Reihe geistig behinderter Kinder untersucht hat, die in eine Institution aufgenommen waren, fand eine Häufung bei den Erstgeborenen. Hallgren und Sjögren (1959) fanden keine Beziehung zur Stellung in der Geschwisterreihe. Lilienfeld und Pasamanick (1956) fanden ein zunehmendes Risiko mit zunehmendem Rangplatz in der Geschwisterreihe, und Tizard und Grad (1961) eine sehr deutliche Tendenz in der Richtung, daß ein geistig behindertes Kind das letzte in der Geschwisterreihe ist.

Vielfach hat man ein erhöhtes Risiko für die Erstgeborenen gefunden, angefangen bei Totgeburten und dem Tod nach der Geburt (Baird, Walker und Thompson, 1954) bis zur Kindheitsepilepsie (Colver und Kerridge, 1962), zu Alkoholismus (Bakan, 1949) und Angstzuständen (Schachter, 1959). Die Erklärungen reichen von biologischen bis zu soziologischen. Tizard und Grads Erklärung für ihr gegenteiliges Ergebnis besteht (abgesehen vom offensichtlichen Faktor des Alters der Mutter) darin, daß Eltern, die nach mehreren normalen ein behindertes Kind haben, dazu neigen, keine weiteren Kinder mehr zu bekommen. Manchmal könnte dies auch in Familien mit autistischen Kindern geschehen. Wenn das Erstgeborene betroffen ist, gibt es eine Tendenz, wenigstens ein weiteres zu bekommen, in der Hoffnung, daß es normal sein wird [10]. Wenn dagegen ein autistisches Kind nach einem oder mehreren anderen Kindern geboren wird, so wird die Bereitschaft, noch weitere Kinder zu haben, gering sein. Jedoch könnte auch die Tatsache, daß ein erhöhtes Risiko bei der Erstgeburt und dann wieder von der fünften Geburt an besteht, einen Teil der Ergebnisse erklären.

Anteil der Geschlechter

In Kanners Gruppe (1954) gab es 80 Jungen, aber nur 20 Mädchen, Creak und Ini (1960) fanden in einer Reihe von 121 Kindern ein ähnliches Verhältnis von 3,6 : 1, und Annell (1963) bei 115 Kindern das Verhältnis 4,5 : 1. In Lotters Reihe waren die Verhältnisse 3 : 1 in der „Kerngruppe" und 2,8 : 1 in der „gemischten" Gruppe. Das Verhältnis in der Reihe der Society for Autistic Children ist 3,1 : 1.

Auch bei anderen Behinderungen findet man einen hohen Anteil von Jungen, aber das Verhältnis von Jungen zu Mädchen ist selten 2 : 1 oder höher. Malzberg (1954) fand ein Verhältnis von 1,7 : 1 bei Kindern von 5 bis 9 Jahren in New Yorker Einrichtungen für geistig Behinderte. Hallgren und Sjögren fanden ein Verhältnis von 1,6 : 1.

Sehr interessant ist das Ergebnis, daß bei spezifischen Sprachstörungen der Anteil der Jungen oft sehr hoch ist (Orton, 1937). So stellten Ingram und Reid (1956) in ihrer Gruppe aphasischer Kinder ein Jungen/Mädchen-Verhältnis von 5 : 1 fest.

Komplikationen bei der Geburt

Taft und Goldfarb (1964) haben festgestellt, daß bei den Kindern ihrer Untersuchungsreihe Komplikationen bei der Geburt signifikant häufiger als bei deren Geschwistern oder einer Gruppe normaler Schulkinder aufgetreten waren. Lotter hat sein Material nach der gleichen Methode gesichtet und ebenfalls bei den Kindern seiner beiden Fallgruppen I und II eine höhere Anzahl perinataler Komplikationen als bei deren Geschwistern festgestellt. Kanner (1954) hat zwar gesagt, daß kein auffälliges Übergewicht kongenitaler oder perinataler Abnormitäten festzustellen sei, erwähnt aber 11 schwere

Geburten, 4 Kaiserschnitte, 3 Kinder mit Atemproblemen bei der Geburt, ein mit einem Klumpfuß geborenes Kind, ein schielendes, eines, das mit 5 Jahren einen großen epileptischen Anfall (Grand Mal) bekam, und 12 Frühgeburten (wovon 8 bei der Geburt weniger als sechs Pfund wogen).

Körperliches Wachstum

Dutton (1964) und Simon und Gilles (1964) haben eine deutliche Verzögerung des körperlichen Wachstums bei heterogenen Gruppen psychotischer Kinder festgestellt, wobei sie Indices wie Gewicht, Größe und Skelettalter benutzt haben. Die sexuelle Reifung ist anscheinend normal.

Alter der Mutter

Die Vermutung, daß Mütter autistischer Kinder zur Zeit der Geburt dieses Kindes älter als Mütter normaler Kinder sind, ist bisher nicht geäußert worden. Beim Mongolismus besteht ein solcher Zusammenhang ganz eindeutig (Carter und MacCarthy, 1951), ebenso, allerdings in schwächerem Ausmaß, bei anderen pathologischen Erscheinungen (Record und McKeown, 1949; Tizard und Grad, 1961). Lotter hat in der Middlesex-Untersuchung kein Anzeichen für ein relativ hohes Alter der Mütter gefunden: die Verteilung der betroffenen Mütter auf die verschiedenen Altersgruppen war genauso, wie man es aufgrund der allgemeinen Population erwarten würde[11].

Intelligenz und Sozialschicht der Eltern

Kanner (1954) hat auf den hohen beruflichen und intellektuellen Status der Väter und Mütter der ihm bekannten Kinder hingewiesen. Obwohl vermutet wurde, daß dies darauf zurückzuführen sei, daß sich intelligentere Eltern häufiger um eine Beratung bemühen, hält Kanner selbst das für keinen ausreichenden Erklärungsgrund. Denn in seine Praxis sind auch viele weit weniger gebildete Eltern gekommen. Diese hatten keine autistischen Kinder.

Rimland (1965) hat die zahlreichen Beweise dafür zusammengefaßt, daß die Eltern autistischer Kinder tatsächlich überdurchschnittliche Intelligenz besitzen. Pitfield und Oppenheim (1964) haben außerdem festgestellt, daß ein relativ hoher Anteil der Väter höher qualifizierte Berufe ausübt. Mittler und Simon (1963) haben gefunden, daß 33 von 40 Eltern (83 %) die Leistungsstufe I oder II in einem Intelligenztest (Ravens Progressiven Matrizen) erreichten, was im allgemeinen nur bei 20 % der Getesteten der Fall ist. Lotters Erhebung bestätigt ebenfalls den Zusammenhang – 60 % der Väter der Kerngruppe gehörten zu den höchsten Berufsklassen I und II, aber nur 33 % der Väter der „gemischten" Gruppe und 18 % der Gesamtbevölkerung von England und Wales. Lotter testete die meisten Eltern mit dem Mill-Hill-Wortschatztest und fand, daß sowohl die Mütter wie die Väter der Kerngruppe signifikant höhere Leistungen als der Bevölkerungsdurchschnitt hatten. Im Hinblick auf die Schulbildung waren die Ergebnisse ähnlich – 21 % der Mütter und 29 % der Väter der zur Kerngruppe gehörenden Kinder hatten ein Universitätsexamen. Einige Hinweise auf einen Selektionseffekt stammen aus den Unterlagen der Society for Autistic Children, wonach mindestens 33 % der Väter einen Universitätsabschluß haben, und eine weitere umfangreiche Gruppe höhere berufliche Qualifikationen besitzt. Nur 5 % der Väter sind angelernte oder ungelernte Arbeiter.

Derartige Verteilungen findet man natürlich bei Eltern schwachsinniger Kinder nicht. Zwar besteht bei schwerem Schwachsinn kein Zusammenhang mit dem sozio-ökonomischen Status, aber mildere Schwachsinnsformen finden sich viel häufiger bei Kindern unterprivilegierter Familien (Saenger, 1960; Stein und Susser, 1963; Scottish Council for Research in Education, 1953).

Geisteskrankheiten bei den Eltern

Lotter fand bei den Eltern seiner Kerngruppe autistischer Kinder keinen Fall von Schizophrenie, bei den Eltern der gemischten Gruppe nur einen. Es gab in jeder Gruppe einen Fall von Gemütskrankheit. Das bestätigt Rutters Ergebnis (Kapitel 2) und Rimlands Vermutung (1965), daß Psychosen bei den Eltern nicht in erhöhtem Maß vorkommen. Kanner (1954) waren bei 973 Eltern, Großeltern, Tanten und Onkel seiner Gruppe von 100 Kindern nur 13 Fälle einer Psychose bekannt.

Persönlichkeit der Eltern

Rimland (1965) hat eine Anzahl von Beschreibungen zusammengetragen, die in der Literatur verstreut sind, wonach Eltern autistischer Kinder einem Persönlichkeitstypus zugehören, der (je nach den theoretischen Vorlieben des Autors) als entweder begabt, gewissenhaft, tüchtig und zuverlässig oder als über-intellektuell, zwanghaft, bürokratisch und gefühlskalt beschrieben werden kann. Im allgemeinen sind solche Beschreibungen eher anekdotisch oder spekulativ als wissenschaftlich. Zum Beispiel haben Eisenberg und Kanner bei den von ihnen gesehenen Eltern „emotionale Frigidität", „mechanische Art der Kinderpflege", „fast völliges Fehlen emotionaler Wärme" beschrieben. Sie haben behauptet, daß diese Eltern auf die körperlichen Bedürfnisse ihrer Kinder nur mechanisch eingingen, „nach einem System, das die starren Vorschriften des naiven Behaviourismus mit einer Portion Rachsucht anwendet." Es werden weder Zahlenergebnisse zur Stützung dieser Behauptung angeboten (obwohl das beschriebene Verhalten sehr gut meßbar ist), noch werden Kontrolldaten über Eltern aus der gleichen Sozialschicht geboten, die kein autistisches Kind haben. Es hat wohl wenig Sinn, all die anderen Eigenschaften zu katalogisieren, von denen irgendwann einmal gesagt wurde, sie seien für Eltern autistischer Kinder charakteristisch. Creak und Ini (1960) waren nicht der Ansicht, daß es in den Persönlichkeitszügen oder Einstellungen der Eltern ihrer Kindergruppe besondere Abnormitäten gäbe, und Stroh (1962) warnt ausdrücklich vor der „geläufigen, aber irrigen Auffassung", daß die Störungen beim Kind auf mütterliches Versagen oder ungünstige Familienverhältnisse zurückzuführen seien. Auch Mahler (1952) stellt fest, daß nicht allen Eltern autistischer Kinder die Fähigkeit fehlt, ihr Kind zu lieben.

Pitfield und Oppenheim (1964) haben die Mütter von jeweils 100 autistischen, 100 normalen und 100 mongoloiden Kindern Fragebögen ausfüllen lassen, mit denen Einstellungen zur Kindererziehung, z. B. die überfürsorgliche, die ablehnende, die sachliche und die konsequente Haltung erfaßt werden sollten. Die drei Gruppen waren so ausgewählt, daß das Alter der Mutter, die Familiengröße, das Geschlecht und Alter des Kindes, seine Stellung in der Geschwisterreihe und die Sozialschicht gleich waren. In Merkmalen wie der Überfürsorglichkeit, der Ablehnung des Kindes und der Sachlichkeit (die sich durch die Dimension Akzeptierung – Ablehnung darstellen ließen) gab es nur geringe Unterschiede. Jedoch neigten Mütter mongoloider Kinder dazu, auf ihre Kinder „mit etwas weniger Liebe, mit etwas mehr Distanziertheit und mit einer straffen Reglementierung zu reagieren; Mütter psychotischer Kinder lieben ihre Kinder nicht weniger als Mütter normaler Kinder, sie sind aber in manchen Dingen nachgiebiger. Sie sind außerdem in ihrer Einstellung *unsicherer*." Diese Unterschiede beruhen offenbar vor allem auf den unterschiedlichen Eigenschaften der Kinder und nicht auf denen der Mütter[12].

Ursachen des frühkindlichen Autismus[13]

Es gibt viele Spekulationen über die möglichen Ursachen des frühkindlichen Autismus. Manche halten soziale Umwelteinflüsse für die primäre Ursache, andere biologische Faktoren. Die vorhandenen Informationen lassen sich zwar so interpretieren, daß beide Auffassungen unterstützt werden, insgesamt gesehen läßt sich jedoch eine Umwelttheorie sehr schwer aufrechterhalten. Der biologische Standpunkt ist vermutlich besser zu begründen, allerdings liegen bisher kaum Beweise für eine spezifische Pathologie vor.

Die psychogenetische Hypothese

Nach der psychogenetischen Theorie besteht schon vor der Geburt des Kindes bei der Mutter eine Persönlichkeitsstörung, so daß sie nicht in der Lage ist, während der ersten Lebenswochen zu dem sonst ganz normalen Säugling eine liebevolle Beziehung aufzubauen, und dadurch entsteht das, was für die Grundstörung gehalten wird – der „Autismus" – aus dem sich das übrige Syndrom entwickelt. Die Schwächen dieser Anschauung sind folgende:

a) Bei Kindern, die in einer völlig anregungsarmen Umwelt aufwachsen, die z. B. von Geburt an einer schlecht geführten Institution überlassen sind und keine Möglichkeit zur Entwicklung einer stabilen Beziehung zu einem Erwachsenen haben, besteht anscheinend kein erhöhtes Risiko zur Entwicklung von kindlichem Autismus. Es gibt heute eine umfangreiche Literatur mit vielen klinischen Beschreibungen über das Thema der Anregungs- und Kontaktverarmung während der Säuglingszeit. In keiner der Schriften wird die Entwicklung von Kanners Syndrom als eine spezifische Gefahr solcher frühen Umweltverarmungen erwähnt, obwohl viele dieser Institutionen frostigere Bedingungen bieten, als sie die gefühlskälteste Mutter produzieren könnte. Wenn es einen Kausalzusammenhang gibt, so müßte er sich recht allgemein gezeigt haben. Lang andauernde Abnormitäten, die möglicherweise als Folge solcher reizarmen Umwelt entstehen, sind vermutlich eher Retardierungen der Intelligenz und Störungen der Persönlichkeit als spezifische Krankheitssyndrome (Ainsworth, 1962; Bowlby, 1952; O'Connor, 1956; Pinneau, 1955; Stein und Susser, 1960; Yarrow, 1961).
Die Experimente von Harlow (1960, 1961), der Rhesusaffen bestimmte Elemente der mütterlichen Obhut entzogen und lang andauernde Auswirkungen auf die „Persönlichkeit" nachgewiesen hat, erlauben keine Parallelen zum Autismus, nicht einmal als Analogie. Das Verhalten dieser jungen Affen entspricht dem Verhalten autistischer Kinder überhaupt nicht; es ist eigentlich das Gegenteil davon. Es gibt vielleicht im Verhalten von gewissen blinden Kindern oder anderen Kindern mit sensorischen Ausfällen stärkere Ähnlichkeiten zum Autismus, besonders in der Motorik, aber auch diese Kinder werden nicht autistisch.

b) Es gibt keinen wissenschaftlich akzeptierten Beweis für die Vermutung, daß Mütter autistischer Kinder im Vergleich zum Durchschnitt besonders gefühlskalt sind oder besondere Schwierigkeiten haben, eine gute Gefühlsbeziehung zu einem Baby herzustellen. Die Tatsache, daß sie wahrscheinlich überdurchschnittliche Intelligenz besitzen, unterscheidet sie nicht von den vielen anderen Frauen mit gleicher Intelligenz, die keine autistischen Kinder haben. So ist auch die Tatsache, daß ein Fünftel von ihnen Universitätsbildung hat, für sich selbst genommen ätiologisch nicht bedeutsam, weil nahezu alle Frauen mit höherer Bildung normale Kinder haben.

c) Die meisten Mütter eines autistischen Kindes haben außer diesem auch normale Kinder. Von den 272 Geschwistergruppen aus einer früheren Sammlung von Unterlagen der Society for Autistic Children gab es nur in einer einzigen mehr als ein betroffenes Kind, und dabei handelt es sich um eineiige Zwillinge. Gegenwärtig hat die „Society" 521 Geschwistergruppen erfaßt, und nur in 7 davon gibt es mehr als ein autistisches Kind. Es wird leicht vergessen, daß die Eltern autistischer Kinder auch die Eltern normaler Kinder sind. Nach der psychogenetischen Theorie müßte also eine Störung der Mutter-Kind-Beziehung vorliegen, die so gravierend und so spezifisch ist, daß daraus das beschriebene komplexe Syndrom entsteht – jedoch nur bei einem einzigen Kind, das keineswegs vorwiegend das erste ist. Die Beziehungsstörung dürfte also nicht so schwer und so generell sein, daß auch die anderen Kinder betroffen werden. Mit einer solchen Annahme würde die Spekulation aber über den Punkt hinausgetrieben, bis zu dem sie klinisch und wissenschaftlich einen Wert hat.

Abnormitäten des Zentralnervensystems

Der charakteristisch frühe Beginn der Störungen mit Anzeichen für eine Hirnschädigung wie Eßschwierigkeiten und Schreien (Knobloch und Pasamanick, 1959), die Besserung sekundärer Symptome mit zunehmender Reifung, die Korrelation zwischen der Intelligenz im frühkindlichen und im jugendlichen Alter (siehe Kapitel 3), der hohe Anteil von Jungen, die Häufung von Komplikationen während der Schwangerschaft oder bei der Geburt und ganz besonders das Wesen der Wahrnehmungs- und Sprachprobleme selbst – das alles weist auf Störungen bzw. Schädigungen im Zentralnervensystem hin, ganz abgesehen von dem recht häufigen Zusammenhang mit erheblichen neurologischen Krankheitszeichen.

Die Ähnlichkeit in den epidemiologischen Ergebnissen zu anderen Störungen der Kommunikation wie der Entwicklungsaphasie (Ingram, 1960) und anderen spezifischen Sprachbehinderungen (Cole und Walker, 1964) sowie die großen Übereinstimmungen in der Symptomatologie bei diesen Erkrankungen und beim frühkindlichen Autismus helfen leider nicht, eine Hirnschädigung zu lokalisieren. Bei Erwachsenen wären die Symptome ein Anzeichen für eine ausgedehnte und variable Störung der Funktionen der Assoziationsfelder, vielleicht besonders in der dominanten Hirnhälfte, wie Hermelin (siehe Kapitel 6) hypothetisch annimmt. (Allerdings hat Zangwill (1964) auf die Schwierigkeiten hingewiesen, die sich für jede einfache Theorie ergeben, die von der Erscheinung zerebraler Dominanz ausgeht.)

Auch das retikuläre System wurde mit Autismus in Verbindung gebracht. Rimland (1965) nimmt an, daß es nicht funktioniert, Hutt et al. (1965) meinen, daß es eine „Überaktivierung" bewirkt. Die letztere Ansicht beruht hauptsächlich auf der Beobachtung, daß autistische Kinder in einer komplexen Umgebung mehr mit den Armen schlenkern, die Finger verdrehen und ähnliche Bewegungen vollführen als in einer einfacher strukturierten; außerdem gibt es auch in EEG-Aufzeichnungen einige Hinweise darauf. Der ziemlich allgemeine und undefinierbare Begriff der Aktivierung hat bei einem komplizierten Krankheitszustand wie dem kindlichen Autismus wenig Erklärungswert – er ist z. B. zur Erklärung der Sprachstörung ungeeignet. Die Auffassung von Lovaas, daß die motorischen Abnormitäten und manche der absonderlichen Verhaltensweisen gelernte Selbststimulationen sind, ganz ähnlich wie die anderer sensorisch behinderter Kinder, hat viel für sich, läßt allerdings das ätiologische Problem offen.

Spezifische Erkrankungen wie Histidinaemie (LaDu et al., 1963), bei denen eine Sprachstörung vorkommt, haben anscheinend mit dem kindlichen Autismus wenig zu tun. Es gibt einen Bericht über eine Störung des Tryptophan Metabolismus (Heeley und Roberts, 1965), aber es ist nicht klar, ob das eine spezifische Bedeutung hat[14]. Im Chromosomenbestand hat sich keine Abnormität gezeigt (Böök et al., 1963). Zweifellos wird es viele Untersuchungsberichte geben, die auf falsche Fährten führen, bevor diese Probleme schließlich aufgeklärt sind.

Orton (1937) hat 6 Syndrome beschrieben – kindliche Alexie, Agraphie, rezeptive Aphasie, motorische Aphasie, Apraxie und Stottern – die zu verschiedenen Arten von Lernstörungen führen können. Gellner (1959) hat eine Anzahl weiterer Syndrome genannt. Frühkindlicher Autismus entsteht vielleicht aus einer Kombination verschiedener Elemente dieser Syndrome; das Kind würde demnach unter einer Mehrfachbehinderung leiden. Aber ebenso, wie das taub-blinde Kind nicht einfach nur die zusammenaddierten Probleme eines tauben und eines blinden Kindes hat, sondern zusätzliche Schwierigkeiten wegen eines Zusammenspiels beider Behinderungen, so entwickelt das Kind mit visuellen *und* auditiven Agnosien andere klinische Merkmale und verlangt eine andere Art der Behandlung, als wenn die beiden Syndrome einfach nebeneinander bestünden, ohne sich gegenseitig zu verstärken. Lauretta Bender (1958) hat eine ungefähr ähnliche Ansicht vertreten.

Die Bedeutung der relativ hohen Intelligenz der Eltern und des hohen Anteils von Jungen ist ungeklärt. Diese Merkmale scheinen für alle Syndrome dieser Gruppe charakteristisch zu sein. Nach den Unterlagen der Society for Autistic Children kommen Linkshändigkeit und verzögerte Sprachentwicklung in den Familien ziemlich häufig vor. Bestimmt besteht bei vielen Kindern eine „gemischte" Dominanz. Rimland hat die Hypothese aufgestellt, daß ein autistisches Kind das Äquivalent einer Homozygote für hohe Intelligenz in Verbindung mit einer besonders starken Verletzbarkeit durch verschiedenartige Noxen während der Schwangerschaft und Geburt ist. Diese Vermutung ist zwar spekulativ, trägt aber in allgemeiner Weise vielen der bekannten Tatsachen Rechnung.

Wenn aber Rimland mit seiner Vermutung recht hat, daß es ein spezifisches Krankheitsäquivalent für Kanners Syndrom gibt, für das sich ein eigener Erbgang, sowie Wege und Mittel zur Prävention und Behandlung herausstellen werden, dann müßte dasselbe auch für die zahllosen anderen sehr ähnlichen und sich überschneidenden Syndrome zutreffen. Auch unterscheiden sich die Kinder, die fraglos in die Kanner-Gruppe einzuordnen sind, zum Teil sehr: manche haben z. B. ausgeprägte visuelle Störungen, andere nicht, manche haben schwere Apraxien, andere nicht, manche entwickeln überhaupt keine Sprache, bei anderen wird die Sprache normal. Ausprägung und Manifestation auditiver Störungen können sehr unterschiedlich sein. Kanners Syndrom ist als klinische „Einheit" nicht mehr und nicht weniger als das Syndrom „Aphasie" und andere Syndrome dieser Art. Damit soll gesagt werden, daß das genaue Ausmaß und die Art der Hirnschädigung unterschiedlich sein können, daß es spezifische Syndrome mit einem speziellen Erbfaktor geben kann, daß es viele Fälle mit mehrfachen Ursachen geben kann usw. Die Suche nach einer einzelnen Ursache wird sich deshalb in diesem Fall vermutlich als fruchtlos erweisen. Trotzdem ist Rimlands einfachere Lösung so attraktiv und hätte, würde sie als richtig bewiesen, so nützliche Konsequenzen, daß die Forschung zweifellos diesem Weg ebenso wie den anderen nachgehen muß.

Die Verursachung sekundärer Behinderungen

Die Gegenwart eines behinderten Kindes kann starke Auswirkungen auf andere Mitglieder der Familie haben, wie Pitfield und Oppenheim (1964) für die Mütter mongoloider Kinder und Tizard und Grad (1961) für solche Eltern feststellten, die ein geistig schwer behindertes Kind zu Hause behalten und nicht in eine Institution gegeben haben. Andererseits sind autistische Kinder wegen ihrer Mehrfachbehinderung vermutlich besonders schutzlos, und zwar sowohl gegenüber einem besonders starken wie einem besonders schwachen Ausmaß an sozialen und sensorischen Umweltreizen. Zu geringe Anregungen gibt es in denjenigen Institutionen und Schulen für geistig behinderte Kinder, in denen ein großer Mangel an geschultem und erfahrenem Personal besteht und in denen das autistische Kind keine Hilfe beim Aufbau einer Lebenswelt erhalten kann. Zu starke Anregung kann auftreten, wenn Eltern zu viel von ihrem autistischen Kind erwarten oder auf die Verhaltensprobleme falsch reagieren.

Diese Probleme werden in den Kapiteln 8 und 10 detaillierter behandelt, aber es ist angebracht, sie hier zu erwähnen, weil Ursache und Wirkung so häufig verwechselt werden. Eine Mutter, die durch die Schwierigkeiten, mit denen sie fertig werden muß, an den Rand der Verzweiflung getrieben wird – ein schreiendes und destruktives Kind, zu wenig Schlaf, eine fast zerbrechende Ehe, Nachbarn, die sich ständig beschweren, und Verwandte, die ihre Unterstützung versagen – solch eine Mutter erfährt keine Hilfe, wenn man ihre Notlage als Beweis dafür ansieht, daß *sie* der ursprüngliche Grund für die Krankheit des Kindes ist. In solchen Situationen sollte maximale Hilfe angeboten werden, denn gerade in dieser Zeit ist das Risiko am größten, daß sich sowohl beim autistischen Kind wie bei anderen Familienmitgliedern sekundäre Störungen entwickeln. Die vernünftigste Einstellung zu diesem Problem wurde von Orton (1937) klar zum Ausdruck gebracht: „Wenn ein Kind mit irgendeiner chronischen Sprachstörung heranwächst, dann entsteht naturgemäß eine derart große Überlagerung mit emotionalen Problemen, daß in vielen Fällen jeder Versuch, den augenblicklich erkennbaren organischen oder emotionalen Faktoren ätiologische Bedeutung zuzuschreiben, völlig aussichtslos ist." Man muß die Bedeutung aller Komponenten der klinischen und sozialen Situation berücksichtigen – erst dann kann man zweckmäßige Heilmaßnahmen empfehlen.

Kinder von einem anderen Planeten

Ein Teil der Faszination, die von diesen Kindern ausgeht, liegt darin, daß sie wie Kinder von einem anderen Planeten wirken. Das Mysterium und die Magie sind aber eine Illusion. Viele Menschen, die diesen Kindern begegnen, haben das Gefühl, es müsse irgendwo einen Schlüssel geben, der einen verborgenen Schatz freigeben wird. Wer Geduld und Geschick hat, wird tatsächlich einen Schatz finden, aber die Münze wird alltäglich und menschlich sein, nicht pures Gold.

Anhang zu Kapitel 1:
Fallgeschichten und Fotografien

Drei Fallberichte – über Sally, Paul und Clifford (siehe Bilder auf den folgenden Seiten) – werden hier dargestellt, um die Unterschiedlichkeit der Syndrome, die „kindlicher Autismus" genannt werden, zu illustrieren. Sally hat praktisch jedes Symptom, das in diesem Kapitel erwähnt wurde, und die Diagnose „Kannersches Syndrom" war nie zweifelhaft. Paul hat etwas weniger Symptome und ist im visuellen Bereich weniger behindert. Ein Neurologe diagnostizierte bei ihm eine angeborene Hörstörung, ein Psychiater eine schwere geistige Behinderung und eine mögliche Aphasie und ein Kinderarzt eine jugendliche Schizophrenie. Paul kann nicht eindeutig in Kanners Gruppe eingeordnet werden, zeigt aber viele der Eigentümlichkeiten dieser Gruppe. Schließlich ist Clifford ein Junge, der, obwohl als autistisch diagnostiziert, viel weniger Symptome zeigt als Paul, und der dem Kannerschen Syndrom überhaupt nicht zuzurechnen ist.

Dieses Buch handelt von Kindern wie Sally und Paul, aber es sollte klar sein, daß trotz der Unterschiedlichkeit der Symptomatologie und trotz möglicher Schwierigkeiten bei der ärztlichen Diagnose diese drei Kinder in einer Hinsicht grundlegend gleich sind, nämlich darin, daß alle einen qualifizierten heilpädagogischen Unterricht brauchen. Clifford erhielt ihn nicht und leidet nun, im Jugendalter, an den Konsequenzen. Sally erhielt ihn und hat nun schon eine bessere Prognose. Bei Paul begann er ziemlich spät, aber es scheint Hoffnung für ihn zu bestehen, vorausgesetzt, daß seine Erziehung fortgesetzt werden kann, wenn er das Jugendalter erreicht. Der Bericht in Kapitel 12 stimmt in dieser Hinsicht nicht hoffnungsvoll.

Das bedeutet nicht, daß eine medizinische Diagnose (unabhängig von einer Identifizierung der vorhandenen Behinderungen) wertlos ist. Im Gegenteil, wahrscheinlich leiden diese drei Kinder unter klinisch verschiedenen Krankheiten, und so müssen die tatsächlichen Zusam-

menhänge aufgeklärt werden, damit in Zukunft rationale Präventiv-
maßnahmen ergriffen werden können. Trotzdem sind es bei unserer
gegenwärtigen Unkenntnis eher die Ähnlichkeiten als die Unterschiede, die Eltern, Ärzten, Lehrern und anderen, die den Kindern
heute helfen wollen, so sehr auffallen. Wegen dieser Ähnlichkeit sollten Neurologen, Kinderärzte und Psychiater alle darin überein-
stimmen, daß ein spezieller heilpädagogischer Unterricht erforderlich ist.

Die Fallgeschichten der in den übrigen Fotografien gezeigten Kinder
werden nicht gebracht. Fast alle Kinder sind ähnlich wie Sally und
Paul. Allerdings ist die spezielle Struktur der Behinderungen bei
jedem anders – keine zwei Kinder sind völlig gleich.

1. Sally (geb. am 23. 11. 1956)

Beide Eltern sind erfolgreiche Akademiker. Die Mutter war bei der
Geburt des Kindes 28 Jahre alt; es gab keine Komplikationen mit
Ausnahme einer geringen Hypertension in den letzten Monaten der
Schwangerschaft. Die Mutter ist rechtshändig, ihre Sprachentwick-
lung war normal. Der Vater ist rechtshändig und -füßig, aber links-
äugig. Über seine Sprachentwicklung ist nichts bekannt. Sally ist ein
Einzelkind, ist beidhändig und linksfüßig. Sie hat einen Cousin,
dessen Sprache sich auffällig spät entwickelte, aber jetzt normal ist.
Zwei andere Cousins sind linkshändig, einer hat eine schwache Dyslexie.

Bei der Geburt schien Sally ein normales, gesundes Baby zu sein, jedoch saugte sie zunächst sehr schlecht. Die Schwierigkeiten bei der
Nahrungsaufnahme bestanden bis zum Alter von 3 Monaten, danach
wurde es besser, und mit 6 Monaten war die Nahrungsaufnahme gut.
Jedoch entwickelten sich während des ersten Lebensjahres überhaupt
keine festen Gewohnheiten in Nahrungsaufnahme, Schlaf und Aus-
scheidung. In manchen Nächten schlief Sally 15 Stunden lang und in
anderen nur 2 oder 3 Stunden. Regelmäßig hatte sie längere Schrei-
perioden, wodurch es im frühen Säuglingsalter gelegentlich zu Nasen-
bluten kam. Am meisten Besorgnis erregte dabei, daß man sie selbst
durch Streicheln, Liebkosungen und Schaukeln nicht beruhigen

konnte. Wenn sie wach war, war sie sehr aktiv und bewegungs-
freudig.

Das Schreien nahm langsam ab. Allerdings kam es bis zum Alter von
2 Jahren, in dem sie ihr Mittagsschläfchen aufgab, oft vor, daß sie
unmittelbar nach dem Aufwachen etwa eine halbe Stunde laut schrie
und nicht zu trösten war.

Sie begann mit 8 Wochen zu lächeln, und mit 16 Wochen kicherte sie
voller Vergnügen, wenn sie gekitzelt wurde oder die Mutter mit ihr
Hoppe-hoppe-Reiter spielte. Wenn sich ihr aber jemand näherte, so
gab es keinerlei Anzeichen, daß sie erwartete oder sich darauf ein-
stellte, aufgenommen zu werden, selbst bei ihrer Mutter nicht. Gleich
nach der Geburt war ihr ein Teddybär geschenkt worden, und von
vier Monaten bis zu sieben Jahren war dies ihr unzertrennlicher Ge-
fährte. Wenn er verlegt war, schrie sie so lange, bis er wieder gefunden war.

Abgesehen davon, hatte Sally wenig Interesse an Spielzeug. Sie verbrachte viel Zeit damit, an der Bespannung des Kinderwagens zu
kratzen oder auf verschiedenartige Oberflächen zu klopfen. Auch
war sie von hellen Lichtern fasziniert.

Sie war für körperlichen Kontakt und Kitzelspiele immer zu haben,
aber sie zeigte ihren Eltern nie irgendwelche Dinge, auch hatte sie gar
kein Interesse an ihrer unmittelbaren Umgebung.

Die Stadien der motorischen Entwicklung, das Zahnen und das selb-
ständige Essen waren ganz normal. Die Reinlichkeitserziehung war
erst mit 5 Jahren abgeschlossen, weil sie schrie, wenn sie auf den Topf
gesetzt wurde, aber ihre Eltern nahmen diese Anlegenheit gelassen
auf. Sally schien ihre Furcht eines Tages ganz plötzlich verloren zu
haben und war von da an fast sauber.

Das Alter von zwei bis fünf Jahren war das schwerste. Bis zum Alter
von drei Jahren, in dem sie einige Wörter lernte, sprach Sally nicht.
Sie hatte kein Sprachverständnis, reagierte nicht auf ihren Namen,
hielt sich die Ohren zu, wenn sie laute Geräusche hörte, und hatte
Schwierigkeiten, die Richtung, aus der Laute kamen, zu lokalisieren.
Es wurde oft gefragt, ob sie taub sei, aber sie konnte das Rascheln
eines dünnen Papierstückchens hören und darauf reagieren. Ihr einziges Kommunikationsmittel war, jemanden bei der Hand zu nehmen und ihn zu den Dingen zu führen, die sie haben wollte.

Sie sah durch Menschen hindurch und an ihnen vorbei, aber sie sah sie nicht an. Sie konnte anscheinend unbewegte Objekte nicht sehen, selbst wenn sie sie haben wollte, aber sie fand sie sehr schnell, wenn sie sich bewegten. Sie ging die Treppe hinunter und fuhr sogar auf ihrem Dreirad, anscheinend ohne hinzusehen, wohin sie sich bewegte, fiel aber nicht hin, lief oder fuhr auch nicht gegen irgendwelche Hindernisse. Sie untersuchte Gegenstände, indem sie sie nah an ihre Augen und dann weit weg hielt und sie am Rand ihres Gesichtsfeldes drehte und wendete. Sie untersuchte Gegenstände auch, indem sie sie betastete, beleckte und beroch. Sie schien Freude am Gefühl glatter Oberflächen zu empfinden. In dieser Phase schien sie unempfindlich gegenüber Schmerz, Hitze und Kälte. Sie lief dünn bekleidet nach draußen und empfand anscheinend kein Unbehagen. Sie schrie nicht, wenn sie sich stieß, sondern schien nur verwundert. Sie hatte keine Furcht vor realen Gefahren.

Sie sammelte Gegenstände wie Steine, Blätter und Plastikflaschen und schrie, wenn sie verloren gingen oder weggenommen wurden. Oft ordnete sie diese in langen Reihen, manchmal in speziellen Mustern. Sie bestand darauf, dieselben wenigen Kleidungsstücke jeden Tag zu tragen. Beim Spazierengehen schrie sie, wenn man um eine Ecke gehen mußte.

Sally war etwas hyperaktiv, aber die auffälligste Abnormität waren ihre sonderbaren, besonders bei Erregung auftretenden Bewegungen wie Hüpfen, mit Armen und Beinen zappeln, Grimassen schneiden. Sie neigte dazu, auf den Zehenspitzen zu gehen, wirkte in ihren Bewegungen graziös, war aber mit den Fingern ungeschickt. Sie war aktiv und vertieft in ihre eigenen, oft destruktiven Unternehmungen. Sie ignorierte andere Kinder vollständig und schien auch ihre Eltern überhaupt nicht zu beachten – allerdings verschlechterte sich ihr Verhalten, wenn die Eltern weggingen, so daß sie doch ein gewisses Bewußtsein von deren Gegenwart haben mußte. Sie war ein trauriges Kind, manchmal stand sie niedergeschlagen mit tränenüberströmtem Gesicht da, als ob alles für sie zu viel sei. Ihre einzige wirkliche Freude war Musik. Sie hörte gern Schallplattenaufnahmen und konnte gut singen. Sie hatte Freude an speziellen Klängen wie dem Echo und den Geräuschen mechanischer Spielzeuge.

Nach dem Alter von 5 Jahren zeigten sich erste Anzeichen einer Besserung. Ihre Eltern hatten erkannt, daß Sallys Grundproblem das fehlende Sprachverständnis war; sie versuchten, ihr durch entsprechendes Verhalten zu helfen, soviel wie möglich zu verstehen. Sallys Wortschatz in Substantiven und Verben wuchs und verbesserte sich bei sorgfältiger Unterweisung. Ihre Sprache war größtenteils echolalisch, aber sie lernte auf diese Weise einige nützliche Sätze, obwohl die Pronomen darin vertauscht waren („Du möchtest essen" usw.). sie lernte bald, „nein" zu sagen, aber erst mit neun Jahren begann sie mit dem „ja". Eine Bestätigung drückte sie vorher durch die Wiederholung des betreffenden Ausdrucks aus (F: „Möchtest du etwas zu trinken?" A: „Du möchtest trinken."). Das Schreien hat seit dem Alter von 5 Jahren stark nachgelassen, sie ist aber sehr aufgebracht, wenn sie nicht verstehen kann, was von ihr erwartet wird. Ihre Fähigkeit, von ihren Augen Gebrauch zu machen, ist seit dem Alter von 6 Jahren außerordentlich gewachsen, und seitdem hat sie Freude daran, Bilder in Büchern anzusehen, die vorher für sie uninteressant waren.

Sally hat immer mit sich selbst „geschwatzt" und schon vor dem Sprachbeginn Laute produziert. Als sie sprechen konnte, wiederholte sie echohaft Ausdrücke von anderen Personen, lange nachdem sie diese gehört hatte. Sie benutzte dabei sehr flüssig die genauen Akzente der Sprecher. Wenn sie versuchte, sich selbst spontan auszudrücken, waren ihre eigenen Sätze ganz anders als die echohaft wiedergegebenen, sie kamen zögernd, monoton, enthielten nur die wichtigsten Wörter und wurden anscheinend mit größter Anstrengung hervorgebracht. Sie verwechselte häufig die Namen von Gegenständen, die zusammen vorkommen wie „Messer und Gabel" und „Bürste und Kamm", obwohl sie die Gegenstände selbst nicht verwechselte. Kannte sie den Namen für ein Ding nicht oder konnte sie sich nicht daran erinnern, so versuchte sie, eigene zu erfinden wie etwa „Hund-Häschen" für Känguruh und „Kerze" für einen Pilz mit seinem Stiel.

Mit der Entwicklung der Sprache verwandelte sich Sally aus einem traurigen und verschlossenen Kind in ein sehr liebevolles und glückliches kleines Mädchen. Ihr Sozialverhalten wurde besser, und sie schien am Leben Freude zu haben. Sie sammelte immer noch nutzlose Gegenstände wie Blechdosen und Holzstückchen, aber sie händigte sie ohne Protest aus, wenn ihre Eltern der Ansicht waren, daß sie sie nicht haben sollte. Sie kam mit sieben Jahren zur Schule und gewöhnte sich schnell an die Gegenwart anderer Kinder, obwohl sie immer noch nicht mit ihnen spielte. Zuerst widersetzte sie sich aufs heftigste den Versuchen, ihr etwas beizubringen. Heute kennt sie die Buchstaben und Zahlen und liest die ersten Wörter. Nach den Beobachtungen ihrer Lehrer ist sie schnell und eifrig beim Lernen, allerdings leicht entmutigt, wenn sie auf Schwierigkeiten stößt. Sie hat z. B. eine schwache Dyslexie, und es fällt ihr recht schwer, Bewegungen und Gesten anderer Personen zu imitieren. Sie kann sich immer noch nicht selbständig beschäftigen, beteiligt sich aber an konstruktiven Tätigkeiten wie Zeichnen, Zusammensetzen von Puzzles, usw. oder hilft in Haus und Garten, sofern sie angeleitet und beaufsichtigt wird.

Ihre körperliche Gesundheit ist ausgezeichnet, die einzigen bemerkenswerten Erkrankungen waren ein hohes Fieber infolge einer Impfung mit 6 Monaten und schwere Masern mit 4 Jahren. Sowohl ihre Eltern wie ihre Lehrerin haben Freude an ihren Fortschritten. Keiner, der sie heute zum ersten Mal treffen würde, würde sie „autistisch" nennen.

2. Paul (geb. am 15. 3. 1952)

Der Vater hat eine höhere technische Bildung und besitzt ein eigenes Unternehmen; die Mutter ist Sekretärin. Sie war 28, als Paul geboren wurde. Es gab während der Schwangerschaft keine Komplikationen. Die Mutter ist rechtshändig und -füßig, aber linksäugig. Ihre Sprachentwicklung war normal. Der Vater ist rechtshändig, rechtsfüßig und rechtsäugig. Über seine Sprachentwicklung ist nichts bekannt, aber er hat Schwierigkeiten mit der Rechtschreibung. Paul hat einen 19 Monate jüngeren Bruder, der linkshändig, linksfüßig und rechtsäugig ist und unter einer schweren Dyslexie leidet. Pauls Onkel (der Bruder seines Vaters) hat eine Kindheitsgeschichte, die an eine schwache Form von Autismus erinnert, und ist immer noch ein ruhiger, ungeselliger Mensch. Eine Tante (die Schwester seiner Mutter) ist linkshändig und hatte als Kind eine verzögerte Sprachentwicklung, Schwierigkeiten bei der Artikulation und eine Dyslexie.

Die Geburt war normal, aber Paul schrie nach der Geburt nicht und hatte in den ersten sechs Wochen zweimal eine Cyanose. In den ersten drei Monaten war er ein schläfriges Baby und saugte schlecht. Danach wurde er lebhafter, zärtlicher und ansprechbarer. Er hatte Freude an den üblichen Babyspielen und zeigte immer großes Verlangen, auf den Arm genommen zu werden. Mit acht Monaten imitierte er Laute. Als er etwa zehn Monate alt war, stellte man fest, daß er viel Zeit damit verbrachte, an der Bespannung seines Kinderwagens zu kratzen und auf Oberflächen zu klopfen. Mit einem Jahr begann er plötzlich zu schreien, wenn er eine nackte elektrische Glühbirne sah (gleich, ob sie leuchtete oder nicht). Mit ungefähr 14 oder 15 Monaten schien Paul allmählich auf andere Menschen immer weniger zu reagieren und hörte schließlich auf, sie überhaupt anzusehen. Während dieser Zeit verlangte er, daß seine Mutter ständig seine Hand hielt, während sie ihn im Kinderwagen schob. Sie wußte, daß etwas nicht in Ordnung war, und versuchte verzweifelt, ihm zu helfen, erhielt aber von denen, an die sie sich um Hilfe wandte, keinen brauchbaren Rat.

Paul fing an, in seinem Kinderwagen und Bettchen zu schaukeln und zu hopsen. Wenn er am Tag aus dem Schlaf erwachte, kam es vor, daß er laut schrie und nicht zu beruhigen war. Obwohl er vorher seinen eigenen Namen gekannt und darauf reagiert hatte, schien er nun taub zu sein, wenn er gerufen wurde. Er hatte „Mum" und „Dad" gebabbelt, aber das verschwand. Er zeigte seine Wünsche, indem er die Menschen bei der Hand nahm und sie zu dem betreffenden Gegenstand hinführte. Er war von einigen mechanischen Geräuschen fasziniert, hielt sich aber die Ohren zu, um andere nicht zu hören. Er ignorierte Sprache, konnte aber auf das Rascheln eines dünnen Papierstückchens reagieren. Viele Menschen fragten, ob er taub sei. Er hatte immer Freude an körperlichem Kontakt, Balgereien und Kitzeleien und schien ganz normal, wenn man so mit ihm spielte, wurde aber unmittelbar darauf wieder still und abweisend.

Als er 19 Monate alt war, wurde sein Bruder geboren; Paul zeigte kein Interesse an ihm. Er war von metallenen Gegenständen fasziniert, die er selbst heute noch gern sammelt. Dosen und Dosendeckel bog er gern zu halbmondförmigen Gebilden, wobei er beträchtliches Geschick zeigte. Er spielte mit buchstabenförmigen Bausteinen und sortierte sie; die „A"s in einen Haufen, die „B"s in einen anderen, usw. Er sah nicht auf die Bilder in Büchern, starrte aber auf das Gedruckte, und auch beim Fernsehen war er an der Schrift interessiert, aber nicht an den Bildern.

Er war imstande, winzige Details der Dinge seiner Umwelt zu sehen, aber seine Mutter hatte das Gefühl, daß er große Objekte (wie etwa ein Pferd), die ihm auf der Straße gezeigt wurden, nur schwer erkennen konnte.

Er untersuchte Gegenstände durch Tasten, Lecken und Riechen und liebte das Gefühl glatter Oberflächen. Wenn er erregt war, hüpfte er, grimassierte und schlug mit den Armen.

Es gab bei ihm nie irgendein besonderes Beharren auf routinehaften Abläufen. Spezielle Ängste waren ausgeprägt, beginnend mit der Glühbirne bis hin zur Furcht vor einer Zuckerdose im Alter von 10 Jahren.

Er hatte Freude an Musik und konnte mit 3 Jahren Kinderreime mit perfekter Melodieführung singen. Er hatte es gern, wenn seine Mutter ihm singend etwas über Dinge erzählte – er schien es so besser zu verstehen.

In jüngerem Alter zeigte Paul keinen Widerstand, etwas Neues zu lernen. Er hatte Freude daran, wenn ihm etwas beigebracht wurde (mit visuellen, nicht auditiven Methoden), und so konnte er mit $3^1/_2$ Jahren in einen kleinen privaten Kindergarten gehen, in dem ihm viel Verständnis entgegengebracht wurde. Schon am ersten Tag zeigte sich, daß das Montessori-Material für ihn gut geeignet war.

Pauls Eltern stellten fest, daß er keine Notiz nahm, wenn sie zu ihm sagten: „Mach die Tür zu." Wenn sie aber auf die Tür zeigten und das Türschließen durch eine Geste andeuteten, gehorchte er. Sie erkannten, daß er kein Sprachverständnis hatte, und beschlossen, ihm auf andere Art ein Verständnis zu vermitteln. Mit 4 Jahren begann er mit dem Versuch, wieder Wörter zu sagen, aber er hatte starke Artikulationsschwierigkeiten. Seine Mutter zeigte auf Gegenstände und sagte Namen, und Paul sprach es nach, so gut er konnte. Sie stellte auch Verben dar, und sein Vokabular wuchs beträchtlich. Es fehlten darin aber Wörter wie „der", „aber", „zu", ferner abstrakte

Begriffe, die nicht demonstriert werden konnten. Er neigte dazu, Sätze oder Satzteile sofort nachzusprechen, hatte aber keine verzögerte Echolalie. Er lernte „nein" zu sagen, benutzte aber selten „ja", sondern wiederholte statt dessen die entsprechenden Wörter der Frage. Er vertauschte manchmal die Pronomen, bezeichnete sich selbst aber gewöhnlich als „Paul". Heute sagt er gewöhnlich „ich". Er sprach manchmal zum Spaß in einer rauhen Stimme oder in einem leisen Flüsterton.

In der Schule lernte er in einer Woche die Namen der Groß- und Kleinbuchstaben, später lernte er Wörter aus drei Buchstaben. Er begann vor seinem 5. Geburtstag zu lesen und las mit sechs Jahren flüssig. Danach bat er seine Mutter, ihm jedes neu gehörte Wort aufzuschreiben, denn er lernte die Wörter viel leichter, wenn er sie sah, als wenn er sie hörte. Er konnte bis zur 7 subtrahieren, multiplizieren und dividieren. Sein Verhalten in der Schule, das am Anfang sehr unruhig und schwierig gewesen war, wurde fast normal. Mit 8 Jahren hätte er in eine höhere Klasse überwechseln sollen, wurde aber zurückbehalten, weil trotz seiner ausgezeichneten Rechenleistungen und trotz seiner Lesefertigkeit sein Sprachverständnis sehr gering war. Er wurde überaus unglücklich, als er erkannte, daß er behindert war, und zum ersten Mal zeigte er Widerstand gegen das Lernen.

Er wurde zu einer Spezialschule für Kinder mit Problemen dieser Art geschickt, aber die dortigen Mitarbeiter hatten theoretische Bedenken gegenüber einem direktiven heilpädagogischen Vorgehen. Als ihm die Anregung fehlte, zog Paul sich immer mehr in sich zurück und schien die bisher erworbenen Fähigkeiten zu verlieren.

Er verließ diese Schule und ging in eine andere, in der ein heilpädagogischer Unterricht für wesentlich gehalten wird. Dort macht er nun gute Fortschritte.

Er ist ein ruhiges Kind und immer recht traurig, weil er weiß, daß er nicht so ist wie normale Kinder. Sein Vokabular ist gut, aber seine Satzkonstruktion und Grammatik sind schlecht, weil ihm die Fertigkeit im Gebrauch gesprochener Sprache fehlt. Seine Artikulationsprobleme sind geringer geworden, und seine Sprechweise ist nun ziemlich gut. Er kann eine Unterhaltung verstehen, wenn sie sorgfältig auf ihn zugeschnitten ist und nur solche Wörter enthält, die er gelernt hat. Andererseits ist er ausgezeichnet im Rechnen, in Holz- und

Es ist nahezu unmöglich, die Prognose während des ersten Lebensjahres zu stellen.

Bild 1: Sally, 10 Monate

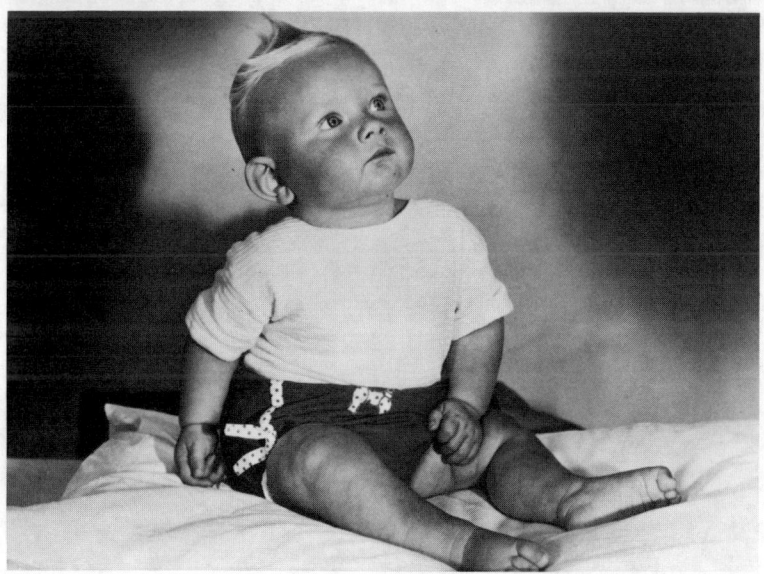

Bild 2: Laurence, 7^1/$_2$ Monate

Der Gesichtsausdruck der Kinder ist gewöhnlich ernst oder sogar traurig, besonders wenn sie nicht zu Hause sind. Viele haben einen verwirrten Blick.

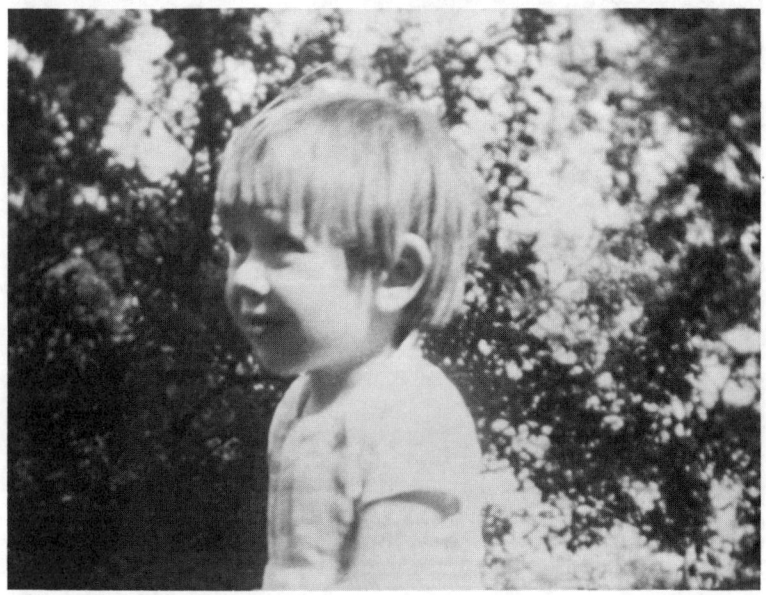

Bild 3: Sally, 3½ Jahre

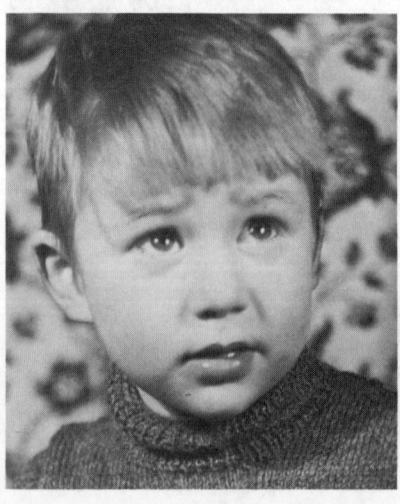

Bild 4: Paul, 5 Jahre

Die Kinder sehen oft attraktiv aus.

Bild 5: Tom, 6 Jahre

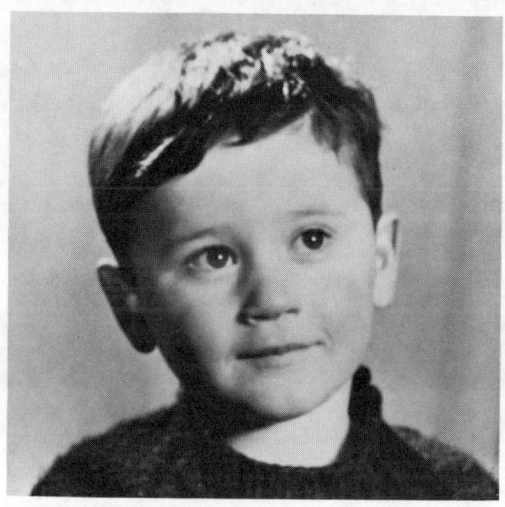

Bild 6: Martin, 3 Jahre

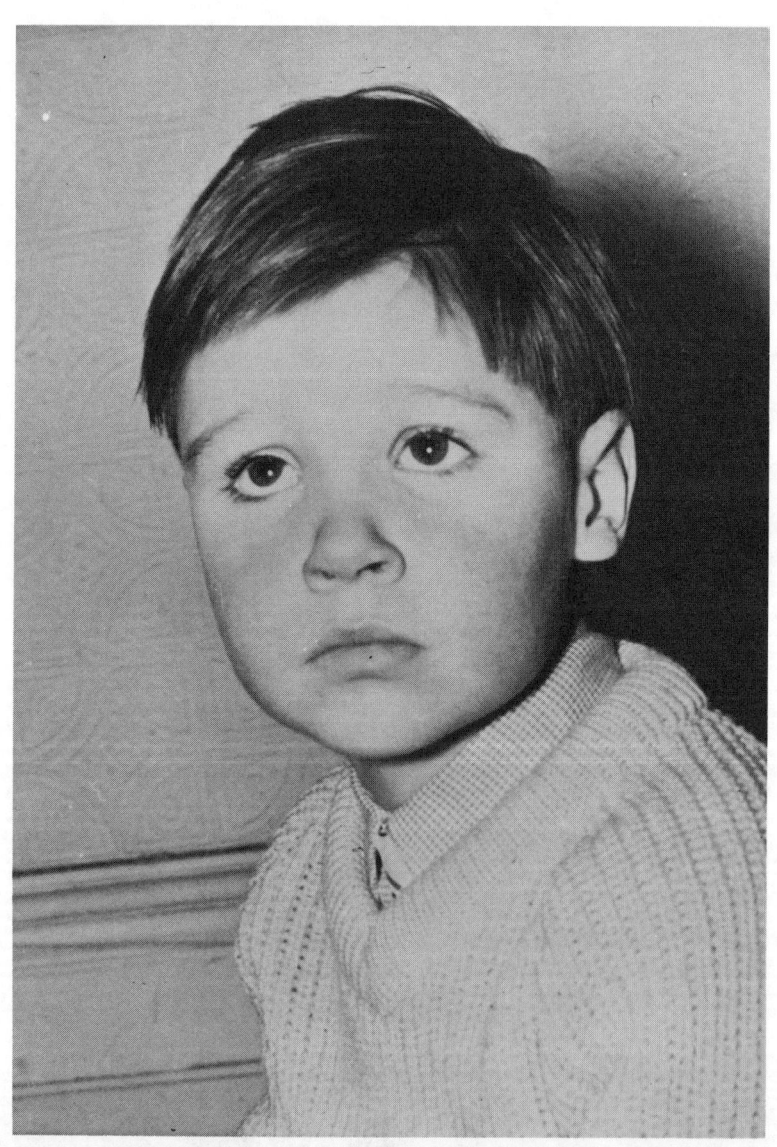

Bild 7: Gordon, 3 Jahre

Bild 8: Paul, 11 Jahre (Man beachte, daß er das linke Auge benutzt)

Bild 9: Clifford, 17 Jahre

Bild 10: Sally, 8 Jahre, als sie immer noch gerne Backsteine sammelte.
Man beachte die Bewegung von Händen und Gesicht.

Bild 11: In einer vertrauten Umwelt ist der „Autismus" viel geringer.
Charles und seine Lehrerin

In der Schule

Bild 12: Sally beim Springen

Bild 13: Adam, Sally und Paul in der Schlagzeuggruppe

Bild 14: Adam auf der Schaukel

Die Kinder können normale Tischmanieren lernen.

Bild 15: Charles (7 Jahre) kann Messer und Gabel benutzen

Bild 16: Sally (9 Jahre) hat gerade erst gelernt, etwas mit dem Messer zu zerschneiden, geht aber mit Gabel und Löffel geschickt um.

Bild 17: Elisabeth (7 Jahre) kann Mengen bis zu 10 legen und die entsprechenden Kärtchen zuordnen.

Bild 18: Paul schreibt mit der Maschine viel geschickter als mit der Hand.

Bild 19: Viele autistische Kinder lernen ziemlich leicht, sich mit „Hundepaddeln" über Wasser zu halten, haben aber Schwierigkeiten, die schulmäßigen Bewegungen nachzuahmen. Auch andere Apraxien sind oft vorhanden.

Bild 20: Formen zu malen und zu zeichnen ist ebenfalls äußerst schwierig.

Metallarbeit; er hat Klassen für Metallarbeit in einer Technical School besucht. Er verhält sich gut – das einzige Problem ist sein Kummer und Ärger, wenn er Wörtern und Situationen ausgesetzt ist, die er nicht verstehen kann. Es besteht die Hoffnung, daß er seine praktischen Fähigkeiten wird einsetzen können, um nach dem Schulaustritt eine Beschäftigung zu finden, aber er wird eine lange und sorgfältige berufliche Ausbildung brauchen.

3. Clifford (geb. 21. 8. 1947)

Der Vater ist ein ehemaliger Offizier der Armee, die Mutter hat eine verantwortliche Stellung in der Verwaltung. Beide haben eine höhere Schulbildung. Beide sind rechtshändig und hatten selbst keine Verzögerungen in ihrer Sprachentwicklung; allerdings hatte der Vater einige Mühe mit dem Lesen und Schreiben und schaffte es mit 13 Jahren nur mit Mühe, in die Grammar School zu kommen, machte dann aber rasche Fortschritte. Die Mutter war 20, als Clifford als ältestes von 4 Kindern nach normaler Schwangerschaft und Entbindung geboren wurde. Alle Geschwister sind rechtshändig und rechtsfüßig, aber Clifford ist beidhändig. Der zweite Junge, Richard, hat etwas Schwierigkeiten im Rechtschreiben (Vertauschung von Silben und Verwechslung von Buchstaben wie „b" und „p"). Er hat eine zögernde, stoßweise Art zu sprechen, was sich – wenn er verlegen ist – sehr ähnlich wie bei Clifford anhört. Richard ist sonst normal.
Clifford saugte von Geburt an nicht richtig und brauchte einen Nuckel mit sehr großem Loch. Er schrie während der ersten zwei Monate sehr viel und war anscheinend in der Nacht lebendiger als am Tag. Er schien auf seine Eltern nicht zu reagieren und streckte ihnen nicht die Arme entgegen, in Erwartung, aufgenommen zu werden. Auch zeigte er nicht auf Gegenstände und reagierte nicht mit irgendwelchen Lauten auf vorübergehende Menschen. Er war ein ruhiger Säugling, der gut schlief und auf dem Arm anschmiegsam war. Er saß mit 10 Monaten, stand mit 2 Jahren und lief mit $2^{1}/_{2}$ Jahren, jedoch sehr unsicher. Seine ersten Wörter kamen mit 2 Jahren und waren klar ausgesprochen, aber die Sprache entwickelte sich nie richtig. Er hatte eine ausgeprägte Echolalie und wiederholte häufig

immer dieselben Ausdrücke, auch hatte er große Schwierigkeiten bei der Benennung von Dingen. Seine Aussprache war schlecht, man konnte ihn manchmal schwer verstehen; er selbst wußte aber, was die von ihm gesprochenen Wörter bedeuteten. Er vertauschte nie die Pronomen und hatte keine Schwierigkeiten beim Gebrauch des „ja". Seine Eltern waren sicher, daß er weit mehr verstehen als selbst ausdrücken konnte. Aus diesem Grund zog er es vermutlich vor, still zu bleiben. Es gab z. B. oft lange Pausen, ehe er auf Fragen antwortete.

Zunächst sah er gewöhnlich an Personen und Gegenständen vorbei und schien Dinge nicht zu erkennen. Er wurde aber nie für taub gehalten, zeigte nie besonderes Interesse für spezielle Laute oder visuelle Strukturen und hatte nie spezielle Freude an Berührung, Geschmack oder Geruch von Gegenständen. Wenn er erregt war, schlenkerte er mit den Armen und verdrehte seine Handgelenke; es gab aber sonst bei ihm keine charakteristischen motorischen Bewegungen. Seine Muskulatur wirkte immer sehr kraftlos. Er hatte keine spezielle Sammelleidenschaft und bestand *nicht* auf besonderen Routineabläufen, entwickelte aber sehr früh ein leidenschaftliches Interesse für Autos und konnte aufgrund eines Kotflügels, wenn nicht gar einer Radkappe, die Bauart und das Baujahr eines jeden Modells erkennen. Er hat dieses Interesse nie verloren. Außerdem hatte er große Freude an jeder Art von Musik.

Sein Verhalten war nie laut oder lärmend, destruktiv oder erregt, er war im Gegenteil sehr sanft und ruhig. Er konnte nicht mit anderen Kindern spielen, stand aber unsicher und etwas verwirrt blickend am Rand der Gruppe. Er war ein lieber Junge, besaß einen stark ausgeprägten Sinn für Humor und hatte eine starke Bindung zu seinem zwei Jahre jüngeren Bruder Richard. Es gab bei ihm keinen „Autismus". Er hatte kein Bewußtsein für Gefahren. Wenn er schrie, kamen keine Tränen, obwohl sein Gesichtsausdruck und sein Geschrei normal waren.

Mit 5¹/₂ Jahren lernte er lesen, was er immer relativ gut konnte. In den meisten anderen Dingen war er zurück. Für seine Eltern war der „Mangel an Initiative" das auffälligste – man mußte ihn ständig auffordern, irgend etwas zu tun. Er wurde zu verschiedenen Zeiten als geistig retartiert, autistisch und psychotisch diagnostiziert und bis zum Alter von 17 Jahren mit finanzieller Unterstützung der lokalen Schulbehörde in zwei Heimschulen geschickt. Intelligenztests ergaben gewöhnlich einen IQ-Wert von etwas über 50.

Als wir ihn mit 17 Jahren gesehen haben, war er gerade wegen „Mangel an Initiative" als „nicht bildungsfähig" eingestuft worden. Er sah wie ein Kind von zwölf aus, hatte eine Cryptorchidie, hypertonische Muskulatur und eine Hyperextensibilität der Gelenke. Er war freundlich und bereitwillig, alles richtig zu machen, aber ungeschickt und langsam. Er konnte beschreiben, wie man mit dem Bus zum Krankenhaus fährt und konnte einfache Sätze gebrauchen, hatte aber große Schwierigkeiten bei der Artikulation. Er bewegte seine Lippen in der entsprechenden Weise, bevor er die Wörter herausbrachte, was dann meist explosiv geschah. Er zeigte eine starke Leistungsstreuung in psychologischen Tests. Im Wechslertest war der verbale IQ-Wert 57 und der Handlungs-IQ 53 Punkte. Sein Lesealter war 13;7, aber er versagte bei vielen Wörtern wie „Möbel", während er schwierige wie „nautisch" oder „Dinosaurier" konnte. Ein Lerntest (Paar-Assoziationen) für Kinder ergab durchschnittliche bis überdurchschnittliche Werte. Bei Handgeschicklichkeitstests war er sehr langsam.

Es gelang nicht, für ihn eine Möglichkeit für seine weitere Ausbildung oder einen weiteren heilpädagogischen Unterricht zu schaffen. Andererseits war er wegen seiner Kindlichkeit in Körpergröße, Aussehen und emotionalem Entwicklungsstand offensichtlich für eine beschützende Werkstätte oder ähnliche Einrichtung ungeeignet. Er wurde einer psychiatrischen Tagesstätte zugewiesen, obwohl man sich darüber klar war, daß dies keine ideale Einrichtung für die Beobachtung seiner Entwicklung und für eine heilpädagogische Arbeit war. Er kann selbst dorthin fahren, wenn ihn jemand zum Bus bringt. Sein weiteres Schicksal bleibt ungewiß.

Kapitel 2
Charakteristische Verhaltensweisen und kognitive Funktionen psychotischer Kinder

Michael Rutter

Man hat bisher im Verständnis psychotischer Erscheinungen in der Kindheit so schwer Fortschritte erzielen können, weil es keine klaren Definitionen der Syndrome gibt, die unter den allgemeinen Bezeichnungen „Autismus", „Psychose" oder „Schizophrenie" zusammengefaßt werden. In vielen Berichten über solche Zustandsbilder fehlt die Angabe expliziter und exakter diagnostischer Kriterien; wenn Berichte aber Fallbeschreibungen enthalten, so sieht man deutlich, daß äußerst unterschiedliche Kriterien benutzt wurden. Durch den Umstand, daß einerseits unterschiedliche Bezeichnungen für dasselbe Zustandsbild, andererseits dieselben Bezeichnungen für unterschiedliche Zustände verwendet wurden, ist es zu einer völligen Verwirrung gekommen.

Durch dieses Unbehagen an der Verwirrung in der Terminologie und in den diagnostischen Kriterien veranlaßt, hat eine britische Arbeitsgruppe einen Bericht zusammengestellt, der neun diagnostische Punkte aufführt (Creak et al., 1961). Die Bedeutung dieses Berichts bestand darin, daß er die Aufmerksamkeit auf die Phänomenologie des Zustands lenkte und wertvolle Ansätze für die wünschenswerte Vereinheitlichung der Diagnose bot. Daß er eine Lücke ausfüllte, zeigt sich an der Tatsache, daß seit seiner Veröffentlichung viele Untersuchungen die „9 Punkte" verwendet haben (Gillies, 1965; Creak, 1963b; Goldberg und Soper, 1963; Hermelin und O'Connor, 1964; Mair, 1963; Mittler et al., 1966; O'Connor und Hermelin, 1963; Rachmann und Berger, 1963).
Leider sind einige dieser Punkte in nicht direkt beobachtbaren Begriffen definiert (z. B. „offensichtlich fehlendes Bewußtsein seiner eigenen persönlichen Identität" oder „abnorme Wahrnehmungserlebnisse"), und aus dem nächsten Arbeitsbericht der Gruppe (Creak et al., 1964) geht bereits hervor, daß einige Punkte in sehr unterschiedlicher Weise ausgelegt wurden. Wenn also zwei Wissenschaftler ihre Fälle mit Hilfe der „9 Punkte" diagnostiziert haben, so ist immer noch nicht sicher, ob sie von demselben Zustandsbild sprechen oder nicht. Ein Kriterium wie „wenigstens 4 der 9 Punkte" ist eine gewisse Hilfe, bedeutet aber, daß auch solche Kinder als „psycho-

tisch" bezeichnet werden müßten, die hyperkinetisch (Punkt 8), stumm (Punkt 7), geistig behindert (Punkt 9) und schwer kontaktgestört (Punkt 1) sind, ohne sonstige Abnormitäten zu zeigen. Aber nur wenige Fachleute würden diese Symptome für ausreichend halten, um die Diagnose „Psychose" zu stellen. Eine weitere Schwierigkeit liegt in der Tatsache, daß manchmal dieselbe Verhaltenseinheit als Anzeichen für mehr als einen Punkt dient; z. B. wird der fehlerhafte Gebrauch von Personalpronomen als Anzeichen sowohl für Punkt 3 (fehlendes Bewußtsein der persönlichen Identität) wie für Punkt 7 (Sprachabnormität) angesehen.

Trotz der sprachlichen Verwirrung besteht – wenigstens in England (Rutter, 1965 a; Wolff und Chess, 1965 a) – recht allgemein die Überzeugung, daß es eine Kindheitspsychose gibt, und es existieren gewisse Vorstellungen über die entsprechenden Symptome. Zur Klärung der diagnostischen Problematik ist es erforderlich, eine detaillierte Beschreibung des Verhaltens psychotischer Kinder zu geben. Außer Kanners brillanter erster Darstellung des kindlichen Autismus (Kanner, 1943), Normans detaillierter Beschreibung von Objektbeziehungen und Affekten (Norman, 1954 und 1955), einer neueren ausgezeichneten Untersuchung von Wolff und Chess (1965 a u. b) und verstreuten Fallberichten findet man darüber wenig in der Literatur. Insbesondere gibt es, mit Ausnahme der Studie von Bender und Helme (1953), die eine etwas andere Kindergruppe betrifft, keine kontrollierten Vergleiche mit anderen psychiatrischen Erkrankungen.

In diesem Kapitel wird das Verhalten derjenigen Kinder beschrieben, die im Lauf von neun Jahren im Maudsley Hospital untersucht wurden und bei denen man die Diagnose „kindliche Psychose" gestellt hatte. Durch einen Vergleich des Verhaltens der psychotischen mit dem der nicht-psychotischen Kinder, die in dieselbe psychiatrische Klinik gekommen waren, lassen sich – wie wir hoffen – diejenigen Verhaltenszüge abgrenzen, die das besondere Charakteristikum psychotischer Kinder sind. Außerdem können diejenigen Verhaltensweisen beschrieben werden, die sie mit anderen Kindern gemeinsam haben, die unter anderen schweren Störungen des Verhaltens oder der Entwicklung leiden.

Da die psychotischen Kinder aufgrund der Diagnose im Fallbericht ausgewählt wurden, ist die Gruppe nicht unbedingt homogen. Wie jedoch gezeigt wird, erfüllt die überwiegende Mehrheit die Kannerschen Kriterien für „frühkindlichen Autismus". Trotzdem wurde der Begriff Psychose als Bezeichnung des Gesamtzustandes vorgezogen, weil die Gruppe einige Kinder einschließt, die möglicherweise keinen frühkindlichen Autismus gehabt haben. Wenn im folgenden der Begriff „autistisch" verwendet wird, dann nicht im Sinn dieses komplexen Syndroms, sondern zur Bezeichnung des speziellen *Symptoms* der abnormen Beziehung zu anderen Menschen (siehe Kapitel 1).

Methode der Untersuchung

Aufgrund der Aufzeichnungen der Kinderabteilung des Maudsley Hospitals für die Zeit von 1950 bis einschließlich 1958 wurden alle Kinder ausgewählt, die vor den ersten Zeichen der beginnenden Pubertät untersucht worden waren und bei denen übereinstimmend die Diagnose „kindliche Psychose", „schizophrenes Kindheitssyndrom", „kindlicher Autismus" oder irgendeine Bezeichnung mit gleicher Bedeutung von allen Psychiatern im Maudsley Hospital, die das Kind gesehen hatten, gestellt worden war. 63 psychotische Kinder wurden gefunden, und für jedes wurde als Kontrolle ein anderes Kind gleichen Geschlechts ausgewählt, das ungefähr zur gleichen Zeit in dieselbe Abteilung gekommen war und das in Alter und gemessener Intelligenz möglichst gleich war.

Die Kontrollkinder bildeten eine klinisch heterogene Gruppe. Mehr als die Hälfte (38) waren geistig behindert, wobei die Retardierung der Sprache meist eines der Hauptprobleme war. Ein hoher Prozentsatz hatte eine manifeste organische Hirnerkrankung, viele waren epileptisch. Im Verhalten zeigte ein Drittel (23) Störungen mit sozial abgelehnten oder antisozialen Verhaltensweisen, ein Viertel (15) hatte neurotische Störungen, einige (6) zeigten das hyperkinetische Syndrom, bei 8 bestand eine unkomplizierte Form des Schwachsinns, und der Rest (11) hatte andere Störungen (darunter eine subakute organische Reaktion, Einkoten und Einnässen als isolierte Störungen, extreme Unbeholfenheit, Persönlichkeitsstörungen und spezifische Störungen der Sprachentwicklung). Bei der Nachuntersuchung zeigte sich, daß eines der Kontrollkinder bestimmt psychotisch war, drei andere waren es wahrscheinlich.

Kinder, die nach der Beschreibung nur „psychotische Merkmale" oder

„einige psychotische Züge" zeigten, wurden sowohl von der psychotischen wie der Kontrollgruppe ausgeschlossen. Das führte in Verbindung mit der Forderung nach völliger Übereinstimmung der psychiatrischen Diagnose zum Ausschluß vieler Kinder, die andere Psychiater ohne Zögern als psychotisch diagnostiziert hätten, aber es erschien besser, eine Gruppe von Kindern zu haben, bei denen keine diagnostischen Zweifel bestehen. (Hinsichtlich weiterer Details der Methode siehe Rutter und Greenfield, 1966.)

Fast alle Kinder sind irgendwann einmal sowohl von dem verstorbenen Dr. Kenneth Cameron wie von Dr. James Anthony gesehen worden. Verschiedene andere Psychiater haben eine kleinere Anzahl der Fälle gesehen. Cameron (1955 und 1958) schrieb, daß er seine Diagnose auf dem manifesten klinischen Bild anhand von Potters Kriterien aufbaue: „Abzug des Interesses von der Umwelt; dereistische Strukturen in Denken, Fühlen und Handeln; Verzerrungen, Unangemessenheit oder Starrheit des Affekts; Veränderung der Mobilität, entweder in Richtung auf eine Steigerung und Hypermobilität oder in Richtung auf eine Minderung bis zur völligen Immobilität oder zu bizarrem und stereotypem Verhalten; schließlich zur Regression." Anthony hat keine explizite Aufstellung seiner diagnostischen Kriterien gegeben, jedoch sind seine Begriffe in einer Reihe von Schriften (Anthony, 1958 a u. b, 1962) klar ausgeführt. Er unterscheidet drei Typen kindlicher Psychosen:

1. Eine Gruppe mit sehr frühem Krankheitsbeginn, die er Kanners Gruppe des frühkindlichen Autismus, Benders erster Altersgruppe und Desperts Gruppe „ohne Krankheitsbeginn" gleichsetzt.
2. Eine Gruppe mit massiver Regression zwischen dem Alter von drei bis fünf Jahren, zu der er Hellers Syndrom, Mahlers symbiotische Psychose, Benders zweite Altersgruppe, Desperts Gruppe „mit akutem Krankheitsbeginn" und die von De Sanctis und Weygandt beschriebenen Demenzzustände zählt.
3. Eine Gruppe mit dem Krankheitsbeginn in der mittleren und späten Kindheit. Diese letzte Gruppe wurde aus der hier erfaßten Reihe ausgeschlossen, weil nur Kinder einbezogen werden sollten, die vor Beginn der Pubertät erstmals zur klinischen Untersuchung gekommen waren.

Informationen über das Verhalten der Kinder zur Zeit des ersten Klinikbesuchs wurden nur den Fallberichten entnommen, aber alle Beschreibungen der Kinder bei der Nachuntersuchung (d. h. alle, die sich auf neunjährige oder ältere Kinder beziehen) beruhen auf direkten Beobachtungen des Autors, ergänzt durch Berichte der Eltern oder anderer Betreuer des Kindes.

Ergebnisse

Tabelle 1 zeigt die Häufigkeit verschiedener Symptome in den beiden Vergleichsgruppen. Abnormitäten der zwischenmenschlichen Beziehungen, der Sprache, stereotype, ständig wiederkehrende Bewegungen, fehlendes Anpassungsvermögen (Widerstand gegen Veränderungen oder Beharren auf Gleichförmigkeit), krankhafte Objektbeziehungen und Beschäftigungen, quasi-„zwanghafte" Erscheinungen, Eßprobleme und Selbstverletzungen – das alles war bei der psychotischen Gruppe häufiger als bei der Kontrollgruppe. Jedoch war, abgesehen von der Abnormität in den zwischenmenschlichen Beziehungen und der Retardierung der Sprache, keines der erfaßten Merkmale bei allen psychotischen Kindern vorhanden. Es gab andere Verhaltensweisen, die für die psychotischen Kinder besonders charakteristisch waren, aber es gab keine, die nicht bei wenigstens einigen Kontrollkindern ebenfalls vorkamen. Der Unterschied zwischen den Gruppen liegt größtenteils in der Struktur der Symptome und in gewissem Ausmaß in ihrer Schwere.

Beziehungen zu anderen Menschen

Gestörte zwischenmenschliche Beziehungen sind ein Bestandteil der meisten schweren Verhaltensstörungen. Sie traten bei den psychotischen Kindern etwas, aber nicht wesentlich häufiger auf als bei den Kontrollkindern. Allerdings war diese Störung meist viel schwerer und außerdem ganz anders geartet. Nur 8 Kontrollkinder verhielten sich „autistisch", im Vergleich zu 57 psychotischen Kindern. Der Begriff „autistisch" bezeichnet hier eine Verhaltenseigenschaft und wird vielleicht in einem etwas engeren Sinn als gewöhnlich verwendet. Er soll eine starke geistige „Abwesenheit" und Umweltferne sowie ein anscheinend fehlendes Interesse für andere Menschen ausdrücken. Dieser Eindruck entsteht vor allem durch den fehlenden Blickkontakt dieser Kinder: sie sehen den anderen Menschen nicht an, sondern blicken weg oder an ihnen vorbei oder durch sie „hindurch". Außerdem zeigten die meisten „autistischen" Kinder wenig Variation in ihrem Gesichtsausdruck, sie schienen tief in Gedanken ver-

Tabelle 1: Verhaltensmerkmale von psychotischen und Kontrollkindern

Verhaltensmerkmale	Psychotische Kinder	Kontroll- kinder
Beziehungen zu anderen Menschen		
Abnorme Beziehungen zu Gleichaltrigen	63	52
Autismus	57	8
Zurückgezogensein	21	12
Sprache		
Rückstand in der Entwicklung (entweder durch Verzögerung oder durch Regression)	63	53
Keine Sprache mit 5 Jahren	31	7
Vertauschung von Pronomen	19	8
Echolalie	29	19
Sehr starke Reaktion auf Laute	12	2
Irgendwann einmal für taub gehalten	22	7
Ritualistische und zwanghafte Erscheinungen		
Abnorme Objektbeziehungen	26	12
Abnorme Beschäftigungen	37	9
Fehlende Anpassungsfähigkeit (Widerstand gegen Veränderungen)	37	10
Andere „zwanghafte" Erscheinungen	32	8
Mindestens eines der obigen vier Merkmale	57	34
Mindestens eines in deutlicher Ausprägung	39	8
Mindestens drei der vier Merkmale	23	4
Motorische Erscheinungen		
Hyperkinese	31	27
Hypokinese (beim ersten Besuch)	10	2
Stereotype, ständig wiederkehrende Bewegungen (aller Art)	46	21
mit dem ganzen Körper (außer Schaukeln)	27	5
Hand- und Fingermanierismen	19	4
Gesichts-, Kopf- und Nackenbewegungen	21	13
Andere Erscheinungen		
Eßprobleme	23	15
Schlafprobleme	23	20
Angst und Furcht	40	39
Fehlende Reaktion auf schmerzhafte Reize	10	4
Schlechte Konzentration	46	45
Kurze Aufmerksamkeitsspanne / schwache Ausdauer (bei Nachuntersuchung)	35	17
Erhöhte Ablenkbarkeit (bei Nachuntersuchung)	2	12
Enuresis	44	34
Encopresis	37	19
Aggression	27	26
Trotzanfälle	49	45
Selbstverletzungen	23	10
Gesamtzahl der Kinder	63	63

sunken oder in feierlicher oder ernster Stimmung. Sie äußerten ihre Gefühle nicht und zeigten kaum Zärtlichkeit oder Zuneigung. Sie hatten nur selten Sinn für Humor und äußerten für andere Menschen weder Sympathie noch Mitgefühl.

Ein 7½jähriger psychotischer Junge wurde als „autistisch, kühl, geistig abwesend und nicht an Menschen interessiert..." beschrieben, als „....einzelgängerisch und an seiner Umwelt kaum interessiert ... sitzt oft allein da und starrt in die Luft ... geht nicht zu anderen Kindern ... ist zurückgezogen und fast unzugänglich, kommt aber ziemlich komplexen Aufforderungen nach und hat eine sehr gute motorische Koordination." Mit 21 Jahren zeigte er immer noch ein ähnliches Verhalten: „Reagiert überhaupt nicht auf Personen seines Alters, versucht niemals irgend etwas mit irgend jemandem zu tun, ausgenommen gelegentliche Spiele mit einem 7jährigen Jungen, den er herumkommandiert. Sehr selten zeigt er irgendeine Gefühlsregung und niemals eine Zuneigung ... er ist geistig wie abwesend und in weiter Ferne. Er geht zwar nicht direkt fort, meidet aber den Augenkontakt und hat ein bewegungs- und ausdrucksloses Gesicht... Er scheint gegenüber der Anwesenheit anderer Personen vollständig gleichgültig, niemals erfreut oder verärgert zu sein."

Die sechs nicht-„autistischen" psychotischen Kinder zeigten viele ähnliche Merkmale und waren auch von einigen Beobachtern ebenfalls als „autistisch" beschrieben worden. Sie blieben oft für sich allein und nahmen an Gruppenaktivitäten nicht teil. Es fehlte ihnen ganz auffällig an Gefühlswärme oder Spontanität. Jedoch hatten sie, anders als die „autistischen" Kinder, den direkten Augenkontakt, waren manchmal freundlich oder zeigten Interesse an anderen Menschen.

Ein 8½jähriger Junge wird wie folgt beschrieben: „... nimmt an den Spielen der anderen Kinder nicht teil ... sieht den anderen zu, aber gesellt sich nicht zu ihnen ... entwickelt keine Beziehung und ist von den anderen Kindern isoliert ... Aber er imitiert und hilft Erwachsenen ... läuft zu den Kindergärtnerinnen, sitzt auf ihren Knien und streichelt ihnen das Gesicht." Mit 22 Jahren war er immer noch sehr zurückgezogen und ohne Gefühlswärme oder Spontanität, kam aber bereitwillig zum Interview, arbeitete gut mit und lächelte mehrere Male. Er sah mir direkt ins Gesicht und versuchte ganz offensichtlich, alle Anweisungen zu erfüllen. Jedoch war er vollständig stumm und hatte einen deutlichen Ausfall im Sprachverständnis."

Tatsächlich räumliche Absonderung von anderen Menschen trat bei einem Drittel (21) der psychotischen Kinder irgendwann einmal auf, verglichen mit einem Fünftel (12) der Kontrollkinder, aber das war größtenteils auf eine Phase in der frühen Kindheit beschränkt, und nur bei wenigen Kindern war es stärker ausgeprägt oder zeitlich lang andauernd.

Allerdings kam gelegentlich eine starke und lang andauernde Absonderung dieser Art vor, wie z. B. bei einem 6^1/$_2$jährigen Jungen, der „abseits von anderen Kindern blieb, allein spielte oder mit einem über den Kopf gezogenen Kleidungsstück einfach nur dasaß". Auch 9 Jahre später hatte er gar keine Beziehung zu anderen Kindern – „er zog sich in eine Ecke zurück und stand dort stundenlang mit seiner über den Kopf gezogenen Kleidung. Beim Interview saß er zusammengekauert und in die andere Richtung gewandt und zog sich zu wiederholten Malen sein Hemd über den Kopf."

Sprache

Da die Kontrollgruppe so ausgewählt wurde, daß sie im IQ-Wert gleich war, ist es nicht überraschend, daß 53 Kinder dieser Gruppe eine sprachliche Retardierung zeigten, entweder als verzögerte Entwicklung von Geburt an oder als Regression. Alle psychotischen Kinder hatten zu irgendeiner Zeit eine sprachliche Retardierung, und nur bei einem war diese Retardierung in der Zeit nach dem ersten Besuch des Maudley-Hospitals verschwunden. Die Abnormitäten in der Kommunikation waren bei den psychotischen Kindern viel langdauernder: Fast die Hälfte (31) sprach mit fünf Jahren immer noch nicht, im Vergleich mit nur 7 Kindern der Kontrollgruppe.

Reaktion auf Laute. Ein deutliches Fehlen von Reaktionen auf Laute war für die psychotischen Kinder besonders charakteristisch. Das wird durch das Ergebnis illustriert, daß ein Drittel von ihnen (22) zu irgendeiner Zeit für taub gehalten wurde, hingegen von den Kontrollkindern nur 7. Vor allem waren die psychotischen Kinder dem gesprochenen Wort gegenüber oft unempfänglich. Außerdem fehlte es bei vielen überhaupt an Reaktionen auf auditive Reize jeder Art. Paradoxerweise zeigten einige Kinder (12 psychotische gegenüber 2 Kontrollkindern) auch eine übermäßig starke Reaktion auf Laute; so wurde von einem 3^1/$_2$jährigen Jungen geschrieben, er sei „empfindlich gegenüber lauten Geräuschen ... hält sich seine Ohren mit den Händen zu, als wolle er die Geräusche ausschließen ... Gewöhnlich tut er das, wenn es laut ist, manchmal aber auch, wenn es ruhig ist." Und ein anderer Junge von 6 Jahren „saß lange Zeit mit beiden Händen über den Ohren ... er hielt sich die Ohren zu und schrie bei jedem lauten Geräusch."

Echolalie. Unter den psychotischen Kindern, die sprechen konnten, war irgendeine Form der Echolalie eine der häufigsten Abnormitäten. Es gab sie bei 29 der 37 sprechenden psychotischen Kinder, hingegen nur bei 19 der 58 sprechenden Kontrollkinder. Manchmal war das unmittelbare Echo vorherrschend – so neigte z. B. ein achtjähriges Mädchen dazu, „alle an sie gerichteten Bemerkungen als Echo wiederzugeben ... eine Analyse einer Tonbandaufzeichnung zeigte, daß 16 % aller ihrer Äußerungen echolalisch waren ... wegen dieses Echos war die Unterhaltung sehr schwierig, sie konnte spontan etwas mitteilen, aber selten Fragen beantworten." Sogenannte „verzögerte" Echolalie war für die sprechenden Kinder sogar noch charakteristischer. (Sie trat bei fast allen Kindern auf, die außerdem das unmittelbare Echo zeigten.) Die Sprache bestand in diesem Fall oft nur aus immer wiederholten Phrasen.

Ein Junge sagte ständig „du wirst das behalten", „du hast zu Hause einen Bruder" (in beiden Ausdrücken hat „du" die Bedeutung „ich"). Manchmal werden Ausdrücke in einem langsamen Singsang ständig wiederholt, so z. B. von einem achtjährigen Jungen, der immerzu sagte: „Was tut Oma, Oma backt Kuchen, was tut Decky, sie macht Tee für Frau Darby". Manchmal fordert das Kind stereotype Antworten auf seine echolalischen Phrasen. Ein fünfjähriger Junge wiederholte ständig Ausdrücke wie „ja, ja, ein guter Junge, ja ja" mit einem erwartungsvollen Anheben der Stimme, bis der Arzt oder die Krankenschwester ihm den Ausdruck wiederholte.

Obwohl in dem gerade zitierten Ausdruck enthalten, wurde „ja" ebenso wie „nein" von den psychotischen Kindern selten verwendet. Statt dessen wurden Ausdrücke mit der Frageintonation benutzt. So sagte ein Mädchen immer: „Möchtest du es nicht?" anstelle von: „Nein". Häufig wurden metaphorische Ausdrücke verwendet. Ein Junge sagte: „Wir sehen uns in 14 Tagen wieder", wenn jemand fortgehen sollte. Ein anderer sagte: „Auf Wiedersehen, Krach", wenn er meinte: „Sei ruhig". Bezeichnungen für Teilaspekte von Gegenständen wurden manchmal für das ganze Objekt verwendet – z. B. sagte ein Junge immer „Schlüssel" für „Schrank". Manchmal wurden Wörter auch aufgespalten – z. B. sagte ein Mädchen „be-sick" (= sei krank) anstelle von „biscuit" (= Keks).

Gebrauch von Personalpronomen. Die Vertauschung von Personalpronomen war ebenfalls sehr häufig, klar erkennbar bei 19 der 37 sprechenden psychotischen Kinder, aber nur bei 8 der 56 sprechenden Kontrollkinder. Die Ich-Du-Verwechslung war besonders charakteristisch. Ein Kind fragte während des Gesprächs: „Wird Dr. Rutter dir wehtun?" und meinte: „Wirst du mir wehtun?". Ein anderes Kind bezeichnete sich selbst immer als „du" – z. B. beantwortete es eine entsprechende Frage mit: „Ja, du zeichnest gerne", und zu seiner verstopften Nase gab es den Kommentar: „Du hast einen schrecklichen Schnupfen gekriegt."
Bei vielen psychotischen Kindern blieb diese Tendenz ungefähr ein Jahr lang bestehen, bei manchen aber bis in die Jugendzeit. (Beide Kinder, die zitiert wurden, verwechselten noch mit 17 Jahren oft „du" und „ich".) Andere Kinder bezeichneten sich selbst in der dritten Person (z. B. „Sie hat sich wehgetan") oder mit einer Kombination der zweiten und dritten Person (z. B. „Du hast dir wehgetan, Lindsay"). Dieses Phänomen wurde als mögliches Anzeichen für fehlendes Bewußtsein der persönlichen Identität angesehen (Creak et al., 1961), Kanner hat es für eine Folge der Echolalie gehalten (Kanner und Eisenberg, 1955). Mit einer möglichen Ausnahme waren alle Kinder dieser Untersuchungsreihe, die eine Pronomenvertauschung zeigten, auch echolalisch, wobei die Vertauschung der Personalpronomen in echolalischen Ausdrücken am deutlichsten zutage trat, so daß es berechtigt scheint, diese Vertauschung mindestens im Regelfall einfach als einen weiteren Aspekt der Echolalie anzusehen.

Andere Sprachabnormitäten. Verschiedenartige andere Abnormitäten der Sprache, ähnlich den von Kanner (1946) beschriebenen, wurden bei einigen psychotischen Kindern dieser Reihe beobachtet. 6 Kinder erfanden für Gegenstände ihre eigenen Wörter; bei 4 von ihnen war diese Tendenz sehr ausgeprägt, und eines sprach eine Zeitlang fast ausschließlich seine eigene Sprache. 10 Kinder sprachen oft in einem speziellen Tonfall – einem Singsang oder Flüsterton. Andere Besonderheiten der Sprache waren u. a. eine übermäßig konkrete Sprachverwendung, Abnormitäten in der Sprechweise und Mängel in der Artikulation. Da dies im Jugendalter zur Zeit der Nachuntersuchung am deutlichsten war, wird es detaillierter in Kapitel 3 beschrieben.

Ritualistische und zwanghafte Phänomene
(ausgenommen stereotype Manierismen)

Das Verhalten, das in dieser Kategorie erfaßt ist, wurde gelegentlich von anderen Autoren als zwanghaft bezeichnet (Wolff und Chess, 1965 b). Sowohl Kanner (1943) als auch die britische Arbeitsgruppe (Creak et al., 1961) haben die Betonung auf den Widerstand gegen Veränderungen und das Verlangen nach Bewahrung von Gleichförmigkeit gelegt, was wichtige Aspekte einiger Verhaltensweisen in dieser Kategorie sind. Obwohl sich kleine Kinder nicht so ausdrükken können, daß sich sicher beurteilen läßt, ob ein Zwang wie bei Erwachsenen vorliegt, so ist doch nicht zu übersehen, daß ihr Verhalten viele zwanghafte Züge zeigt – in seinen rituellen Formen und seiner Besessenheit, seinem stereotypen Wesen, seiner Komplexität und in der quälenden Not, in die das Kind gerät, wenn es an der Ausführung seiner Handlungen gehindert wird. Für den vorliegenden Zweck wird das Phänomen in abnorme Objektbeziehungen, abnorme Beschäftigungen, fehlende Anpassungsfähigkeit und sonstige zwanghafte Erscheinungen aufgeteilt. 57 der 63 psychotischen Kinder zeigten wenigstens eine dieser Erscheinungen, im Vergleich zu 34 der Kontrollkinder. 39 psychotische Kinder zeigten sie in ausgeprägtem Maß, aber nur 8 Kontrollkinder. Ferner zeigten 23 psychotische Kinder und nur 4 Kontrollkinder Verhaltensweisen, die zu mindestens drei der vier Kategorien dieses Abschnittes gehören, so daß ritualistische und zwanghafte Erscheinungen irgendeiner Art besonders charakteristisch für die psychotischen Kinder waren. Auch sollte festgehalten werden, daß diese vier Typen ritualistischer und zwanghafter Erscheinungen beim psychotischen Kind in der Regel zusammen auftraten, während bei einem Kontrollkind mehr als eine Art nur selten vorkam.

Abnorme Objektbeziehungen bestanden z. B. bei einem kleinen $3^{1}/_{2}$-jährigen Jungen:

„Er hat gewöhnlich einen speziellen Gegenstand, den er überall mitnimmt. Er ist äußerst beunruhigt, wenn dieser Gegenstand einmal verlegt ist. Auf der Station trennte er sich niemals von einer leeren Schuhdose, die er sogar mit ins Bett nahm... Er stellt immer wieder Fragen über Dosen; Tabaksdosen spielen in seinem Leben und seinen Unterhaltungen eine sehr große Rolle." Mit 17 Jahren waren diese Objektbeziehungen schwächer, aber „gelegentlich trägt er immer noch eine Schuhcremedose mit sich herum. Häufig trägt er kleine Kieselsteinchen in der Hautfalte zwischen Daumen und Zeigefinger mit sich herum und immer noch manchmal ein Stückchen Wolle."

Im Regelfall gelten die Objektbeziehungen der psychotischen Kinder kuriosen und ungewöhnlichen Gegenständen, und obwohl diese Beziehungen manchmal mit zunehmendem Alter zurückgehen, bestehen sie weit über das Alter hinaus, in dem normale Kinder feste Objektbeziehungen ausbilden.

Abnorme Beschäftigungen traten bei 37 psychotischen Kindern auf, im Vergleich dazu nur bei 9 Kontrollkindern. Diese Tätigkeiten unterschieden sich sehr stark in ihrer Komplexität. Einige waren im Grunde nur einfache Wiederholungshandlungen, die sich von Manierismen nur dadurch unterschieden, daß ein Gegenstand in das Tun einbezogen wurde.

So wird z. B. von einem fünfjährigen Jungen berichtet: „Den ganzen Tag läßt er ständig Gegenstände herumkreisen ... ein anscheinend zwanghaftes, immer wiederholtes Schütteln und Kreiseln von allem, was ihm in die Hände kommt ... er läßt das Stethoskop kreiseln, als er untersucht wird ... er nimmt sich einen Stock, befestigt ein Tischtuch oder eine Schürze daran und läßt das den ganzen Tag lang herumkreisen, wenn er daran nicht gehindert wird ... er nimmt die Schnürsenkel aus seinen Schuhen heraus, um sie herumzuwirbeln, hüpft dabei auf der Stelle und gerät in einen Erregungs- und Spannungszustand, stöhnt und preßt mit der Faust gegen sein Kinn."

In anderen Fällen spielen differenzierte Fantasien oder Begriffe eine Rolle. Ein sechsjähriger Junge „beschäftigte sich sehr mit seiner Größe und der Größe anderer Dinge ... er wollte nicht, daß sich irgend etwas in der Größe verändert ... er wollte selbst nicht größer werden ... er beschäftigte sich außerdem mehrere Jahre lang mit Eisenbahnen ... er zeichnete nichts außer Eisenbahnen, er redete davon, daß er eine Eisenbahn sei und andere Personen ebenfalls Eisenbahnen ... Er wurde ärgerlich, wenn er aufgefordert wurde, irgend etwas anderes zu zeichnen und wollte es nicht." Ein anderes Kind fragte ständig nach der Farbe von Dingen und ordnete alles nach der Farbe.

Es ist klar, daß die Komplexität solcher Beschäftigungen zu einem großen Teil von dem geistigen Entwicklungsstand des Kindes abhängt. So beschäftigte sich ein $3^{1}/_{2}$jähriger Junge „sehr mit dem Schreiben von Zahlen ... man kann ihn davon nicht abbringen, er schreibt sie endlos den ganzen Tag lang." Dasselbe Kind war mit neun Jahren „sehr mit Maßen beschäftigt, er fragt, was Personen wiegen, wie alt sie sind, welche Schuhgröße sie haben ... Als er z. B. kürzlich auf der Victoria Station war, bestand er darauf, umherzugehen und die Füße der Leute, die auf den Bänken saßen, hochzuheben, um ihre Schuhgröße festzustellen und um daraufhin zu ermitteln, wie häufig die verschiedenen Schuhgrößen bei den Leuten auf dem Bahnhof vertreten waren ... er verbringt Stunden damit, umfangreiche Berechnungen durchzuführen, wobei er sich die Aufgaben selbst stellt – z. B. wieviel Sekunden ein Jahr hat oder die dritte Potenz von 4557."

Fehlende Anpassungsfähigkeit (Widerstand gegen Veränderungen). Hiermit ist eine abnorme Unfähigkeit gemeint, sich an Veränderungen anzupassen, was in starker Beunruhigung oder Protesten bei neuen Situationen, Gegenständen oder Vorfällen zum Ausdruck kommt. Man könnte dies ebenso als „Bestehen auf Gleichförmigkeit" wie als „Widerstand gegen Veränderungen" beschreiben. Beim psychotischen Kind hat es gewöhnlich einen auffallend zwanghaften Charakter. Es zeigte sich bei 37 psychotischen Kindern, aber nur bei 9 Kontrollkindern.

Ein siebenjähriger Junge neigte zu „sehr starker Empörung und Opposition bei jeder Veränderung ... er bestand darauf, daß alles unverändert bleiben sollte, war böse, wenn die Möbel an andere Stellen gerückt oder die Wände gestrichen wurden." Ein anderer Junge von sechs Jahren „mußte immer die gleiche Tasse und die gleiche Kleidung haben ... er akzeptierte überhaupt nichts Neues." Neun Jahre später „hatte er immer noch eine Abneigung gegen Änderungen jeder Art ... wenn seine Mutter irgendeine Vase oder Schale oder ein Möbelstück anders stellte, stellte er es an die alte Stelle zurück ... die Eltern geben gewöhnlich nach, aber wenn sie es nicht tun, kommt es zu einem Trotzanfall."

Andere zwanghafte Erscheinungen gab es bei 32 psychotischen Kindern, hingegen nur bei 8 Kontrollkindern. Sie waren inhaltlich sehr verschiedenartig, hatten aber alle als wesentliches Merkmal ritualistische und zwanghafte Qualität.

Ein viereinhalbjähriges Mädchen hatte ein „Ritual, ein Blatt abzupflücken, immer wenn sie in den Garten kam – immer ein Blatt vom gleichen Fliederbusch, und was sie auch tat, immer hielt sie das Blatt in ihrer rechten Hand... Es gibt bei ihr eine ausgeprägte Stereotypie in der Anordnung von Spielsachen – besonders im Hinblick auf Formen und Farben... Sie tanzt um jeden neuen Gegenstand, der ihr gegeben wird, lange im Kreis herum und muß alles in geraden Reihen anordnen – z. B. reiht sie ihre Spielsachen in einer Reihe quer durch das Zimmer und aus der Tür hinaus in den Garten." Oft gibt es fest fixierte routinemäßige Gewohnheiten. Ein Junge lief täglich bei jedem Wetter zu genau derselben Zeit genau denselben Weg zu genau derselben Stelle. Er hatte auch ein fixiertes Ritual, seine Kleidung auszuziehen, und man konnte sagen, daß „sein ganzes Leben eine Reihe fixierter routineartiger Gewohnheiten und Rituale ist".

Eßprobleme

Eßprobleme waren bei den psychotischen Kindern nur wenig häufiger (23) als bei den Kontrollkindern (15), jedoch unterschieden sich die Probleme der psychotischen Kinder qualitativ dadurch, daß sie meist ausgesprochen zwanghaften Charakter hatten.

Ein sechsjähriger Junge wurde wie folgt beschrieben: „Er ißt sehr wenig, geht mit seiner Nahrung sehr mäklig um ... läßt sich beim Essen nicht helfen ... hat Zeiten, in denen er alles ablehnt außer Marmeladenbroten und Süßigkeiten." Sechs Jahre später waren die Schwierigkeiten nur etwas geringer – „Er ißt das Mittagessen nur von einem kleinen Teller, lange Zeit aß er nichts außer Pommes Frites. Er ißt nun auch anderes, aber nur wenn Pommes Frites dabei sind. So ißt er auch andere Arten von Kartoffeln, aber nur, wenn er auch Pommes Frites hat." Ein anderer sechsjähriger Junge wollte überhaupt kein Fleisch essen und sagte, daß Hunde Fleisch essen und er kein Hund sei. Einige Zeit später hatte er eine Periode, in der er nur belegte Brote aß. Mit 18 Jahren „wollte er immer noch kein Fleisch essen, ausgenommen Schweinefleisch, und das nur mit Pommes Frites und ohne

Soße. Jedoch aß er anderes Fleisch, wenn ihm fest versichert wurde, daß es Schweinefleisch sei, und wenn es mit Pommes Frites serviert wurde. Die Eß-probleme sind im Laufe der Jahre geringer geworden, aber hauptsächlich deshalb, weil seine Eltern ihre Eßgewohnheiten den seinen angepaßt haben."

Schlafstörungen

Etwas über ein Drittel beider Gruppen (23 psychotische Kinder und 20 Kontrollkinder) hatte irgendeine Art von Schlafstörung. Gewöhnlich äußerte sich dies durch häufiges Aufwachen, Weinen und Schreien. Schwere Schlafstörungen kamen bei den psychotischen Kindern (11) etwas häufiger vor als bei den Kontrollkindern.

Angst und Furcht

Krankhafte Angst und Furcht gab es bei nahezu zwei Drittel der psychotischen Kinder (40), war aber für die Kontrollkinder ebenso charakteristisch. Im allgemeinen waren die Ängste bei den psychotischen Kindern etwas stärker und anhaltender.

Zum Beispiel hatte ein neunjähriger Junge gleich eine ganze Vielzahl von Ängsten: „Er befürchtet, daß er nicht schlucken kann, wenn er ißt; er fürchtet sich, allein in einem geschlossenen Raum zu sein; er fürchtet sich vor dem Dunkeln; er will nur auf der Toilette sitzen, wenn die Tür offen ist. Er zitterte vor Furcht, als er aus dem Krankenhaus kam und seine Mutter wiedersah. Mit 22 Jahren ist er immer noch sehr furchtsam, oft duckt er sich, als ob er geschlagen werden solle, hat aber keine spezifischen Ängste mehr." Ein anderer Junge bekam mit zweieinhalb Jahren große Angst vor Metzgern und Malern. Mit sechs Jahren fürchtete er sich immer noch vor jedem, der einen weißen Kittel anhatte, hatte außerdem Angst vor Hunden. Seit der Geburt seines Bruders fürchtete er sich sehr vor jeder Form von Krankheit. Er war geängstigt und schrie, wenn ihm die Haare geschnitten wurden. Diese Ängste waren mit zwölf Jahren stark zurückgegangen, aber er fürchtete sich immer noch vor Hunden, wenn sie nicht an der Leine waren.

Motorische Phänomene

Hyperkinese und Hypokinese. Starke Überaktivität in der frühen und mittleren Kindheit fand sich bei fast der Hälfte der Kinder beider Gruppen (31 psychotische und 27 Kontrollkinder). Die Überaktivität äußerte sich gewöhnlich darin, daß die Kinder herumrannten, auf die Möbel kletterten und sprangen, und daß sie im Vergleich zu normalen Kindern derselben Intelligenzstufe (bzw. desselben Alters) überhaupt mehr umherliefen und weniger ruhig spielten. Jedoch war die Überaktivität aller hyperkinetischen Kinder von der jeweiligen Situation abhängig. Wenn erwartet wurde, daß sie sich setzten (z. B. zur Essenszeit), standen sie ständig auf und liefen umher. Zum Teil beruhte das auf mangelnder Ausdauer und einer kurzen Aufmerksamkeitsspanne, manchmal außerdem auf einer abnormen Ablenkbarkeit (obwohl für psychotische Kinder eher eine ungewöhnlich hohe Nicht-Ablenkbarkeit typisch ist). Sowohl bei den psychotischen wie bei den Kontrollkindern tritt in der Jugendzeit an die Stelle der Hyperkinese gewöhnlich eine indifferente Inaktivität (siehe Kapitel 3). Hypokinese in der frühen Kindheit trat viel seltener auf. Mehr als die Hyperkinese war sie jedoch besonders für die psychotische Gruppe charakteristisch. Zehn psychotische Kinder waren hypokinetisch, aber nur zwei Kontrollkinder. Diese Kinder zeigten weniger Aktivität als normal, sie neigten zur Untätigkeit und zur „Antriebsarmut".

Stereotype ständig wiederkehrende Bewegungen waren für die psychotischen Kinder sehr charakteristisch; sie traten bei 46 von ihnen auf, dagegen nur bei 21 Kontrollkindern. Zwei Typen derartiger Bewegungen kamen besonders bei den psychotischen Kindern vor: Bewegungen des ganzen Körpers, ausgenommen Schaukelbewegungen (27 psychotische und 5 Kontrollkinder) und Hand- und Fingermanierismen (19 psychotische und 4 Kontrollkinder).

Ein sechsjähriger Junge bewegte sich oft auf einer Linie entlang, wobei er hüpfte und sprang, den Kopf zur Seite bog und mit den Armen schlenkerte. Mit zwölf Jahren hatte er eine noch kompliziertere Bewegungsabfolge, bei der er „mit einer kuriosen Sprungbewegung von einem Fuß auf den anderen hüpfte, zugleich mit der rechten Hand gegen seine Stirn schlug und mit der linken auf sein Hinterteil. Bei anderen Gelegenheiten wurde das Springen durch komplexe stereotype Bewegungen mit dem rechten Zeigefinger in der Luft begleitet." Ein anderer sechsjähriger Junge „sprang in einer behenden und graziösen Weise umher, drehte immer wieder Pirouetten, blieb alle Augenblicke stehen, legte seine rechte Hand mit dem Handrücken flach auf die Erde und dann seinen linken Zeigefinger in die rechte Hand." Ein siebenjähriges Mädchen hatte „bizarre Bewegungen, bei denen sie ihren Körper vorwärtsbeugte ,ihre Knie beugte und dann auf und ab sprang, wobei sie die Füße zusammen und die Knie auseinander hielt". Hand- und Fingermanierismen zeigte ein dreijähriges Mädchen, das „die meiste Zeit damit zubrachte, ihre Hände zu beobachten, die sie beugte und streckte, wobei sie mit ihren Fingern spielte, die sie schnell vor und zurück bewegte. Sie verdrehte und bewegte ihre Hände ständig den ganzen Tag. Mit zehn Jahren hatte sie immer noch diese „fast ununterbrochen drehenden und zuckenden Bewegungen von Händen und Fingern, wobei sie den Daumen gegen die Finger rieb. Manchmal beobachtete sie ihre Hände direkt, aber gewöhnlich machte sie ihre Fingerbewegungen, während sie woanders hinsah oder die Finger aus einem Augenwinkel beobachtete." Auch ein anderes Mädchen hatte eine Reihe komplizierter Manierismen, die sie gewöhnlich an der Peripherie ihres Sehfeldes ausführte. Sie hatte vier Hauptbewegungen: (a) sie rieb den rechten Zeigefinger am Nasenflügel, (b) sie rieb Mittelfinger und Daumen ihrer linken Hand nahe am linken Auge rhythmisch aneinander, während sie mit dem rechten Zeigefinger nahe beim rechten Auge kleine Umrisse in die Luft zeichnete, (c) zukkende und drehende Bewegungen mit Fingern und Händen, die sie vor sich hin hielt, und (d) eine Art schlagender, klatschender Bewegung der Hände.

Wahrnehmungsanomalien

Die bei weitem auffälligste Wahrnehmungsstörung, die bei den psychotischen Kindern beobachtet wurde, war die fehlende Reaktion auf Laute, die bereits beschrieben wurde. Die zweithäufigste Störung (10 Kinder) war das völlige oder teilweise Fehlen einer normalen Reaktion auf Schmerz. Zum Beispiel bekam ein Junge große Blasen an seinen Füßen, ohne daß seine Eltern merkten, daß er irgendwelches Unbehagen empfand. Bei mehreren Kindern bildeten sich schwere Zahnabszesse, die nur entdeckt wurden, als ihre Gesichter sehr anschwollen. Diese Kinder machten nicht nur niemanden auf ihre Erkrankung aufmerksam, sondern schienen auch nicht die Schmerzempfindungen zu haben, die man unter diesen Umständen erwarten müßte. Einige geistig schwer behinderte Kinder der Kontrollgruppe (10) verhielten sich ähnlich.

Bei einigen psychotischen Kindern wurden noch andere Verhaltensweisen beobachtet, die anscheinend auf Anomalien der Wahrnehmung zurückgehen, die aber in den Fallberichten nicht systematisch genug beschrieben waren, um ihren Umfang genau einschätzen zu können (die meisten Wahrnehmungsanomalien waren zur Zeit der Nachuntersuchung, als die Kinder im Jugendalter waren, nicht mehr erkennbar). Mindestens zwei Kinder hatten sich, als sie sehr jung waren, gegenüber visuellen Reizen in einer so ungewöhnlichen Weise verhalten, daß man bei ihnen Blindheit vermutete. Mehrere Kinder hatten die Gewohnheit, an allen neuen Dingen, die man ihnen gab, zu riechen, einige taten das auch oft mit Personen, die sie trafen. Andere schienen einen ungewöhnlich feinen Geschmackssinn zu besitzen.

Konzentration

Schlechte Konzentration war ein ausgeprägtes Merkmal beider Gruppen. Sie wurde zur Zeit der ersten Vorstellung bei 46 psychotischen und 45 Kontrollkindern festgestellt. Die Fallberichte sind selten so detailliert, daß man Störungen der Ausdauer und Aufmerksamkeitsspanne von abnormer Ablenkbarkeit unterscheiden könnte, aber diese Differenzierung war bei der Nachuntersuchung möglich. Die meisten Kontrollkinder zeigten zu dieser Zeit eine bessere Konzentration, und wenn bei ihnen die Aufmerksamkeitsspanne kurz war (17 Fälle), so bestand gewöhnlich auch eine abnorme Ablenkbarkeit (12 Fälle). Im Gegensatz dazu war bei 35 psychotischen Kindern die Ausdauer immer noch gering oder die Aufmerksamkeitsspanne kurz, aber nur zwei Kinder waren ungewöhnlich ablenkbar. Das heißt, daß viele der psychotischen Kinder die Tendenz hatten, Aufgaben nach wenigen Minuten liegenzulassen, wenn man sie nicht häufig aufforderte, bei der Arbeit zu bleiben. Das lag aber nicht daran, daß ihre Aufmerksamkeit durch Umweltreize abgelenkt wurde. Wie schon berichtet, waren die psychotischen Kinder gegenüber Umweltreizen oft relativ unempfänglich (besonders gegenüber auditiven Reizen). Hinzuzufügen ist, daß viele dieser psychotischen Kinder, die bei Aufgaben, die ihnen gestellt wurden, keine Ausdauer bewiesen, bei ihren eigenen ritualistischen Tätigkeiten sehr ausdauernd waren.

Enuresis und Encopresis

In beiden Gruppen gab es ziemlich viele Kinder, die mit vier Jahren noch nicht sauber waren. Jedoch kamen Einkoten und in geringerem Maße auch Einnässen bei den psychotischen Kindern häufiger vor. (44 psychotische und 34 Kontrollkinder näßten ein, 37 psychotische und 19 Kontrollkinder koteten ein.)

Aggressivität und Destruktivität

Ungefähr die Hälfte der Kinder beider Gruppen (27 psychotische und 26 Kontrollkinder) waren abnorm aggressiv, als sie das Maudsley-Hospital zum ersten Mal aufsuchten (ungefähr im Alter von 5 oder 6 Jahren). Eine ähnlich große Zahl verhielt sich destruktiv. Sie neigten dazu, andere Kinder zu beißen und zu kratzen, manchmal so heftig, daß es ein ernsthaftes Problem war. Oft richtete sich die Aggression besonders gegen die Brüder und Schwestern. Ein Beispiel für eine ungewöhnlich heftige Aggressivität war ein sechsjähriges Mädchen, die ihren Bruder tyrannisierte und quälte, die ihn immer, wenn er sprach, niederschrie, die sich weigerte, seinen Namen zu hören, und die, immer wenn er einen Raum betrat, in dem sie war, hinausging und ihr Gesicht bedeckte. Meist war die Aggression weniger systematisch als in diesem Fall, und nur bei wenigen Kindern dauerte sie über die mittlere Kindheit hinaus an (siehe Kapitel 3).

Trotzanfälle

Trotzanfälle kamen bei der Mehrheit der psychotischen (49) und der Kontrollkinder (45) vor. Es gab bei den Trotzanfällen der psychotischen Kinder keine Besonderheiten, ausgenommen, daß sie oft durch eine Unterbrechung von zwanghaftem oder anderem stereotypem Verhalten oder durch die Frustration bei einem Mißerfolg im Sich-Ausdrücken oder Verstehen ausgelöst wurden.

Selbstverletzungen

Ungefähr ein Drittel der psychotischen Kinder (23) brachte sich selbst Verletzungen bei, das waren mehr als doppelt so viel wie in der Kontrollgruppe (10). Die bei weitem häufigsten Formen der Selbstverletzung waren Beißen in das Handgelenk oder den Handrücken und Anschlagen des Kopfes. Es gab aber bei einigen Kindern auch andere Formen der Selbstverletzung. Das Beißen ins Handgelenk trat fast immer dann auf, wenn das Kind frustriert oder verzweifelt war. Es führte bei einigen Kindern zu chronischen Wunden, die Infektionen ausgesetzt waren. Auch das Anschlagen des Kopfes trat in diesen Situationen auf, schien aber oft eine ständige Gewohnheit zu werden, die mit Frustrationen in keiner direkten Beziehung stand. Manchmal führte auch das Anschlagen des Kopfes zu chronischen Verletzungen.

Ein Junge begann mit dem Anschlagen des Kopfes als Kleinkind, und noch mit 14 Jahren war dies bei ihm ein Problem. „Er schlägt mit seinem Kopf heftig an Wände, Fenster und Tische ... neulich mußte seine Kopfhaut genäht werden, weil nach einem Stoß eine Rißwunde entstanden war ... er scheint keinen Schmerz zu empfinden ... die Stirnhaut ist an der Stelle, die er zum Stoßen benutzt, ständig verdickt."

Intelligenzleistungen *

Die Intelligenz der psychotischen Kinder (und der Kontrollkinder, da diese den psychotischen Kindern nach ihrer gemessenen Intelligenz zugeordnet waren) reichte von schwer unterdurchschnittlichem bis zu überdurchschnittlichem Niveau (siehe Tabelle 2). Allerdings zeigte sich in den meisten Fällen mindestens ein schwacher, oftmals ein starker geistiger Rückstand.

---

* Die in diesem Abschnitt referierte Untersuchung wurde von Linda Lockyer als Teil einer Arbeit zur Erlangung des Ph.-D.-Grades durchgeführt.

Tabelle 2: IQ-Werte von psychotischen und Kontrollkindern

IQ-Wert	Psychotische Kinder	Kontrollkinder
Nicht testbar oder unter 50	26	24
50 – 69	19	18
70 – 89	11	14
90 oder darüber	7	7
Gesamtzahl der Kinder	63	63

Die Besonderheit der kognitiven Leistungen des psychotischen Kindes liegt jedoch nicht in ihrem Niveau, sondern in ihrer *Struktur.* Verglichen mit der Kontrollgruppe zeigt das psychotische Kind oft eine extreme Variabilität innerhalb seiner IQ-Testwerte. Von den 34 psychotischen Kindern, die mit dem Wechslertest[1] getestet wurden, betrug bei 25 (= 74 %) der Abstand zwischen dem höchsten und dem niedrigsten gewichteten Untertestpunktwert 2 Standardabweichungen, während solche Unterschiede nur bei 21 (= 48 %) der 44 Kontrollkinder auftraten, die mit den Wechslerskalen getestet wurden. Es gab 16 psychotische Kinder mit einem Abstand von 3 Standardabweichungen, 6 mit einem Abstand von 4, und 3 mit einem Abstand von 5 Standardabweichungen, während solche Unterschiede bei den Kontrollkindern nur 6,0 und 0mal vorkamen.

Das psychotische Kind war bei verbalen Aufgaben oft gar nicht testbar. Und wenn es testbar war, so hatte es seine schlechtesten Leistungen in Aufgaben, die abstrakte Gedanken, Symbolgebrauch oder Schlußfolgerungen verlangen[2]. Am besten war es bei Aufgaben, die manipulative oder visuell-räumliche Fähigkeiten oder (bei verbalen Tests) nur unmittelbares Gedächtnis erfordern. So waren die psychotischen Kinder beim Mosaiktest und Figurenlegen deutlich besser als bei den anderen Untertests. Bei den verbalen Tests hatten sie die beste Leistung im Zahlennachsprechen, die schlechteste im allgemeinen Verständnis. Eine Varianzanalyse zeigte, daß unabhängig voneinander sowohl beim Verbalteil wie beim Handlungsteil die Struktur der Untertestwerte bei den psychotischen Kindern signifikant anders als bei den Kontrollkindern war. Darüber hinaus wurde festgestellt, daß *innerhalb* der Gruppe der psychotischen Kinder diese besondere Struktur der intellektuellen Leistungen signifikant häufiger bei den Kindern mit ständiger Retardierung der Sprache auftrat[3]. So steht diese ungewöhnliche Struktur der Intelligenzleistungen in Verbindung mit Ausfällen im Gebrauch oder im Verständnis von Sprache und scheint durch solche Störungen verursacht zu sein. Festgehalten werden sollte aber auch, daß einige psychotische Kinder ihre höchsten Leistungen in verbalen Subtests zeigten. Bei drei Kindern war das sehr ausgeprägt – eins davon hatte hervorragende mathematische und musikalische Fähigkeiten. Diese drei Kinder ähnelten den anderen psychotischen Kindern in nahezu allen anderen Aspekten sehr stark. Trotz des verbalen Könnens, das sie im Jugendalter zeigten, hatten sie immer noch Schwierigkeiten mit abstrakten Begriffen und erreichten nur sehr niedrige Werte im Untertest Allgemeinverständnis. In der frühen Kindheit waren sie in ihrer Sprachentwicklung sehr zurückgeblieben, sie zeigten auch die anderen autistischen und zwanghaften Eigentümlichkeiten der psychotischen Gruppe. Die einzige Ausnahme war, daß diese drei Kinder außergewöhnlich unbeholfen waren, während andere autistische Kinder vielfach eine besonders gute motorische Koordination zeigen. Man könnte diese drei Ausnahmen vielleicht als Fälle des Syndroms der schweren Unbeholfenheit oder der „angeborenen Apraxie" ansehen, die von Walton, Ellis und Court (1962) beschrieben wurde. Ähnlich wie diese psychotischen Kinder waren einige aus Waltons Gruppe mit angeborener Apraxie auch in ihrer Sprache retardiert, und man hatte sie, als sie jünger waren, irrtümlich als geistig behindert diagnostiziert.

Ungewöhnlich gut entwickelte Fähigkeiten bei psychotischen Kindern mit allgemeinem geistigen Rückstand traten fast immer in Verbindung mit abnorm großen Unterschieden in den IQ-Punkten und einem Mangel im Verständnis abstrakter Begriffe auf, ferner sehr oft in Zusammenhang mit ausgeprägten zwanghaften Erscheinungen.

Eine ähnliche Struktur ist meist auch bei den sogenannten „idiot savants" gefunden worden, von denen viele möglicherweise psychotisch (autistisch) waren, obwohl man sie nicht so diagnostiziert hat. Ihre Fertigkeiten bestanden oft in außerordentlichen Gedächtnisleistungen oder sehr schnellen Zahlenrechnungen im Kopf. Ein Kind fragte jeden, den es traf, nach seinem Geburtsdatum und konnte ihm dann den Wochentag sagen, an dem er geboren war. Zwei Kinder konnten zwei dreistellige Zahlen im Kopf multiplizieren, ohne sie hinzuschreiben (z. B. 975 × 437), und andere zeigten manipulative Fertigkeiten, die weit über ihrem allgemeinen Intelligenzniveau lagen. Mehrere Kinder waren fähig, sich an Details ihres Krankenhausaufenthalts vor zehn oder fünfzehn Jahren zu erinnern, einschließlich der Namen von Ärzten und Krankenschwestern.

Zusammenfassung der Ergebnisse

Die hervorstechendsten Charakteristika dieser Gruppe psychotischer Kinder waren „autistische" Beziehungen zu anderen Personen (oft in Form der Meidung des Augenkontakts), Verzögerung der Sprachentwicklung, Echolalie (einschließlich der Verwechslung von Personalpronomen), Störungen in der Beachtung von Lauten und im Verständnis von Sprache, ritualistische und zwanghafte Phänomene (einschließlich eines Widerstandes gegen Veränderungen), stereotype, immer wiederkehrende Bewegungen, eine Tendenz zu Selbstverletzungen und schließlich ungewöhnliche Strukturen der intellektuellen Leistungen, meist in Verbindung mit einer mindestens schwachen, oftmals starken geistigen Retardierung. Die Hälfte der Kinder zeigte die Abnormitäten deutlich schon von der Geburt oder der frühen Säuglingszeit an, fast alle vor dem Alter von zwei Jahren. Es gab einige Kinder, deren Fallbericht auf einen Krankheitsbeginn im dritten Lebensjahr hindeutete, obwohl es im Rückblick oft schien, daß die Abnormitäten möglicherweise schon früher vorhanden gewesen waren. Nur zwei Kinder hatten eine eindeutig normale Entwicklung in ihren ersten drei Lebensjahren, erst danach hatte die Krankheit plötzlich eingesetzt. Eines entsprach dem Bild des Hellerschen Syndroms mit starkem Abbau von Sprache und Intellekt in Verbindung mit Überaktivität als den Hauptmerkmalen dieser Erkrankung. Das andere Kind schien bis zum Alter von fünf Jahren vollkommen normal, aber abgesehen von diesem späten Krankheitsbeginn entsprach es dem von Kanner (1943) beschriebenen Bild des kindlichen Autismus genau.

Versuch einer Erklärung
der spezifischen Symptome der Kindheitspsychose

Obwohl es wenig Meinungsverschiedenheiten hinsichtlich des beobachtbaren Verhaltens psychotischer Kinder gibt, besteht eine beträchtliche Kontroverse hinsichtlich der Interpretation dieses Verhaltens und des Wesens der primären Störungen. Kanner (1943) legte die stärkste Betonung auf die Störung des affektiven Kontakts, Rimland (1965) auf die Unfähigkeit, neue Reize auf erinnerte Erfahrung zu beziehen, Gellner (1959) auf Behinderungen der Wahrnehmung, Wolff und Chess (1965 a u. b) auf stereotype Wiederholungen des Verhaltes einer frühen Entwicklungsphase und wieder andere Autoren auf andere Aspekte des Zustandsbildes. Die Kontroverse ist keine ausschließlich akademische Angelegenheit, da unterschiedliche Ansichten über die primäre Behinderung zu unterschiedlichen Behandlungsplänen führen. Gegenwärtig sind nicht mehr als hypothetische Feststellungen möglich, jedoch könnte die Analyse der Besonderheiten des psychotischen Kindes nützliche Ansatzpunkte für weitere Untersuchungen und Überlegungen ergeben.

In einer früheren Veröffentlichung ist die Vermutung ausgesprochen worden, daß eine der Bedingungen für die Entstehung einer kindlichen Psychose eine Entwicklungsaphasie sein könnte (Rutter, 1956 a u. b) [4]. Man unterscheidet zwei Arten von Aphasie: die motorische (expressive) und die sensorische (rezeptive), wobei allerdings eine Mischform vermutlich am häufigsten vorkommt. Das Kind mit einer sensorischen Aphasie hat einen Ausfall im Lautverständnis – es kann hören, aber infolge einer Störung von Hirnfunktionen kann es nicht verstehen, was es hört. Das ist ein spezifischer Ausfall, der nicht auf eine allgemeine geistige Behinderung zurückgeht. Es ist diese *sensorische* Aphasie (und nicht die motorische), die der Sprachstörung bei einer kindlichen Psychose ähnelt. Ebenso wie beim psychotischen Kind gibt es auch beim Kind mit sensorischer Aphasie eine starke Verzögerung in der Sprachentwicklung. Das Kind verwendet mitunter eine spezielle Sprache, ist in seinen Reaktionen auf Laute inkonsistent, benutzt oft keine Gesten zur Kommunikation, und wenn es anfängt zu sprechen, ist es echolalisch (Myklebust, 1954). Die Echolalie ist vermutlich die Folge eines fehlenden Sprachverständnisses (Myklebust, 1957; Stengel, 1964). Die audiometrischen Reaktionen sind bei psychotischen Kindern und bei Kindern mit sensorischer Aphasie gleich (Taylor, 1965). Aphasische Kinder erfinden manchmal eigene Wörter für Dinge oder benutzen Wörter metaphorisch wie „herzlichen Glückwunsch" für „Kuchen" (Hannigan, 1956). Die Eltern aphasischer Kinder berichten manchmal, ebenso wie die Eltern psychotischer Kinder, daß ihre Kinder ein paar Wörter ganz richtig gesprochen und später alle Sprache verloren haben (Strauss u. McCarns, 1958). Es wird gesagt, daß sie oft ihre Gefühle wenig oder gar nicht ausdrücken, komische Situationen nicht verstehen können, auf den Gesichtsausdruck anderer Personen nicht achten und in ihrer sozialen Wahrnehmung beeinträchtigt sind (Myklebust, 1954). Mitunter sind sie auch in der visuellen und auditiven Wahrnehmung gestört, so daß sie wie psychotische Kinder „sich damit beschäftigen, auf einem Ball ein Fleckchen zu untersuchen, statt zu sehen, daß es ein Gegenstand zum Spielen ist" (Myklebust, 1954).

Natürlich gibt es auch auffallende Unterschiede, wenn man andere Aspekte des Verhaltens des aphasischen und des psychotischen Kindes betrachtet, und sicherlich ist das Vorhandensein einer Aphasie keine ausreichende Erklärung für die Entwicklung einer Psychose. Trotzdem sind die Parallelen in den Sprachstörungen eng. Man kann nicht mit Sicherheit sagen, ob die Sprachstörungen bei der Psychose und bei der Aphasie identisch oder nur analog sind, aber die Ähnlichkeiten in Struktur und Entwicklung sind groß genug, um anzunehmen, daß es sich um dieselbe Abnormität handelt[5].

Einige Aspekte der Störungen in den affektiven Beziehungen können direkt durch Ausfälle im Sprachverständnis verursacht sein – z. B. die Unfähigkeit, Humor zu verstehen, ferner Mängel in der sozialen Wahrnehmung, woraus sich fehlende Sympathie und mangelndes Verständnis für andere Personen ergeben. Jedoch ist Aphasie an sich nicht ausreichend, um die starke Abkapselung und den Mangel an Gefühlswärme beim psychotischen Kind zu erklären. Zum Teil kann der emotionale Rückzug eine gelernte Erscheinung sein. Elsa Haeusserman (1962) hat das besonders klar ausgedrückt: „Wir haben kleine aphasische Kinder, die im Lauf der Zeit Furcht bekamen, in Gesichter zu sehen, weil die Gesichter ihrer Eltern strenger und immer strenger und verzweifelter wurden, wenn sie zu ihrem Kind gesprochen haben ... Geräusche sind aus dem Mund der Eltern gekommen, die für das Kind, das keine Wörter interpretieren kann, nichts bedeuten ... die Stimme ist lauter und lauter geworden, das Gesicht strenger und strenger ... und das Kind hat sich abgewandt. Man denkt, man hat ein autistisches Kind, aber in Wirklichkeit ist es ein aphasisches Kind, das von seinen Eltern mißverstanden wurde, die auf schrecklich harte Weise versucht haben, das Kind zum Sprechen zu bringen." Diese Entwicklung könnte besonders dann eintreten, wenn die Eltern sehr stark an intellektuellen Leistungen interessiert sind. Da aber „Autismus" bereits von frühester Kindheit an klar erkennbar sein kann, ist es zweifelhaft, ob hierin eine vollständige Erklärung liegt; es kann aber sicherlich eine wichtige Rolle bei der Ausbildung affektiver Störungen einiger Kinder spielen. Die Verläufe von „Autismus" und Sprachstörung hängen zwar eng miteinander zusammen; aber während es selten vorkommt, daß ein Kind zur normalen Sprache gelangt und den schweren Autismus behält, ist es viel häufiger, daß ein Kind stumm bleibt und trotzdem den „Autismus" verliert (Rutter, 1965 b). Hieraus kann man schließen, daß dann, wenn das eine vom anderen abhängt, häufiger die Sprachabnormität das primäre und der „Autismus" das sekundäre ist, als umgekehrt.

Die vielleicht auffälligste Differenz zwischen der psychotischen Gruppe und der Kontrollgruppe war die Nichtablenkbarkeit der psychotischen Kinder, besonders in bezug auf auditive Reize. Das legt wiederum nahe, daß die wichtigste Abnormität bei der Psychose ein Fehlen oder eine Abnormität in der Wahrnehmung von Reizen sein könnte. Ob dies eine physiologische Erscheinung infolge eines neurologischen Defekts (wie es wahrscheinlich ist) oder ein psychologischer Defekt ist, kann aufgrund der vorhandenen Befunde nicht endgültig entschieden werden (siehe auch Hermelin in Kapitel 6). Der neurologische Defekt könnte eine Art Agnosie oder Abnormität im Verständnis von Reizen (wie oben vermutet) oder eine allgemeinere Abnormität in der Reaktion auf Reize aller Art sein (Schopler, 1965), vielleicht in Verbindung mit einem hohen Aktivationsniveau (Hutt et al., 1965). Weitere Untersuchungen sind erforderlich, um zwischen diesen Alternativen zu entscheiden.

Es ist bereits festgestellt worden, daß mit der Sprachstörung gewisse Besonderheiten in der Struktur der kognitiven Leistungen (sogenannte Inseln von Intelligenz) in Zusammenhang stehen. Es wurde vermutet, daß die Ausfälle in den intellektuellen Leistungen auf Mängel im Verständnis, im symbolischen Denken und beim Umgang mit abstrakten Begriffen zurückzuführen sind. Der „idiot savant" zeigt ein sehr ähnliches Bild, und tatsächlich hatten viele dieser Menschen ausgeprägt autistische Tendenzen, zwanghaftes Verhalten und einen starken Widerstand gegen irgendwelche Änderungen routineartiger Gewohnheiten (Anastasi und Levee, 1960, Nurcombe und Parker, 1963 und 1964). Scheerer, Rothmann und Goldstein (1945) haben besonders die Defekte im abstrakten Denken hervorgehoben; hierin sind sie vielen anderen Autoren gefolgt, die ebenfalls das zwanghafte Verhalten als eine sekundäre Erscheinung angesehen haben (Nurcombe und Parker, 1964).

Die stereotypen, immer wiederkehrenden Manierismen des psychotischen Kindes legen die Möglichkeit nahe, daß noch andere Wahrnehmungsdefekte bestehen. Stereotype Bewegungen findet man sehr oft bei geistig behinderten Patienten, die lange in Anstalten leben, und besonders häufig bei Blinden (Berkson und Davenport, 1962). Diese Verhaltensweisen sind denjenigen sehr ähnlich, die junge Schimpansen zeigen, die man in Umwelten ohne sensorische Stimulation aufgezogen hat (Davenport und Berkson, 1963). Es scheint, daß diese Verhaltensweisen einen selbststimulierenden Charakter (Berkson und Mason, 1963) haben und durch einen Mangel normaler Stimulation hervorgerufen werden, der entweder auf Defekte der Umwelt oder auf Defekte im Kind zurückgeht.

Jedoch unterscheidet sich anscheinend eine Art stereotyper Bewegungen – komplexe Handbewegungen oder -stellungen – etwas von den übrigen. Besonders diese Bewegungen treten in Verbindung mit mangelnder Reaktion auf Reize und „Autismus" auf (Berkson und Mason, 1964). Dasselbe kann man auch oft bei blinden Kindern beobachten. Man hat festgestellt, daß diese Manierismen und Autismen gewöhnlich (Blank, 1959; Keeler, 1958), aber nicht immer (s. Pringle, 1964) bei Kindern mit retrolentaler Fibroplasie vorkommen. Das könnte daran liegen. daß diese Kinder oft neben der Blindheit eine Hirnschädigung haben. Das einzige Kind in der Kontrollgruppe, das *starke* Fingermanierismen hatte, die es in der Nähe des Auges nach Art des psychotischen Kindes ausführte, war ein Junge mit Encephalomalacie, der die Manierismen zu der Zeit zeigte, als er blind wurde, und der nur begrenzte periphere Sehfähigkeit besaß. Diese speziellen Hand- und Fingermanierismen, die besonders charakteristisch für die kindliche Psychose sind, legen die Möglichkeit eines Defekts im Bereich der visuellen Wahrnehmung nahe.

Diese Möglichkeit ergibt sich auch durch die Tatsache, daß einige psychotische Kinder in jungem Alter wie blind wirken. Außerdem scheinen sie oft stärker an Dingen interessiert zu sein, die sich an der Peripherie ihres Gesichtsfeldes bewegen. Manchmal können sie etwas visuell Wahrgenommenes schlecht imitieren. Ein psychotisches Kind, das etwas, was man ihm vormacht, nicht lernt, lernt es manchmal schnell, wenn man seine Hände oder Füße festhält und mit ihnen die richtigen Bewegungen ausführt. Die Gewohnheit, neue Gegenstände zu berühren oder daran zu riechen, ist sowohl bei blinden wie bei psychotischen Kindern häufig. Die Experimente von Hermelin und O'Connor, die Unterschiede in der Hierarchie der sensorischen Modalitäten aufgezeigt haben, werden in Kapitel 6 diskutiert. Die Tendenz einiger Kinder mit rezeptiver Aphasie, sich mit speziellen Teilen von Objekten, z. B. einem Fleckchen auf einem Ball, zu beschäftigen, ohne die Funktion des Ganzen wahrzunehmen, wird gewöhnlich Defekten der visuellen Wahrnehmung zugeschrieben (Myklebust, 1954). Dasselbe Verhalten findet man bei psychotischen Kindern. Eine wertvolle Diskussion der möglichen Rolle von Wahrnehmungsdefekten bei der Entwicklung des Autismus findet man bei Rimland (1965). Leider gibt es keine zufriedenstellenden Methoden, mit denen man Wahrnehmungsanomalien bei kleinen Kindern nachweisen könnte, so daß gegenwärtig nur Spekulationen über die Existenz oder die Auswirkung solcher Defekte möglich sind.

Selbstverletzungen, besonders das Anschlagen des Kopfes, haben anscheinend ebenso wie die stereotypen, immer wiederkehrenden Bewegungen eine selbststimulierende Funktion. Die Kinder scheinen bei ihren Selbstverletzungen keinen Schmerz zu empfinden. Wenn sie sich selbst schmerzhafte Reize beibringen, so reagieren sie anders, als wenn ihnen derselbe Schmerz durch andere zugefügt wird (Stengel et al., 1958; Stengel, 1965). Jedoch gibt es auch einige psychotische (und geistig behinderte) Kinder, die eine allgemein verminderte Reaktion auf Schmerz zeigen. Anscheinend ist das die Folge einer Verringerung der äußeren Reaktionsfähigkeit; ob aber diese geringe Reaktionsfähigkeit physiologisch oder psychologisch determiniert ist, weiß man nicht. Die bisher bekannten Tatsachen sprechen sehr dafür, daß wenigstens einige der Wahrnehmungs- und Empfindungsanomalien physiologisch bedingt sind. Die Möglichkeit, daß sie psychologische Ursachen haben, kann allerdings nicht ausgeschlossen werden.

Die andere Haupteigentümlichkeit im Verhalten des psychotischen Kindes, die ritualistischen und zwanghaften Erscheinungen, sind weniger leicht zu erklären. Es scheint unwahrscheinlich, daß sie das direkte Resultat irgendeines Wahrnehmungs- oder anderen funktionalen Defekts des Gehirns sind. Wahrscheinlicher ist es, daß sie als ein Mittel des Kindes entstehen, mit seiner Behinderung fertig zu werden – ein in die Irre führender Versuch, mit seiner Behinderung, so wie sie ist, zurechtzukommen. Nichtsdestoweniger zählen die ritualistischen und zwanghaften Erscheinungen zu den hervorstechendsten Aspekten der Lebensweise des psychotischen Kindes; und sie beeinflussen die Äußerungsformen von anderen Behinderungen des Kindes. Die Struktur der intellektuellen Leistungen ist dadurch determiniert, daß bestimmte Bereiche kognitiver Fähigkeiten intakt sind und andere ausfallen. Die abnorme Beschäftigung mit bestimmten Fertigkeiten hat eine erhebliche zwanghafte Komponente. Ebenso scheint zwar beim psychotischen Kind ein primärer Defekt im Verständnis von Lauten zu bestehen, trotzdem haben viele Sprachabnormitäten (z. B. das Beharren auf den strengen Formen der Wechselrede, Wolff und Chess, 1965 b) einen ritualistischen oder zwanghaften Charakter.

Diese Bemerkungen über das mögliche Wesen der primären Defekte bei der kindlichen Psychose müssen notwendigerweise hypothetisch sein, weil die verfügbaren Tatsachen zu unzulänglich sind, um sichere Feststellungen zu rechtfertigen. Mit großer Sicherheit sind sie eine Übervereinfachung. Aber sie sind vielleicht doch eine Anregung, wie man dem psychotischen Kind helfen könnte, und diese Anregung läßt sich prüfen, indem man weitere Kenntnisse sammelt und daraufhin die gegenwärtigen Vorstellungen modifiziert.

Kapitel 3
Prognose: Psychotische Kinder im Jugend- und frühen Erwachsenenalter

Michael Rutter

Die Untersuchung des Verlaufs, d. h. der „Naturgeschichte" jeder Art von Krankheit ist für das Verständnis ihres Wesens von fundamentaler Bedeutung. Die Kenntnis des Krankheitsverlaufs hat auch für die Planung von Hilfsmaßnahmen einen entscheidenden Stellenwert. Das gilt besonders für chronische Erkrankungen wie die kindliche Psychose bzw. den Autismus. In diesem Kapitel soll zusammengefaßt werden, was bisher über den Verlauf dieser psychotischen Störung bekannt ist. Es werden dabei nur solche Untersuchungen berücksichtigt, die sich mit der in Kapitel 2 beschriebenen kindlichen Psychose beschäftigen, also mit der schweren Entwicklungsstörung, zu der „autistisches" Verhalten, Sprachabnormitäten und ritualistische oder zwanghafte Erscheinungen gehören, und die schon während der allerersten Lebensjahre des Kindes, gewöhnlich in der frühen Kindheit, deutlich erkennbar ist.

Aus mehreren Berichten geht klar hervor, daß der Verlauf dieser kindlichen Psychose sehr verschieden sein kann, besonders in der späten Kindheit und im Jugendalter. Demzufolge haben individuelle Fallberichte oder Untersuchungen einer kleinen Zahl von Fällen nur begrenzten Wert, und so wird in diesem Sammelbericht der Hauptakzent auf Untersuchungen größerer Kindergruppen gelegt, die von der frühen Kindheit bis in das Jugend- oder frühe Erwachsenenalter hinein verfolgt wurden. Es gibt für die beschriebene Kindheitspsychose drei Untersuchungen dieser Art: für die Fälle von Kanner (Kanner, 1943; Kanner, 1949; Kanner und Eisenberg, 1955; Eisenberg und Kanner, 1956; Eisenberg, 1956; Kanner und Lesser, 1958)[1], für die Fälle von Creak (Creak, 1962; 1963 a und b) und für die Fälle des Maudsley Hospitals (Rutter, 1965 a und b; Rutter und Greenfeld, 1966; Lockyer und Rutter, 1966)[2]. Außerdem gehören die Smith Hospital-Untersuchungen (Mittler et al., 1966), die Untersuchung von Brown über atypische Kinder im Vorschulalter (Brown, 1960, 1963; Reiser und Brown, 1964), Annells Untersuchung psychotischer Kinder (1963) und Benders Untersuchung junger, pseudodebiler schizophrener Kinder (1955, 1959, 1961, 1963) in diesen Zusammenhang, obwohl sich nicht sicher feststellen läßt, wieviele dieser Kinder den Kindern der drei zitierten Hauptuntersuchungen ähnlich waren.

Wie häufig ist die Anstaltsunterbringung?

Die Unterbringung in einer Anstalt ist für diese Kinder nicht ideal und heute auch nicht notwendig. Geschieht es doch, so sieht man, was dem psychotischen Kind widerfahren kann, wenn die Einrichtungen, Hilfsdienste und Einstellungen so bleiben, wie sie es bis in die jüngste Vergangenheit gewesen sind.

Eisenberg (1956) konnte 63 autistische Kinder wiederfinden, 79 % der bis zum Untersuchungszeitpunkt von Kanner gesehenen Fälle. Über die Hälfte (34) lebte ständig in einer Anstalt. Das sind etwas mehr als in Creaks Untersuchung (1963 b) und in der Maudsley-Hospital-Untersuchung (Rutter und Greenfeld, 1966), in denen es 43 % bzw. 44 % waren, die ständig in einer Institution für Behinderte lebten. Aus der letzteren Untersuchung geht hervor, daß dieser Prozentsatz mit dem Alter vermutlich ansteigt. Von den Maudsley-Kindern, die bei der Nachuntersuchung 16 Jahre oder älter waren, lebten 53 % (20 von 38 Kindern) ständig in einer Anstalt.

Rutter (Rutter und Greenfeld, 1966) fand, daß zur Zeit der Nachuntersuchung der Hauptunterschied zwischen psychotischen Kindern und Kindern mit gleichem IQ-Niveau und nicht-psychotischen Verhaltensstörungen die relative Häufigkeit eines geregelten Arbeitsverhältnisses war. Nur 2 der 38 psychotischen Kinder, die 16 Jahre oder älter waren, hatten ein festes Arbeitsverhältnis, während es bei den Kontrollkindern 12 waren. Zweifellos wären mehr psychotische Kinder arbeitsfähig gewesen, wenn sie eine geeignete Ausbildung und die richtigen Arbeitsbedingungen erhalten hätten. Zwei von ihnen führten zu Hause Teilzeitbeschäftigungen aus, 3 lebten in einer

Dorfgemeinschaft und arbeiteten dort ein wenig mit. Trotz ihrer Arbeitsfähigkeit waren allerdings ihre Inaktivität und ihre Verhaltensschwierigkeiten oft noch ein Problem. Ein weiterer Faktor sind die Unzulänglichkeiten der Einrichtungen für behinderte junge Menschen, die eine Ausbildung erhalten haben und die Schule verlassen. In manchen Fällen gab es geeignete Plätze, aber oft waren sie ungeeignet oder fehlten ganz.

Wie ist die soziale Anpassung?

In den einzelnen Nachuntersuchungen psychotischer (autistischer) Kinder sind etwas unterschiedliche Kriterien für soziale Anpassung verwendet worden, so daß genaue Vergleiche zwischen den Untersuchungen nicht möglich sind. Trotzdem sind einige allgemeine Ergebnisse festzustellen. Eisenberg (1956) fand, daß sich nur 3 von 63 autistischen Kindern, die das Alter von neun oder mehr Jahren erreicht hatten, im schulischen oder sozialen Bereich „gut" verhielten. Eine größere Anzahl zeigte ein einigermaßen „zufriedenstellendes" Verhalten. Insgesamt war die soziale Anpassung bei etwas mehr als einem Viertel (27 %) recht gut, bei der Mehrheit jedoch unbefriedigend. Creaks Ergebnisse sind ähnlich: von 100 Kindern waren es nur 17, die entweder arbeiteten oder eine normale Schule besuchten und deren Anforderungen erfüllten (Creak, 1963 b). Auch die Maudsley-Untersuchung zeigte, daß bei der Majorität (60 %) das allgemeine Verhalten schlecht war, nur bei wenigen (14 %) konnte man sagen, daß ihr Verhalten im allgemeinen „gut" war. Bei einem deutlich größeren Prozentsatz (25 %) wurde eine einigermaßen „zufriedenstellende" Anpassung festgestellt (die Kinder verhielten sich immer noch deutlich abnorm, machten jedoch im Lern- und im Sozialbereich Fortschritte), und es ist hauptsächlich diese Gruppe, bei der das Ergebnis besser sein könnte, wenn bessere Hilfseinrichtungen zur Verfügung stünden.

Ein Beispiel für diese Gruppe ist D., ein attraktives 19jähriges Mädchen, das zur Zeit in einer Dorfgemeinschaft lebt, dort recht gut mitarbeitet und ziemlich selbständig ist. Sie ist gegenüber Erwachsenen hilfsbereit und freundlich und hat zu einem Erwachsenen eine besondere Zuneigung gefaßt. Gegenüber Kindern ist sie reservierter, und obwohl sie sich an Gruppenaktivitäten beteiligt, hat sie keine Freundschaften geschlossen; es fehlt ihr an Spontanität und Herzlichkeit. Manchmal gerät sie in Wut, wenn sie sehr geärgert wird oder sich nicht verständlich machen kann. Aber das ist längst nicht mehr so problematisch wie in jüngerem Alter. Sie verrichtet ihre Tätigkeiten in einer sehr routinehaften Weise und hat eine Abneigung gegen irgendwelche Änderungen, aber die Zwanghaftigkeit hat, verglichen mit früheren Zeiten, stark abgenommen. Ihre Hauptbehinderungen sind Inaktivität und Mangel an Initiative, kombiniert mit der Unfähigkeit, sich sprachlich auszudrücken, und einem deutlichen Defekt im Sprachverständnis.

Die Unterschiede im Verhalten können außerordentlich groß sein, wie die folgenden zwei Fälle zeigen mögen.

D. P. ist zehn Jahre alt und das jüngste Kind der Untersuchungsreihe. Er besitzt eine hohe Intelligenz und macht in einer normalen Schule ausgezeichnete Fortschritte, besonders in Mathematik und Musik, wofür er ungewöhnlich begabt ist. Vor dem Alter von drei Jahren sprach er nicht, aber nun ist seine Sprache überdurchschnittlich, obwohl er nach wie vor gewisse Schwierigkeiten mit abstrakten Begriffen hat. Er ist freundlich, sogar ein wenig aufdringlich, obwohl er bisher noch keinen engen Freund in seinem Alter hat. Zwanghafte Erscheinungen und das ehemals übermäßige Interesse für Zahlen sind in geringem Ausmaß geblieben, aber er zeigt nicht mehr die große Beunruhigung bei jeder Veränderung in der Umgebung wie in jüngerem Alter.

J. D. ist zwanzig Jahre alt und Patient in einer psychiatrischen Anstalt. Seine Beziehungen zu anderen Menschen sind etwas besser geworden, aber er ist stark „autistisch", geistig abwesend und indifferent geblieben und zeigt kein Verständnis für die Gefühle anderer. Er spricht überhaupt nicht, summt aber einen großen Teil des Tages vor sich hin. Den starken Widerstand gegen Veränderungen hat er nicht mehr. Er verbringt den größten Teil des Tages damit, die Seiten einer Zeitschrift rasch umzublättern und dabei ein Stück Schnur so in der Luft herumzuwirbeln, daß das Ende gegen die Seiten klatscht, und während er das tut, beobachtet er die Schnur aus dem Augenwinkel. Immer noch ist es ein recht großes Problem, daß er mit dem Kopf gegen Wände u. dgl. schlägt, obwohl dies gegenüber dem Vorjahr nachgelassen hat.

D. P. steht stellvertretend für die Kinder, bei denen die Anpassung als gut, J. D. für diejenigen, bei denen sie als schlecht beurteilt wurde. Jedoch gibt es Kinder, die in ihrer Entwicklung noch weiter gekommen waren als D. P., und viele, deren Entwicklungsstand noch schlechter war als bei J. D.

Bleibt das „autistische" Verhalten bestehen?

In seinem ersten Aufsatz über das Syndrom, das seinen Namen trägt, hat Kanner (1943) festgestellt, daß mit zunehmendem Alter die gefühlsmäßige Isolation bzw. der „Autismus" fortbesteht, die soziale Vereinzelung aber in unterschiedlichem Maß überwunden werden kann. Die Kinder mit insgesamt unbefriedigendem Entwicklungsstand behielten ihre extreme affektive Isolation, aber selbst bei denen, die größere Fortschritte gemacht hatten, blieb gewöhnlich ein auffälliger Mangel an sozialer Wahrnehmungsfähigkeit oder ein mangelndes Empfinden für die Gefühle anderer (Eisenberg und Kanner, 1956; Kanner und Eisenberg, 1955). Die Ergebnisse der Maudsley Hospital-Untersuchung waren sehr ähnlich (Rutter und Greenfeld, 1966). 9 von 57 „autistischen" Kindern verhielten sich im Jugendalter nicht mehr „autistisch" (in dem in den Kapiteln 1 und 2 beschriebenen Sinn), sie zeigten also nicht mehr die abwesende Indifferenz gegenüber Menschen. Im allgemeinen gab es mit zunehmendem Alter eine Tendenz zur Verbesserung der zwischenmenschlichen Beziehungen, aber trotzdem hatte nur 1 Kind normale Beziehungen zu Gleichaltrigen, und nur 7 hatten normale Beziehungen zu Erwachsenen. Viele Kinder, deren „Autismus" sich gebessert hatte, blieben sehr zurückhaltend und gefühlsarm; allerdings gab es 5 andere, die aufgeschlossen und freundlich wurden (obwohl meist von flacher Art und ohne Einfühlungsvermögen). Das Verschwinden des „Autismus" ging nicht notwendig mit einer Besserung anderer Behinderungen einher, insbesondere nicht mit einer Zunahme der gemessenen Intelligenz (Rutter, 1965 a und b).
Bei den älteren Kindern äußerte sich der „Autismus", wie bei Kanners Fällen, oft im fehlenden Wissen über soziale Regeln und im Mangel an Gefühlszuneigung oder Einfühlungsvermögen. Manchmal wird wohl die Neugierde autistischer Kinder geweckt, wenn jemand aus der Familie krank ist oder sich verletzt hat, aber nur selten

zeigen sie in solchen Situationen ein Mitgefühl oder irgendeine andere emotionale Reaktion. Dieser Mangel an Einfühlungsfähigkeit führt auch dazu, daß sie anstößige oder taktlose Bemerkungen machen. Das sind gewöhnlich zutreffende, aber verletzende Beobachtungen der Art, wie sie das normale kleine Kind oft wiedergibt.

Zum Beispiel machte ein intelligentes 17jähriges autistisches Mädchen die Feststellung: „Was für ein schrecklich häßliches Baby", als ihr der neugeborene Nachwuchs einer Freundin ihrer Mutter gezeigt wurde. Es ist typisch, daß sie diese Bemerkung ganz harmlos abgab – es fehlte ihr jedes Gefühl dafür, daß dies eine unangebrachte Bemerkung bei einer solchen Gelegenheit war, und es war ihr nicht bewußt, daß dieser Kommentar die andere Person verletzen könnte. Sozial anstößiges Verhalten hat vermutlich dieselben Wurzeln. Zum Beispiel kam ein intelligenter autistischer Jugendlicher vollkommen nackt in das Zimmer hinunter, in dem seine Eltern eine Party gaben, um zu fragen, wo sein Schlafanzug sei. Ein anderer Junge dieses Alters stand bei einer Picknick-Party auf und urinierte vor aller Augen – auch dies zeigt einen Mangel an Verständnis dafür, wie andere Menschen empfinden und wie sie auf ein solches Verhalten reagieren würden.

Wie entwickelt sich die Sprache?

Eine der Hauptbehinderungen ist noch im Jugend- und frühen Erwachsenenalter das Fehlen der Sprache. Fast die Hälfte von Kanners Fällen (30 von 63) blieb stumm (Kanner und Eisenberg, 1956; Eisenberg, 1956). In der Maudsley Hospital-Untersuchung (Rutter und Greenfeld, 1966) und in der Smith Hospital-Untersuchung (Mittler et al., 1966) ergaben sich ähnliche Prozentsätze: 29 von 63 bzw. 9 von 20 Kindern blieben ohne kommunikative Sprache.
Dreiviertel der Maudsley-Kinder waren echolalisch (siehe Kapitel 2), oft mehrere Jahre lang (Rutter, 1965 a). Jedoch verschwand die Echolalie meist mit zunehmendem Alter, so daß von den 36 Kindern, die zur Zeit der Nachuntersuchung etwas sprechen konnten, nur 11 etwas und 16 überhaupt nicht echolalisch waren. Kanner und Eisenberg (1955) haben festgestellt, daß autistische Kinder keine Artikulationsschwierigkeiten hatten, aber Rutter (1955 a) fand, daß ungefähr zwei Fünftel (14 von 36) der psychotischen Kinder, die

überhaupt sprachen, einige Artikulationsschwierigkeiten hatten, wenigstens für eine Weile. Jedoch war das in den meisten Fällen nur ein minimales Problem.

10 der 63 Maudsley-Kinder erreichten ein normales Sprachniveau, jedoch gab es bei 4 von ihnen – ebenso wie bei 7 weiteren – Abnormitäten in der Sprechweise (Rutter, 1965 a). Einige hatten eine monoton flache Aussprache mit wenig Hebungen und Senkungen, Veränderungen der Betonung oder des emotionalen Ausdrucks. Andere sprachen im Stakkato, es fehlte die rhythmische Gliederung der Sprache. Der Gesamteffekt war oft eine Art „mechanische Sprache", ähnlich der, die man im Kinderprogramm des Fernsehens Wesen von anderen Planeten sprechen läßt, oder wie das, was Kanner und Eisenberg (1955) eine „Donald Duck"-Sprache genannt haben. Sowohl die Johns-Hopkins-Untersuchung (Kanner, 1943; Kanner und Eisenberg, 1955; Eisenberg, 1956) als auch die Maudsley-Untersuchung (Rutter, 1965; Rutter und Greenfeld, 1966) zeigten außerdem, daß die Kinder mit normalem oder fast normalem Sprachniveau die Sprache oft formal und wenig flexibel verwenden. Sie hatten eine pedantische Art, die Dinge auszudrücken und sprachen in einer gleichsam amtlichen Weise, so wie manche Bürokraten schreiben.

Darüber hinaus neigen manche der intelligenteren psychotischen Kinder trotz guter Sprache dazu, sich hauptsächlich in Form von Serien zwanghafter Fragen zu unterhalten (Kanner, 1943; Rutter, 1965 a): „Wie weit ist es von London bis Birmingham?", „wie weit von Liverpool bis Sheffield?", „wie lange braucht man, um mit einem Zug von London nach Bristol zu fahren?", „wie viele Züge fahren pro Tag nach Bristol?" usw., je nach dem besonderen Interesse des Kindes zu der betreffenden Zeit. Die Kinder hatten auch Schwierigkeiten mit abstrakten Begriffen und neigten dazu, sehr wörtliche und konkrete Antworten auf Fragen zu geben. So wurde ein intelligenter, aber autistischer Junge aufgefordert, etwas über seine Schule zu erzählen, von der er gesagt hatte, daß es dort sehr schön sei, und er gab daraufhin eine detaillierte Beschreibung des Grundrisses der Schule.

Eisenberg (1956) fand nur ein Kind, das nach dem fünften Lebensjahr zu sprechen begann, aber in der Serie des Maudsley Hospitals (Rutter, 1965 a; Rutter und Greenfeld, 1966) kamen von 31 Kindern, die mit fünf Jahren nicht sprachen, nicht weniger als 7 zu einem noch späteren Zeitpunkt zum Sprechen (eins davon noch mit elf Jahren). Allerdings hat der IQ-Wert in diesem Zusammenhang eine große prognostische Bedeutung. Von den 20 Kindern, die mit fünf Jahren nicht sprachen und zu dieser Zeit einen IQ von 55 oder weniger hatten, lernte nur eins noch sprechen. Keins von ihnen erhielt eine Schulbildung, drei Viertel befanden sich ständig in einer psychiatrischen Anstalt. Von den 9 Kindern dagegen, die mit fünf Jahren nicht sprachen, aber einen IQ über 55 hatten, kamen 6 später noch zum Sprechen. Es ist deshalb wahrscheinlich, daß ein unbefriedigendes Verhaltensniveau im Jugend- und frühen Erwachsenenalter mehr mit der allgemeinen geistigen Behinderung als mit dem Sprachniveau zusammenhängt.

Welche Bedeutung hat die Intelligenz?

Da die meisten Forscher den IQ-Wert beim psychotischen Kind als recht unzuverlässig angesehen haben, gibt es nur sehr wenig Untersuchungen der intellektuellen Funktionen bei diesen Kindern und nur zwei umfangreiche Längsschnittuntersuchungen, die Messungen des IQ-Wertes enthielten – die Maudsley Hospital- und die Smith Hospital-Untersuchung. Rutter (Rutter, 1965 a und b; Lockyer und Rutter, 1966) fand, daß mit dem IQ-Wert der Kinder bei der ersten Untersuchung das intellektuelle Niveau im Jugend- und frühen Erwachsenenalter sehr gut vorhergesagt werden konnte. Die Produkt-Moment-Korrelation zwischen dem ersten IQ-Wert und dem Vineland-Quotienten der sozialen Reife, der fünf bis fünfzehn Jahre später erhoben wurde, betrug 0,79. Die Korrelation zwischen dem ersten IQ-Wert und dem Gesamtwert im Wechslertest bei der Nachuntersuchung war niedriger, aber immer noch erheblich (0,63). Außerdem war die Korrelation bei Kindern, die vor ihrem fünften Geburtstag getestet wurden, ebenso hoch wie bei den in höherem Alter getesteten Kindern, ferner war die Vorhersage für nichtsprechende Kinder ebenso gut wie für Kinder, die sprachen. Von den Kindern, die mit fünf Jahren stumm waren, konnte bei 6 eine normale Intelligenz gemessen werden, und das erwies sich als eine etwa zutreffende Vorhersage ihres intellektuellen Niveaus im späteren Lebensalter. Ferner wurde gezeigt, daß der IQ-Wert für psychotische Kinder ein ebenso guter Prädiktor wie für nicht-psychotische Kinder aus derselben Klinik war.

Es sollte hinzugefügt werden, daß diese Resultate auf einer Testuntersuchung beruhen, die während des ersten Klinikaufenthaltes des Kindes von erfahrenen Psychologen durchgeführt wurde, die das Kind während eines zweiwöchentlichen Aufenthaltes gewöhnlich mehrmals gesehen haben. Psychotische Kinder sind notorisch schwer zu testen, und oft ist viel Geduld und Erfindungsgabe erforderlich. Oft mußte das Testen über mehrere Sitzungen verteilt werden. Viele Punktwerte beruhten auf nur wenigen Subtests, aber trotzdem zeigte es sich, daß der Vorhersagewert hoch war. Nur wenige Kinder konnten mit Verbaltests getestet werden, so daß die Wechsler-Untertests und der Binet-Test gewöhnlich ungeeignet waren. Der Merrill-Palmer-Test hat sich als der im allgemeinen nützlichste Test erwiesen.

Lag der IQ-Wert bei der Erstuntersuchung unter 50, so war dieser Wert zur Zeit der Nachuntersuchung gewöhnlich noch niedriger. Bei den Kindern mit höheren Erstwerten war der IQ meist auf ungefähr gleichem Niveau geblieben. Die Abnahme des IQ-Werts bei den weniger intelligenteren Kindern könnte in einigen Fällen durch die ungünstigen Wirkungen einer schlechten und langen Anstaltsunterbringung verursacht sein (Rutter, 1965 b). Das Verschwinden des „Autismus" ging *nicht* mit einer Zunahme der Intelligenz einher. Selbst bei einer allgemein guten Anpassung zur Zeit der Nachuntersuchung war die Erhöhung des Intelligenzniveaus gering.

Diese Ergebnisse widersprechen zum Teil den Ergebnissen von Mittler und seinen Kollegen (1966), die bei den meisten ihrer testbaren psychotischen Kinder große Zunahmen im IQ-Wert festgestellt haben. Die Unterschiede können z. T. durch die Tatsache bedingt sein, daß Mittlers Gruppe zunächst mit dem Binet-Test getestet wurde, ein Test, mit dem man das Intelligenzniveau von Kindern, die in ihrer Sprachfunktion behindert sind, leicht unterschätzt, während die Maudsley-Kinder meist mit Handlungstests (gewöhnlich dem Merrill-Palmer) getestet wurden. Daß ein Faktor dieser Art für die Unterschiede zwischen den beiden Untersuchungen verantwortlich ist, wird durch die Tatsache nahegelegt, daß die Ergebnisse im Hinblick auf die schulische Leistung ziemlich gleich sind. Kein Kind, das bei der Erstuntersuchung nicht testbar war, ging später in eine normale Schule, und der ursprüngliche IQ-Wert korrelierte recht hoch mit der Lesefähigkeit im Jugendalter.

Lockyer und Rutter (1966) haben eine größere Anzahl von Kindern mit psychotischen und mit nicht-psychotischen geistigen Behinderungen untersucht, die im Alter und IQ-Wert sehr ähnlich waren; es zeigte sich, daß das Leseniveau im Jugendalter bei beiden Gruppen ungefähr gleich war. Beide Gruppen zeigten im Vergleich zu ihrem IQ-Wert einen Rückstand in schulischen Leistungen, aber bei den psychotischen Kindern war er *nicht* größer als bei den Kontrollkindern. Hieraus geht nachdrücklich hervor, daß die Bemühungen, geeignete schulische Einrichtungen für diese psychotischen Kinder zu schaffen, voll berechtigt sind. Es ist auch ein Hinweis darauf, daß es möglich sein müßte, bessere Erziehungserfolge sowohl mit psychotischen wie mit nicht-psychotischen behinderten Kindern zu erreichen, wenn geeignete Einrichtungen zur Verfügung stünden.

Kommt es zu epileptischen Anfällen?

Einer von Kanners ersten elf Fällen bekam mit fünf Jahren epileptische Anfälle (Kanner, 1943). In einem späteren Aufsatz berichtet Kanner (1949), daß einer seiner ersten 55 Fälle mit vier Jahren Anfälle bekam, wobei allerdings nicht klar ist, ob dasselbe Kind gemeint ist. Auch Bender (1961) hat von zwei Kindern mit epileptischen Anfällen berichtet, denen Kanner zu einem früheren Zeitpunkt die Diagnose „Kindlicher Autismus" gestellt hatte, ferner vom Auftreten epileptischer Anfälle bei 10 autistischen, nicht-sprechenden Kindern, die von früher Kindheit an Abnormitäten in der Entwicklung gezeigt hatten und in deren Familie keine Schizophrenie vorgekommen war. Es ist besonders bemerkenswert, daß 6 dieser 10 Kinder die Anfälle erst nach der Pubertät bekamen, woraus folgt, daß man Nachuntersuchungen mindestens bis ins Jugendalter ausdehnen muß, um ein zutreffendes Bild von der Häufigkeit epileptischer Anfälle zu bekommen.

Auch Creak (1963 b) hat die große Häufigkeit von Anfällen bei psychotischen Kindern festgestellt. Sie fand 12 Fälle von Epilepsie in ihrer Gruppe von 100 Kindern. Bei 7 setzten die Anfälle lange nach Beginn der Psychose ein, und bei 2 begannen sie nach der Pubertät (bei einem Jungen mit 20 Jahren). Eine noch größere Häufigkeit von Anfällen ist von Rutter (1965 b) berichtet worden: von 63 psychotischen Kindern waren 15 epileptisch, und bei 10 von ihnen begannen die Anfälle erst viele Jahre nach Beginn der Psychose (mit sechs oder sieben Jahren bei 2 Kindern; mit elf bis dreizehn Jahren bei 4; und mit sechzehn bis neunzehn Jahren bei weiteren 4). Keines dieser 10 Kinder zeigte bei der Erstuntersuchung neurologische Krankheitszeichen. In 3 Fällen war das Einsetzen der Anfälle von einem starken Zerfall der Sprache begleitet. Das Auftreten von Epilepsie in dieser Art legt die Möglichkeit nahe, daß ein Zusammenhang mit einer Hirnschädigung besteht[3].

Bleibt die starke motorische Unruhe?

Sowohl bei den psychotischen wie bei den Kontrollkindern tritt häufig an die Stelle einer starken Hyperkinese in der frühen Kindheit im Verlauf mehrerer Jahre in der späten Kindheit oder im frühen Jugendalter eine stumpfe Inaktivität (Rutter und Greenfeld, 1966). So waren zum Zeitpunkt der Nachuntersuchung, als die Kinder dreizehn Jahre oder älter waren, von 22 hyperkinetischen Kindern 13 hypokinetisch geworden, 4 befanden sich in einem zwischen Hyperkinese und Hypokinese schwankenden Zustand. Von 19 in dieser Hinsicht zunächst normalen Kindern waren bei der Nachuntersuchung nur 5 hypokinetisch. Die hypokinetischen Kinder bewegten sich in normalem Tempo, aber es schien ihnen in auffälligem Maß an irgendwelchen Antrieben oder Aktivitätsbedürfnissen zu fehlen; sie neigten also dazu, einfach nur dazusitzen, wenn sie nicht ständig aufgefordert wurden, mit ihren Aufgaben weiterzumachen. Das war eines der Hauptprobleme bei vielen psychotischen Kindern im Jugendalter und oft die Hauptursache dafür, daß man sie in kein Arbeitsverhältnis übernehmen konnte.

Entwickelt sich Aggressivität?

Aggression war in der Regel eher ein Problem bei jüngeren autistischen Kindern. Nur in wenigen Fällen verstärkte sie sich im
Jugendalter oder entwickelte sich überhaupt erstmals in dieser Zeit
(Rutter und Greenfeld, 1966). Wenn daraus im Jugendalter ein Problem wurde, so lag das zum Teil daran, daß die Kinder größer geworden waren und man deshalb ihre an sich kindlichen Aggressionen
schwerer unter Kontrolle bringen konnte. Wirklich ernsthaft war die
Aggression nur bei zwei älteren, recht intelligenten Mädchen, die
deswegen in eine Anstalt eingewiesen worden waren. Eines befindet
sich noch immer dort, aber bei beiden nahmen die Aggressionen nach
ungefähr einem Jahr wieder ab, und zum gegenwärtigen Zeitpunkt
ist keines von beiden noch aggressiv. Auch die Selbstverletzungen
gehen im allgemeinen mit zunehmendem Alter zurück. Allerdings
gibt es einige Ausnahmen, und bei einigen Jugendlichen waren sie ein
ernsthaftes Problem. Ebenso wie einige andere Symptome verschlechtert sich dieses Symptom manchmal während oder kurz nach der
Pubertät und bessert sich dann wieder im späteren Jugendalter.

Treten sexuelle Probleme auf?

Sexuelle Probleme waren ganz außerordentlich selten (Rutter und
Greenfeld, 1966). Bei drei Kindern gab es zur Zeit der ersten klinischen Untersuchung gewisse Störungen, jedoch kindlicher Art
(Masturbation bei anderen Kindern, Betrachten und Befühlen von
deren Genitalien). Bei keinem dieser drei Kinder gab es im Jugendalter sexuelle Probleme. Das war zur Zeit der Nachuntersuchung
nur bei zwei anderen Jugendlichen (beide in langer institutioneller
Pflege) der Fall – ein Junge masturbierte in der Öffentlichkeit und
ein anderer verursachte durch homosexuelle Annäherungen an andere
Patienten Schwierigkeiten.

Bleiben die Rituale und Zwänge?

Die meisten psychotischen Kinder der Maudsley-Untersuchung wurden mit zunehmendem Alter anpassungsfähiger und gefügiger. Der starke Protest bei Veränderungen der Umwelt kam bei den Jugendlichen seltener vor. Jedoch hatten nur einige, die in jüngerem Alter Widerstand gegen Veränderungen gezeigt hatten, diese Eigentümlichkeit zum Zeitpunkt der Nachuntersuchung vollkommen verloren. Ebenso waren zwanghafte Erscheinungen, abnorme Beschäftigungen und krankhafte Neigungen oder Sammelleidenschaften bei den psychotischen Kindern im Jugendalter etwas zurückgegangen, aber nur gelegentlich waren diese Eigentümlichkeiten vollkommen verschwunden.

Treten Wahnideen und Halluzinationen auf?

Kanner und Eisenberg (Kanner und Eisenberg, 1955; Eisenberg, 1956) fanden, daß kein Kind Wahnideen entwickelte und daß es keine sicheren Anzeichen für Halluzinationen gab. Die Maudsley-Hospital-Ergebnisse waren ähnlich (Rutter und Greenfeld, 1966). Mehrere Jugendliche hatten weiterhin kindliche Fantasien, aber alle unterschieden zwischen Realität und Vorstellung, keiner entwickelte Wahnideen. Einige verhielten sich in einer absonderlichen Weise, die Anlaß zu der Vermutung gab, daß sie halluzinatorische Erfahrungen haben könnten, aber bei keinem gab es überzeugende Beweise dafür, und keiner, der reden konnte, beschrieb Erlebnisse oder Vorfälle halluzinatorischer Art. Andererseits fanden Reiser und Brown (1964), daß von 125 Vorschulkindern mit atypischer Entwicklung neun im Jugendalter schizophrene Eigenarten wie Erwachsene zeigten. Auch Bender (Bender, 1947, 1956) hat die Häufigkeit hervorgehoben, mit der sich Wahnideen und Halluzinationen im Jugend- und frühen Erwachsenenalter entwickeln, wobei allerdings nicht klar ist, wie häufig das bei den „frühkindlich pseudo-defektiv psychotischen" Kindern geschieht (Bender, 1955, 1959, 1962). Vermutlich ist die Entwicklung von Wahnideen usw. für Kinder charakteristisch, die eine Psychose in der mittleren oder späten Kindheit bekommen, aber nicht für die frühkindliche Form, die in diesem Buch behandelt wird[4].

Welche Faktoren sind für die Prognose bedeutsam?

Eisenberg (1956) hat klar gezeigt, daß die Prognose für Kinder, die im Alter von fünf Jahren noch keine kommunikative Sprache besitzen, relativ schlecht ist. Brown (1960), der allerdings eine etwas andere Gruppe von Kindern untersucht hat, fand ebenfalls, daß es ein prognostisch ungünstiges Zeichen ist, wenn ein Kind mit drei Jahren noch nicht spricht. Auch Rutter (1965 a und b) stellte fest, daß Kinder, die mit fünf Jahren nicht sprachen, später im allgemeinen ein schlechtes Verhaltensniveau erreichen, aber er wies nach, daß dies zum größten Teil auf die Korrelation zwischen sprachlichem Entwicklungsstand und Intelligenz zurückgeht. Kinder mit stark unterdurchschnittlichen Intelligenzwerten und ohne Sprache im 5. Lebensjahr hatten später einen sehr schlechten Entwicklungsstand. Für intelligentere Kinder war die Prognose wesentlich besser, auch wenn sie in diesem Alter noch nicht sprachen: zur Zeit der Nachuntersuchung gehörten sie fast immer zur Gruppe mit „ziemlich guter" sozialer Anpassung. Allerdings war der Entwicklungsstand bei keinem von ihnen wirklich „gut", obwohl einige sich immer noch besserten (Rutter und Greenfeld, 1966). Wenn das Kind mit fünf Jahren überhaupt etwas kommunikative Sprache entwickelt hatte, so hatte das betreffende Sprachniveau keine prognostische Bedeutung.

In der Maudsley Hospital-Studie war der mit Abstand wichtigste prognostische Faktor das Niveau der gemessenen Intelligenz bei der ersten Untersuchung des Kindes (Rutter und Greenfeld, 1966; Lockyer und Rutter, 1966). Keines der 9 Kinder in der Kategorie „gute Anpassung" und nur 1 der 16 Kinder in der Kategorie „ausreichende Anpassung" hatte einen IQ-Wert unter 60, während umgekehrt nur 6 der 38 Kinder in der Kategorie „schlechte Anpassung" einen IQ-Wert über 60 hatten. Brown (1960) fand, daß der größte

Unterschied zwischen Kindern mit gutem und mit schlechtem Entwicklungsniveau darin bestand, daß die Kinder der besten Gruppe gewöhnlich imstande waren, mit Spielzeug richtig umzugehen, während die Kinder der schlechtesten Gruppe nicht richtig spielen konnten. Es ist wahrscheinlich, daß dies ein Ausdruck für Unterschiede in der Intelligenz ist.

Die Schwere und das Ausmaß der Abnormitäten in Verhalten und Entwicklung beim ersten Besuch des Kindes im Krankenhaus standen ebenfalls in Beziehung zum Verhalten im Jugendalter (Rutter und Greenfeld, 1966; Brown, 1960), aber neben dem IQ-Wert und der Sprache scheint in dieser Hinsicht kein bestimmtes Symptom eine besondere Bedeutung zu haben. Die Kinder, die sich gut verhielten, hatten gewöhnlich von Anfang an eine weniger schwere Störung.

Rutter (Rutter und Greenfeld, 1966) fand, daß die Kinder, die zum Zeitpunkt der Nachuntersuchung sozial gut angepaßt waren, gewöhnlich *nicht* für taub gehalten worden waren, und während der frühen Kindheit *nicht* den Reaktionsmangel gegenüber Lauten gezeigt hatten. Das entspricht dem Ergebnis, daß die Prognose für Kinder mit einer rezeptiven Aphasie schlechter ist als für diejenigen mit einem rein expressiven Defekt.

Es ist nachgewiesen worden, daß stark abnorme EEG-Befunde bei atypischen Kindern ein ungünstiges prognostisches Zeichen sind (Brown, 1963). Rutter (Rutter und Greenfeld, 1966) hat gefunden, daß eine klar erkennbare organische Schädigung oder Dysfunktion des Gehirns mit einem niedrigen IQ-Wert einhergeht; wenn der niedrigere IQ aber in Rechnung gestellt wurde, bestand darüber hinaus keine spezielle Beziehung zum zukünftigen Verhalten. Ob der Psychose eine Periode anscheinend normaler Entwicklung vorausgegangen war, hatte ebenfalls keine prognostische Bedeutung (Rutter und Greenfeld, 1966).

Es gibt keine kontrollierten Untersuchungen über den Effekt irgendeiner Behandlungsform für psychotische Kinder. Mehrere Autoren haben gemeint, daß zwischen dem späteren Verhalten und der Art der psychiatrischen Behandlung des Kindes kein Zusammenhang besteht (Brown, 1960; Creak, 1962; Eisenberg, 1956). Beratung, Anweisung und Unterstützung der Familie können eine Hilfe sein (Creak, 1963 a und b). Es gibt keine überzeugenden Beweise, daß eine Psychotherapie mit dem Kind von allgemeinem Wert ist. Ebenso fehlen Untersuchungen über die Wirksamkeit pädagogischer Maßnahmen[5]. Kanner und Eisenberg (Kanner und Eisenberg, 1965; Eisenberg, 1956, 1957) und Rutter (1965 a und b) haben festgestellt, daß eine Besserung oft mit besonders guter individueller Zuwendung in der Schule und zu Hause einhergeht. Offensichtlich sind Forschungsarbeiten über die Erziehung dieser Kinder dringend erforderlich.

Gesamtbild

Die Abnormität in der Beziehung zu anderen Menschen fällt bei psychotischen Kindern in jeder Altersstufe auf, aber diese Abnormität äußert sich in verschiedenen Stadien der Entwicklung auf verschiedene Weise. Fehlende Anschmiegsamkeit und die fehlende Erwartungshaltung vor dem Aufgenommenwerden sind vielleicht die ersten Anzeichen in der Säuglingszeit. Meidung des Augenkontaktes und manchmal das körperliche Ausweichen und Sichzurückziehen sind für das jüngere Kind charakteristisch. Geistig abwesende Indifferenz und fehlende Beteiligung an Gruppenaktivitäten sind während der mittleren Kindheit auffällig, während mangelnde Freundschaften, fehlendes Wissen über soziale Regeln und ein relativ starkes Ausbleiben von Sympathiegefühlen oder Einfühlungsvermögen für das ältere Kind und den Jugendlichen charakteristisch sind. Das Ausbleiben der Sprache, Eß- und Schlafstörungen, Aggressivität und Wutanfälle, abnorme Objektbeziehungen und Sammelleidenschaften sind besonders für die frühe Kindheit charakteristisch. Sprachabnormitäten, Überaktivität (und Aggression), Selbstverletzungen, Lernschwierigkeiten und ritualistisches oder zwanghaftes Verhalten zeigen sich besonders in der mittleren Kindheit. Inaktivität, Trägheit und Antriebsmangel in Verbindung mit schlechten sozialen Beziehungen, zwanghaften Gewohnheiten und Ritualen und einem Rückstand in den Schulleistungen sind die hauptsächlichen negativen Erscheinungen im Jugendalter.
Wenn starke Besserungen auftreten, so sind sie gewöhnlich im Alter

von sechs oder sieben Jahren erkennbar, aber manchmal kommt es noch später zu einer deutlichen Veränderung (so wie bei einem Jungen, der mit elf Jahren zu sprechen begann). Von der mittleren Kindheit an ist der Verlauf gewöhnlich ziemlich regelmäßig (abgesehen von gelegentlichen Störungen etwa zur Zeit der Pubertät), wobei sich die bis dahin sichtbare Besserung oder Verschlechterung fortsetzt. Es gibt in diesem Verlauf eine gewisse Variabilität mit Stillständen, Gipfeln und Tiefpunkten der Entwicklung zu unterschiedlichen Zeiten, aber sprunghafte Besserungen oder Rückfälle, wie sie bei psychotischen Erkrankungen Erwachsener vorkommen, sind äußerst selten.

Es ist ungewöhnlich, aber nicht ausgeschlossen, daß eine deutliche Besserung erstmals in der späten Kindheit oder im Jugendalter einsetzt. *Häufig* werden noch bis weit ins Erwachsenenalter hinein Fortschritte im sozialen und emotionalen Verhalten und beim Erwerb verschiedenartiger Fertigkeiten gemacht. Obwohl sicherlich eine geeignete Schulausbildung früh beginnen sollte, um möglichst wirksam zu sein, machen mehrere Kinder erst später Fortschritte, so daß man bestimmt von keinem Alter einfach sagen kann, nun sei es „zu spät". Die Schwierigkeiten, eine Beschäftigung für das psychotische Kind zu finden und die Besserungen, die nach der Schulzeit eintreten, zeigen deutlich die Notwendigkeit geeigneter psychiatrischer, pädagogischer und berufsbildender Einrichtungen für die behinderten Schulabgänger.

Kapitel 4
Medizinische Behandlung

P. H. Connell

Obwohl dieses Kapitel den Titel „Medizinische Behandlung" trägt, halte ich es für sinnvoll, darüber hinaus die Rolle des Arztes bei der Behandlung und Betreuung dieser Kinder und in diesem Zusammenhang die Bedeutung der Hilfsmöglichkeiten des Krankenhauses zu erörtern. So läßt sich bestimmen, was von medizinischer Seite her getan werden kann, und so kann man der Tendenz entgegenwirken, die Aufnahme in ein Krankenhaus als eine zwangsläufige Maßnahme anzusehen.

Was mit einem Kind geschehen soll, ist manchmal so schwer zu entscheiden, daß leicht die Neigung besteht, die Aufnahme in ein psychiatrisches Krankenhaus als ein Universalheilmittel anzusehen: Eine Einstellung, die wiederum die Eltern dazu bringen kann, entweder mit einer Heilung (womit zuviel erwartet wird) oder mit einem lebenslangen Anstaltsaufenthalt (womit zuwenig erwartet wird) zu rechnen.

Stationäre Untersuchung im Krankenhaus

Autismus ist nicht so häufig, daß spezielle diagnostische Einrichtungen für nur diese Erkrankungsform erforderlich wären, aber autistische Kinder haben möglicherweise mehrere verschiedenartige Behinderungen, für deren Untersuchung man oft die kompliziertesten und modernsten diagnostischen Methoden braucht. Deshalb muß es Zentren geben, in denen sowohl die Experten als auch die Einrichtungen zur Verfügung stehen, die für eine sachgerechte diagnostische Untersuchung benötigt werden.

Manche Familien werden so weit von diesen Zentren entfernt wohnen, daß eine ambulante Untersuchung nicht möglich ist. Dann wird man die Kinder zum Zweck der Untersuchung in ein Krankenhaus aufnehmen müssen. Aus theoretischen Gründen wäre es oft besser, wenn man die Mutter zusammen mit ihrem Kind aufnehmen könnte, besonders, wenn das Kind jünger als vier oder fünf Jahre ist. Die gemeinsame Aufnahme von Mutter und Kind ist natürlich unter Umständen undurchführbar, zum Beispiel, wenn die Mutter arbeiten muß oder andere Kinder zu versorgen hat. Der Vorzug, die Mutter zusammen mit dem kleinen Kind im Krankenhaus zu haben, besteht aber nicht nur darin, eine Unterbrechung der Mutter-Kind-Beziehung zu vermeiden, sondern auch darin, eine Situation zu schaffen, in der man leichter erkennen kann, wie die Mutter mit dem Kind umgeht, welche Einstellungen sie zu ihm hat und wie sie die gesamte Lage erlebt. Sollte die diagnostische Untersuchung ergeben, daß sich gewisse Einstellungen oder Erziehungsmethoden der Mutter möglicherweise schädlich auswirken, so stehen für die notwendige heilpädagogische Arbeit gleich beide, Mutter und Kind, zur Verfügung.

Formen ambulanter Untersuchung

Wenn die Familie in der Nähe eines diagnostischen Zentrums wohnt, so daß eine ambulante Untersuchung möglich ist, dann sollte man diese Form im Regelfall vorziehen. Allerdings ist es während der Zeit, die für ambulante Konsultationen zur Verfügung steht, manchmal schwer, eine sachgerechte psychiatrische Beurteilung abzugeben. Außerdem ist es unmöglich, das Verhalten des Kindes in einer Gruppe Gleichaltriger zu erfassen, wenn es nicht in einer solchen Gruppe beobachtet werden kann. Ferner müssen unter Umständen mehrere Spezialuntersuchungen durchgeführt werden (selbst wenn das Kind als autistisch diagnostiziert ist), so daß zum Zweck einer vollständigen diagnostischen Untersuchung mehrere ambulante Besuche erforderlich sind.

Es hat große Vorteile, wenn man das Kind als Tagespatient aufnimmt (Connell, 1961): Es kann dann mit dem Krankenhausmilieu vertraut werden; man kann die Mutter bei ihrem Kind lassen und

ihre Reaktionsweisen erfassen; man kann die Eß- und Toilettengewohnheiten beobachten; die übrigen Mitarbeiter – Psychologen, Pädagogen, Sozialarbeiter und Krankenschwestern – können in einem
längeren und entspannteren Kontakt das gesamte Problem kennen-
lernen. Wenn das Kind sich an die Krankenhaussituation gewöhnt
hat, bekommt man außerdem wahrscheinlich eher einen Eindruck
davon, wie es sich gewöhnlich in der Familie verhält. So kann
ein Tagesaufenthalt im Krankenhaus ein Ersatz für eine längere
stationäre Aufnahme sein.

Es sollten also für autistische Kinder und für Kinder mit anderen
Behinderungen Zentren für umfassende Untersuchungen zur Verfügung stehen, in denen Spezialmethoden wie Elektroencephalogra-
phie, psychologisches Testen, neurologische Untersuchungen, Ophthal-
mologie, Biochemie usw. routinemäßig angewendet, in denen die
Kinder bei einer möglichst großen Vielzahl alltäglicher Tätigkeiten
beobachtet, und in denen die Mütter zusammen mit ihren Kindern
aufgenommen werden können.

Im Maudsley-Hospital in London werden autistische Kinder manchmal als Tagespatienten und manchmal stationär aufgenommen. Die
Dauer des Aufenthalts für eine Diagnose ist unterschiedlich, jedoch
gewöhnlich nicht länger als drei bis vier Wochen.

Stationäre Behandlung

Es wurde bereits erwähnt, daß manchmal die Meinung besteht, die
Behandlung im psychiatrischen Krankenhaus sei „die Lösung" für
autistische Kinder. In der klinischen Praxis trifft man nicht selten
Eltern, Lehrer und andere Personen, die eine Unterbringung im psychiatrischen Krankenhaus fast so ansehen, als gehe davon eine magische Kraft aus. Deshalb ist es vielleicht angebracht, wenn ich ganz
kategorisch meine eigene Ansicht äußere: daß es keine magische Behandlung für autistische Kinder gibt, daß der Zustand größtenteils
noch undefiniert ist, und daß jede Behauptung, aus welchem Grund
auch immer, eine Lösung dieses Problems zu kennen, bisher noch
unbewiesen ist.

Die Aufnahme eines autistischen Kindes in eine stationäre Abteilung für eine längere Betreuung wirft bestimmte Probleme auf, die sich unvermeidbar aus dem klinischen Syndrom ergeben. In einer stationären psychiatrischen Abteilung hat man eine gemischte Gruppe von Kindern mit verschiedenen diagnostischen Krankheitsbildern, von denen jedes eine bestimmte Art der Betreuung verlangt. Aber die meisten und wahrscheinlich alle nicht-autistischen Kinder reagieren recht schnell auf den liebevollen Kontakt und die emotionalen Gefühle, die ihnen von den Krankenschwestern bzw. Kindergärtnerinnen der Station entgegengebracht werden. Viele Kinder sind gehemmt und neurotisch, so daß die Kindergärtnerinnen eine freundlich akzeptierende und passive Rolle einnehmen müssen, was schon ein Teil der Behandlung ist. Andere Kinder sind überaktiv oder aggressiv, und auch mit ihnen muß man in einer viel toleranteren und passiveren Weise umgehen, als sie es in den Schulen und den meisten Familien erlebt haben. Demzufolge besteht die Tendenz, die Kinder möglichst nicht zu dirigieren, sondern ihr Verhalten mehr indirekt durch Teilnahme an ihren eigenen Aktivitäten zu beeinflussen. Nun stellt das autistische Kind von sich aus sehr wenige, vielleicht gar keine erkennbaren emotionalen Kontakte her (besonders in einer fremden Umgebung nicht) und scheint ganz zufrieden damit, sich in einer Ecke um sich selbst zu drehen, mit Wasser zu spielen oder für sich allein irgendwo umherzuirren. Die erwachsene Person bleibt für dieses Kind ganz außerhalb, es bezieht sie nicht in sein Spiel ein, ausgenommen vielleicht, daß es sie zu einem Schrank führt, in dem sich etwas befindet, was es haben möchte. Es reagiert kaum auf ihre Angebote, bestärkt sie also auch nicht darin, weiterhin Angebote zu machen. So kann es dahin kommen, daß die Kindergärtnerinnen und Krankenschwestern sich bei einem autistischen Kind in nicht-direktiver Weise verhalten, weil sie es allgemein für die richtige Art halten, mit Kindern umzugehen, und weil sie zugleich durch dieses Kind, das scheinbar lieber für sich allein bleibt, in dieser Haltung bestärkt werden. Das führt aber nur zu weiterer Isolierung des Kindes und zu einem Gefühl der Hoffnungslosigkeit auf Seiten der Betreuerinnen. Wenn also das Personal nicht speziell ausgebildet und am autistischen Kind nicht speziell interessiert ist, kann es leicht dazu kommen, daß das Kind seinen ziellosen Tätigkeiten nachgeht und die

Betreuerin dabeisteht und es überwacht, aber keine Interaktion zwischen ihnen zustandekommt. In einer solchen Situation entsteht „Institutionalismus", ein Problem, zu dem Rutter in Kapitel 3 einige Bemerkungen gemacht hat, die man sorgfältig beachten sollte. Wenn also in einer Krankenhausstation eine *langfristige* Behandlung autistischer Kinder erfolgen soll, müssen diese Faktoren ernsthaft berücksichtigt werden, und das bedeutet für die Praxis, daß überhaupt nur sehr spezialisierte Einrichtungen als geeignet anzusehen sind. Solche Einrichtungen sind eigentlich eher Heimschulen als Krankenhäuser. Eine weitere Erörterung der Frage, unter welchen Umständen der Besuch einer Heimschule vorteilhafter ist als das Leben zu Hause, findet man in Kapitel 11. Man sollte vielleicht noch weiter gehen und sagen, daß eine langfristige stationäre Betreuung kontraindiziert ist, wenn es irgendeine Alternative dazu gibt. In jedem Fall muß die betreffende Einrichtung über spezielle pädagogische Möglichkeiten verfügen (am besten in Verbindung mit speziellen Forschungsinteressen) oder speziell für die Behandlung von sehr schwer gestörtem Verhalten eingerichtet sein. (Diese schweren Verhaltensstörungen bleiben jedoch in einer gut gestalteten Umwelt selten über lange Zeit unverändert bestehen.) In solchen Einrichtungen sollten natürlich nicht *nur* autistische Kinder versorgt werden. Die meisten schwer gestörten Kinder sind ja tatsächlich nicht autistisch.

Behandlung von Symptomen

Mit Ausnahme der Behandlung von Epilepsie, die bei autistischen Kindern auftreten kann, wird die Behandlung von Symptomen oft vernachlässigt, entweder weil diejenigen, die den Kindern zu helfen versuchen, medizinisch nicht ausgebildet sind, oder weil sie, wenn sie diese Ausbildung haben, nach einem theoretischen System vorgehen, das Symptome psychologisch erklärt und die Verwendung von Medikamenten nicht zuläßt.

Die Symptome, die im Alltag am meisten Schwierigkeiten machen, sind übermäßige Ruhelosigkeit, Irritierbarkeit und Schlaflosigkeit.

Die Unruhe kann sowohl eine motorische wie eine gedankliche Überaktivität sein, und beide erschweren es dem Kind, sich konzentriert mit der Aufgabe oder Anforderung des jeweiligen Moments zu befassen. Gelingt es, die Ruhelosigkeit zu mindern, kann die Leistungsfähigkeit also besser werden. Auch Schlaflosigkeit ist ein schwieriges Problem, das manchmal sowohl beim Kind wie bei den Eltern zu Erschöpfung und Überlastung führt.

Es gibt einige allgemeine Gesichtspunkte für die Anwendung von Medikamenten bei Kindern, die man berücksichtigen muß:

a) Kinder reagieren auf Medikamente, die das Verhalten in der Kindheit beeinflussen können, außerordentlich verschieden. Man sollte deshalb bei allen Medikamenten mit der niedrigsten Dosis beginnen und sie langsam erhöhen, bis der gewünschte therapeutische Effekt ohne unerwünschte Nebeneffekte erreicht ist.

b) Die Form des Medikaments ist wichtig. Einige Kinder nehmen lieber Säfte, während andere Tabletten vorziehen. Der Geschmack spielt eine sehr große Rolle. (Einer der Vorzüge von Thalidomid bestand darin, daß es ohne Geschmack war; ein anderes Medikament dieser Art ohne Nebeneffekte wird dringend benötigt.)

c) Man soll keine körperliche Kraft anwenden, um ein Kind dahin zu bringen, ein Medikament einzunehmen, es sei denn, daß es wirklich um Leben oder Tod geht. Wenn das Kind sich sträubt, ein Medikament einzunehmen, soll man nachdrücklich seine Überredungskunst einsetzen, aber keinen physischen Zwang, der nur schädlich wäre.

Viele autistische Kinder brauchen anscheinend eine viel höhere Dosis als gewöhnlich normale Kinder des gleichen Alters. Das gilt besonders für Anästhetica und Schlafmittel. Wenn man diese Möglichkeit berücksichtigt und so vorgeht, wie es oben in Punkt a empfohlen wurde, so wird man vor einer Enttäuschung bewahrt. Man baut diejenige Dosierungshöhe auf, durch die sich der optimale Effekt ohne unbeabsichtigte Nebenwirkungen erzielen läßt – bei einer Standarddosis dagegen würde man vielleicht die Enttäuschung erleben, daß nur eine geringe oder gar keine Wirkung eintritt oder daß sich der Zustand sogar noch verschlechtert.

Es gibt keine speziellen Kontraindikationen für die Verwendung von Medikamenten bei autistischen Kindern. Folgende Arten von Medikamenten können eine verhaltensändernde Wirkung haben:

Phenothiazine – wie Chlorbromazine, Fluphenazine usw.
Haloperidol
Amphetamine – wie Amphetamin und Dexamphetamin
Barbiturate – wie Amytal, Quinalbarbital, usw.
Benadryl

Nach meiner Erfahrung ist Chlorbromazin bei sehr unruhigen und gestörten Kindern am wirksamsten. Neuere Anwendungen von Haloperidol lassen vermuten, daß dieses Medikament eine wertvolle Stellung einnehmen könnte.

Barbiturate sind nicht kontraindiziert; Phenobarbiton verwende ich aber nicht, weil es manchmal Unruhe und Aggressivität erhöht.

Barbiturate sind als Schlafmittel für autistische Kinder nicht kontraindiziert. Chloral wird oft verwendet, aber die übliche Dosis hat manchmal wenig Effekt, und sein Eigengeschmack ist schwer zu überdecken.

Bei der pharmakologischen Behandlung von Symptomen autistischer Kinder geht man also zunächst davon aus, daß Medikamente überhaupt helfen können; man wählt zuerst dasjenige, das wahrscheinlich am meisten hilft; wendet es nach den obigen Angaben in vernünftiger Weise an; und wenn es nicht hilft, versucht man es mit dem nächsten Medikament der Liste oder eine andere Gruppe von Medikamenten.

Es mag sein, daß die pharmakologische Behandlung die zugrunde liegenden und unbekannten Ursachen des Autismus nicht beeinflußt. Aber sie ist doch eine Hilfe für das Kind, sich an die Umwelt anzupassen, und hilft so auch den Menschen, die mit ihm zusammenleben, es mehr zu akzeptieren. Dadurch vergrößert sich die Chance, daß innere oder äußere Faktoren wirksam werden, die zu einer Besserung des Zustands beitragen.

Es müssen auch ein paar Worte über die Behandlung der Eltern gesagt werden, die gelegentlich notwendig ist. Bei manchen Eltern behinderter Kinder – ob es nun autistische, spastisch gelähmte oder andersartig behinderte Kinder sind – besteht die Tendenz, die Ursache des Zustands in sich selbst zu suchen: als Erbanlage, als gestörte Gefühlsbeziehung zum Ehegatten während der Schwangerschaft, in Vorfällen während der Schwangerschaft oder bei und nach der Geburt oder in den angewandten Erziehungsmethoden. Diese Tendenz ist auch noch von solchen Autoren unterstützt worden, deren Vermutung es war, daß die Eltern selbst in ihrer Fähigkeit, Gefühlsbeziehungen herzustellen, oder in anderer Hinsicht abnorm seien. Im Gegensatz zu diesen Ansichten stehen die Ergebnisse einiger neuerer Arbeiten (Creak und Ini, 1960), die den Schluß nahelegen, daß die Eltern autistischer Kinder wahrscheinlich ein normaler Querschnitt der Bevölkerung sind.

Trotzdem führt es zu starken Belastungen, wenn eine Familie ein autistisches Kind hat. Für die Mutter ist es schwer und schmerzhaft, die Situation zu meistern, wenn das Kind sich abnorm entwickelt und auf gefühlsmäßige Zuneigung, körperliche Zuwendung und dergleichen nicht normal reagiert. Die Mutter fühlt sich vom Kind abgewiesen, und es ist tatsächlich *diese* Abweisung, nicht umgekehrt die Ablehnung des Kindes durch die Mutter, was man so häufig in der Klinik sieht.

In dieser Situation und zu der Zeit, in der bei dem autistischen Kind zum erstenmal eine diagnostische Untersuchung durchgeführt werden soll, befinden sich manche Eltern in einem Zustand großer Not, leiden vielleicht unter chronischen Angstzuständen, können nicht schlafen, sind depressiv oder voller Ärger, verbittert und völlig verstört. Vielleicht haben sie viele Ratschläge von Freunden, Hausärzten oder anderen erhalten, die widerspruchsvoll und keine Hilfe waren. Dann muß viel getan werden, um den Eltern zu helfen, die Lage zu verstehen.

Als Behandlung der Eltern kommen folgende Möglichkeiten in Frage:

a) Behandlung jeder vorhandenen starken emotionalen Störung wie exzessiver Angst, Depression usw. Das kann eine pharmakologische oder psychotherapeutische Form der Behandlung sein.
b) Behandlung als Beratung und Diskussion in Bezug auf das Wesen der Krankheit des Kindes und der optimalen Methoden im Umgang mit ihm (Tex, 1956).
c) Langfristige ständige Behandlung und Beratung, wenn das Kind zu Hause bleibt.

Langfristige Beratung und Beobachtung

Die Feststellung, daß die Eltern Hilfe brauchen, schließt zugleich die Empfehlung ein, daß ein langfristiger Kontakt zu einer medizinischen Einrichtung von der Art des vorgeschlagenen diagnostischen Zentrums bestehen sollte.

Es gibt im wesentlichen drei Gründe, eine fortlaufende Beobachtung des weiteren Verlaufs durchzuführen:

a) Das Kind und seine Behinderungen müssen erneut untersucht werden, um mit den Eltern nochmals die Situation durchsprechen zu können, ihre Bedürfnisse im Auge zu behalten und gegebenenfalls für zusätzliche Hilfe oder Behandlung zu sorgen.
b) Es müssen unbedingt mehr langfristige Untersuchungen autistischer Kinder durchgeführt werden, wenn die beunruhigenden Probleme von Ätiologie, Diagnose und Behandlung in wissenschaftlicher Weise beantwortet werden sollen.
c) Es müssen fachgerechte wissenschaftliche Überprüfungen von Behandlungsverfahren durchgeführt werden, damit zweckmäßige Formen der Behandlung allgemein empfohlen werden können.

Psychotherapie

Auch über die Rolle der Psychotherapie und Psychoanalyse bei autistischen Kindern muß etwas gesagt werden. Es ist vielfach behauptet worden, daß bei autistischen Kindern eine psychoanalytisch orientierte Therapie oder Gruppentherapie gute therapeutische Wirkungen habe. Die Schwierigkeit bei der Beurteilung solcher Behauptungen ist, daß die diagnostischen Bezeichnungen, die man solchen Kindern gibt („autistisch", „schizophren", „psychotisch" usw.), nicht eindeutig definiert sind und daß deshalb unklar ist, ob die Fälle vergleichbar sind. Wenn zum Beispiel ein Autor jedes Kind, dessen Verhalten sehr schwer gestört ist, als „schizophren" bezeichnet, sind seine Behandlungsergebnisse für diejenigen autistischen Kinder, um die es in diesem Buch geht, nicht relevant. Außerdem ergibt sich wahrscheinlich bei jedem therapeutischen oder pädagogischen Vorgehen, das über längere Zeit viele Stunden des Kontakts erfordert, eine Veränderung, was auch immer die theoretische Grundlage der Methode sei. Schon durch den natürlichen Verlauf der Erkrankung ändert sich mit der Zeit manches, auch gibt es einfache Nebeneffekte aller langfristigen therapeutischen Arbeit. So müssen beispielsweise geregelte Essens- und Schlafenszeiten eingehalten werden, um regelmäßig zu den therapeutischen Stunden gehen zu können.

Wer als Nicht-Spezialist einige der Berichte über die Behandlung „kindlicher Schizophrenie" liest, wird sich einer verwirrenden Vielfalt von Ansichten und Beobachtungen gegenübersehen – eine Folge der Verwendung verschiedener diagnostischer Kategorien, verschiedener Unterrichts- und Übungsmethoden, verschiedener Methoden der Elternberatung und vieler anderer Faktoren – und er wird sich deshalb nur schwer ein Urteil bilden können. Meine eigene Ansicht, zu der ich nach einem sorgfältigen Studium der Literatur gelangt bin, geht dahin, daß es keinen Beweis für einen spezifischen Effekt der Psychoanalyse oder einer psychoanalytisch orientierten Form der Psychotherapie bei autistischen Kindern gibt.

Behandlung als umfassenderes Konzept

Zusammenfassend läßt sich sagen, daß eine „Behandlung" aus mehreren verschiedenartigen Maßnahmen bestehen kann, von denen einige nicht-medizinischer Art sind. Man kann sie wie folgt zusammenfassen:

1. Pharmakologische Behandlung.
2. Individuelle psychotherapeutische Behandlung des Kindes.
3. Gruppentherapeutische Behandlung des Kindes.
4. Behandlung als Tagespatient.
5. Stationäre Behandlung.
6. Behandlung der Eltern durch pharmakologische oder psychotherapeutische Methoden.
7. Beratung der Eltern durch nicht-medizinisches Personal.
8. Erziehung des Kindes.
   a) Individueller Unterricht,
   b) Gruppenunterricht,
   c) Unterricht in einer Heimschule,
   d) Besuch einer Kindertagesstätte (Lovatt, 1962).

Bei der Entscheidung für bestimmte Behandlungsformen muß man die innere Welt dieses Kindes, seine speziellen Behinderungen, seine äußere Umwelt einschließlich der Menschen in ihr und seine besonderen Bedürfnisse in Rechnung stellen. Die Behandlung wird also von der Diagnose abhängen und sowohl auf allgemeine wie auf spezielle Bedürfnisse und Behinderungen ausgerichtet sein.

Was das allgemeine Vorgehen betrifft, so hat nach dem Eindruck des Autors bisher zu sehr die Ansicht im Vordergrund gestanden, daß die Abkapselung und emotionale Kontaktlosigkeit des autistischen Kindes durch ungünstige Umwelteinflüsse verursacht sei. Es bestand die Auffassung, daß es durch eine freundliche, liebevolle, emotional zugewandte Umgebung automatisch und ohne direkten Druck wieder normal würde.

Nach Ansicht des Autors war diese Ansicht schädlich, weil damit das Bedürfnis aller Kinder, ob normal, autistisch oder geistig behindert, nach einer gewissen äußeren Ordnung und nach irgendeiner Persönlichkeits- und Charaktererziehung außer acht gelassen wurde. Man sollte dem Bedürfnis von Kindern, eine Ordnung in ihrer Umwelt zu akzeptieren und sich nach sozialen Anforderungen zu richten, auch bei autistischen Kindern entgegenkommen. Sie besitzen wahrscheinlich (ebenso wie viele geistig behinderte Kinder) viel mehr Lernmöglichkeiten, als man früher geglaubt hat.

Obwohl also die Medizin bei diesem Krankheitsbild durch Diagnosen und Behandlungen spezifischer Probleme von Kind und Familie zweifellos ein Beitrag leisten kann, scheint es dem Autor, daß ein stärkerer Einsatz pädagogischer Methoden und die Einrichtung spezieller kleiner schulischer Einrichtungen die größere Bedeutung hat. Man sollte jedoch kein Vorgehen ausschließen, sich allerdings zum gegenwärtigen Zeitpunkt hüten, für irgendeines voreilig besondere Erfolge in Anspruch zu nehmen. Alle Vorgehensweisen, ob es nun psychoanalytische, pharmakologische oder spezielle Methoden zur Lernförderung sind, sollten unterstützt werden, wenn sie in einem Rahmen stattfinden, in dem eine Beurteilung der Ergebnisse und Methoden in wissenschaftlich einwandfreier Weise durchgeführt werden kann.

Die Hilfsmöglichkeiten sind vielfach unzureichend. Bisher gibt es keine ausreichende Zahl von Einrichtungen für eine umfassende Diagnose, und manchmal besteht sogar die Tendenz, das Konzept einer umfassenden Diagnostik zu beschneiden. Es gibt sehr wenige spezielle Einrichtungen, in denen solche Kinder stationär aufgenommen werden können. Es gibt sehr wenig Tages- oder Heimschulen. Die Bedürfnisse des autistischen Jugendlichen sind kaum in den Blick gekommen.

So wird man sich um die notwendigen Hilfen für autistische Kinder in Zukunft mehr Gedanken machen müssen. Der Autor hofft aber, daß diese Probleme nicht als isolierte Aufgabe, sondern im umfassenderen Zusammenhang und in Beziehung zu anderen Behinderungen in der Kindheit gesehen werden.

2. Teil:
Pädagogische und psychologische Aspekte

Kapitel 5
Die psychologische Untersuchung autistischer Kinder

Peter Mittler

Autistische Kinder sind nach allgemeiner Überzeugung schwer zu testen. Trotzdem beurteilt man heute die Möglichkeiten psychologischer Untersuchungen dieser Kinder nicht mehr ausschließlich negativ, sondern kommt allmählich zu einer differenzierteren Einstellung. Der wichtigste Grund dafür ist, daß Psychologen nicht länger ein ungerechtfertigtes Vertrauen in traditionelle Intelligenztests setzen, sondern mit zusätzlichen Beurteilungsmethoden experimentieren. In zunehmendem Maß wird deutlich, daß man viele behinderte Kinder mit „globalen" Testserien, die eine lange Konzentration verlangen, nicht sinnvoll testen kann. Auch lassen sich mit Richtig-Falsch-Aufgaben die kognitiven Prozesse beim Lösen der Aufgaben kaum erfassen.

In der Testsituation ist es oft schwer, autistische Kinder für die Aufgaben zu interessieren und für längere Zeit ausreichend zu motivieren. Die Indifferenz, die so oft bei diesen Kindern beschrieben wurde, bezieht sich nicht nur auf Personen, sondern auch auf Aufgaben, die man ihnen anbietet. Viele von ihnen können anscheinend nicht spielen, sie beschäftigen sich nur mit einem schmalen Ausschnitt ihrer Umwelt und zeigen sonst wenig Neugierde oder Erkundungsdrang. Demzufolge interessieren sie sich für Konstruktionsaufgaben oder Ähnliches, aus denen Handlungstests bestehen, oft wenig oder gar nicht. Erschwerend ist ferner, daß sprachgebundene Tests, die im allgemeinen als die gültigsten Maße des Intelligenzniveaus angesehen werden, bei den vielen autistischen Kindern mit schwerer Sprachbehinderung nicht anwendbar sind.

Wegen der Schwierigkeit, autistische Kinder zu testen, fehlt es weitgehend an Berichten über ihre Testleistungen. Trotzdem sind über die wenigen vorhandenen Ergebnisse Spekulationen angestellt worden. Kanner (1957) sagt über die Gruppe autistischer Kinder, mit der sein Name verbunden ist,

daß „alle zweifellos mit guten intellektuellen Anlagen ausgestattet sind".
Solche Meinungen beruhen wohl teilweise auf dem hohen Intelligenzniveau, das Kanner und andere bei den Eltern festgestellt haben, teilweise
auf den guten Leistungen und Fertigkeiten autistischer Kinder in bestimmten Bereichen (z. B. Zusammensetzen von Puzzles, gutes Gedächtnis für
relativ sinnlose Tatsachen, Daten und Namen, Rechen- und Zeichenfähig-
keit, musikalisches Talent). Das Vorhandensein von „Intelligenzinseln"
bei sonst offensichtlicher Retardierung gehört auch zu den wichtigeren der
„9 Punkte" des „schizophrenen Kindheitssyndroms" (Creak, 1961, 1964).
Gilles (1965) hat diesen Begriff wegen seiner ungenauen Definition und
Anwendung kritisiert. Sie selbst hat in einer sorgfältigen Vergleichsuntersuchung nachgewiesen, daß Inseln von *normalem* oder fast normalem Leistungsniveau bei autistischen Kindern nicht häufiger als bei geistig behinderten Kindern auftreten.

Ziele psychologischer Untersuchungen

Bei jeder Erörterung der Bedeutung des psychologischen Testens muß
man in Betracht ziehen, zu welchem Zweck und in welchem Zusammenhang getestet wird, weil dies einen gewissen Einfluß auf die
verwendeten Untersuchungsmethoden hat.

Es gibt viele Gründe, warum psychologische Untersuchungen verlangt werden, angefangen beim Bedürfnis der Schulverwaltung,
Kinder zu klassifizieren, um sie den verfügbaren Einrichtungen zu-
zuführen, bis hin zu dem Wunsch nach einer möglichst umfassenden
psychologischen Untersuchung, die das Ziel hat, ein Förderungsprogramm für das Kind zu entwerfen und Anweisungen zum Aufbau
zweckmäßiger Lernsituationen zu geben.

Testuntersuchungen sind kein Mittel zur „Ausschulung"

Die Verwendung psychologischer Tests für Zwecke der Schulverwaltung, die mit den Erziehungsbedürfnissen des Kindes nichts zu tun
haben, ist leider immer noch allzu häufig. Es kommt vor, daß Kinder
aufgrund eines einzelnen Testresultats und ohne Diskussion mit

anderen Spezialisten „ausgeschult" und in irgendeine Einrichtung geschickt werden, dessen Personal im ganzen gesehen unqualifiziert ist und kein Verständnis für pädagogische Aufgaben besitzt (British Psychological Society, 1966). Testprüfungen dieser Art sind schon vielfach kritisiert worden, werden jedoch weiterhin durchgeführt[1]. Mit solchen Untersuchungen, in denen nur globale Tests von der Art des Binet-Systems verwendet werden und in denen man hauptsächlich auf den „IQ" als Ergebnis sieht, bleiben die neueren Auffassungen fast unberücksichtigt, wonach es das Ziel von Intelligenzprüfungen ist, in die verschiedenen Aspekte intellektueller Leistungen einzudringen und die tatsächlichen Problemlösungsprozesse zu erfassen.

Die psychologische Untersuchung als langfristiger Prozeß

Die psychologische Untersuchung wird heute als ein notwendig kontinuierlicher, dynamischer Prozeß angesehen. Man erkennt nach und nach, daß ein wiederholtes Testen unerläßlich ist, wenn man sich mit behinderten Kindern befaßt, und daß ein einzelnes Untersuchungsergebnis sehr irreführend sein kann. Außerdem muß man vielleicht eine Vielzahl von Tests durchführen, und hierzu ist es oft erforderlich, daß das Kind mehrmals zu einer Untersuchung kommt. Testwiederholungen sind auch notwendig, um das *Entwicklungstempo* innerhalb einer gewissen Zeitspanne einzuschätzen und um frühere Hinweise auf besondere Leistungsschwächen zu überprüfen. Oft kann man in einer ersten Testuntersuchung, mit der man eine allgemeine Einschätzung des Ausgangsniveaus erhalten möchte, kein formales Testergebnis in Form eines IQ-Wertes ermitteln, weil das Kind zu unruhig oder zu unkooperativ ist. Daraus folgt aber nicht notwendig, daß es überhaupt nicht testbar ist. Es ist wichtig, sein Verhalten und jedes auswertbare Resultat bei allen Aufgaben, die es probiert, festzuhalten, damit man eine Vergleichsbasis für die Ergebnisse späterer Testdurchführungen hat.

Psychometrische Longitudinaluntersuchungen autistischer Kinder in Verbindung mit einer guten klinischen Erfassung zur Klärung der Diagnose sind dringend erforderlich, um die Gültigkeit von Testresultaten bei dieser Gruppe beurteilen zu können. Eine neuere Nachuntersuchung von Rutter bei 63 Jugendlichen, die ursprünglich als Fälle kindlicher Psychose im Maudsley Hospital diagnostiziert worden waren, kommt zu dem etwas überraschenden Schluß, daß die ersten Testergebnisse, die ermittelt wurden, als die Kinder akut krank oder emotional sehr gestört waren, mit den nach zehn Jahren erzielten Resultaten eine Korrelation von etwa 0,8 aufwiesen (siehe Kapitel 3). Ebenso überraschend waren die Resultate einer anderen Nachuntersuchung bei Kindern, die aus einem Krankenhaus für schwer psychotische Kinder (Smith Hospital, Henley-on-Thames) entlassen worden waren. Diese Kinder hatten schwere Behinderungen, darunter stark unterdurchschnittliche Intelligenzleistungen und schwerwiegende Sprachstörungen. Trotzdem ergab sich, daß man bei ihnen anhand der ursprünglichen Testergebnisse den späteren pädagogischen Erfolg besser vorhersagen konnte als bei zwei Vergleichsgruppen, einer Gruppe von „psychotischen Grenzfällen" und einer anderen Gruppe von nicht-psychotischen geistig behinderten Kindern (Mittler et al., 1966).

Testuntersuchungen als Hilfe bei der heilpädagogischen Arbeit

Der Hauptzweck des psychologischen Testens besteht darin, Bereiche aufzuzeigen, in denen eine Behinderung besteht, so daß für den Umgang mit dem Kind und für seine Erziehung Ratschläge gegeben werden können. Erforderlich ist eine systematische und detaillierte Beurteilung der positiven Fähigkeiten und der Ausfälle in Verbindung mit einer Analyse der entwicklungsmäßigen Reife des Kindes, und zwar nicht so sehr als eine Aussage über die Intelligenz als Ganzes, sondern über den Entwicklungsstand spezifischer kognitiver Leistungen. Das Ziel solcher Beurteilungen ist der Entwurf eines geeigneten Förderungsprogramms und die Planung von möglichst guten Lernsituationen.

Deshalb ist eine möglichst enge Zusammenarbeit zwischen dem Lehrer und dem Psychologen unerläßlich. Autistische Kinder verhalten sich im Büro eines Psychologen oft ganz anders als im Klassenzimmer, und deshalb ist es wichtig, sie auch in der Unterrichtssituation zu beobachten. Der Psychologe sollte die Möglichkeit haben, die Wirkung der von ihm empfohlenen Maßnahmen zu erfassen und das Programm in Zusammenarbeit mit dem Lehrer gegebenenfalls abzuwandeln. Er kann Tests und experimentelle Situationen entwerfen, um zu beurteilen, in welchem Ausmaß in irgendeiner Richtung ein Fortschritt gemacht wurde. Vielleicht haben sich spezifische kognitive Ausfälle nur deshalb nicht gezeigt, weil die entsprechenden Lernaufgaben nicht gestellt wurden. Solche Probleme können auf experimenteller Basis von einem spezialisierten psychologisch-diagnostischen Dienst angegangen werden. Es ist überflüssig zu erwähnen, daß die Mitarbeiter solcher Arbeitsgruppen über die Zeit und Ausbildung verfügen müssen, um solche anspruchsvollen Aufgaben zu erfüllen.

Auch unkonventionelle Untersuchungsmethoden sind wertvoll

Sehr wenige Kinder sind wirklich nicht testbar. Vielleicht sagt die Bezeichnung „nicht testbar" sogar mehr über den Untersucher als über das Kind aus. Es gibt natürlich Kinder, die mit einem konventionellen Intelligenztest nicht in vollem Umfang getestet werden können, aber die Tatsache, daß ein IQ-Wert nicht ermittelt werden kann, schließt die Verwendung anderer Techniken und Tests nicht aus. So wertvoll ein formaler Intelligenztest sein mag, so bringt er doch die Gefahr, daß andere Methoden, die wichtige Informationen liefern könnten, vernachlässigt werden. Selbst wenn ein Intelligenztestergebnis ermittelt worden ist, muß man überlegen, welche anderen Möglichkeiten es gibt, noch zusätzliche Informationen zu erhalten. Es ist richtig, daß viele dieser Methoden nicht so gut standardisiert sind wie Tests von der Art des Binet oder Wechsler und daß über ihre Konstruktion, Reliabilität und Validität weniger bekannt ist. Trotzdem sind sorgfältig ausgewählte Tests dieses Typs nützlich, vorausgesetzt, daß der Psychologe sich ihrer Gefahren und Grenzen voll bewußt ist. Ein erfahrener Psychologe wird wohl kaum auf der Grundlage eines unzureichend standardisierten und offensichtlich unbefriedigenden Tests übereilte Vorhersagen und Einschätzungen der Fähigkeiten und Leistungen eines Kindes abgeben. Es gibt viele Argumente dafür, eine möglichst große Vielzahl von Tests zu verwenden, wenn die Leistung über einen längeren Zeitraum hinweg erfaßt werden soll. Die Schwierigkeit einer Testuntersuchung schwer behinderter Kinder besteht nicht zuletzt darin, ein Gleichgewicht zwischen guten Testbedingungen und der Notwendigkeit zu Flexibilität herzustellen.

Was das autistische Kind von anderen behinderten Kindern unterscheidet, ist der offensichtlich fehlende Wunsch, es dem Untersucher recht zu machen, und die mangelnde Bereitschaft, sich in Testsituationen zu engagieren. Einige scheinen sowohl an Lob wie an Tadel völlig uninteressiert zu sein und erfüllen die Testanweisung auf eine ganz mechanische Art. Deshalb sind für den Umgang mit autistischen oder anderweitig unmotivierten Kindern besonders diejenigen Testtechniken wichtig, die nicht unbedingt eine vollkommene Kooperation verlangen. Hierbei nimmt man anstelle standardisierter Testmaterialien, für die sich das Kind wenig oder gar nicht interessiert, die eigenen Tätigkeiten und Aktivitäten des Kindes zum Ausgangspunkt der Untersuchung.

Wert und Grenzen sprachfreier Tests [2]

Autistische Kinder versuchen sich häufig an einem Handlungstest. Das Formbrett von Seguin ist oft verwendet worden, aber es gibt auch einfachere Tests dieser Art – z. B. das Formbrett aus der Binet-Reihe (Terman und Merrill, 1960), der Wallin Peg Board Test und die Bilderpuzzles aus der Merrill-Palmer-Serie (Stutsman, 1931). Der Merrill-Palmer-Test ist im ganzen trotz einer Reihe schwerwiegender Mängel in Standardisierung und Auswertung ein recht brauchbares und flexibles Instrument für jüngere Kinder, und er hat den großen Vorteil eines Auswertungssystems, bei dem der Untersucher Verweigerungen oder Auslassungen so in Rechnung stellen kann, daß diese nicht als Mißerfolge gezählt werden müssen wie in den Binet- und Wechsler-Tests. Der Vorteil solcher Flexibilität bei nicht sprechenden oder nur teilweise kooperativen Kindern liegt auf der Hand.

Die Schwierigkeit bei sprachfreien Tests, insbesondere Formbrett-Tests, besteht nicht so sehr darin, autistische Kinder dahin zu bringen, sich mit ihnen zu beschäftigen, sondern darin, die Bedeutung der Ergebnisse zu interpretieren. Autistische Kinder, die mit dem Seguin-Formbrett konfrontiert werden, bewältigen die Aufgabe unter Umständen sehr schnell, fehlerlos und auf einem für sie – gemessen an ihren sonstigen Leistungen – ungewöhnlich hohen Leistungsniveau. In einige Ausnahmefällen haben Kinder, deren Leistungen in den meisten Bereichen auf imbezilem Niveau lagen, im Formbrett Punktwerte über dem Altersdurchschnitt erreicht. An einem solchen extremen Beispiel zeigt sich das allgemeine Problem, die Bedeutung derartiger Testergebnisse zu interpretieren. Es wäre gefährlich und möglicherweise irreführend, wenn man Formbrett- und ähnliche Handlungstests verwenden würde, um Vorhersagen hinsichtlich der allgemeinen Intelligenz des Kindes oder seiner Eignung für eine bestimmte Schulform zu machen. Formbrett-Tests sind im ganzen zu schlecht standardisiert, und über ihre Zuverlässigkeit und Gültigkeit ist zu wenig bekannt, um sie unabhängig von anderen Tests für Vorhersagezwecke verwenden zu dürfen (Mittler, 1964). Andererseits kann der Untersucher mit ihnen die Qualität ebenso wie die Geschwindigkeit des Lernens feststellen, ferner den Umgang des Kindes mit Testmaterial überhaupt beobachten, darunter die Reaktionen auf Schwierigkeiten oder Mißerfolge. Wiederholt man im Verlauf mehrerer Monate eine Untersuchung mit demselben Test mehrmals, so kann man wertvolle qualitative Informationen erhalten, die eine Hilfe bei der Interpretation der quantitativen Daten sind. Vorausgesetzt, daß man sich dieser Grenzen bewußt bleibt, ist der Gebrauch von Formbrett- und anderen Handlungstests bei unmotivierten oder nicht kooperativen Kindern gerechtfertigt.

Tests für sprachliche Fähigkeiten

Nach allgemeiner Ansicht leidet die Gruppe der autistischen Kinder an besonders schweren und vielleicht sogar charakteristischen Sprachstörungen. Einige Experten (z. B. Rutter, 1965) halten dies für die primäre Behinderung. Leider gibt es sehr wenige Untersuchungen, in denen die sprachlichen Ausfälle detailliert analysiert werden. Häufig ist eine starke Verzögerung im Sprachbeginn festgestellt worden. So befand sich unter 43 psychotischen Kindern im Smith-Hospital keines, dessen Sprachentwicklung in jeder Hinsicht normal war, 16 dieser Kinder haben nach Auskunft der Mütter niemals gelallt, und von den 14 Kindern, die mit 21 Monaten einzelne Wörter sprachen, haben 8 später wieder aufgehört zu sprechen (Whittam et al., 1966).

Man hat vermutet, daß autistische Kinder gewöhnlich über ein normales Sprachverständnis verfügen, und daß die Ausfälle hauptsächlich im expressiven Bereich bestehen. Ohne geeignete Methoden, Sprachverständnis zu erfassen, lassen sich solche Feststellungen nicht empirisch absichern. Durch oberflächliche Beobachtungen haben Eltern und andere manchmal den Eindruck, daß ein Kind „alles versteht, was zu ihm gesagt wird", aber eine sorgfältige Testprüfung, bei der jede Informationsübermittlung durch visuelle Hinweise oder durch den Situationszusammenhang ausgeschlossen wird, bestätigt diese Auffassung nur selten.

Der Peabody Picture Vocabulary Test (Dunn, 1959)[3] kann verwendet werden, um einen gewissen Bereich des sprachlichen Verständnisses zu erfassen. Die Aufgabe des Kindes besteht darin, eines von vier Bildern zu identifizieren, das einem gesprochenen Reizwort entspricht. Der Vorteil des Verfahrens ist, daß das Kind nicht sprechen muß, sondern nur zu zeigen braucht. Die Leistung in diesem Test kann natürlich nicht nur dadurch beeinträchtigt werden, daß das Kind schlecht mitarbeitet, sondern auch dadurch, daß es sich nicht alle Bilder auf einer Seite richtig ansieht. Trotzdem hat sich der Test bei autistischen Kindern als nützlich erwiesen, und was er mindestens liefert, ist ein Maß für das Verständnis einzelner Wörter. Um das Verständnis für komplexe Aufforderungen zu erfassen, braucht man differenziertere Testverfahren[4].

Die Veröffentlichung des *Illinois Test of Psycholinguistic Abilities* (McCarthy und Kirk, 1961) bietet vielversprechende Forschungsansätze für die Untersuchung autistischer Kinder. Auf einem theoretischen Kommunikationsmodell von Osgood (1957) aufbauend, enthält der Test 8 Untertests, die verschiedene Sprachfunktionen messen, und für jeden Untertest existieren gesonderte Sprachaltersnormen. Beispiele für die verwendeten Tests sind: Tests des auditiven und visuellen *Dekodierens* (z. B. die Fähigkeit, auditive und visuelle Symbole zu verstehen); *Assoziationstests* mit auditiv und visuell gebotenen Aufgaben zur Erfassung der Fähigkeit, Symbole sinnvoll miteinander zu verbinden und *Enkodierungstests* zur Prüfung der Fähigkeit, Vorstellungen durch Wörter oder Gesten auszudrücken. Schließlich enthält die Testreihe eine Anzahl von Tests für das *„automatisch sequentielle Niveau"*, die eine mechanische Verwendung von Symbolen verlangen, besonders bei lang- und kurzzeitigem Behalten von Symbolsequenzen (McCarthy und Kirk, 1963). Der Test ist für Kinder zwischen 2¹/₂ und 9 Jahren standardisiert, und die Berichte über seine Verwendung bei verschiedenen Gruppen behinderter Kinder sind ermutigend [5].

Beobachtungen und Skalen zur Erfassung des Entwicklungsstandes

In den vergangenen Jahren haben Psychologen neue Methoden erprobt, mit denen der Entwicklungsstand behinderter Kinder anders als durch die orthodoxen Intelligenztests erfaßt werden soll. Hier verdient die Arbeit von Woodward (1963) besondere Beachtung, die Tests aus dem Werk Piagets (1950) abgeleitet und bei geistig sehr behinderten Kindern verwendet hat. Der Psychologe bietet nicht Testitems aus einer Standardmappe, sondern macht sich das Spielzeug und die Tätigkeiten zunutze, an denen das Kind bereits einiges Interesse zeigt, und verändert diese nach einem bestimmten Plan. Man kann z. B. „Objektpermanenz" prüfen, indem man ein Spielzeug nimmt, mit dem das Kind gerade spielt, und es unter ein Kissen legt. Variationen dieser Vorgehensweise ergeben sich mehr durch das Verhalten des Kindes als durch starr vorgeschriebene Testinstruktionen.

Bisher war die Anwendung von Piaget-Tests bei behinderten Kindern hauptsächlich auf Tests für die sensorisch-motorische Phase beschränkt, also auf die geistige Entwicklung in den ersten zwei Lebensjahren. Untersuchungen älterer Kinder in der „voroperativen" Phase erfordern Kooperation und Motivation von seiten der Kinder. Woodward hat bei geistig behinderten Kindern die Begriffe von Zahl (1961) und Raum (1962) untersucht, aber über die Anwendung von Tests des Piaget-Typs auf autistische Kinder liegen bisher noch keine Berichte vor. Neben spezifischen Tests kann auch Piagets allgemeines Begriffssystem eine Hilfe bei der Beurteilung des Entwicklungsstandes der Kinder sein.

Eine ganz andere Methode zur Erfassung des Entwicklungsniveaus sind „Skalen" in Fragebogenform, mit denen man die Reife des Kindes in einzelnen Entwicklungsbereichen beurteilen kann. Historisch gesehen ist die erste dieser „Skalen" die *Vineland Social Maturity Scale* (Doll, 1953), die vom Psychologen mit Unterstützung einer Person, die das Kind gut kennt, ausgefüllt wird. Eine Verbesserung dieser Methode ist die von Gunzburg (1963) entwickelte *Progress Assessment Chart*, mit der die Reife in Bereichen wie Selbsthilfe, Kommunikation, soziale Einfügung usw. erfaßt wird. Derartige Skalen enthalten keine Altersnormen, sondern sollen absolute Maße des Entwicklungsniveaus ergeben [6].

Lernexperimente und systematische Verhaltensbeobachtungen

Einige Psychologen haben experimentelle Methoden zur Untersuchung behinderter Kinder entwickelt. Das intensive Studium des Einzelfalles ist vor einiger Zeit von Shapiro (1961) empfohlen worden, der die Ansicht vertritt, daß eine der Aufgaben des Psychologen darin besteht, einen systematischen Untersuchungsplan für den individuellen Fall auszuarbeiten. Zusätzlich zu konventionellen psychometrischen Methoden kann man kontrollierte experimentelle Untersuchungen durchführen, um speziellen Fragen nachzugehen, z. B. über Störungen von Gedächtnis oder Sprache oder über die Wirkung einer bestimmten Behandlungsform bei einem Symptom oder einer Symptomgruppe. Manchmal kann man als direktes Ergebnis solcher Untersuchungen ein Förderungsprogramm aufstellen.

Shapiros Methoden wurden in einer klinischen Situation und im Hinblick auf klinische Bedürfnisse entwickelt. Bei der Untersuchung autistischer Kinder hat man in standardisierten Situationen Methoden und Modelle der allgemeinen und experimentellen Psychologie verwendet. So haben Hermelin und O'Connor das Verhalten autistischer Kinder bei Lernaufgaben und bei Aufgaben zur Wahrnehmungsdiskrimination untersucht. Besonders haben sie sich für die unterschiedliche Bedeutung verschiedener Sinnesbereiche bei diesen Kindern interessiert (siehe Kapitel 6). Diese Techniken sind in Reihenuntersuchungen innerhalb eines Forschungsvorhabens eingesetzt worden, aber man könnte auch einzelne Kinder mit ähnlichen Aufgaben intensiv untersuchen. Man sollte versuchen, Förderungsprogramme zu entwerfen, um die Ausfälle zu vermindern, die sich dabei zeigen können.

Eine Reihe von Forschern hat Techniken aus der Ethologie angewandt, bei denen die Kinder in Umwelten von zunehmender Komplexität genau beobachtet werden. Hutt und seine Mitarbeiter haben über Untersuchungen berichtet, in denen die freien Bewegungen, das konstruktive Spiel, Gesten und Stereotypien bei autistischen Kindern und „hirngeschädigten" Kontrollkindern untersucht wurden; die Beobachtungen werden nun durch physiologische Aufzeichnungen ergänzt (Hutt et al., 1965).

Notwendige zukünftige Entwicklungsarbeiten

Viele der Tests und Techniken, die in diesem Kapitel beschrieben wurden, befinden sich noch ganz am Anfang der Entwicklung, und es muß noch viel Arbeit geleistet werden, um normative Daten zu sammeln und um die Zuverlässigkeit und Gültigkeit der Methoden zu ermitteln. Die meisten Verfahren erfordern viel Zeit für ihre Durchführung. Im übrigen sollte aus der vorliegenden Darstellung hervorgehen, daß für die psychologische Untersuchung behinderter Kinder, ob sie autistisch sind oder nicht, die bestmöglichen Untersuchungseinrichtungen erforderlich sind. Ideal wären spezielle Abteilungen für Untersuchungen bzw. Diagnosen, und diese sollten sich innerhalb von pädagogischen Einrichtungen befinden, und zwar so, daß der Lehrer beim Untersuchungsprozeß eine zentrale Rolle spielt und eng mit dem Psychologen zusammenarbeitet. Hierdurch wird es leichter, im Unterricht experimentell vorzugehen, also verschiedene pädagogische Vorgehensweisen zu erproben und in ihrem Wert zu prüfen. Der Psychologe, der beim Entwurf eines heilpädagogischen Plans für ein Kind geholfen hat, kann dann die Wirkungen dieses Programms beobachten. Nur indem er ständig die Wirkung seiner Empfehlungen auf das Kind im Auge behält, kann er dafür sorgen, daß seine Testergebnisse eine Bedeutung bekommen.

Kapitel 6
Die Behinderungen psychotischer Kinder: Ergebnisse der psychologischen Forschung[1]

Beate Hermelin

Ein Zustandsbild von der Komplexität der Kindheitspsychose läßt sich im psychologischen Laboratorium nicht als Ganzes untersuchen. Man muß ein derart vielschichtiges Problem für diesen Zweck in eine Reihe einfacherer Probleme zerlegen. Es könnte der Eindruck entstehen, daß dadurch die Problematik an Interesse und Bedeutung verliert. Aber das ist nicht so. In der Wissenschaft genügt es nicht, interessante und wichtige Fragen aufzuwerfen, sie müssen auch so gestellt werden, daß eine Beantwortung möglich ist.

Während der normalen Kindheitsentwicklung wird durch das Zusammenspiel von Assoziationen und Akkomodationen allmählich ein Modell der Umwelt aufgebaut. So entwickelt sich aus einem zunächst undifferenzierten Gesamtbild das Bewußtsein vom Unterschied zwischen Subjekt und Objekt, innen und außen, Seelischem und Körperlichem, Permanentem und Momentanem. Beim autistischen Kind sind diese ersten Differenzierungen verzerrt und unvollständig, so daß es mit seiner Umwelt anscheinend nach einem reinen ad hoc-Verfahren umgeht. Innerhalb der Kette aus Reizaufnahme, Reizverarbeitung und Reaktion kann bei diesen Kindern jedes der Verbindungsglieder gestört sein, so daß entweder keine Reizaufnahme oder keine zentrale Verarbeitung oder keine motorische Reaktion erfolgt und deshalb kein normal organisiertes Verhalten zustande kommt. Die in diesem Kapitel beschriebenen Experimente (alle in Zusammenarbeit mit N. O'Connor ausgeführt) bestehen hauptsächlich aus dem Versuch, denjenigen Punkt in dieser Kette zu finden, an dem die Hauptschädigung liegt.

Für experimentelle Zwecke ist das Modell Reizaufnahme – Reizverarbeitung – Reaktion etwas unzulänglich, weil nur Reaktionen direkt beobachtbar und meßbar sind, während Folgerungen über Reizaufnahme und zentrale Verarbeitungsvorgänge indirekt sein müssen.

Man kann aber experimentelle Techniken entwerfen, die auch eine solche indirekte Analyse ermöglichen.

Die psychotischen Kinder, die an unseren Untersuchungen teilgenommen haben, waren nach den Kriterien von Creak (1961) von Psychiatern ausgewählt worden. Da die Fallaufzeichnungen nicht genügend Informationen enthielten, war es nicht möglich, das Alter bei Krankheitsbeginn oder das Vorhandensein oder Fehlen neurologischer Krankheitszeichen (wie ein abnormes EEG oder das Auftreten von Epilepsie in der Familie) oder „schwächere Zeichen" wie Schielen und Linkshändigkeit zu berücksichtigen. Die Auswahl erfolgte allein auf Grund des beobachtbaren Verhaltens zur Zeit des Experiments. Die Gruppe war also klinisch heterogen, aber die Ähnlichkeit im Verhalten der Kinder war groß genug, um die Bezeichnung „Kindheitspsychose" zu rechtfertigen. Es gab darunter natürlich auch Kinder mit Kanners Syndrom, aber nicht nur solche. Der allgemeinere Begriff „psychotisch" schien deshalb angemessener als der Begriff „autistisch". Die Vergleichsgruppen – ausgenommen die der normalen Kinder – waren vom klinischen Standpunkt ebenso heterogen: die einzige Gemeinsamkeit der Vergleichskinder bestand darin, daß sie gleiche IQ-Werte wie die psychotischen Kinder hatten. Es waren geistig schwer behinderte Kinder, deren intellektuelles Verhaltensniveau dem der psychotischen Kinder glich, die aber keines der Creak'schen Symptome zeigten. Diese Kinder waren ebenso alt wie die psychotischen Kinder. Die Vergleichsgruppe der normalen Kinder wurde auf Grund von Leistungen im Seguin-Formbrett zusammengestellt, mit dem der senso-motorische Entwicklungsstand gemessen wird. Für jedes psychotische Kind wurde ein normales Kind als Vergleichspartner mit gleicher Leistung in diesem Test ausgewählt. Die normalen Kinder waren drei bis sechs Jahre alt, während die autistischen und die geistig behinderten Kinder zwischen acht und fünfzehn Jahre alt waren.

Reaktionen auf die Umwelt

Es wird oft behauptet, daß psychotische Kinder nicht aufnehmen, was in ihrer Umwelt geschieht. Selbst wenn das so wäre, ist es doch möglich, daß sie bestimmte Dinge in ihrer Umwelt besser aufnehmen als andere. Um das zu untersuchen, haben wir das Verhalten psychotischer und geistig behinderter Kinder gegenüber verschiedenen einfachen Reizen verglichen (Hermelin und O'Connor, 1963). Wir haben jedes Kind allein in einen großen leeren Raum gebracht und durch einen einseitig durchsichtigen Spiegel das Grundniveau seiner Aktivität beobachtet. Danach haben wir ihm abwechselnd visuelle, auditive, manipulative und soziale Reize geboten. Wir haben die Häufigkeit einer Reaktion auf diese Reize und das Ausmaß der allgemeinen explorativen Tätigkeit während einer bestimmten Zeitspanne notiert. Auch Bewegungen oder Vokalisationen, die anscheinend nicht auf die Umwelt bezogen waren, haben wir aufgezeichnet. Zu dieser letzten Kategorie gehörten Verhaltensweisen wie Fingerspiele, Schaukelbewegungen, Hüpfen, spontanes Lachen oder Schreien, usw.

Das Ergebnis dieser Studie war erstens, daß bei den psychotischen Kindern *mehr* Verhaltensweisen als bei den geistig behinderten Kindern zu beobachten waren, wenn sie sich allein in einem leeren Raum ohne zusätzliche Reize befanden. Das Ausmaß dieses ungerichteten Verhaltens blieb für beide Gruppen während der verschiedenen Testbedingungen konstant.

Zweitens gab es zwischen den Gruppen keinen Unterschied in der Aufmerksamkeitszuwendung zu Umweltreizen, weder bei konstanten Reizen (wie Einrichtungsgegenständen) noch bei nur vorübergehend eingeführten Reizen. Geistig behinderte und psychotische Kinder reagierten mit gleicher Häufigkeit auf Bilder, Musik und die Anwesenheit einer Person, nur für ein Spielzeug interessierten sich die psychotischen Kinder etwas weniger. Teilte man aber die experimentelle Phase mit einer Person als „sozialem Reiz" in zwei Perioden auf – eine, in der die Person sprach und eine andere, in der sie schwieg – so zeigte sich ein deutlicher Unterschied zwischen den beiden Gruppen. Die psychotischen Kinder gingen ebenso oft auf die Person zu, nahmen ebenso oft körperlichen Kontakt auf und reagierten ebenso oft auf körperliche Kontaktaufnahme dieser Person wie die Vergleichskinder. Sie reagierten aber auf Sprache – z. B. einfache Aufforderungen oder Fragen – viel seltener als die geistig behinderten Kinder. Beide Gruppen zeigten in der sozialen Phase des Experiments mehr Reaktionen als in irgendeiner anderen, jedoch war dies bei der psychotischen Gruppen auf nicht-sprachliche Kontakte beschränkt. Aus diesem Resultat geht hervor, daß man psychotische Kinder nicht ohne weiteres als sozial und emotional in sich zurückgezogen bezeichnen darf. Eine detailliertere Situationsanalyse zeigt deutlich, daß derart allgemeine Bezeichnungen nicht haltbar sind und daß genau definiert werden muß, worin dieses In-sich-Zurückgezogensein eigentlich besteht.

Aus diesen Ergebnissen könnte man versuchsweise verschiedene Schlußfolgerungen ableiten, die als Hypothesen in anschließenden Experimenten getestet werden müßten. Als erstes ist festzustellen, daß der Umfang des Reaktionsverhaltens von der Art der Umgebung abhängt. So kann das psychotische Kind seine Reaktionen anscheinend kontrollieren und lenken, obwohl vermutlich auch einige Störungen der Reaktionsstruktur durch ungerichtete motorische Aktivitäten vorhanden sind. Zweitens zeigen die Kinder insgesamt mindestens ebensoviel Interesse an der Anwesenheit eines Erwachsenen wie geistig behinderte Kinder und suchen den körperlichen Kontakt ebenso häufig wie diese. Drittens waren die verwendeten Verhaltensmaße nicht genügend empfindlich, um irgendwelche spezifischen Strukturen der sensorischen Organisation von Reizen aufzuzeigen. So müssen andere Techniken entworfen werden, um solche Besonderheiten nachzuweisen.

Es gibt nämlich einige Hinweise für eine hierarchische Struktur in der Empfänglichkeit für verschiedenartige Reize. Solche Hierarchien unterscheiden sich bei verschiedenen Arten, und es gibt auch im individuellen Lebenslauf Entwicklungsänderungen. Zur Illustration der Artverschiedenheit braucht nur kurz daran erinnert werden, daß z.B. Hunde auf Gerüche und Laute stärker reagieren als auf visuelle Reize. Katzen reagieren mehr auf Geräusche als auf Licht, und Ratten mehr auf Gerüche als auf Laute. Zur Illustration von Entwicklungsänderungen sei genannt, daß junge Vögel als Reaktion auf die Vibration des Nests (wenn die Eltern darauf landen) den Schnabel aufsperren. Etwas später reagieren sie auf die Geräusche, die von den Eltern ausgehen und schließlich auf deren Anblick. Ähnlich wird der Saugreflex beim menschlichen Säugling zunächst durch Berührungsreize, aber später schon allein durch visuelle Eindrücke hervorgerufen.

Wenn autistische Kinder gegenüber Umweltreizen relativ unempfänglich zu sein scheinen, so könnte das daran liegen, daß bei ihnen die Hierarchie der Sinnesmodalitäten anders als bei normalen Kindern ist. Es würde sich also lohnen, nach derjenigen Sinnesmodalität zu suchen, bei der sie wahrscheinlich am ehesten eine Reaktion zeigen.

Fühlen, Hören, Sehen

Im nächsten Experiment (Hermelin und O'Connor 1964) haben wir psychotischen und normalen Kindern gleicher Intelligenz und gleichen Alters zwei Reize verschiedener Sinnesmodalität simultan dargeboten: einen Laut und ein Licht, ein Licht und eine Berührung oder eine Berührung und einen Laut, und zwar jeweils einen Reiz auf der linken und den anderen auf der rechten Seite des Kindes. Das Kind wurde mit einer Süßigkeit belohnt, wenn es auf eines der beiden Signale zeigte oder sich ihm zuwandte, wobei es keine Rolle spielte, welches der beiden es wählte. Wir haben die Reizkombination mehrmals geboten und dabei die Rechts-Links-Position variiert, so daß wir für jedes Reizpaar feststellen konnten, auf welche Reizart stärker reagiert wurde. Wurden Licht und Laut gleichzeitig geboten, reagierten die psychotischen Kinder ebenso wie die Vergleichskinder sehr viel häufiger auf das Licht. Bestand die Kombination aus Licht und Berührung, dominierte immer noch die Reaktion auf das Licht, allerdings bei den psychotischen weniger als bei den normalen Kindern. Wurden Laut und Berührung gleichzeitig geboten, reagierten die psychotischen Kinder viel häufiger auf die Berührung, während die normalen Kinder häufiger lautorientierte Reaktionen zeigten.

Danach wiederholten wir dieses Experiment und variierten zusätzlich die Reizintensitäten, wobei wir nur Licht und Laut verwendeten. Wenn die Intensität beider Reize gleich war, dominierten die Reaktionen auf das Licht. Das war natürlich auch bei der Kombination von hellem Licht und schwachem Laut der Fall. Steigerte man die Lautintensität allmählich und verminderte man gleichzeitig die Lichtintensität, so traten mehr Reaktionen gegenüber dem Laut auf. Jedoch ergab sich als ein Teilergebnis, daß die Dominanz bei den psychotischen Kindern weniger ausgeprägt war als bei den Kontrollkindern: Ihre Reaktionen waren also gleichmäßiger auf die beiden Reize verteilt. Die Position des Reizes spielte bei ihnen neben der Sinnesmodalität eine stärkere Rolle. So zeigte sich also bei den psychotischen Kindern nicht nur eine etwas andere Hierarchie der Sinnesmodalitäten als bei den Vergleichskindern, sondern auch eine überhaupt schwächer ausgeprägte Hierarchie.

Wenn sich ein Reaktionsmuster in Abhängigkeit von der Reizsituation ändert, kann man schließen, daß die von außen kommende Information adäquat aufgenommen wurde. Wenn andererseits das Reaktionsverhalten trotz unterschiedlicher Reize konstant bleibt, kann man schließen, daß es von der Information der Reizgegebenheiten unabhängig ist. So zeigen die obigen Resultate zwar, daß bei den psychotischen Kindern eine gewisse Informationsaufnahme erfolgt, sie zeigen aber außerdem, daß vieles vom Verhalten dieser Kinder entweder durch irrelevante Informationen determiniert wird oder aus Reaktionsmustern besteht, die relativ unabhängig von Umweltreizen sind. Man könnte dieses Problem untersuchen, indem man das relative Gewicht der Komplexität von Reiz und Reaktion variiert. Zu diesem Zweck könnte man zunächst eine Situation herstellen, in der die Reizkonstellation komplex, die geforderte Reaktion aber einfach ist. Dies könnte man mit einer Situation vergleichen, in der die Reizstruktur einfach, die motorische Reaktion aber komplex ist. Wenn es in diesen beiden Situationen zu unterschiedlichen Leistungsausfällen kommt, würde man wissen, ob die Behinderung mehr im Bereich der Reizaufnahme und -verarbeitung oder mehr im Bereich der Reaktionsausführung liegt.

„Wo" und „Was"

Im nächsten Experiment wurde der erste Teil dieser Hypothese untersucht, wonach die Behinderungen im Bereich der Reizaufnahme und -verarbeitung liegen. Hierzu wurden psychotische und geistig schwer behinderte Kinder gleichen Intelligenz- und Lebensalters beim Lernen von drei Diskriminationsaufgaben miteinander verglichen. Bei diesem Experiment haben wir nicht nur psychotische mit geistig behinderten Kindern verglichen, sondern auch zwei Untergruppen der psychotischen Kinder: solche mit relativ gutem und solche mit relativ schlechtem Sprachverständnis. (Zur „besseren" Gruppe wurden alle Kinder gerechnet, die in einem Test des Sprachverständnisses mindestens das Leistungsniveau normaler Dreijähriger erreichten.) Bei allen drei Aufgaben stellten wir zwei umgedrehte Kästchen vor das Kind. Unter einem Kästchen lag eine Süßigkeit, die das Kind erhielt, wenn es dieses Kästchen hochhob.

Bei der ersten Lernaufgabe hatten die Kästchen eine identische weiße Oberfläche. Sie wurden in verschiedener Höhe vor dem Kind aufgestellt, eines auf dem Tisch und das andere auf einem höheren Gestell. Die Rechts-Links-Position des höheren und niedrigeren Kästchens wurde nach dem Zufall variiert. Ein Teil der Kinder mußte die Wahl des oberen, ein anderer Teil die Wahl des unteren Kästchens lernen. Diese Aufgabe lernten alle Kinder. Bei der nächsten Aufgabe wurden beide Kästchen in gleicher Höhe auf den Tisch gestellt. Eines war völlig weiß, auf dem anderen befand sich ein schwarzer Pfeil, der bei der Hälfte der Kinder nach oben, bei der anderen Hälfte nach unten zeigte. Das Kästchen mit dem Pfeil enthielt die Belohnung. Seine Position wurde von Versuch zu Versuch nach Zufall variiert. Alle geistig behinderten Kinder lernten dieses Problem, ebenso 9 der 10 psychotischen Kinder mit besserem Sprachverständnis. Von den 10 psychotischen Kindern mit schlechterem Sprachverständnis lernten 4 die Aufgabe nicht. Schließlich bestand bei der dritten Aufgabe der Unterschied zwischen den Kästchen darin, daß sich auf dem einen ein aufwärtszeigender, auf dem anderen ein abwärtszeigender Pfeil befand. Bei der Hälfte der Kinder war der aufrecht zeigende Pfeil das Zeichen für die Belohnung, bei der anderen Hälfte der abwärts zeigende. Dieses Problem wurde von 9 der 10 geistig behinderten, von 7 der psychotischen Kinder mit besserem Sprachverständnis und von keinem der psychotischen Kinder mit geringerem Sprachverständnis gelöst.

In zweierlei Hinsicht sind diese Ergebnisse von theoretischem Interesse. Erstens bestätigen sie die Ausgangshypothese, wonach die inadäquaten Reaktionen autistischer Kinder durch Fehler im Bereich der Reizaufnahme bzw. Reizverarbeitung verursacht sind. Die geforderte Reaktion war immer dieselbe: es mußte eines der Kästchen angehoben werden, um eine Süßigkeit zu erhalten. Wenn ein Kind diese Reaktion in einer bestimmten Situation richtig ausführt, in einer anderen aber nicht, dann muß man schließen, daß die schwerer gewordene Reizkonfiguration die Ursache des Versagens ist.

Wichtig sind zweitens die Unterschiede im Lernerfolg zwischen den Kindern mit besserem und schlechterem Sprachverständnis. Damit stellt sich die Frage, welche Rolle die Sprache bei der Lösung derartiger Aufgaben spielt. Ich glaube nicht, daß man aus den Resultaten schließen kann, daß die autistischen Kinder mit geringem Sprachverständnis den Unterschied zwischen den zwei Kästchen nicht „sehen" können. Die eigentliche Ursache ihres Versagens ist vermutlich kein Defekt der Wahrnehmung, sondern eine andersartige Störung. Die Schwierigkeit liegt für sie vermutlich bei der Integration und Verarbeitung, nicht bei der Wahrnehmung von Informationen. Vielleicht besteht zwischen ihrer Unfähigkeit, die Aufgaben des Sprachtests zu lösen oder die Sprachverwendung zu lernen und ihrer scheinbar vorhandenen Unfähigkeit, Signalreize wahrzunehmen, ein innerer Zusammenhang.

Bei dem verwendeten Sprachtest wurden den Kindern Bilder von vier einfachen Gegenständen gezeigt. Der Experimentator nannte den Namen eines der Gegenstände, und das Kind sollte auf das entsprechende Bild zeigen. Wahrscheinlich ist es diese Verknüpfung eines Wortes mit einem Bild – die schwieriger ist als die Verknüpfung eines Wortes mit einem realen Gegenstand oder Ereignis – worin für die Kinder die Schwierigkeit liegt. Sie können zwar das Wort nachsprechen und das entsprechende Bild ansehen, sind aber trotzdem nicht in der Lage, beides miteinander zu verbinden. So gelingt es ihnen auch nicht, eine Beziehung zwischen einem bestimmten Pfeil auf einem Kästchen und einer Belohnung herzustellen. Eine ähnliche Erscheinung kann man manchmal bei hirnverletzten Erwachsenen beobachten. So berichten Kinsburn und Warrington (1964) von einem Patienten, der Farbwörter benutzen und Farben einander richtig zuordnen konnte, der aber trotzdem nicht lernte, die entsprechenden Farben mit den Wörten „grün" und „rot" zu bezeichnen.

Den autistischen Kindern, die ein sehr geringes Sprachverständnis haben und nicht sprechen, fehlt vermutlich die Fähigkeit zur Integration und zum Wiedererkennen von Wahrnehmungsinhalten. Aus diesem Grund können sie mit diesen Inhalten keine festen Bedeutungen verbinden. Demzufolge wäre das Fehlen der Sprache nicht die Ursache für andere Ausfälle, sondern ein Symptom neben anderen für einen fundamentaleren Defekt.

An dieser Stelle möchte ich in meinem Tatsachenbericht ein kleines Stück Spekulation einfügen. Solange solche Spekulationen auf experimentellen Ergebnissen beruhen und man sich ihres hypothetischen Charakters bewußt ist, sind sie zulässig und als Orientierung für weitere Überlegungen sogar notwendig. Ich gehe von der Annahme aus, daß es zwei Arten von Informationen sind, die vom Gehirn aufgenommen werden: die Information „Wo ist es?" und die Information „Was ist es?". Unter Neurologen und Neurophysiologen besteht die allgemeine Übereinstimmung, daß die Information „Wo?" (die räumliche Lage und der gestaltmäßige Aufbau der Dinge) vorwiegend in der rechten Hirnhälfte, die Information „Was?" vorwiegend in der linken Hirnhälfte (durch sprachliches Benennen, Wiedererkennen, Bedeutungsanalyse) verarbeitet wird. Das ist natürlich ein stark vereinfachtes Bild der tatsächlichen Verhältnisse. Unsere Ergebnisse passen zu der Ansicht, daß bei autistischen Kindern die räumliche Orientierung besser funktioniert als Wiedererkennen und Bedeutungslernen. Dieser Befund wird durch die Beobachtung der Kinder im alltäglichen Leben bestätigt. Wenn sie relativ gute Intelligenzleistungen vollbringen, dann in Funktionsbereichen, die mit der rechten Hirnhälfte verbunden sind, z. B. beim Zeichnen (Gillies, 1965) oder bei Puzzle-Aufgaben (Meier, 1963). Ein weiteres Beispiel sind die musikalischen Fähigkeiten vieler autistischer Kinder. Zwar müßte diese Beobachtung noch durch systematische Untersuchungen abgesichert werden, man kann aber schon festhalten, daß auch die musikalische Fähigkeit eine Funktion der rechten Hirnhälfte ist.

Wichtig ist außerdem das folgende Ergebnis: In einer EEG-Untersuchung, die wir zusammen mit Dr. Margerison durchgeführt haben, zeigte sich bei einer Gruppe autistischer Kinder eine schwächere Hemisphärendominanz als bei einer Vergleichsgruppe geistig behinderter Kinder. Das Fehlen sprachlicher Fähigkeiten und die

Schwierigkeiten im Assoziieren und Wiedererkennen könnten ihre Ursache in der fehlenden Ausbildung der Dominanz der linken Hemisphäre haben. Natürlich gibt es die fehlende Dominanz auch bei normalen jungen Kindern. Bis zum Alter von acht Jahren ist sie nicht voll ausgebildet. Die Störungen autistischer Kinder könnten deshalb entweder eine starke Entwicklungsverzögerung oder eine pathologische Abweichung von der Norm darstellen. Nach den Ergebnissen des folgenden Experiments ist die erste Möglichkeit wahrscheinlicher.

Autismus – eine Entwicklungsstörung?

In diesem letzten Experiment, daß hier beschrieben werden soll (Hermelin und O'Connor, 1966 b), haben wir die Unterscheidung nach dem „Wo?" und nach dem „Was?" direkt miteinander verglichen. Wir haben dafür vier umgedrehte Aluminiumkästchen verwendet, zunächst von verschiedener, dann von gleicher Länge. Die Vergleichsgruppe zu den psychotischen Kindern waren normale drei- bis vierjährige Kinder mit gleicher Leistung im Seguin-Formbrett. Im ersten Teil des Experiments befand sich die Belohnung bei der Hälfte der Kinder immer an derselben Position, z. B. immer unter dem zweiten Kästchen von links, wobei dessen Größe unterschiedlich sein konnte. Bei der anderen Hälfte lag die Belohnung immer unter einem Kästchen bestimmter Länge, dessen Position variiert wurde. So gab es bei jeder der beiden Aufgaben eine „positive" Dimension (Position bzw. Länge), die das Anzeichen für die Belohnung und deshalb zu beachten war, und dementsprechend eine negative, die ignoriert werden mußte. Wenn das Kind das richtige Kästchen anhob, fand es darunter eine Süßigkeit. Das Ergebnis war, daß normale ebenso wie autistische Kinder viel schneller nach der Position als nach der Länge unterscheiden lernen. Die Positionsunterscheidung wurde nur von wenigen normalen und autistischen Kindern in 30 Versuchen nicht gelernt, die Längenunterscheidung dagegen bei gleicher Versuchszahl von weitaus mehr Kindern nicht. Dieses Resultat bestätigt das Teilergebnis aus dem dritten Experiment, wonach eine motorische Bewegung in bestimmter Richtung viel leichter gelernt wird als eine visuelle Unterscheidung, bei der die Richtung der Bewegung je nach der Reizgegebenheit verändert werden muß.

Wir führten nun dieses Experiment fort, indem wir in einem weiteren Versuch festzustellen suchten, wie sehr die Veränderung der Reizgegebenheit das Erlernen einer Reaktion stört. Wir verglichen Positionslernen bei Kästchen verschiedener Größe mit Positionslernen bei gleich großen Kästchen. Im ersten Fall gab es eine irrelevante Dimension, die ignoriert werden mußte, im zweiten Fall gab es ein solches störendes Element nicht. Wenn die Reizgegebenheiten eine Rolle spielen, müßte die zweite Aufgabe leichter als die erste sein. Aber das war nicht so. Es gab zwischen den Punktwerten in beiden Tests keine statistisch signifikante Differenz.

Die normalen Kinder in diesem Experiment waren drei bis fünf Jahre alt und den autistischen Kindern auf Grund ihrer Leistung in einer visuo-motorischen Aufgabe paarweise zugeordnet. Die Ergebnisse zeigen, daß der Entwicklungsstand der Wahrnehmung und die Organisation von Reaktionen bei beiden Gruppen sehr ähnlich war, was vermuten läßt, daß die autistischen Kinder sich entwicklungsmäßig noch auf der Stufe von Drei- bis Fünfjährigen befanden. Die Ergebnisse demonstrieren außerdem, daß kontrollierte Studien wie diese notwendig sind, damit man Erziehungs- und Unterrichtsmethoden auf wissenschaftlichen Analysen statt intuitiven Vermutungen aufbauen kann. Fantasievolle Interpretationen wirken nur dann überzeugend, wenn das Verhalten, das sie erklären wollen, bizarr und unstrukturiert ist. Je weniger man über dieses Verhalten weiß, desto größer ist die Anzahl verschiedenartiger Theorien darüber. Wenn die Struktur dieser Verhaltensweisen jedoch durch experimentelle Verfahren und Methoden aufgehellt ist, kann man sich mit dem Problem auf eine nüchternere, realistischere und präzisere Weise befassen.

Ein pädagogisches Lernexperiment

Es ist vielleicht angebracht, hier ein Beispiel für diese an experimentellen Analysen orientierte Vorgehensweise aus dem Bereich der pädagogischen Arbeit mit geistig behinderten Kindern zu geben. Wir haben geistig schwer behinderten Kindern mit IQ-Werten unter 50 das Wiedererkennen gedruckter Wörter beigebracht (O'Connor und Hermelin, 1963), und zwar mit einer Methode, die auf Millers Ergebnis (1956) beruht, daß normale Menschen Informationen um so besser unterscheiden und einordnen können, je stärker diese Informationen durch unterschiedliche Sinnesqualitäten voneinander abgegrenzt sind. So kann man zwei Töne, die sich nur in der Tonhöhe unterscheiden, schwerer unterscheiden als zwei Töne, die sich in Tonhöhe und Lautstärke unterscheiden. Skinner (1938) hat sich dieses Prinzip zunutze gemacht, um Tauben Formunterscheidungen beizubringen. Da für diese Tiere Formunterscheidungen schwer sind, jedoch Farbunterscheidungen leicht, wurden die zwei Formen auf verschiedenfarbigen Karten geboten. Diese irrelevante Dimension der Farbe wurde im Verlauf der Versuchsreihe allmählich abgeschwächt, bis sie völlig verschwunden war. Bei dieser Technik lernten die Vögel schneller, als wenn von Anfang an nur die zwei verschiedenen Formen geboten wurden. In unserem pädagogischen Experiment bestand das Material aus 24 weißen Karten, 25×75 mm groß, auf die je ein Wort gedruckt war. Wir arbeiteten mit vier Wörtern: „Pferd", „Schwan", „Panther" und „Fisch". Jedes Wort gab es in sechs verschiedenen Buchstabengrößen: die Buchstabenhöhe war 3, 4, 5, 6, 8 oder 10 mm.

Jedes Kind der experimentellen Gruppe lernte diese Wörter in sechs Schritten. Zunächst wurde ein Bild gezeigt, das es benennen sollte. Danach wurden ihm vier Wortkärtchen vorgelegt, aus denen es dasjenige heraussuchen sollte, das zu dem gesprochenen Wort gehört. Beim richtigen Wort war die Buchstabenhöhe 10 mm, bei den anderen Wörtern 3 mm. Wenn das Kind die richtige Wahl traf, erhielt es eine Belohnung, war die Wahl falsch, wurde ihm das richtige Wort gezeigt. Das wurde solange wiederholt, bis das Kind zehnmal hintereinander das richtige Kärtchen wählte. Natürlich wurde der Platz des richtigen Worts ständig nach einem vorher festgelegten Plan verändert. Sobald das Lernkriterium erreicht war, folgte ohne Kommentar unmittelbar das nächste Stadium. Hierbei wurde das richtige Wort in der nächst kleineren Stufe, also in 8 mm Höhe, geboten. So wurde dieses Wort immer kleiner, bis es mit 3 mm die Größe der anderen Wörter erreicht hatte. In den nächsten Tagen wurde nach dem gleichen Verfahren mit den anderen Wörtern geübt, bis alle Wörter gelernt waren. Danach wurde ein Gedächtnistest durchgeführt. Hierbei wurde mit jedem Wort nur ein Versuch durchgeführt, bei dem alle vier Wörter gleiche Größe hatten. Das Kind sollte sie laut lesen und den entsprechenden Bildern zuordnen.

Eine zweite Gruppe von Kindern, die Kontrollgruppe, durchlief die gleiche Versuchsserie, mit dem Unterschied, daß alle Wörter immer nur mit Buchstaben von 3 mm Höhe geboten wurden. Beide Gruppen lernten diese Aufgaben, und zwar im Verlauf der Übungen immer besser. Jedoch lernte die Experimentalgruppe wesentlich schneller als die Kontrollgruppe: die Kinder dieser Gruppe brauchten rund 8 Darbietungen zum Lernen eines Worts, die Kontrollkinder aber rund 19 Darbietungen. Im Behaltentest gab es keinen so großen Unterschied: Die Kinder der Experimentalgruppe lasen durchschnittlich 3 der 4 Wörter richtig, die Vergleichskinder durchschnittlich 2,3 Wörter. Dieser Unterschied ist aber gering und statistisch nicht signifikant.

Die Besonderheit der verwendeten Methode besteht darin, daß die richtige Antwort zunächst durch ein besonders auffälliges zusätzliches Merkmal herausgehoben ist. Dieses eigentlich irrelevante Merkmal wird allmählich abgeschwächt, bis es ganz verschwunden ist. Die Ergebnisse zeigen, daß bei diesem Vorgehen wesentlich schneller gelernt wird als ohne diese Hilfe, ohne daß es dadurch zu einer Beeinträchtigung des Behaltens kommt. Ähnliche Techniken kann man anwenden, um autistischen Kindern bei der Überwindung von Lernschwierigkeiten zu helfen; einige davon werden im Kapitel 9 beschrieben.

Kapitel 7
Einrichtung von Spezialschulen für autistische Kinder

Mary D. Wilson

Ich bin kein Experte in Fragen des Autismus. Ich habe nie mit einem autistischen Kind zusammengelebt, und ich kenne die Ursachen dieser Behinderung nicht. Meine Arbeit besteht darin, Schulen für behinderte Kinder zu besuchen, und dabei habe ich sehr gute Möglichkeiten, diese Kinder zu beobachten. Besonders haben mich autistische Kinder interessiert, weil ihre Behinderung so überaus merkwürdig und unverständlich ist. Es liegt an der Art dieser Behinderung, daß es für andere Menschen, besonders natürlich für Eltern und Lehrer, so schwer ist, diesen Kindern die Hilfe zu geben, die sie brauchen. Ich habe autistische Kinder in den verschiedenartigsten pädagogischen Einrichtungen gesehen, auch in Tagesstätten und Krankenhausabteilungen. Einige waren in Spezialeinrichtungen für autistische Kinder und andere in Einrichtungen, die für einen völlig anderen Zweck bestimmt waren, und wohin die Kinder zum Teil zufällig gelangt waren. Während der Zeit, in der ich diese Kinder beobachtet habe, bin ich zu bestimmten gefühlsmäßigen Annahmen gekommen, die natürlich durch exakte wissenschaftliche Untersuchungen widerlegt werden könnten, die ich aber trotzdem als meine heutige Ansicht in diesem Kapitel aufzeichnen will.

Ich weiß nicht, ob autistisches Verhalten geheilt werden kann. Zum Glück ist dies für einen Pädagogen in gewissem Grad irrelevant. Man braucht keine vollständige Diagnose, bevor man für eine spezielle Erziehung sorgt. Der Lehrer beginnt auf der Stufe, auf der das Kind gerade steht und versucht durch direkten Kontakt herauszufinden, was es kann und was nicht. Manchmal erhält er natürlich Hilfe von anderen Spezialisten. So ist es wichtig zu wissen, ob das Kind richtig sehen und hören kann, auch die Ergebnisse psychologischer Tests ergeben wertvolle Hinweise und Orientierungen, aber letzten Endes muß der Lehrer selbst im Kontakt mit dem Kind herausfinden, was zu tun ist. Eine pädagogische Beurteilung besteht nicht in einer einmaligen Diagnose, sondern in einem ständigen Urteilsprozeß, der sich über die ganze Unterrichtszeit erstreckt. Das Wort „Diagnose" ist in der Pädagogik unangebracht. Auch das Wort „heilen" ist unangemessen. Pädagogen heilen nicht irgend jemanden von irgend etwas. Sie versuchen, in Einklang mit dem Reifungsprozeß so zu arbeiten, daß das Kind möglichst große Fortschritte macht. Manchmal überschneiden sich natürlich Erziehung und Therapie. Jeder Lehrer begegnet Kindern, die Gefangene eines fehlgelaufenen Lernprozesses sind. Dann muß etwas *verlernt* werden, und dazu ist es vielleicht nötig, zunächst einige Schritte zurückzugehen, um später um so schneller voranzukommen. Im Ganzen gesehen ist der Erziehungsprozeß jedoch nicht von dieser Art, sondern bewegt sich ständig vorwärts. Das Ziel ist immer, das Kind weiter voranzubringen, seine geistigen Fähigkeiten zu erweitern. Gute Lehrer verstehen die Rollen der Eltern, des Arztes und des Therapeuten, aber sie unterscheiden diese deutlich von ihrer eigenen Aufgabe und konzentrieren sich auf das, wofür sie am besten geeignet sind.

Die ersten Erzieher des Kindes sind seine Eltern. Sie geben ihren Kindern das Gefühl des Geliebt- und Verstandenwerdens, und deshalb möchten die Kinder wie ihre Eltern werden und dieselben Dinge wie diese tun. Die Arbeit des Lehrers hat hiermit etwas gemeinsam. Es gibt aber Aspekte, in denen sie anders ist. Zwar beruht alles gute Lehren ebenso wie die gute Erfüllung der Elternrolle auf einer liebevollen Beziehung zum Kind, aber die Beziehung zwischen Lehrer und Kind ist weniger gefühlsbetont als die Beziehung zwischen Eltern und Kind. Deshalb kann der Lehrer rigorosere Forderungen stellen, ohne das Kind zu verletzen oder ihm Kummer zu bereiten. Gerade bei der Erziehung behinderter Kinder ist dies sehr wertvoll.

Im natürlichen Lernprozeß bis zum Alter von fünf Jahren, also bevor sie Lehrern begegnen, gehen Kinder an Aufgaben ganz unbekümmert und naiv heran. Wenn sie in gute Schulen kommen, haben sie immer noch die Möglichkeit dazu. Es wird ihnen eine reiche und vielfältige Umwelt geboten, und sie werden zum Selbstlernen ermutigt. Da jedoch die Dinge, die Kinder in der Schule lernen müssen, in gewisser Weise weniger natürlich und für das kindliche

Gefühl weniger begehrenswert sind, ist eine stärkere Systematisierung der Kenntnisse und eine stärkere Lenkung durch den Lehrer notwendig. Das gilt besonders für Kinder mit schweren Behinderungen, die oft nicht auf einfache und „natürliche" Weise lernen können, auch wenn ihre Motivation hoch ist. So müssen taube Kinder mit Spezialmethoden unterrichtet werden, um die Sprache zu lernen, die sie eben *nicht* „spielend" erwerben. Ebenso ist es bei aphasischen Kindern, die ihre eigene Sprache beinahe wie eine Fremdsprache lernen müssen. Auch autistische Kinder müssen zunächst einen speziellen Weg gehen, bevor sie sich Informationen und Fertigkeiten wirklich selbst aneignen können.

Bevor wir mit Überlegungen zu ihrer Erziehung beginnen, müssen wir uns deshalb fragen, was die autistischen Kinder nicht können. Die Antwort scheint vom Lehrerstandpunkt zunächst sehr einfach zu sein: Sie haben Lernschwierigkeiten, weil sie nicht aufpassen. Gewöhnlich möchten es Kinder ihren Lehrern recht machen, aber das autistische Kind verhält sich nicht so, wenigstens nicht am Anfang. Es nimmt möglicherweise überhaupt keine Notiz vom Lehrer, ausgenommen vielleicht als ein Werkzeug für Hantierungen oder als ein Kissen zum Anlehnen. Schwer behinderte autistische Kinder bemerken anscheinend die Dinge ihrer Umgebung nicht oder nur solche Dinge, die andere für die unwichtigsten halten würden. Sie nehmen einige kleine Objekte und zwirbeln sie in der Hand, eine Tätigkeit, die für andere Menschen keine Bedeutung hat. Ihre Wahrnehmung scheint extrem selektiv zu sein. Sie werden anscheinend viel weniger als normale Kinder durch das gelenkt, was sie sehen oder hören, sondern viel stärker durch taktile und kinästhetische, ja sogar durch Geruchs- und Geschmacksempfindungen.

Dies weiß bestimmt jeder Lehrer, der mit einem autistischen Kind gearbeitet hat, selbst wenn nur für kurze Zeit. Das Hauptproblem besteht darin, soviel Kontakt zum Kind herzustellen, daß es ein Bewußtsein für die wichtigen Dinge der Umwelt erwirbt und im Umgang mit ihnen lernen kann. Hierfür braucht es sehr viel Zuwendung von Seiten Erwachsener. Man kann ihm nicht helfen, indem man es allein läßt. Ein autistisches Kind, das sich in einer größeren Gruppe von Kindern befindet, die nicht autistisch sind, wird sehr wahrscheinlich ignoriert. Lehrer sind nur Menschen, sie werden auf diejenigen Kinder reagieren, die ihre Aufmerksamkeit herausfordern, und die anderen leicht übersehen.

In ihrer Fähigkeit, Kontakte herzustellen, unterscheiden sich autistische Kinder sehr von den schüchternen und scheinbar in sich zurückgezogenen Kindern. Man sieht manchmal ein isoliertes Kind, das es nicht wagt, Kontakte herzustellen, nicht weil die Barriere zu den anderen Menschen undurchdringbar ist, sondern weil es sehr empfindsam ist und durch soziale Kontakte zu sehr beansprucht und belastet wird. Natürlich sollte man diese neurotischen Kinder nicht zu sehr bedrängen, sondern sie zunächst allein lassen und sich ihnen nur sehr behutsam nähern. Ich habe einmal gedacht, daß autistische Kinder ähnlich sensibel seien und sich deshalb in sich zurückgezogen hätten. Vielleicht ist es wirklich so, aber ich glaube es heute nicht mehr. Die Kinder *vermeiden* nicht den Kontakt, es gibt eine echte Barriere, die ihn *verhindert*. Deshalb ist es für den Lehrer so schwer zu wissen, inwieweit er solch ein Kind, das den Kontakt anscheinend nicht wünscht, dazu drängen soll. Aber wenn er ein guter Lehrer ist, hat er das natürliche Einfühlungsvermögen, das ihm sagt, wann das Kind aufnahmebereit ist und wann man von ihm ablassen sollte.

Unter „Einfühlungsvermögen" stellt man sich manchmal eine Art magischer Intuition vor, aber vielleicht besteht das, was dabei geschieht, einfach darin, daß der Lehrer die Bedeutung von Zeichen erfaßt, die vom Kind ausgehen. Dies kann schwer sein, weil das autistische Kind nicht die üblichen Zeichen verwendet, also den Lehrer nicht ansieht und nicht zu ihm spricht. Wenn man aber entdeckt hat, was es gern tut, kann der Kontakt zu einem Vergnügen werden. (Allerdings ermutigt man es nicht unbedingt dazu, diese Dinge fortwährend zu tun.) Die Zuwendung eines Erwachsenen ist also außerordentlich wichtig, allerdings ist eine strenge Einzelbeziehung nicht den ganzen Tag über erforderlich. Manchmal möchte sich das Kind in eine Ecke kauern oder sich allein um sich selbst drehen, und man muß diese Tätigkeiten nicht völlig verhindern.

Nicht die Häufigkeit und Dauer der Zuwendung ist entscheidend, sondern deren Qualität. Bei der Auswahl der Menschen für diese Arbeit ist die Persönlichkeit des Lehrers das Wichtigste. Lehrer autistischer Kinder müssen sehr aktive und lebensbejahende Menschen sein. Es stimmt zwar, daß passive Lehrer in bestimmten Fällen ausgezeichnet sein können. Ich kenne eine Kunsterzieherin, die scheinbar nie irgendetwas tut, aber ihre Kinder produzieren die wunderbarsten Bilder. Sie hat jene akzeptierende Art, die das Beste aus den Kindern herausholt und sie dahin bringt, es in Bildern auszudrücken. Diese Methode scheint bei autistischen Kindern nicht zu funktionieren; der Lehrer muß daher aus sich herausgehen und mehr geben. Er muß liebevoll und lebensbejahend sein, freundlichen und gütigen, aber aktiven Kontakt herstellen, und er darf keine falsche Würde haben. Lehrer dieser Kinder müssen sich, wenn nötig, auf den Fußboden setzen, und sie müssen auch recht viel Liebkosungen von einem Kind entgegennehmen können, zu dessen Körpergröße das eigentlich nicht mehr paßt.

Angenommen, die Persönlichkeit des Lehrers entspricht diesen Vorstellungen, so berücksichtigt man bei der Auswahl als zweites die Ausbildung, obwohl man manchmal nicht genau weiß, welche Ausbildung die beste ist. Das Wichtigste ist wahrscheinlich ein praktisches und theoretisches Verständnis der kindlichen Entwicklung; denn wenn bei autistischen Kindern eine Entwicklung einsetzt, dann gehen sie durch dieselben emotionalen Entwicklungsstufen wie alle anderen Kinder, wenn vielleicht auch mit Verzögerungen oder Unregelmäßigkeiten. Neben diesen Kenntnissen ist die Ausbildung während der Tätigkeit selbst sehr wichtig, weil man selbst durch umfangreiche Lektüre zu keiner klaren Vorstellung von der Eigenart autistischer Kinder kommt. Als wir in London unsere erste Lehrerin für autistische Kinder einstellten, wählten wir eine sehr erfahrene Lehrerin kleiner Kinder, die mehrere Jahre hervorragender Praxis hinter sich hatte und auch eine Ausbildung für die Erziehung verhaltensgestörter Kinder besaß. Nach drei Monaten ihrer neuen Tätigkeit erklärte sie, daß sie all ihre Vorstellungen, wie an diese Kinder heranzugehen sei, ändern müsse. Nichts, was sie früher gelernt habe, sei noch irgendwie verwendbar. Das war wahrscheinlich nicht völlig richtig: das Selbstvertrauen, das sie aufgrund ihrer Ausbildung besaß, erlaubte es ihr, ihre Ansichten zu ändern. Es ist nur die Unsicherheit, die solche Meinungsänderungen nicht zuläßt.

Alle anderen Erwachsenen, die mit diesen Kindern in einer Schule umgehen, brauchen keine Ausbildung von gleich hohem Niveau. In diesen Schulen sind relativ viele Mitarbeiter nötig, und man könnte, wenn alle hochqualifiziert sein sollten, weder die finanziellen Mittel dafür aufbringen, noch überhaupt genügend Mitarbeiter finden. Natürlich können auch junge Helferinnen mitarbeiten, sofern sie sich in ihrer Wesensart dafür eignen, ebenso verheiratete Frauen, die eine Familie versorgt haben, aber immer noch gern ein Baby um sich hätten und gern mit Kindern umgehen. Wenn man unausgebildete Personen anstellt, muß man dafür sorgen, daß sie in Verbindung mit ihrer Arbeit für diese Tätigkeit vorbereitet und geschult werden. Es mag sein, daß sie nicht alle komplizierten Einzelheiten verstehen; wenn aber Menschen, denen es an einer grundlegenden Ausbildung fehlt, gut mitarbeiten sollen, dann müssen sie unbedingt wissen, daß sie in einem ziemlich schwierigen Bereich wertvolle Helfer sein können.

Alle Mitarbeiter, die mit diesen Kindern zu tun haben, brauchen ständige Unterstützung und Ermutigung, denn sonst kommt es leicht dahin, daß sie sehr unsicher und beunruhigt, sehr enttäuscht und körperlich sehr erschöpft sind. Es muß eine große Hilfe für Mrs. Elgar gewesen sein, die Society for Autistic Children hinter sich zu wissen – das Gefühl, daß andere Menschen ein sehr großes Interesse an der Arbeit haben. Das bedeutet nicht, daß der Lehrer autistischer Kinder einen Psychiater braucht, der ihm erzählt, wie das Kind zu behandeln sei. Mehrere Psychiater haben gesagt, daß sie überhaupt nicht wüßten, wie ein Kind in der Schulklasse zu behandeln sei, und warum sollten sie es auch wissen? Es ist nicht ihre Aufgabe. Der Lehrer braucht aber die Möglichkeit, sich mit jemandem zu unterhalten, der autistische Kinder versteht, also z. B. mit einem Psychiater oder einem Psychologen. Kein Psychologe kann ein autistisches Kind für eine einstündige Sitzung kommen lassen und am Ende einen IQ-Wert präsentieren. Aber er kann anhand von Entwicklungsnormen Kinder über einen längeren Zeitraum beobachten und Anzeichen für die Entfaltung ihrer Fähigkeiten sehen, womit er dem Lehrer sehr helfen kann. Ich hoffe natürlich auch, daß Schulaufsichtsbeamte manchmal Ideen beisteuern und dadurch mithelfen. Ein weiterer Grund, warum Fachleute zur Verfügung stehen sollten, ist die Notwendigkeit zur Bewertung der Arbeit. Gegenwärtig wissen wir im Grunde nicht, wie man diese Kinder erziehen sollte. Der Lehrer hat vielleicht das Gefühl, daß ein bestimmtes Kind keine Fortschritte macht, und ist deshalb sehr entmutigt, aber ein Außenstehender, der das Kind einige Zeit nicht gesehen hat, stellt vielleicht einen Fortschritt fest. Es ist aber auch möglich, daß ein Lehrer völlig in der Welt der behinderten Kinder aufgeht und manchmal recht überoptimistisch wird.

Alle autistischen Kinder sollten in irgendeinem Stadium ihrer Entwicklung Gelegenheit zum Kontakt mit anderen Kindern haben. Das können an erster Stelle andere autistische Kinder sein, denn selbst dadurch erhalten sie ein Bewußtsein, daß andere Kinder existieren. Es ist allgemein bekannt, daß kleine Kinder nur nebeneinander spielen, bevor sie es *miteinander* tun. Das gilt auch für autistische Kinder. Wenn sie einmal so weit sind, daß sie ihre erwachsenen Bezugspersonen mit anderen Kindern teilen können, läßt sich recht schwer entscheiden, mit welcher Art von Kindern sie zusammenkommen sollten. Die Auffassung, daß es für behinderte Kinder immer besser ist, mit normalen Kindern zusammen zu sein, scheint mir recht sentimental zu sein. Man muß behinderte Kinder davor schützen, in Situationen zu geraten, in denen sie ein vollkommenes Versagen erleben, wenn sie in jeder Hinsicht schlechter dastehen als die anderen Kinder. Jedes Kind hat das Recht, Kontakt zu Gefährten zu haben, aber diese Gefährten sind nicht unbedingt Kinder des gleichen Alters. Man hat behauptet, daß emotional gestörte Kinder autistischen Kindern helfen können; zwar glaube ich das auch, aber vermutlich haben die emotional gestörten Kinder mehr Freude an diesem Kontakt als die autistischen. Normale Kinder können zu behinderten Kindern sehr freundlich sein, aber Freundlichkeit ist nicht genug. Kinder sollten nicht immer auf der entgegennehmenden Seite stehen und ständig die Abhängigen sein. Wenn man autistische mit normalen Kindern zusammenbringen will, muß man deshalb sehr sorgfältige Vorbereitungen treffen, und wenn sie tatsächlich zusammenkommen, muß man alles, was geschieht, gut überwachen.

Als unsere Londoner Schulbehörde zuerst begann, Spezialklassen für autistische Kinder einzurichten, haben wir uns viel Gedanken über die pädagogische Umwelt gemacht, die diese Kinder brauchen, und ich habe meine Ansichten seither mehrere Male geändert. Es ist wohl natürlich, wenn man zuerst meint, daß die Kinder, die ja durch die vorschulischen Entwicklungsphasen hindurchgehen sollen, eine gute Kindergarteneinrichtung brauchen: eine Menge großer Spielzeuge, Puzzlespiele und Klötze zum Bauen, Perlen zum Aufreihen, Sand zum Spielen, Wasser zum Plantschen, Knete und Teig zum Modellieren, Bilder zum Ansehen, Scheren zum Ausschneiden, Bücher zum Ansehen, Musik zum Zuhören, Kleider zum Anziehen, eine Hausecke, in der man mit Töpfen und Pfannen herumwirtschaften und dann abwaschen kann. Der Grundgedanke ist dabei, daß die Kinder von selbst lernen werden, wenn man ihnen diese reichhaltige Umwelt zur Verfügung stellt und ihr Interesse anregt. Natürlich ist das nicht so einfach. Alle diese Dinge sind für ein autistisches Kind wertvoll, aber wenn man sie ihm nur einfach hinstellt, nimmt es sie vielleicht nicht einmal wahr, oder es wird von ihnen überwältigt. Man muß eine viel stärkere Auswahl treffen und dem Kind viel mehr direkt anbieten, als man es in einer gewöhnlichen Kindergartengruppe tun würde. Außerdem gibt es einen praktischen Gesichtspunkt: autistische Kinder gehen nämlich manchmal durch ein sehr destruktives Stadium. Sie haben nicht die willentliche Absicht, ein Zerstörungswerk zu vollbringen, aber sie haben, ebenso wie manche Säuglinge in einer bestimmten Phase, die Neigung, Dinge aufzunehmen und sie dann auf die Erde zu werfen. Drei oder vier autistische Kinder können einen wunderschön ausgestatteten Kindergartenraum innerhalb kürzester Zeit in ein Chaos verwandeln. Man sollte die Sachen in Wandschränken oder auf hohen Regalen unterbringen und nur ein oder zwei Dinge auf einmal herausgeben. Im Idealfall haben die Kinder drei verschiedene Plätze, an denen sie sein können: ein Klassenzimmer, in dem sie arbeiten; eine Stelle, wo sie sich schmutzig machen können, wenn sie wollen; schließlich ein kleines ruhiges Plätzchen, wo sie sich hinlegen und still sein können, wenn ihnen danach zumute ist. Wir sind gefragt worden, warum sie sich so gerne zusammengerollt hinlegen. Ich weiß nur, daß viele Menschen die Tendenz haben, das zu tun, wenn sie müde oder traurig sind. Vielleicht müssen autistische Kinder manchmal einem Überangebot von Reizen entfliehen. Vieles, was autistische Kinder tun, ist von Erwachsenen als eine Form von Regression interpretiert worden. Diese Theorie ist aber eigentlich nicht zutreffend. Sie reifen langsam, aber sie machen *wirklich* Fortschritte, und das sollte unterstützt werden. Mit der Frage, worüber die Kinder nachdenken, verhält es sich ähnlich. Es ist eine natürliche Annahme, daß dann, wenn Menschen still sind, ihr Geist voll der erregendsten und berauschendsten Dinge sein muß, aber ebenso, wie man sich davor hüten sollte, menschliche Wünsche und Einstellungen auf Tiere zu übertragen, sollten wir vorsichtig sein, Annahmen darüber zu machen, was im Geist von Kindern vorgeht, deren Sprache rudimentär ist.

Ich möchte zusammenfassen: Wir müssen die Lehrer autistischer Kinder sehr sorgfältig auswählen, im Unterricht direktere Unterrichtsmethoden als bei normalen Kindern einsetzen und unsere Reaktionen stärker akzentuieren. Sehr wichtig ist auch, daß die Lehrer mit den Eltern zusammenarbeiten, aber nicht versuchen, elterliche Funktionen zu übernehmen. Erfreulich und ermutigend ist, daß eine Beziehung, die sich zwischen einem bestimmten Lehrer und einem Kind gebildet hat, anscheinend übertragbar ist, wenigstens auf einen anderen Lehrer. Ich weiß nicht, wie die Erfolge der heilpädagogischen Erziehung mit diesen Kindern sein werden. Wenn die Kinder jemals geheilt werden, so wahrscheinlich durch die medizinische Wissenschaft. Aber eins ist sicher: Wenn autistische Kinder eine umsichtige Erziehung erhalten, dann werden sie im Verlauf ihrer Entwicklung uns anderen Menschen ähnlicher werden, und das Zusammenleben mit ihnen wird besser sein. Sie werden dann auch mehr von der Welt aufnehmen und sich an ihrem Leben mehr freuen können. Wenigstens hierin bin ich ganz sicher.

Kapitel 8
Grundlagen der Heilpädagogik für autistische Kinder

J. K. Wing und Lorna Wing

In seinem ausgezeichneten Sammelreferat über die Entwicklung von pädagogischen Einrichtungen für Behinderte, in der die Periode von 1760 bis 1960 erfaßt ist, erwähnt Pritchard (1963) den kindlichen Autismus nicht. Für diese Auslassung gibt es zwei Gründe, und jeder enthält für diejenigen, die an den Prinzipien der Heilpädagogik für autistische Kinder interessiert sind, eine aufschlußreiche Lehre. Erstens ist das klinische Syndrom als solches erst vor relativ kurzer Zeit beschrieben worden (Kanner, 1943), und deshalb hat man bei früheren Erkenntnissen, wie denen von Itard im Jahr 1799 und von Witmer im Jahr 1920 nicht gesehen, daß sie allgemeiner, also auf eine größere Gruppe ähnlicher Kinder anwendbar sind. Zweitens gibt es bei den meisten hirngeschädigten Kindern eine große Zahl lernhemmender Behinderungen, von denen nur einige krankheitsspezifisch (wie etwa Dyslexie oder Taubheit), andere hingegen sekundär sind (wie etwa das Fehlen grundlegender Fertigkeiten als Folge einer Verzögerung im Spracherwerb, oder Verhaltensabnormitäten, die zu Konzentrationsminderungen führen, oder ein scheinbarer Motivationsmangel). Die fehlende Unterscheidung zwischen spezifischen und sekundären Behinderungen führt zur Verwendung globaler Begriffe wie „geistige Minderbegabung" oder „emotionale Störung", was zur Folge hat, daß die Vorstellungen über die Erziehung in ihrer Tendenz entweder negativ oder in so allgemeine Begriffe gekleidet sind, daß sie nur sehr begrenzten Wert haben.

Pritchards geschichtliche Darstellung bietet Anschauungsbeispiele für beide Gefahren. Zum Beispiel wurde lange Zeit nicht erkannt, daß taube Kinder den Sprachgebrauch lernen können. Sie wurden deshalb viele Jahrhunderte lang in die Gruppe der schwer Schwachsinnigen eingeordnet, und man hat keine Versuche gemacht, spezielle

Methoden für ihre Erziehung zu entwickeln. Selbst als dieser fundamentale Fehler im 16. Jahrhundert von Cardano erkannt wurde, dauerte die Entwicklung allgemein anerkannter Unterrichtsmethoden noch 300 Jahre. Während dieser Zeit war ein großer Teil der Literatur über diese Frage unsystematisch, spekulativ, anekdotisch oder der Ausdruck reiner Vorurteile.

Geschichtlicher Rückblick

Das Beispiel, das für den kindlichen Autismus die größte Bedeutung hat, ist der Fall des wilden Jungen von Aveyron (Itard, 1932)[1]. 1799 wurde ein Junge von vielleicht elf oder zwölf Jahren in den Wäldern von Aveyron in Frankreich gefunden. Er war nackt und mit Narben bedeckt, die wahrscheinlich von den Gefahren eines Lebens in den Wäldern herrührten. Es hatte schon seit einigen Jahren Berichte über diesen wilden Jungen gegeben. Verschiedene Leute hatten ihn gesehen, wie er Nüsse, Wurzeln und Eicheln zum Essen suchte, aber er war immer entkommen, wenn man ihn fangen wollte. 1799 wurde er schließlich gefangen und nach Paris gebracht. Dort „glaubte ein Staatsminister mit wissenschaftlichen Interessen, daß dieses Ereignis auf die Wissenschaft vom menschlichen Geist einiges Licht werfen könne", und der Junge wurde in die Obhut eines jungen Arztes, Jean-Marc-Gaspard Itard gegeben, der Arzt in der neuen Institution für Taubstumme war. Itard beschreibt seinen ersten Eindruck von dem Jungen: Er war schauderhaft schmutzig, befallen von krampfartigen Bewegungen, wiegte sich vor und zurück wie ein Tier in einem Käfig, biß und kratzte jeden, der ihm entgegentrat. Er zeigte keinerlei Gemütsbewegungen und beachtete überhaupt nichts.
Der berühmte Arzt Pinel kam zu dem Schluß, daß es sich um eine angeborene Idiotie handele und daß der Junge aus diesem Grund verstoßen worden sei. Itard andererseits war erfüllt von der Begeisterung für neue Ideen und dem Gefühl der geistigen Befreiung, das zur Zeit der Französischen Revolution allgemein verbreitet war. Er sah in seinem abstoßenden Schützling den Prototyp des natür-

lichen Wilden, ein von der Erziehung vollkommen unberührtes menschliches Wesen. Für den heutigen Leser kann kein Zweifel bestehen, daß der wilde Junge von Aveyron die meisten diagnostischen Zeichen des Autismus zeigt – was auch immer die ursprüngliche Krankheitsursache gewesen sein mag. Sein Verhalten ist uns bis in die Einzelheiten auf eine geradezu unheimliche Weise vertraut. Itard beschreibt, in welch unzulänglicher Weise der Junge zunächst von seinen Augen und Ohren Gebrauch machte. Er fixierte weder Objekte noch Menschen. Er zeigte keine Reaktion auf einen Pistolenschuß direkt hinter seinem Kopf. Aber sobald jemand eine Walnuß knackte, und sei es noch so leise, blickte er sofort auf, in der Hoffnung, etwas von seiner Lieblingsnahrung zu bekommen. Er spielte nie mit Spielzeug, lachte aber voller Freude, wenn er mit dem Wasser in seiner Badewanne spritzen und plantschen durfte. Er führte Personen die Hand, um ihnen zu zeigen, was er wollte. Wenn unwillkommene Besucher zu lange blieben, konnte es geschehen, daß er ihnen Hut, Stock und Handschuhe gab, sie aus dem Zimmer schob und die Tür hinter ihnen energisch zumachte. Er widersetzte sich jeder Veränderung in seiner Umwelt und hatte ein ausgezeichnetes Gedächtnis für den Platz von Gegenständen in seinem Zimmer, die immer in genau derselben Anordnung bleiben sollten. Er liebte Tastempfindungen und berührte und befühlte deshalb gern Kleidungsstücke, Hände und Gesichter ihm vertrauter Personen. Er schien aber zunächst völlig unempfindlich gegenüber Hitze und Kälte. Bei den Menschen, die für ihn sorgten, weckte er offensichtlich großes Interesse und große Zuneigung. Selbst der alte Mann, der ihn nach Paris brachte, um ihn Itard zu übergeben, sagte, daß er sich um das Kind kümmern wolle, wenn man ihn in der Taubstummenschule nicht behalten könne. Itard war von der Unschuld des Jungen beeindruckt. Anfangs nahm er sich die Dinge, die er haben wollte, ohne die geringste Vorstellung, daß er damit stehlen würde. Mit anderen autistischen Kindern teilte er auch die unglaubliche Erfindungsgabe, Antriebsstärke und Ausdauer, um etwas zu bekommen, was er wollte.

Die Beschreibung von Victors Verhalten ist schon an sich interessant, aber noch faszinierender ist Itards Bericht über sein Vorgehen bei der Erziehung des Kindes. Ohne frühere Berichte als Richtschnur mußte er die Methoden entwerfen, mit denen er Victor im Gebrauch eines jeden seiner Sinne unterrichten konnte. Alle Unterrichtsmittel mußte er selbst herstellen. Er machte sich das gute Gedächtnis des Jungen, seine zwanghaften Tendenzen, seine Vorliebe für bestimmte Nahrung, seine entstehende Anhänglichkeit an vertraute Personen als Mittel für den Unterricht in neuen Fertigkeiten zunutze. Und er beschrieb seine Methoden im Detail.

Victor wurde nie normal und sprach nie, aber sein soziales Verhalten besserte sich so sehr, daß es nicht wiederzuerkennen war. Er konnte sogar einige Wörter lesen, geschriebene Instruktionen befolgen und mit anderen Menschen auf nicht-sprachliche Weise kommunizieren.

Diese Geschichte veranschaulicht einige wichtige Punkte, die für die Behandlung dieser Kinder von großer Tragweite sind. Itard nahm selbst die Rolle des Lehrers von Victor ein. Ihm wurde außerdem von einer Madame Guérin geholfen – die, wie Itard sagt, um Victor mit all der Geduld einer Mutter und der Intelligenz einer aufgeklärten Lehrerin sorgte. Die allmähliche Entwicklung von Victors Zuneigung zu Madame Guérin wird sehr ergreifend geschildert. Itards Theorie war, daß das Kind normal sei, aber keine Erziehung erhalten habe. Diese Anschauung hatte keinen speziellen Einfluß auf seine pädagogischen Methoden, kann aber zuletzt eine unglückliche Wirkung gehabt haben, weil Itard mit seinem Unterricht nach fünf Jahren aufhörte, vermutlich, weil ihm klar wurde, daß Victor niemals normal werden würde. Hätte er von Anfang an die Vorstellung akzeptiert, daß eine Behinderung vorliegt, wäre er in seiner Zielsetzung vielleicht realistischer und in seinen Bemühungen vielleicht ausdauernder gewesen.

Itard war später der Lehrer von Seguin, der wiederum Montessori beeinflußte, so daß die Prinzipien der heilpädagogischen Erziehung für Kinder mit Lernproblemen und die grundsätzlich pädagogische statt medizinische Orientierung nicht völlig verloren gingen. Aber das Wesen von Victors Zustand wurde nicht erkannt, und es verging mehr als ein Jahrhundert, bevor ein ähnliches Vorgehen in allen Einzelheiten aufgezeichnet wurde.

1920 beschrieb Lightner Witmer, ein amerikanischer Psychologe, der eine Schule für geistig behinderte Kinder leitete, seine Methode zur Erziehung eines schwer gestörten kleinen Jungen, den man heute autistisch nennen würde (1922). Im Alter von zwei Jahren und sieben Monaten verbrachte Don die meiste Zeit völlig versunken in die Betrachtung eines Kärtchens, das er in der Hand hielt und an dessen Oberfläche er behutsam mit einem Finger kratzte. Er beachtete weder Personen noch Gegenstände und schien selbst seinen Eltern gegenüber völlig indifferent zu sein; aber wenn man versuchte, ihm das Kärtchen wegzunehmen, schrie er wild. Er besaß praktisch kein Sprachverständnis und sprach nicht, aber er liebte Musik. Witmer dachte zuerst, er sei schwer und hoffnungslos schwachsinnig, schöpfte aber Hoffnung, als er sah, mit welch konzentrierter Hingabe sich Don mit denjenigen Dingen beschäftigte, die ihn interessierten. Eben diese Hingabe und feste Entschiedenheit erwies sich als eines der größten Probleme, das überwunden werden mußte, bevor irgendein Unterricht beginnen konnte. Don widersetzte sich jedesmal ärgerlich, wenn er gewaschen, angezogen, gefüttert oder in irgendein Tun einbezogen wurde, weil er dann den Gegenstand, den er gerade mit der Hand umklammert hielt, loslassen mußte. Weder freundliche Überredungsversuche noch Zorn hatten irgendeine Wirkung – wenn sein spezielles „Spielzeug" weggenommen wurde, schrie er gellend und hob seine Hände, um sein Gesicht zu zerkratzen, das schon von früheren Selbstverletzungen mit Narben bedeckt war. Als er wieder einmal tobte und schrie, hielt ihm schließlich die Lehrerin, die er am besten kannte, einfach die Hände fest; sie blieb ruhig und freundlich, aber ganz unerbittlich. Don leistete eineinhalb Stunden lang Widerstand, dann fügte er sich – und danach hörte er auf, das Gesicht zu zerkratzen, und hatte nie wieder einen dieser lang andauernden Wutanfälle.

Witmer beschreibt, wie er die Entwicklung von Aufmerksamkeit und Interesse beim Lernen förderte. Um seine eigenen Worte zu zitieren: „Die erste Aufgabe von Lehrern und Eltern ist, die Aufmerksamkeit des Kindes zu wecken und zu fesseln, indem sie ihm zuerst etwas geben, was es tun kann, und danach etwas, was es *nicht* kann ... Ich beobachte das Kind, um festzustellen, was es mit Interesse und ohne Mühe tut, und von hier aus lasse ich es einen Schritt vorantun, und zwar in eine sorgfältig kalkulierte Richtung, die es zum ‚nächst höheren Aufmerksamkeitsniveau' führt."

Dons Lehrer scheinen angesichts der Widerstände von endloser Geduld, Erfindungsgabe und ruhiger Entschlossenheit gewesen zu sein. Als der Junge sechs Jahre alt war, sprach er ziemlich gut, konnte ebenso gut wie andere Kinder seines Alters lesen und war imstande, Beziehungen zu anderen Menschen aufzunehmen. Er war keineswegs normal. Zum Beispiel fürchtete er sich vor vielen ganz harmlosen Dingen, war sehr stark – weit über das übliche Interesse eines Kindes hinaus – von Booten, Zügen, Autos und anderen Fahrzeugen in Anspruch genommen, und wenn er sprach, wiederholte er anscheinend häufig immer wieder dieselben Ausdrücke. All das ist charakteristisch für autistische Kinder. Jedoch war er in seinem Verhalten ein ganz anderer geworden und hatte offensichtlich so große Fortschritte gemacht, wie man es nach der ersten Begegnung mit ihm nicht hätte vorhersagen können.

Nach Witmers Zeit kam es wieder zu einem Stillstand, abgesehen von der Arbeit, die in einigen privaten Schulen und von einigen engagierten Lehrern in öffentlichen Schulen geleistet wurde. Es gibt keine lebendige Tradition der Heilpädagogik für autistische Kinder, wie es sie für blinde und taube Kinder gibt. Für diese anderen Behinderungen sind heute die Regeln eines Spezialunterrichts recht gut niedergelegt, und jeder Lehrer lernt während der Ausbildung genau, was er im Unterricht tun muß. Die Lehrer tauber Kinder müssen nicht selbst ihre Methoden entwickeln, während sie im Unterricht vorangehen, wie es Anne Macy bei Helen Keller getan hat und wie es Lehrer autistischer Kinder tun müssen. Es gibt aber viele neue Ansätze in der ganzen Welt, von denen einige in einem späteren Abschnitt beschrieben werden, und man darf heute annehmen, daß der Unterricht für autistische Kinder schließlich einmal auf eine feste Grundlage gestellt werden wird. Bevor diese neuen Ansätze erörtert werden, ist es vielleicht sinnvoll, einige fundamentale Prinzipien für die Erziehung aller behinderten Kinder zu erörtern.

Allgemeine Erziehungsziele

Die Ziele der Erziehung sind, dem Menschen zu helfen, ein so erfülltes Leben wie möglich zu führen, ihn darauf vorzubereiten, seinen Lebensunterhalt selbst zu verdienen, und ihn zu einem wertvollen Mitbürger zu machen. Erziehung – auch bei normalen Kindern – besteht nicht einfach nur in der Förderung der intellektuellen Entwicklung. Sie ist ein sozialer Prozeß, der die Persönlichkeit formt, Einstellungen herausbildet, wünschenswerte Handlungstendenzen fördert, Verhaltensstrukturen aufbaut und soziale Aktivitäten in bestimmte Richtungen lenkt. Alles, was in einem Kindergarten oder in einer Hochschule geschieht, ist Erziehung. Geistig behinderte Kinder brauchen unter Umständen eine Art Vorschuloder Kindergartenerziehung über das übliche Kindergartenalter hinaus, aber das bedeutet nicht, daß sie vom Prozeß der Erziehung im allgemeinen ausgeschlossen werden können. Die allgemeinen Erziehungsziele sind für behinderte Menschen dieselben wie für normale.

Die Aufgabe der Erziehung im größeren sozialen Zusammenhang ist an anderer Stelle ausführlich erörtert worden (ausgezeichnet von Ottoway, 1962), und so sind dazu keine weiteren Ausführungen nötig. Es muß aber nachdrücklich betont werden, daß in einer Demokratie Erziehung ein Grundrecht *aller* Kinder ist. Gesetzliche Regelungen, die es ermöglichen, Kinder aus dem öffentlichen Erziehungswesen auszuschließen, sind von einer schrecklichen Engherzigkeit[2]. Es gibt nur sehr wenige Kinder, bei denen eine Erziehung zwangsläufig unmöglich ist – aber das muß nicht noch ausdrücklich bescheinigt werden. Alle übrigen behinderten Kinder brauchen ebensoviel, wahrscheinlich sogar mehr Erziehung als normale Kinder.

Pädagogische Probleme bei autistischen Kindern

Die Behinderungen, die den Erziehungsfortgang autistischer Kinder erschweren, sind im ersten Teil dieses Buchs in den Grundzügen dargestellt worden. Man kann sie in drei Gruppen zusammenfassen:

a) Biologische: die grundlegenden Wahrnehmungs- und Sprachstörungen, die in den Kapiteln 1 und 2 zusammenfassend beschrieben sind.

b) Sekundäre individuelle: der Versuch eines Kindes, das zur Kommunikation unzureichend ausgerüstet ist, es mit den Anforderungen seiner Umwelt aufzunehmen, wodurch es sogar in der verständnisvollsten Umgebung ein Repertoire sonderbarer Verhaltensweisen entwickelt.

c) Sekundäre soziale: die Reaktion des Kindes auf Umweltbedingungen, die auch bei einem normalen Kind abnormes Verhalten hervorrufen würden. Solche Bedingungen können ihrerseits Reaktionen auf das Verhalten des Kindes sein oder unabhängig davon bestehen.

Diese drei Arten von Störungen wirken wechselseitig aufeinander ein, und zwar so, daß sich bei jedem Kind eine besondere Struktur gestörten Verhaltens ergibt. Wie bei anderen Zustandsbildern ist es wichtig, die verschiedenen Komponenten gesondert zu erfassen [3].

Es ist vielleicht nicht überraschend, daß wegen der Komplexität dieser Probleme und der für jeden Experten bestehenden Notwendigkeit, nur begrenzte, auf sein Fachgebiet beschränkte Aussagen zu machen, oft der Versuchung nicht widerstanden wurde, plakathafte Bezeichnungen wie „schwachsinnig", „hirngeschädigt", „nicht-kommunizierend", „emotional gestört", „antriebsarm" oder „faul" zu verwenden. Solche Begriffe erwecken den Anschein, als seien die Probleme gelöst, und lassen eine weitergehende gedankliche Arbeit als überflüssig erscheinen.

Die Bedeutung einer genauen Spezifierung bei relativ geringen Behinderungen ist von Orton erkannt worden, der „Beweise lieferte, daß spezifische Leseschwierigkeiten nicht auf emotionale Ursachen zurückgeführt werden können. Im Gegenteil, es ist das Versagen in einem Kommunikationsbereich von fundamentaler Bedeutung, das zur Störung der zwischenmenschlichen Beziehungen führt. Zu den befriedigensten Ergebnissen einer angemessenen heilpädagogischen Arbeit gehört in diesen Fällen die positive Veränderung der Einstellungen: die Verbesserung der Vorstellungen vom eigenen Ich und den eigenen Fähigkeiten und der Rückgang lernhemmender Einstellungen." (Cole und Walker, 1964)

Am anderen Ende des Spektrums könnte das schwerstbehinderte Kind mit Anencephalie eingeordnet werden, dessen Hirn so sehr geschädigt ist, daß all die verschiedenartigen Funktionen, auf denen das Lernen beruht, still liegen, so daß es wenig Sinn hätte, nach einer Struktur der Behinderungen zu suchen, auf der ein rationaler Versuch zur Heilerziehung und Heilbehandlung aufzubauen wäre, und es ebenso aussichtslos wäre, einen

Versuch zur Differenzierung zwischen primären und sekundären Behinderungen anzustellen.

Bei einer komplizierten Störung wie dem kindlichen Autismus mit seinen mannigfachen, veränderlichen und unvollkommen abgegrenzten primären Behinderungen (die trotz des gesunden und normalen Aussehens des Kindes wirklich gegeben sind) müssen die Schwierigkeiten, aufeinander abgestimmte und allgemein akzeptable Prinzipien für eine Heilerziehung bereitzustellen, ganz besonders groß sein.

Als Tizard (1964) in seiner Analyse des Unterrichts und der Erziehung geistig stark behinderter Kinder an einen ähnlichen Punkt gelangt war, formulierte er das Grundprinzip, daß diese Kinder ebenso wie normale Kinder *desselben Intelligenzalters* behandelt werden sollen. „Wir brauchen für geistig behinderte Kinder keine spezielle pädagogische Psychologie, die auf anderen Prinzipien als den für normale Kinder gültigen beruht." Mit diesem Prinzip wird die Gültigkeit des Konzepts eines allgemeinen Intelligenzniveaus und damit das Konzept einer allgemeinen intellektuellen Retardierung angenommen.

Ein Kind von zehn Jahren mit einem IQ-Wert von 50 müßte demnach in Hinblick auf seine Erziehung in kognitiver, emotionaler und sozialer Hinsicht einem Kind von fünf Jahren gleichgestellt werden. Ob dieses Prinzip nun für „geistig behinderte Kinder" gilt oder nicht, es gilt sicherlich nicht für autistische Kinder, die keineswegs in einer solch gleichförmigen Weise retardiert sind. Ihr motorischer Entwicklungsstand kann normal sein, ihre nicht-sprachlichen Fähigkeiten können gut entwickelt und ihre Lesefähigkeit kann relativ weit ausgebildet sein (Wolff und Chess, 1964).

Bei mongoloiden Kindern hat eine Untersuchung der Sprache ergeben, daß das Sprachniveau mehr vom chronologischen als vom Intelligenzalter und mehr vom motorischen als vom intellektuellen Niveau abhängig ist (Lenneberg et al., 1964). Diese Sprache unterscheidet sich jedoch in allen Stadien völlig von der Sprache autistischer Kinder (Rutter, 1965b; Wolff und Chess, 1965). Mongoloide Kinder scheinen die normalen Phasen der Sprachentwicklung zu durchlaufen, vom Lallen bis zu einfachen Sätzen, aber sie zeigen z. B. keine Echololie und keine Umkehrung von Pronomen wie autistische Kinder, deren Sprache *nicht* einfach nur in ihrer Entwicklung verzögert ist.

Globale Vorstellungen wie „Intelligenzalter" können deshalb nicht herangezogen werden, um Prinzipien der Heilerziehung für autistische Kinder aufzustellen. Vom Gesichtspunkt der Lehrer und Eltern ergeben die meisten primären Behinderungen zusammen ein zentrales Problem: die Schwierigkeit des Kindes, „eine Welt aufzubauen". Hierzu hat Hermelin in Kapitel 6 ausgeführt: „Während der normalen Kindheitsentwicklung wird durch das Zusammenspiel von Assoziationen und Akkomodationen allmählich ein Modell der Umwelt aufgebaut. So entwickelt sich aus einem zunächst undifferenzierten Gesamtbild das Bewußtsein vom Unterschied zwischen Subjekt und Objekt, innen und außen, Seelischem und Körperlichem, Permanentem und Momentanem. Beim autistischen Kind sind diese ersten Differenzierungen verzerrt und unvollständig, so daß es mit seiner Umwelt anscheinend nach einem reinen ad hoc-Verfahren umgeht." Die zugrunde liegenden Wahrnehmungsanomalien können von Kind zu Kind verschieden sein, aber wenn man das Problem einmal in dieser Weise formuliert hat, bieten sich viele Methoden der Hilfe geradezu von selbst an.

Die erste Konsequenz ist, daß die Umwelt strukturiert, organisiert und logisch aufgebaut sein muß, und daß man das Kind nicht einfach gewähren lassen darf. Der Verzicht auf Lenkung ist ein Mittel, kein Selbstzweck – eine Methode, die man einsetzt, wenn sie eindeutig erforderlich ist, die aber kein Prinzip ist, auf dem das gesamte pädagogische Vorgehen beruht. Die zweite Konsequenz ist, daß viel von dem, was gelehrt wird, trivial erscheinen mag. Ein autistisches Kind weiß vielleicht zuerst nicht, was „ein Haus" ist, obwohl es das Wort möglicherweise kennt und wiederholen kann. Wenn es aber Freude daran hat, Bilder anzusehen (was möglicherweise erst mit 6 Jahren oder noch später eintritt), kann man ihm eine Fotografie seines Hauses zeigen und es dann nach draußen nehmen und das reale Ding zeigen, so daß eine sinnvolle Beziehung zwischen dem Wort und dem Objekt hergestellt wird. Solche Lektionen müssen bei unzähligen Gelegenheiten wiederholt werden, in allen Erfahrungsbereichen und mit verschiedenen Methoden, je nach dem Alter und den vorliegenden Behinderungen des Kindes. So wird Stück für Stück allmählich eine Welt aufgebaut. Eine dritte Konsequenz ist, daß ein Teil des anfänglichen Lernens uneingeweihten Beobachtern

„leer" und sinnlos vorkommen mag. Vielleicht wird einem autistischen Kind beigebracht, seinen Vater zu umarmen, wenn er von der Arbeit heimkommt, seiner Mutter einen Kuß zu geben, den Mund zu einem Lächeln zu formen, „bitte" und „danke" zu sagen, gute Tischmanieren anzunehmen und keine Waschmittelpakete aus dem Supermarkt mitzunehmen – ohne daß das Kind „versteht", warum es sich so zu benehmen hat. Das ist natürlich genau die Art und Weise, wie ein normales Kind soziales Verhalten lernt, mit dem Unterschied, daß vieles davon spontan durch Imitation und in einem früheren Alter geschieht. Das Moment der „Sinnleere" ist trotzdem ebenso vorhanden; es ist beim autistischen Kind nur wegen seiner fortgeschrittenen körperlichen Entwicklung besonders auffällig. Die wohlüberlegte Organisation einer Schulatmosphäre mit morgendlichem Appell, Schreibpulten, Spielzeiten und Sternchen für gutes Verhalten gehört ebenfalls hierher. Das Kind wird erst später wissen, sofern die Erziehung erfolgreich war, was dieses äußere Arrangement bedeutet – in der Zwischenzeit wird es damit vertraut und lernt, wie man sich in einer Umgebung verhält, die normal ist, ohne daß es das weiß. Sobald das Kind beginnt, auch ohne künstliche Auslöser angemessen zu reagieren, können die eingebauten Hilfen allmählich weggenommen werden. Wenn das Kind einmal ein gewisses Verständnis seiner eigenen Welt hat, vielleicht im Alter von 9 oder 10 Jahren, wird es möglich, es in die Welt anderer Menschen einzuführen, und erst danach ist es zu einem sozialen Spiel fähig.

Das Geschick des Lehrers besteht zu einem ganz wesentlichen Teil darin, zu erkennen, wann eine beharrliche Forderung nach weiterem Vorangehen angebracht ist und wann diese Forderung fruchtlos oder gefährlich wäre. Autistische Kinder haben oft einen sehr starken Willen, und manchmal mag es scheinen, als sei die Erlaubnis, daß sie ihre eigenen Wege gehen dürfen, die einzige Methode, um das Leben für den Lehrer erträglich zu machen. Es gibt jedoch Aspekte des sozialen Verhaltens, die das Kind lernen muß, wenn es in seiner Familie bleiben soll, und es ist keine Hilfe für das Kind und sicherlich keine für seine Eltern, wenn man den Schwierigkeiten durch übermäßige Nachgiebigkeit aus dem Weg geht. Wenn autistische Kinder einmal ein höheres Verhaltensniveau erreicht haben, scheuen sie oft vor Aufgaben zurück, die nach ihrem Gefühl für sie zu schwer sind. Die Berichte von Itard über seine Erziehung von Victor, von Lightner, Witmer über Don und von Anne Macy über Helen Keller enthalten viele Beispiele für diesen fundamentalen Machtkampf, bei dem der Lehrer wissen muß, daß er ihn zum Besten seines Schülers durchstehen und ausnutzen kann.

Pädagogik und Therapie

Zwischen einem erfahrenen Lehrer und seinem Schüler bildet sich während des gewöhnlichen Erziehungsprozesses ganz natürlich eine wechselseitige Beziehung. Die Anweisung, die Lehrern autistischer Kinder so oft gegeben wird: „Stellen Sie als erstes eine Beziehung her" kann irreführend sein, wenn keine spezifischen Instruktionen gegeben werden, wie das auszuführen ist. Die wertvollste Beziehung entwickelt sich aufgrund des Wissens des Lehrers, wie dem Kind bei der Bewältigung seiner Behinderungen zu helfen ist, wann er auf einem Vorangehen beharren muß, wann er einen kleinen Rückfall erlauben darf. Dabei muß er die Situation immer in der Kontrolle behalten. Ohne dieses Geschick wird keine Beziehung von Wert sein. Ist es aber vorhanden, so erübrigt sich die Anweisung „eine Beziehung herstellen", weil die Beziehung dann bestimmt von selbst entsteht. Die Anfangsschritte mit einem jungen autistischen Kind sind von Clark (1965) gut beschrieben worden. Auch Furneaux (1966) hat eine Schule beschrieben, in der man mit sehr gestörtem Verhalten gut zurechtkommt.

Diese grundlegende Begabung ist allen guten Lehrern gemeinsam und nicht spezifisch für Lehrer behinderter Kinder. Wie Wilson in Kapitel 7 ausgeführt hat, ist Lehren keine minderwertige Form von Psychotherapie und sollte auf keinen Fall mit therapeutischer „Behandlung" vermengt werden. Die Einstellungen und Fertigkeiten eines Lehrers sind andere als die einer Kindergärtnerin, eines Beschäftigungstherapeuten, eines Sozialarbeiters oder eines Arztes. Ein guter Lehrer wird keine Zeit verlieren. Vor allem aus diesem Grund sollten behinderte Kinder in einer Schule sein. Sie verlieren schon Zeit, weil sie nicht in normalem Tempo lernen können. Aber zusätz-

lich verlieren sie noch viel meł weil keine geeigneten Schulen zur
Verfügung stehen oder weil m: ı meint, daß sich bei diesen Kindern
eine Erziehung nicht lohnt.

Ebenso wie die Eltern müssen sich die Lehrer mit den Problemen
auseinandersetzen, die durch das soziale Verhalten des Kindes, seine
unvermeidlich gestörten Einstellungen zu sich selbst und seine Interaktionen mit seiner Familie oder anderen sozialen Gruppen entstehen. Die Probleme der schulischen und der familiären Erziehung
lassen sich nicht trennen, und die Einsichten des Lehrers können den
Eltern für die Arbeit zu Hause eine sehr wertvolle Hilfe sein. Diese
Rolle des Lehrers, eine Hilfe für das familiäre Leben zu geben, wird
zusammen mit der Rolle des Psychotherapeuten, der zum Teil dieselbe Aufgabe hat, an späterer Stelle erörtert. Hier genügt es zu
sagen, daß, wenn immer möglich, das Kind zu Hause bleiben und
von dort aus eine Schule besuchen sollte, daß aber wegen der Belastung, die dadurch möglicherweise entsteht, eine erhebliche Hilfestellung für die Familie erforderlich sein kann. Detaillierte Beispiele,
wie die Eltern unterwiesen werden sollten, mit dem Kind zu Hause
umzugehen, besonders während schwer gestörter Phasen, werden in
Kapitel 10 gegeben.

Gegenwärtige Ansätze für den Unterricht autistischer Kinder

Autistische Kinder werden häufig in Rudolf-Steiner-Schulen[4] betreut – häufiger als in irgendeinem anderen speziellen Schultyp.
Steiners Erziehungsgrundsätze sind in einer Reihe von Vorträgen
beschrieben, die er in Ilkley, Yorkshire, 1923 gehalten hat und die
1928 von der Anthroposophical Publishing Company in London
veröffentlicht wurden[5]. Die Hingabe der Lehrer in diesen Schulen
steht außer Frage, und wenn alle anderen Hilfen versagen, nehmen
die Steiner-Schulen – vorausgesetzt, daß die Kosten bezahlt werden
können[6] und ein Platz frei ist – oft Kinder auf, die als hoffnungslos
aufgegeben wurden. Es handelt sich gewöhnlich um Heimschulen,
weit entfernt vom Elternhaus der Kinder, und Lotter (1966) fand
bei seiner Erhebung in Middlesex, daß mehrere Kinder nur deshalb

dorthin gingen, weil keine geeigneten Schulklassen am Wohnort vorhanden waren. Die Steiner-Schulen füllen offensichtlich eine Lücke in den pädagogischen Dienstleistungen aus.

Ein anderer berühmter Name für den Unterricht behinderter Kinder ist der von Montessori, deren Bücher kürzlich von der Theosophical Press (1962, 1963) nachgedruckt wurden[7]. Ihre Methoden entwickelten sich aus den Methoden von Itard und Seguin und beruhen auf dem Prinzip des gleichzeitigen Trainings in mehreren Sinnesmodalitäten. Sie haben das Ziel, ein Verständnis für Zahl, Farbe, Länge, Form, Gewicht, für das Alphabet und andere grundlegende Vorbedingungen des Unterrichts aufzubauen. Clark (1964) empfiehlt die Verwendung des Materials – aber nicht der Methode –, und Elgar beschreibt in Kapitel 9, wie es für den Unterricht autistischer Kinder übernommen werden kann. Eine neue Untersuchung scheint die Überlegenheit des Materials und der Methode gegenüber orthodoxen Gruppenmethoden beim Unterricht von Kindern mit cerebralen Lähmungen zu beweisen (Argy, 1965), obwohl das, was getestet wurde, die individuelle Art des Unterrichts gewesen sein mag, nicht die verwendeten Methoden an sich.

Abgesehen von diesen schon lange bestehenden Richtungen sind mehrere andere Vorgehensweisen parallel zueinander entwickelt worden, wobei mehr empirisch orientierte Methoden zur Überwindung von Behinderungen im Wahrnehmungsbereich verwendet wurden – Ansätze, die viel gemeinsam haben, von denen aber bis jetzt keiner im Detail aufgezeichnet wurde.

Karl Fenichel, der Leiter der Leage School for Seriously Disturbed Children in New York baut sein Vorgehen darauf auf, das Kind in der Familie zu lassen, selbst wenn es im Verhalten sehr gestört ist. Es wird keine Kinderpsychotherapie durchgeführt. Fenichel meint, daß Bezeichnungen wie „Psychose" oder „Autismus" leicht die grundlegenden Ähnlichkeiten zwischen Kindern mit den verschiedenen Arten hirnorganischer Syndrome verbergen, bei denen Wahrnehmungsstörungen bestehen; diese Kinder würden sich zwar in den einzelnen Lernproblemen unterscheiden, jedoch auf dasselbe gemeinsame Vorgehen ansprechen. Die klinische Diagnose bedeutet deshalb für ihn sehr wenig, und das Erziehungsprogramm wird auf einer Beurteilung der „spezifischen Stärken, Behinderungen, Probleme und Potentiale" jeden einzelnen Kindes aufgebaut. Zum ersten Stadium dieser Beurteilung gehört die Beobachtung der meisten Funktionen, die für das Lernen notwendig sind – „Intaktheit des sensorischen Apparats, neuromotorischer Entwicklungsstand, Raumorientierung, Körpervorstellung, visuelle und auditive Unterscheidungsfähigkeit und Begriffsbildung". Wenn die primären Behinderungen identifiziert sind, wird für jedes Kind ein heilpädagogisches Programm entworfen mit dem Ziel, die Behinderungen zu beseitigen, zu reduzieren oder zu kompensieren, wenn sie sich als unveränderlich erweisen.

Der Lehrer unterstützt und bekräftigt das Kind und sorgt für eine gut bekannte und vertraute Schulumwelt, um die Verwirrtheit des Kindes zu vermindern. Der Lebensraum ist „sicher, überschaubar, stabil, strukturiert und behaglich". Viele autistische Kinder reagieren auf ihre Umgebung extrem stark, und Fenichel weist darauf hin, daß sie „ständig irgendwelchen von außen herankommenden und irrelevanten Details ausgeliefert sind. Umweltreize müssen drastisch reduziert oder ganz fortgenommen werden, um die Ablenkung zu vermindern und dem Kind zu erlauben, erfolgreicher zu arbeiten." Wenn erforderlich, wird ein multi-sensorisches Vorgehen verwendet. Der Lehrer zeigt dem Kind, wie es sensorische Informationen aufnehmen und zu seinem sinnhaltigen Begriff integrieren kann. Jede spezielle Aufgabe ist unter Umständen in eine Serie kleinster Schritte zu zerlegen, von denen jeder erfaßt sein muß, bevor die gesamte Struktur einen Sinn bekommt.

„Eine große Vielzahl vorher geplanter Erfahrungen innerhalb und außerhalb der Schule hilft, die Interessen anzureichern, zu beleben und auszuweiten und bildet so den Hintergrund der Vorbereitung des Kindes auf die schulische Arbeit."

Dieses Vorgehen ähnelt demjenigen, das von Elgar in Kapitel 9 beschrieben wird, obgleich es unabhängig davon entwickelt wurde. Die Darstellung von Clark (1964, 1965) über die in der High Wick School verwendeten Methoden zeigt viele ähnliche Züge, mit derselben Grundforderung nach einem flexiblen Arbeitsschema, das auf einer sorgfältigen Beobachtung der Behinderungen des einzelnen Kindes beruht. Clark legt das Schwergewicht auf Störungen von Wahrnehmungsfunktionen, besonders taktile, auditive und visuelle.

Sie sorgt für eine stabile Situation in der Schulklasse und wählt für den ersten Anfang gerade das Niveau, mit dem sich das Interesse des Kindes gewinnen läßt. Selbst auf primitivstem Niveau (klopfen, summen, zusammen hüpfen, das Kind herumschwingen usw.) ist es möglich, die Anfänge für einen formaleren Unterricht zu legen – zum Beispiel 1, 2, 3 zählen, bevor man so tut, als würde man das Kind in die Luft werfen. Musik wird als eine große Hilfe empfunden. Nichts kann als selbstverständlich vorausgesetzt werden, selbst die Teile des eigenen Körpers müssen gelernt werden. Nachdem der Kontakt zum Kind hergestellt ist, verwendet Clark das Montessori-Material; sie hält es für „unschätzbar zur Festigung der schon ausgebildeten Wahrnehmungsprozesse; zur Förderung der Koordination von Auge und Hand, der Differenzierung von Farbe, Form, Größe und Struktur, und zur Verbesserung der manuellen Geschicklichkeit". Später können die eigenen Vorlieben der Kinder als konstruktive Hilfen beim Aufbau einer differenzierteren Welt herangezogen werden. Auf diese Weise kommt es zu emotionalem, personalem und sozialem ebenso wie zu intellektuellem Lernen.

Wenn das Kind etwas herangereift ist und ein elementares Verständnis für seine Umwelt gewonnen hat, wenn es eine Anzahl von Erwachsenen und Kindern identifizieren und affektiv auf sie reagieren und wenn es am alltäglichen Leben ein wenig teilnehmen kann (einkaufen, reisen, Briefe schreiben, gärtnern, abwaschen, Leute grüßen usw., selbst wenn es nicht alle Einzelheiten versteht) – dann werden die Aufgaben eines eher formalen Schulunterrichts vordringlicher, und damit erhalten diejenigen Methoden mehr Bedeutung, die für Kinder mit isolierteren Behinderungen und daher geringeren Verhaltensstörungen und Entwicklungsverzögerungen erarbeitet wurden. Sobald das Kind sein Schreien und seinen „Autismus" aufgegeben, akzeptable Tischmanieren und einen ausreichenden affektiven Kontakt entwickelt hat, erkennt man, daß die verbleibenden Behinderungen ähnlich, allerdings zahlreicher sind wie bei anderen Kindern mit „Lernbehinderungen" – beispielsweise ähnlich wie bei denjenigen, für die Russell (1964) ein spezielles Unterrichtsprogramm in einer Schule in New Jersey entworfen hat. Russell (1964) hat eine Reihe diagnostischer Verfahren zusammengestellt, mit denen die Behinderungen des Kindes erkannt werden sollen, besonders in den

Bereichen der rezeptiven und expressiven Sprache, der rezeptiven visuellen Prozesse, der senso-motorischen Prozesse, der (visuellen und sprachlichen) Begriffsbildung und der motorischen Koordination. Für jeden Bereich wurde eine Stufenfolge von Lernschritten entworfen. Das Kind beginnt innerhalb jeder Stufenfolge auf dem Niveau, auf dem es seine eigenen Fehler spontan korrigieren kann. Dieses Vorgehen ähnelt sehr der Arbeit mit Lernmaschinen, allerdings meint Russell, daß keine Maschine die Komplexitäten eines Unterrichts mit hirngeschädigten Kindern bewältigen könne. Man arbeitete nach diesem Programm im Einzelunterricht und fand, daß man die Hyperaktivität der Kinder kontrollieren und recht schnell Fortschritte erzielen konnte. Das Montessori-Material erwies sich dabei als sehr wertvoll. Wie auch andere Autoren stellt Russell fest, daß es wichtiger war, nicht nur mit den Kindern, sondern auch mit den Eltern zu arbeiten, damit die Arbeit zu Hause fortgesetzt werden konnte.

Lea (1965) hat einige der Methoden beschrieben, die in der Moor House School für das Sprachtraining bei Kindern mit angeborener oder erworbener rezeptiver Aphasie verwendet wurden. Alle Kinder erreichten in nicht-sprachlichen Tests durchschnittliche oder überdurchschnittliche Intelligenzleistungen, hatten aber sehr niedrige Werte im sprachlichen Verständnis. Die meisten Sprachschwierigkeiten, die Lea beschreibt, sind Lehrern autistischer Kinder vertraut. Das Kind versteht „eine begrenzte Anzahl besonders wichtiger einzelner Wörter wie 'Mama', 'Papa', 'komm', 'Bett', 'gut' usw., kann diese Einzelwörter aber nicht zusammenfügen... Wenn es versucht, etwas zu beschreiben, wählt es die richtigen Wörter, kann sie aber zu keiner konventionellen Struktur zusammenfügen"... Das Kind muß beobachten, wie das Wort *Ball* verschieden großen und verschieden farbigen Bällen zugeordnet wird, bevor es versteht, daß mit diesem Wort alle Bälle gemeint sind." Wenn ihm beigebracht wurde „Gib das Salz" zu sagen, kann es nicht automatisch auch „Gib den Pfeffer" sagen – dies muß es gesondert lernen. „Um einem Kind mit rezeptiver Aphasie Sprache beizubringen, muß man die Sprache in kleinste Einheiten aufteilen und darf nie zu einem neuen Problem übergehen, bevor das vorangegangene ganz sicher bewältigt ist." Lea entwickelte eine Methode, Grammatik zu lehren, bei der verschiedene Farben für verschiedene Spracheinheiten verwendet werden – rot für Substantive – gelb für Verben usw. Elgar entwarf unabhängig davon dieselbe Technik für den Unterricht bei autistischen Kindern. An der Tesdale School haben Singer und Nicholls konventionelle Methoden so verallgemeinert, daß sie bei allen Kindern mit Lernschwierigkeiten verwendet werden können (Nicholls, 1963; Wastnedge, 1963).

Bisher gibt es keine allgemein anerkannte Tradition des Unterrichts bei Kindern mit Wahrnehmungs- und Sprachbehinderungen, sondern nur viele Einzelansätze. Es ist zweifellos nötig, diese Ansätze in der nächsten Zeit zusammenzufassen und eine Reihe von Prinzipien der Heilpädagogik bei autistischen Kindern zu formulieren. Zu den am allgemeinsten anwendbaren Vorgehensweisen, die der gesamten Bewegung eine gewisse Einheitlichkeit geben könnte, gehört die Methode des operanten Konditionierens, die in Verbindung mit autistischen Kindern besonders durch Lovaas bekannt wurde[8]. Lovaas hat hauptsächlich mit sehr schwer behinderten autistischen Kindern gearbeitet, von denen viele durch eine sehr frühe Unterbringung in Anstalten eigentlich vermeidbare sekundäre Störungen entwickelt hatten. In England jedenfalls wird man derart schwere Selbstverletzungen, wie sie Lovaas et al. beschreiben (1965), wohl nur sehr selten zu Gesicht bekommen. Die Methode ist jedoch bei allen Behinderungsformen anwendbar und liegt im Wesentlichen auf der von Clark, Elgar, Fenichel, Lea, Russell und Singer empfohlenen Linie: das zu lernende Verhalten wird in eine Reihe kleiner Schritte zerlegt, von denen jeder so lange wiederholt wird, bis das Kind erfaßt, was man von ihm verlangt. Das wirkliche Verständnis kommt später.

Um dem Kind z. B. den Begriff der Zeit zu vermitteln (einer der schwierigsten Begriffe für ein autistisches Kind), legt Lovaas zwei Gegenstände vor das Kind, etwa ein Wasserglas und ein Buch. Er nimmt das Wasserglas zuerst weg, dann das Buch und fragt das Kind: „Was habe ich weggenommen, *bevor* ich das Buch genommen habe?" Zunächst werden Hilfen gegeben, damit das Kind die richtige Antwort sagen kann. Die Handlungssequenz und die Frage werden so lange wiederholt, bis es drei- oder viermal nacheinander richtig antwortet. Danach wird das Buch vor dem Wasserglas weggenommen, wobei man wieder so lange mit dem Kind übt, bis es auch diese Aufgabe gemeistert hat. Dann wird in der Reihenfolge gewechselt, indem man in zufälliger Folge entweder zuerst das Buch oder zuerst das Glas wegnimmt. Dann werden drei Gegenstände verwendet, dann vier. Schließlich wird die Methode bei anderen Verhaltensweisen angewendet, z. B. Aufstehen und Sich-setzen. Zuletzt fragt man das Kind danach, was es zum Frühstück gegessen hat, was zum Mittagessen und was am vorigen Abend. In derselben Weise kann das Kind auch den Begriff „danach" lernen.

Hewett (1964, 1965) und Ferster (1961, 1966; Ferster und De Meyer, 1961, 1962) haben das operante Konditionieren auch zur Überwindung von Lernblockierungen bei autistischen Kindern verwendet.

Zu einem weiteren systematischen Ausbau dieses methodischen Vorgehens wird es wahrscheinlich kommen, wenn Lernmaschinen (mit denen sogar extrem isolierte autistische Kinder gern spielen) so komplex und so preiswert werden, daß man sie in diesem Bereich einsetzen kann.

Noch ein anderes Vorgehen, das aber eigentlich kein heilpädagogisches ist, muß erwähnt werden. Im Gegensatz zu den anderen Bemühungen, die in diesem Abschnitt erwähnt wurden, liegt darüber bisher keine systematische Beschreibung und keine wissenschaftliche Bewertung vor. Man scheint im Wesentlichen von der Annahme auszugehen, daß das Kind zu normalem Verhalten zwar fähig, aber nicht willens ist, und daß es Sprache perfekt versteht; man meint, daß sein Verhalten in vielerlei Einzelheiten den Wunsch ausdrückt, an die Brust der Mutter oder in ihren Leib zurückzukehren (was etwa im Spiel mit Flaschen bzw. an der zusammengekrümmten, „fötalen" Haltung beim Liegen erkennbar sei). Eine genaue Beschreibung dieser Theorie, der Methode und der Ergebnisse im Vergleich zu den Ergebnissen heilpädagogischer Vorgehensweisen wird dringend benötigt[9].

Ein Universitätszentrum für Heilpädagogik autistischer Kinder

Der beste Weg, eine heilpädagogische Schule für Kinder mit Wahrnehmungs- und Lernbehinderungen einzurichten, wäre die Gründung eines Zentrums an einer Universität, in dem die verschiedenen Vorgehensweisen zusammengetragen werden könnten. Sicherlich hilft es autistischen Kindern am meisten, wenn man ihre Erziehungsprobleme in Beziehung zu den Lernbehinderungen andersartig gestörter Kinder sieht. Die Abgrenzung des Syndroms des frühkindlichen Autismus durch Kanner hat zwar die nützliche Folge gehabt, daß die Aufmerksamkeit auf Kinder gelenkt wurde, die früher vielleicht als schwachsinnig aufgegeben wurden, hat aber andererseits die Tatsache verwischt, daß diese Kinder Behinderungen und Lernschwierigkeiten mit vielen anderen Gruppen behinderter Kinder gemeinsam haben. Vorbildlich wäre ein wissenschaftlicher Ansatz, wie er in den verschiedenen Zentren für „Sonderkinder" (Exceptional Children) in den USA besteht, der vom Begriff der Lernbehinderung und nicht vom Begriff der Krankheit ausgeht. Wenn man auf dieser Grundlage arbeitet, würde man bei der Lösung der Probleme wohl am meisten vorankommen.

Der Wert der verschiedenen heilpädagogischen Methoden könnte in derselben Weise ermittelt werden, wie es bei therapeutischen Maßnahmen in der Medizin geschieht. So können Fehler vermieden und erfolgreiche Methoden allgemein übernommen werden. Bei einem Zustandsbild wie dem frühkindlichen Autismus, bei dem oft eine Tendenz zur Besserung besteht – manchmal eine sehr ausgeprägte und dramatische – ist diese Kontrolle besonders wichtig. Schon mehrfach sind Einzelfälle, bei denen eine solche Besserung eingetreten ist, als Beweis für den „Erfolg" unterschiedlicher therapeutischer Methoden in Anspruch genommen worden. Nur durch ein formales Bewertungsverfahren läßt sich feststellen, welches die wirklich wertvollen Methoden sind.

Kapitel 9
Unterricht mit autistischen Kindern

Sybil Elgar

Die Ziele eines Lehrers autistischer Kinder unterscheiden sich nicht von den Zielen irgendeines anderen Lehrers. Wir hoffen alle, daß unsere Schüler die Welt verstehen lernen und sich an ihr freuen können, daß sie genügend praktische Fähigkeiten erwerben, um etwas Nützliches in der Gemeinschaft zu leisten, und daß sie sich wohlerzogen und gesittet genug verhalten, um angenehme Mitmenschen zu sein. Einige Lehrer möchten mehr als das erreichen, einige Erziehungstheorien verlangen mehr, aber diese Ziele sind nach meiner Meinung die Minimalforderungen, an denen sich die meisten realistisch eingestellten Lehrer orientieren. Oft genug sind wir schon beim Unterricht normaler Kinder mit unseren Bemühungen unzufrieden, halten aber trotzdem an diesen allgemeinen Zielvorstellungen fest.

Die Besonderheiten der Erziehung autistischer Kinder liegen also weniger in den Zielsetzungen als in den Methoden, mit denen wir die Ziele zu erreichen hoffen. Um zu verstehen, welche besonderen Methoden erforderlich sind, muß man sich als erstes darüber im klaren sein, daß die Kinder behindert sind. Wenn man nicht vom Konzept der Behinderung ausgeht, bleibt nur die schützende, zwar menschliche, aber schließlich sehr begrenzte Haltung von Mitleid, Liebe und Toleranz. Diese Haltung würde helfen, daß die Kinder sich so weit entwickeln, wie sie es von sich aus können, sie würde ihnen aber niemals helfen, ihre spezifischen Behinderungen zu überwinden – ebenso wie Liebe allein ein blindes Kind nicht lehren kann, die Brailleschrift zu lesen.

Es ist wichtig, mit dieser Feststellung zu beginnen, weil so oft gesagt wird, daß der fundamentale Mangel bei diesen Kindern darin besteht, daß sie niemals geliebt worden sind und daß sie Liebe brauchen, um in die Normalität zurückzufinden – daß sie aber danach ebenso wie andere Kinder lernen können. Das ist kein pädagogisches, sondern ein therapeutisches Konzept, und demzufolge wäre ein Unterricht nicht notwendig, eher sogar schädlich, bevor der grundlegende Mangel ausgeglichen ist. Diese Theorie lehne ich völlig ab. Ich selbst habe noch kein autistisches Kind unterrichtet, das in seiner Familie nicht geliebt wurde, weiß allerdings, daß es auch solche Kinder gibt. Zwar scheinen die Verhaltensschwierigkeiten um so größer zu sein, je mehr Konflikte und Probleme es in der Familie gibt, aber sobald man diese Überlagerungen in einer strukturierten schulischen Umgebung richtig angefaßt hat, unterscheiden sich die verbleibenden Behinderungen nicht von denen der anderen Kinder. Unter den Eltern meiner Schüler sind alle Temperamente und Charaktere vertreten, die man auch sonst trifft. Fast alle haben noch mehr Kinder, die ganz normal sind. Ebenso wie Eltern von Kindern mit anderen Behinderungen machen sie Erziehungsfehler, aber nicht mehr als diese. Man fragt sich, wie es gerade zu der Ansicht, die Eltern autistischer Kinder seien gefühlskalt und lieblos, gekommen sein mag. Wenn diejenigen, die solche Meinungen propagieren, einmal ein autistisches Kind in der eigenen Familie hätten, um das sie sich von Geburt an sorgen und bemühen, so würden wir diese Ansicht seltener zu hören bekommen.

Nachdem ich nun so nachdrücklich auf die Bedeutung von Erziehung und Unterricht hingewiesen habe, will ich gleich die Warnung anfügen, daß nach meiner Auffassung die Frage nach der Gestaltung der pädagogischen Arbeit noch weitgehend offen ist. Jedenfalls kenne *ich* die richtigen Antworten sicher nicht. Jedoch habe ich während der vergangenen vier Jahre Erfahrungen sammeln können, von denen ich nach Diskussionen mit Kollegen und anderen Fachleuten glaube, daß sie nicht nur für meine eigene Gruppe von Kindern gültig sind. Es gibt anscheinend gewisse Unterrichtsprinzipien, die man bei den meisten „autistisch" genannten Kindern anwenden kann (aber auch bei vielen anderen Kindern, denen man andere Bezeichnungen gegeben hat). Ich kann diese Prinzipien nicht in akademischer Weise beschreiben. Ich will aber versuchen, einen Bericht über die praktischen Probleme zu geben, die anscheinend immer auftreten, wenn man zwei oder drei autistische Kinder zusammenholt. Außerdem will ich einige der Zwischenlösungen beschreiben,

von denen ich durch Versuch und Irrtum gefunden habe, daß sich
mit ihnen arbeiten läßt.

Die Behinderungen autistischer Kinder aus der Sicht des Lehrers

Lange bevor ich das Wort „autistisch" gehört habe (das nach meinem
Gefühl für meine Schüler sehr wenig zutreffend ist), wußte ich, daß
sich Kinder in ihren Fähigkeiten sehr stark unterscheiden und daß
es verschiedene Arten von teils leichteren, teils schwereren Behinderungen und Lernproblemen gibt. Ich würde es deshalb eigentlich
vorziehen, mich allgemeiner mit den Problemen der verschiedenartigen „Lernblockierungen" bei Kindern zu beschäftigen. Da aber
fast allen Kindern, die ich unterrichtet habe, die Bezeichnung „kindlicher Autismus" oder „Psychose" gegeben wurde, behandele ich
diejenigen Blockierungen, die für diese Gruppe besonders charakteristisch sind. Ich muß allerdings betonen, daß jedes autistische
Kind anders ist, jedes eine ganz besondere Struktur von Behinderungen hat. Deshalb muß man in jedem Einzelfall nach der Methode
von Versuch und Irrtum herausfinden, welcher Weg am besten voran-
führt. Außerdem – und das ist vielleicht noch wichtiger – gibt es
viele Kinder, die nicht „autistisch" genannt werden und teilweise
dieselben Behinderungen haben. Eine medizinische Diagnose mag
für den medizinischen Bereich nützlich sein, aber für pädagogische
Zwecke braucht man vielleicht eine ganz andere Klassifikation. Dasselbe gilt für die Behinderungen selbst, die auch in den verschiedenen
anderen Kapiteln dieses Buches beschrieben werden. Ich möchte hier
eine Interpretation vom Standpunkt des Lehrers geben.
Es gibt für mich gar keinen Zweifel, daß die Sprache das zentrale
Problem darstellt. Das Kind kann nur schwer oder gar nicht verstehen, was gesagt wird, und es kann ebenso schwer ausdrücken,
was es sagen möchte. Die offensichtlichste Folgerung für den Lehrer
ist, daß es wenig Sinn hat, dem Kind zu sagen: „Mach die Tür zu"
oder „Setz dich", wenn es die Wörter „zu", „Tür" und „setzen"
noch nicht einzeln gelernt hat. Das Kind ist nicht vorsätzlich unge-
horsam. Wenn es gelernt hat, die Bedeutung der Wörter aufzufassen,

kann man sein Verhalten viel leichter beeinflussen. Schon allein daraus folgt, daß eine große Zahl pädagogischer Mitarbeiter unbedingt erforderlich ist. Mindestens am Anfang muß der Unterricht zum großen Teil durch direkte körperliche Lenkung ausgeführt werden – die Hände oder die Füße oder der Körper des Kindes müssen so geführt werden, daß sie die richtige Haltung einnehmen oder die richtigen Bewegungen ausführen. Die zweite Folge der Sprachbehinderung ist, daß das Sozialverhalten des Kindes auf einer frühkindlichen Stufe stehen bleibt, weil die Umgangsformen und Sozialtechniken, die gewöhnlich fast automatisch durch Imitation erworben werden, dem autistischen Kind noch bis ins Schulalter unverständlich sind. Dies sind sekundäre Behinderungen, obwohl sie für die Eltern und den unerfahrenen Lehrer meist das auffälligste am Verhalten des Kindes sind.

Die visuellen Probleme sind vielleicht wegen der anderen Abnormitäten, die größere Schwierigkeiten bereiten, weniger leicht festzustellen. Ich weiß nicht, ob alle Kinder sie haben, aber in einigen Fällen sind sie recht schwer. Man erkennt sie am deutlichsten, wenn die Zeit gekommen ist, den Kindern das Betrachten von Bildern, das Lesen und Schreiben beizubringen.

Wenn sowohl visuelle wie auditive Schwierigkeiten zusammen auftreten, sind die „Lernblockierungen" offensichtlich am schwerwiegendsten. Die sekundären Verhaltensstörungen können dann außerordentlich stark sein. Jedoch reagieren autistische Kinder – wie vermutlich alle behinderten Menschen – auf ihre Schwierigkeiten sehr verschieden. Alle sind von Zeit zu Zeit sehr frustriert. Für den Lehrer besteht eines der größten Probleme darin, wie er ihnen helfen kann, ihre Mißerfolgserfahrungen zu überwinden. Sie haben oft einen enormen Widerstand gegen das Lernen – zweifellos eine Folge davon, daß sie so häufig etwas nicht verstehen konnten, was ihnen gesagt oder gezeigt wurde. Die meisten hatten diese Mißerfolgserfahrungen, bevor sie zur Schule kommen. So begegnet der Lehrer der Abwehrhaltung von Anfang an. Nur durch Geduld und durch Kenntnis geeigneter Methoden läßt sie sich überwinden. Je erfolgreicher unser Unterricht ist, desto eher wird dem Kind bewußt, daß es nicht so ist wie andere Kinder, und desto mehr Hilfe braucht es, um Selbstverständnis und Selbstvertrauen zu gewinnen.

Ein anderes Beispiel für eine sekundäre Verhaltensstörung ist die Furcht vieler autistischer Kinder vor bestimmten Gegenständen oder Situationen. Da sie sich zunächst nicht äußern können, wenn ihnen etwas weh tut, kann es leicht geschehen, daß sie nur nach einer einzigen unangenehmen oder schmerzhaften Erfahrung (wenn sie z. B. zu enge Schuhe getragen oder sich den Finger unter einer Tischplatte eingeklemmt haben) die betreffende Situation völlig meiden (sich also zum Beispiel weigern, Schuhe anzuziehen oder an einem Tisch zu sitzen) und großes Unbehagen zeigen, wenn man sie trotzdem dazu zwingt. Die Eltern oder Lehrer wissen nicht, woher die Furcht kommt. Sprachliche Beschwichtigungen bewirken natürlich nichts. Das Problem läßt sich nur lösen, indem man das Kind mit dem Gegenstand konfrontiert, vor dem es sich fürchtet, ihm aber gleichzeitig etwas anderes bietet, an dem es *wirklich* Freude hat. Auf diese Weise kann nach meiner Erfahrung die Furcht schließlich in jedem Fall überwunden werden.

Ich will noch ein drittes Beispiel für ein Verhalten geben, das wahrscheinlich durch die zugrunde liegenden Behinderungen des Kindes entsteht, aber selbst nicht primärer Natur ist. Das sind die absonderlichen routineartigen Gewohnheiten, Rituale, Sammelticks oder irgendwelche Tätigkeiten, denen das Kind auf Kosten nahezu aller anderen Möglichkeiten hartnäckig nachgeht. Vielleicht ist dieses Verhalten ein gesunder Versuch des Kindes, in seine chaotischen sinnlichen Erfahrungen Ordnung und Sinn zu bringen. Hierzu verwendet es diejenigen Fertigkeiten und Kenntnisse, die ihm zur Verfügung stehen. Wird damit irgendein Erfolg erreicht, kommt es anscheinend zu einer endlosen Fortsetzung dieses Verhaltens auf Kosten alles anderen. Dies ist nicht selten eines der schwierigsten Probleme beim Unterricht. Alle autistischen Kinder, die ich kenne, sind durch diese Phase gegangen (und einige sind noch darin, manche sogar recht stark). Bei fester Führung und vor allem bei geeigneten Unterrichtsmethoden, mit denen die primitiven Aktivitäten durch kompliziertere und konstruktivere Tätigkeiten abgelöst werden, läßt sich diese Phase mit zunehmender Reife gewöhnlich überwinden.

Ich hoffe, daß ich genug geschrieben habe, um klar zu machen, daß auch die anderen, häufig auftretenden Verhaltensprobleme wie Zerstörungsdrang, Schreien, Selbstverletzungen oder Abkapselung keine unüberwindbaren Hindernisse für den Unterricht sind. Diese Probleme verschwinden, wenn das Kind heranwächst und seine Welt verstehen und kontrollieren lernt. Obwohl ich das allgemein gebräuchliche Wort „Autismus" verwende, distanziere ich mich ausdrücklich von allen Implikationen, die es bei vielen anderen Autoren hat. Abkapselung, Meidung des Augenkontakts und alle derartigen Verhaltensweisen sind weder die wichtigsten noch die zentralen Probleme dieser Kinder. Die primären Störungen sind die sprachlichen und die visuellen Lernbehinderungen.

Die allgemeine Bedeutung der Heilpädagogik

In jeder Schule gibt es drei Arten von Erziehungsvorgängen: Einübung des allgemeinen Sozialverhaltens, Korrektur oder Kompensation spezieller Schwächen oder Störungen, Training in den komplexen Grundfertigkeiten und -kenntnissen der modernen Kultur. Alle diese Prozesse erfolgen auch in einer Schule für autistische Kinder, aber nur der zweite ist nach meinem Verständnis ein „heilpädagogischer". Ich gebrauche diesen Begriff nicht im Sinn von „therapeutisch". Wie Dr. Mary Wilson in ihrem Kapitel ausgeführt hat, gehört eine therapeutische „Behandlung" von Kindern nicht zu den Aufgaben des Lehrers.

Alle drei Prozesse müssen gleichzeitig vor sich gehen. Wir brauchen nicht darauf zu warten, daß die Verhaltensstörungen nachlassen, bevor wir mit der heilpädagogischen Arbeit beginnen. Auch müssen wir nicht warten, bis eine Lernblockierung überwunden ist, bevor wir mit einem normalen Schulunterricht beginnen. In Wirklichkeit unterstützen sich alle drei Prozesse gegenseitig. Mit zunehmender Reifung des Kindes verlagert sich allerdings der Hauptakzent der pädagogischen Arbeit zunächst vom ersten zum zweiten, dann zum dritten Prozeß.

Heilpädagogische Autoren hatten bisher die Tendenz, das autistische Kind als hoffnungslos aufzugeben, aber das lag fast immer daran, daß sie nicht genug über dieses Syndrom wußten. Sie haben aus der psychiatrischen Literatur ein Konzept von emotionaler Störung oder geistiger Retardierung übernommen und meinen, daß aus diesen Begriffen hervorgeht, das autistische Kind könne von ihren Techniken nicht profitieren.

Ich beschreibe im folgenden einige der Methoden, die dem Kind helfen können, seine Schwierigkeiten zu überwinden und eine gewisse Kontrolle über seine Welt zu erlangen. Ich möchte aber noch einmal betonen, daß ich nichts Endgültiges über heilpädagogische Methoden anzubieten habe. Im Gegenteil, unsere Methoden können bestimmt erheblich verbessert werden. Ich glaube, daß wir zur Zeit erst am Anfang einer Entwicklung stehen, die sich als eine fundamentale Veränderung in den Unterrichtsmethoden für Kinder mit Lernblockierungen erweisen wird – vergleichbar dem, was schon bei blinden und tauben Kindern erreicht worden ist.

Soziale Erziehung

Verhaltensstörungen wie Trotzanfälle, Schreien, Beißen und Schlagen, Überaktivität, Destruktivität, Unbeherrschtheit und Unaufmerksamkeit treten irgendwann einmal bei den meisten autistischen Kindern auf. Im häuslichen Bereich können die Eltern diese Störungen durch geschickte Lenkung auf ein Minimum reduzieren (siehe Kapitel 10), wenn ein Kind aber erstmals zur Schule kommt, kann der Umgebungswechsel wenigstens für eine gewisse Zeit einen Rückfall hervorrufen. Der Lehrer darf dann nicht der Versuchung nachgeben, die Ursache dafür in den falschen Erziehungsmethoden der Eltern zu sehen, was ganz ungerechtfertigt sein kann. Ebenso müssen die Eltern einsehen, daß die Schuld nicht bei der Schule liegt und daß die Schwierigkeiten nur vorübergehend sind.

Vom praktischen Gesichtspunkt gesehen sind die Verhaltenstörungen beim ersten Schuleintritt zunächst das dringlichste Problem, das man sobald wie möglich meistern muß, um mit konstruktiveren Lernschritten beginnen zu können. Wenn der Lehrer z. B. bei jedem Schreien von seinen Forderungen nach normalem Sozialverhalten abläßt, wird dieses Schreien belohnt und als Verhaltenstendenz noch verstärkt. Dasselbe gilt von unbeherrschtem oder destruktivem Verhalten. Wenn man einmal entschieden hat, daß das Kind lernen soll, sich selbst die Knöpfe zuzuknöpfen, darf kein Schreien den Lehrer von dieser Forderung abbringen. Eine der wichtigsten Fähigkeiten des Lehrers, die leider nicht durch Bücher vermittelt, sondern nur in der Praxis erworben werden kann, ist die Fähigkeit zu erkennen, wann ein Kind Forderungen verstehen kann und wann die Zeit gekommen ist, auf einer Forderung zu beharren. Nach meiner Erfahrung sind autistische Kinder in der Schule selten länger als ein paar Wochen bei ihrem Schreien geblieben. Derartige Verhaltensstörungen bleiben häufig erhalten, weil sie letzten Endes belohnt werden. Deshalb könnte ein unnachgiebiges Vorgehen, das hart wirken mag, dem Kind schließlich doch am meisten helfen.

Dieses Prinzip ist auch auf andere Arten von Verhaltensstörungen anwendbar, besonders auf Rituale und Sammelticks, die sich so leicht herausbilden. Bei der kleinsten Unterstützung können sie bald das Leben für alle unerträglich machen. Eltern (und sogar Lehrer) neigen dazu, nachzugeben, wählen den Weg des geringsten Widerstandes, stellen aber zu ihrem Kummer fest, daß die Dinge dadurch nur schlimmer werden. Ein Kind wollte seinen Eltern nicht erlauben, mit gekreuzten Beinen zu sitzen und schrie, wenn es dies dulden mußte. Ein anderes bestand darauf, daß sein Vater sein Hemd auszog, bevor er sich zum Essen setzte. Niemand, der einmal ein mehrstündiges Schreien ertragen mußte, wird unterschätzen, wie groß die Versuchung zum Nachgeben ist. Aber niemand, der gesehen hat, wie das Leben einer ganzen Familie um die Absonderlichkeiten eines kleinen Tyrannen kreisen kann, wird daran zweifeln, daß man eine derartige Entwicklung nicht zulassen darf. Der daraus folgende „Machtkampf" ist von jedem Autor beschrieben worden, der ein realistisches Bild der Erziehung autistischer Kinder gegeben hat. Nur wenn der Lehrer sich seiner Autorität gewiß ist und die sichere Überzeugung besitzt, auf dem richtigen Weg zu sein und im Interesse des Kindes und aus Liebe zu ihm zu handeln, wird er dieses besonders schwere Problem erfolgreich lösen. Ist das geschehen, kann ein konstruktiveres Lernen beginnen.

Wir verwehren dem Kind natürlich nicht grundsätzlich, seinen besonderen Interessen nachzugehen, z. B. irgendwelche Gegenstände zu sammeln, an denen es Freude hat. Wir bestehen in diesem Fall aber darauf, daß nur bestimmte Arten von Gegenständen (z. B. keine scharfen und spitzen) akzeptabel sind, und daß sie während der Unterrichtsstunden zusammen mit Mütze und Mantel im Garderobenraum bleiben müssen.

Ein ruhiger Raum abseits von den übrigen Klassenzimmern ist ein wesentlicher Bestandteil in jeder Schule für autistische Kinder. Dort bleiben schreiende Kinder mit einem Erwachsenen, bis der Trotzanfall vorbei ist. Danach gehen sie sofort in die Klasse zurück. In solchen Situationen ist eine Bestrafung völlig unangebracht.
Will man ein Kind für gutes Verhalten loben, muß man dies in Mimik, Gestik und Sprache auf eine besonders klare und nachdrückliche Weise zum Ausdruck bringen. Jeder kleine Fortschritt muß belohnt werden; denn es ist wichtig, daß das Kind möglichst viel Erfolge erlebt, für soziale Belohnungen empfänglich wird und sie aus eigenem Antrieb sucht. Ein deutliches Lob ist deshalb geeigneter als Schokolade und auf die Dauer auch wirksamer. Die Freude des Lehrers am Erfolg des Kindes erhält schließlich einen Belohnungswert.
Bei vielen anderen Formen abnormen Verhaltens können zwar Monate oder Jahre bis zu ihrer Überwindung vergehen, sie bereiten dem Lehrer aber weniger Mühe. Im allgemeinen lassen sich abnorme Verhaltensweisen um so besser kontrollieren, je aktiver und konstruktiver das Kind gelenkt wird und je weniger es sich selbst überlassen bleibt. Die Langeweile ist ein großer Erfinder von Ritualen und Sammelticks. Die Aufmerksamkeit des Kindes sollte ständig durch eine Reihe interessanter Tätigkeiten in Anspruch genommen werden, mit denen es sich immer so lange beschäftigt wie es kann, aber nicht länger. Um geeignete Tätigkeiten zu finden, braucht man Fantasie und eine genauere Kenntnis des einzelnen Kindes, aber meist kommt man schließlich zum Erfolg.

Die längste Zeit, die bei einem meiner Kinder eine abnorme Verhaltensweise bestehen blieb, war 18 Monate. Es handelte sich um ein kleines Mädchen, das mit 5 Jahren zu uns kam und nur aß, wenn man es mit Brei fütterte. Bei geduldiger Anleitung machte es allmählich Fortschritte, und heute ißt es zusammen mit den anderen das normale Schulessen und benutzt dazu einen Löffel und eine Gabel.

Auch die Reinlichkeitserziehung kann ein Problem sein. Mehrere

Kinder waren nicht sauber, als sie zu uns kamen, aber innerhalb von vier Monaten sind sie immer sauber geworden.

Diese Beispiele bezogen sich auf die „negativen" Aspekte der sozialen Erziehung, den Abbau abnormer Verhaltensweisen. Die positive Seite ist aber ebenso wichtig. Sie gehört zu der üblichen Kindergartenerziehung. Diese Phase dauert vielleicht länger als beim normalen Kind, aber sie ist ebenso eine Vorbereitung für die spätere schulische Arbeit. Es gibt autistische Kinder, die in die Schule kommen und überhaupt keinen der alltäglichen Handgriffe können – sie können sich selbst nicht anziehen, nicht mit Messer und Gabel essen, nicht die Hände waschen oder die Toilette richtig benutzen. Das alles müssen sie lernen, nicht nur, weil es an sich und für das Zusammenleben wichtig ist, sondern auch, weil es eine Vorübung für das Lernen komplexerer Fähigkeiten ist. Zum Beispiel führt der Lehrer die Finger des Kindes beim Zuknöpfen des Mantels – ebenso wie er es später bei den ersten Schreibübungen tut. Oder ein Kind lernt, Messer und Gabel an den richtigen Platz auf dem Tisch zu legen – und so entwickelt sich sein Richtungssinn, der später für das Lesen und Schreiben gebraucht wird.

Sehr wenig kann als selbstverständlich vorausgesetzt werden. Es gibt Kinder, die lernen müssen, daß man nicht durch eine geschlossene Tür gehen kann, wie man Türen richtig öffnet und schließt, welche Dinge man nicht in den Mund nehmen darf, daß man auf dem Gehsteig und nicht auf der Straße geht, daß Möbelstücke schonend behandelt werden müssen und Spielsachen aufgeräumt werden sollten.

Die Kraftlosigkeit und Unbeholfenheit des Kindes in der Feinmotorik und sein sehr schlechtes Sprachverständnis (es kann nur allereinfachste Aufforderungen verstehen) machen die Durchführung dieses Programms schwer, aber mit Fantasie und Geduld wird man zum Erfolg kommen. Knöpfen und Schnürsenkelbinden kann zum Beispiel an Gestellen geübt werden. Das Anziehen wird vielleicht besser gelernt, wenn das Kind sich selbst dabei im Spiegel sehen kann. Wichtig ist, daß auch die Eltern die Entwicklungsfortschritte sehen und sich darauf einstellen, denn sonst tritt die typische Situation ein, daß dem Kind Aufgaben, die es in der Schule einwandfrei selbst bewältigen kann, zu Hause abgenommen werden.

Notwendigkeit eines heilpädagogischen Unterrichts

So schwierig und störend die Verhaltensprobleme des Kindes auch sein mögen, so sprechen sie doch paradoxerweise mehr auf unspezifische Methoden an als die anderen Behinderungen, die nach Bewältigung dieser Schwierigkeiten übigbleiben. Bieten Schule und Elternhaus eine freundliche und sichere Lebenssituation, so kommt es infolge von Reifungsvorgängen anscheinend häufig zu einer Besserung, die unabhängig von den speziellen Unterrichtsmethoden ist. Bei vielen Kindern, die überhaupt nicht zur Schule gegangen sind, hat sich diese Besserung gezeigt. Sie scheint in anregungsarmen und lieblosen Erziehungsheimen nicht einzutreten. Wie weit die Besserung ohne die Hilfe einer speziellen schulischen Einrichtung gehen kann, darüber läßt sich streiten. Dr. Rutter meint in Kapitel 3, daß die Fortschritte dann nur gering sind, obwohl es gelegentliche Beispiele einer sehr beträchtlichen, zur Normalität hinführenden Veränderung gibt.

Diese spontanen Fortschritte werden nach meiner Ansicht durch eine gezielte heilpädagogische Arbeit unterstützt, durch ein ungezieltes nicht-direktes Verfahren aber nicht. Das unstrukturierte, nicht-direktive und unspezifische schulische Geschehen wird die „natürliche" Tendenz zur Besserung wahrscheinlich nicht stören, sofern die gesamte Situation freundlich und nicht zu verwirrend ist, wird aber die Entwicklung auch nicht beschleunigen. Zwar wird in seltenen Fällen ein Kind so viel Fortschritte machen, daß es ohne vorhergehenden heilpädagogischen Unterricht in eine normale Schule gehen kann, jedoch würde es der Sache der autistischen Kinder schaden, wenn man derartige Ausnahmefälle als allgemeine Rechtfertigung für das nicht-direktive Verfahren werten würde.

Bei den meisten Kindern gibt es die oben erwähnte spontane Ausheilung *nicht,* und so bietet sich mit Abnahme der Verhaltensstörungen die Möglichkeit für einen speziellen Unterricht geradezu von selbst an. In diesem Stadium wäre ein nicht-direktives Vorgehen, also der Verzicht auf den Versuch einer heilpädagogischen Förderung, unbedingt zu verurteilen. Es wäre dasselbe, als würde man einem tauben Kind die Möglichkeit verweigern, das Ablesen von den Lippen zu lernen. Nichts ist nach meinem Gefühl tragischer, als ein Kind, das die Voraussetzungen dafür besitzt, die Welt besser verstehen zu lernen, dem aber eine Art unterhaltsamer Beschäftigungstherapie geboten wird, in dem fehlgeleiteten Glauben, daß dadurch seine vermeintlich intakten Lernfähigkeiten ans Tageslicht kommen würden.

Spezielle heilpädagogische Methoden

In diesem Abschnitt werde ich einige Beispiele für diejenigen Methoden geben, die wir in der Society School for Autistic Children (Schule der Gesellschaft für autistische Kinder) verwendet haben. Es ist unmöglich, alles darzustellen, aber ich habe versucht, repräsentative Beispiele auszuwählen. Einige dieser Methoden sind unabhängig von uns auch anderswo eingesetzt worden (z. B. von Lea in der Moor House School), und einige unserer allgemeinen Prinzipien sind Jahrhunderte alt. Die Lehrer, die in diesem und in verwandten Bereichen tätig sind, haben erst vor verhältnismäßig kurzer Zeit gemerkt, daß sie parallel zueinander an denselben Problemen arbeiten und daß ihre Versuche einmal zu einem logisch zusammenhängenden heilpädagogischen System zusammengefügt werden sollten. Meine eigenen Methoden werden ständig abgewandelt, und ich bin mir ihrer Mängel sehr bewußt. Trotzdem hoffe ich, daß dieser Bericht für andere Lehrer von Interesse ist, mindestens als Ausgangspunkt für eigene Versuche und Entwicklungen.

Verstehen und Sprechen

Die meisten Kinder meiner Schule haben sehr wenig gesprochen, als sie zu uns kamen, einige waren stumm. Wir gehen nach dem Worster-Drought Prinzip vor, die Sprache für jüngere Kinder zu vereinfachen und kompliziertere Sätze zu vermeiden. Gegenstände werden immer mit ihrem richtigen Namen benannt – nicht Puff-Puff oder Wau-Wau. Wir verwenden zunächst für einen Gegenstand immer nur ein und dasselbe Wort. Der Aufbau des Wortschatzes beginnt zu Hause, kann aber in der Schule systematisch fortgesetzt werden. Jedes Wort wird unter Einbeziehung möglichst vieler Sinne veranschaulicht. Von dem Augenblick an, in dem das Kind die Schule betritt, werden die Gegenstände benannt: „Jacke", „Haken", „Klassenzimmer", „Tisch", „Stuhl" usw. Die kleinsten Erfolge werden durch Streicheln, Lächeln und anerkennende Worte belohnt. Während des Unterrichts bestehen wir darauf, daß das Kind mit voller Aufmerksamkeit teilnimmt. Anfangs sind die Arbeitseinheiten nicht sehr lang, aber allmählich werden sie ausgedehnt. Da das autistische Kind ein sehr chaotisches Bild von der Welt hat, muß man ihm systematisch und kontinuierlich Ordnungsprinzipien vermitteln. Sobald es z. B. Freude daran hat, sich Bilder anzusehen, zeigen wir ihm Gruppen von zusammengehörenden Bildern (z. B. Dinge im Badezimmer, im Garten, im Zoo oder im Auto). Jedes Bild wird benannt, und das Kind soll außerdem auf jedes Objekt zeigen. Bei etwas komplizierteren Varianten wird vom Kind z. B. verlangt: „Zeig mir, womit du dein Haar bürstest". Am Anfang geben wir bei schwierigen Namen kleine Hilfen, später nehmen wir diese Hilfen wieder zurück. Verben stellen wir durch Handlungen dar, ebenso die sprachlichen Ausdrücke mit modaler oder lokaler Bedeutung.

Sobald das Kind einige Wörter zusammenfügen kann, beginnt der Prozeß der Satzkonstruktion. Zunächst bleibt dies auf den Bereich der Bitten beschränkt. Dem Kind wird nichts gegeben, bevor es ordentlich darum bittet. Es soll z. B. „Kann ich bitte Milch haben?" sagen, denn sonst wird es sich weiterhin mit „Milch" begnügen. Dabei kann man sich die Tendenz zur Echolalie zunutze machen, indem man dem Kind die richtigen Sätze vorspricht, die es zunächst einfach als Echo widergibt. Diese Methode ist anhand des Beispiels auf Seite 238 leicht zu verstehen.

Lesen und Schreiben

Einige autistische Kinder lernen leicht lesen, manche können sogar einzelne Wörter lesen, bevor sie sprechen. Aber viele haben nach meiner Erfahrung mit dem Lesen und Schreiben erhebliche Schwierigkeiten. Im Anfangsstadium sind sie schwer dazu zu bringen, sich

Bilder anzusehen oder Zeichen auf Papier zu schreiben. Läßt man „frei malen", so hat man am Ende bemalte Tische und Wände, aber kaum etwas in Richtung auf eine produktive Leistung. Das Lernen der Buchstaben ist ein spezielles Beispiel für das allgemeine Problem, die Namen von Formen zu lernen. Wir bringen dabei soviele Sinne wie möglich ins Spiel. Wir führen den Finger des Kindes über Montessoris Sandpapierbuchstaben und sprechen den Namen laut („A wie Apfel"), so daß also Berührung, Bewegung, Hören und Sehen kombiniert werden. Große dicke Buchstaben sind leichter zu erkennen als die übliche Druckschrift. Viele Kinder haben die charakteristische Dyslexie bei Buchstaben, die sich nur in einer Richtungseigenschaft unterscheiden (b, d; p, q; t, f; m, w; n, u; usw.). Oft stellen sie Buchstaben auf den Kopf oder schreiben sie horizontal statt vertikal. Manche haben Schwierigkeiten mit schrägen Strichen – sie schreiben z. B. „H" anstelle von „A".

Wenn das Kind so weit fortgeschritten ist, daß es den Unterschied zwischen Buchstaben wie „b" und „p" lernen sollte, benutzt man dafür am besten eine zusätzliche Lernhilfe. Man führt zunächst eine weitere anschauliche Eigenschaft ein (z. B. Größe oder Farbe), worin sich die Buchstaben unterscheiden. Man schreibt z. B. das „b" immer in normaler Größe, das „d" aber viel größer. Kann das Kind die Buchstaben mit dieser Hilfe unterscheiden, verringert man die Größe des „d" sehr langsam, bis das Kind den Unterschied auch bei gleich großen Buchstaben erkennt. (Hermelin beschreibt in Kapitel 6 dasselbe Vorgehen an einem anderen Beispiel.)

Zu den Vorübungen zum Lesen gehört die Zuordnung von Wörtern zu den entsprechenden Bildern. Wir betonen dabei den Anfangslaut des betreffenden Wortes. So wird das Schriftbild gelernt, gleichzeitig aber auch die Grundlage für die phonetische Analyse gelegt. Wenn das Kind schließlich nach langen und geduldigen Übungen den Gedanken des Aufbaus von Wörtern aus phonetischen Buchstaben verstanden hat, wird seine Lesefähigkeit weiter entwickelt – in kleinen Schritten, möglichst an konkrete Erfahrungen anknüpfend und unter Einbeziehung möglichst vieler Sinne. Autistische Kinder haben wenig Vorstellungsvermögen und sind selten für fiktive Ereignisse zu interessieren. Die ersten Lesebücher können aus einer Reihe von Fotografien häuslicher Ereignisse bestehen, wie „Teekochen". Die Bilderfolge könnte sein: „Mama läßt Wasser in den Teekessel; Mama stellt den Teekessel auf die Herdplatte; Mama tut Tee in die Teekanne; Mama gießt Wasser in die Teekanne; Sally gießt Milch in die Tasse; Sally tut Zucker in die Tasse; Mama gießt Tee ein; Sally rührt den Tee um; Sally trinkt Tee", wobei jedes Ereignis durch ein entsprechendes Foto illustriert ist, unter dem diese kleinen Sätze stehen. Da das Kind die Wortsequenz möglicherweise relativ leicht auswendig lernt, ohne die einzelnen Wörter lesen zu können, werden auch Einzelkärtchen mit je einem Wort („Mama", „gießt", „Teekessel" usw.) vorbereitet. So kann das Kind neben Sätzen auch einzelne Wörter lesen lernen. Wenn autistische Kinder einmal die Buchstaben gelernt und den nächsten Schritt, einfache Wörter zu lesen, getan haben, so haben sie große Freude an dieser Form des Lesens. Man kann andere Bücher vorbereiten, in denen Tätigkeiten in der Schule, im Haushalt, im Garten, in den Geschäften usw. gezeigt werden. Allmählich gehen wir zur Untersuchung der Natur, zu elementarer Biologie und Geographie über.

Ebenso wie die Kinder zum Flüstern neigen, wenn sie die Antwort auf eine Frage nicht sicher wissen, so können ihre ersten Versuche, Buchstaben zu schreiben, zaghaft und zittrig sein, wobei sie oft kurz zum Lehrer hinsehen, um sich zu vergewissern, ob alles richtig ist. Es ist sehr schön, in dieser Phase das wachsende Selbstvertrauen des Kindes und seine zunehmende Freude an diesen Tätigkeiten zu beobachten.

Rechnen

Die Zahlen werden von den Kindern oft leichter als Buchstaben und Wörter gelernt. Die besondere mathematische Begabung einiger autistischer Kinder ist schon erwähnt worden. Das Montessori-Material ist sehr wertvoll, weil es Zahl und Menge auf eine konkrete Art veranschaulicht, die dem autistischen Kind zusagt. Das Lehren der Zahlen ähnelt dem Lehren der Buchstaben, so daß dieselben Methoden anwendbar sind. Ziemlich häufig kann ein autistisches Kind eher die Anzahl der Gegenstände seiner speziellen Sammlung angeben als deren Formen oder Farben.

Addition, Subtraktion, Division und Multiplikation veranschaulicht man am besten an Modellen, mit denen das Kind hantieren darf. Oft werden hierbei schnelle Fortschritte gemacht.

Widerstände gegen das Lernen

Wenn die kritische Schwelle des generellen Widerstandes gegen das Lernen einmal überwunden ist, bekommen die Kinder allmählich Freude am Unterricht. Nun hat der Lehrer seine große Chance, denn nun kann das Kind beginnen, seine eigenen konstruktiven Fähigkeiten zu entwickeln. In zwei Situationen lebt der alte Widerstand gegen das Lernen wieder auf: bei der Einführung eines völlig neuen Themas und bei der Konfrontation mit Aufgaben, die für das Kind wegen seiner primären Behinderungen unlösbar sind. Man braucht Geduld und Erfahrung, um diese beiden Situationen zu unterscheiden – aber nur so läßt sich sicher beurteilen, ob auf das Kind noch weiter Druck ausgeübt oder ob ein Weg zur Umgehung der Schwierigkeit gesucht werden soll. Zur Lösung solcher Probleme ist die Zusammenarbeit mit einem Psychologen, der Erfahrung mit Verhaltensmodifikationen, Lernmaschinen und Testmethoden im kognitiven Bereich hat, sehr wertvoll.

Sport und Gymnastik, Malen, Spiele

Ich habe die schulischen Leistungen, zu denen diese Kinder gelangen können, wenn sie einen guten heilpädagogischen Unterricht erhalten, mehr betont als das sonstige Training, das sie brauchen, um ihre Welt aufzubauen. Der kognitive Aspekt wird nämlich bei der allgemeinen Kurzsichtigkeit, die aus der Diagnose „emotionale Störung" folgt, so oft übersehen.

Durch die Behinderungen des Kindes sind auch alle alltäglichen Tätigkeiten beeinträchtigt, und deshalb müssen Heilmethoden zur Überwindung dieser vielen Einzelprobleme entwickelt werden. Z. B. werden die Apraxien häufig vergessen. Die Kinder sind oft in ihren Bewegungen graziös und können komplizierte Melodien summen (einer meiner Schüler konnte mit 5¼ Jahren die Eröffnungstakte von Le Sacre du Printemps richtig singen). Man erwartet deshalb, daß sie bei rhythmischen Übungen besonders gut sind, aber das sind sie nicht. Sie können nicht im Takt der Musik in die Hände klatschen oder hüpfen. Fordert man sie auf, Schwimmbewegungen zu machen, bewegen sie vielleicht beim Armschlag die Arme nach innen statt nach außen. Oft besteht bei ihnen eine gemischte Lateralität. Sie sind dann mit beiden Händen ungeschickt und wissen nicht, welchen Fuß sie nehmen sollen, um einen Ball zu treten. All diese Fertigkeiten müssen geduldig geübt werden. Es ist nicht nötig, daß ich hier die selbstverständlichen Einzelheiten dieser motorischen Übungen genau beschreibe.

Die beste Methode, einem Kind zu helfen, einen Ball zu fangen, besteht darin, sich hinter es zu stellen und seine beiden Hände zu halten. Wenn der Ball ankommt, bewegt man seine Hände so, daß sie ihn auffangen. Allmählich verringert man diese Hilfestellung, bis das Kind die Sache selbst kann.

Schwimmstunden sind sehr wertvoll. Allerdings sind einige ältere Kinder gegenüber Kälte sehr empfindlich und gehen nur ins Becken, wenn das Wasser erwärmt ist.

Eine häufig geäußerte romantische Erwartung ist, daß die Kinder während einer Periode freien Malens erstauliche Bilder hervorbringen würden. Ich vermute, daß dies etwas mit dem Wort „Psychose" zu tun hat, das oft zur Kennzeichnung der Kinder benutzt wird. Leider haben die meisten autistischen Kinder nicht die Vorstellungsfähigkeit, um mit Leben erfüllte Bilder zu produzieren. Es ist recht mühsam, sie zu mehr als einer ziellosen Kleckserei zu bringen. Das Spiel mit Wasser und Sand unterstützen wir natürlich während einer bestimmten Entwicklungsperiode, aber wir glauben nicht, daß es irgendeine therapeutische Wirkung hat – es macht nur eben schrecklich viel Spaß.

Einfache Gruppenspiele erfordern in der Anfangsphase viel Beaufsichtigung, weil für autistische Kinder die schwierigste aller Leistungen darin besteht, mit gleichaltrigen Freunden zu kooperieren. Deshalb lege ich auch keinen besonderen Wert darauf, daß sie in einem frühen Stadium mit normalen Kindern zusammenkommen (ausgenommen natürlich zu Hause, wo die meisten von ihnen normale Geschwister oder bemerkenswert tolerante Nachbarn haben). Wenn ein Kind so weit gekommen ist, daß es die Welt aus der Perspektive eines anderen Menschen sehen kann, *dann* ist der Kontakt zu normalen Kindern sehr wichtig, dann kann es auch mindestens für einige Stunden in eine Schule für normale Kinder gehen.

Auf die vielen alltäglichen Handlungen, die von allen Kindern erwartet werden, brauche ich sicherlich nicht besonders einzugehen. Tischdecken, Tischabräumen, Mützen und Jacken aufhängen, zum Einkaufen und auf Schulausflüge mitgehen, nach einem Gang zur Toilette die Hände waschen, und alle derartigen Routinehandlungen lernen die Kinder bei uns wie selbstverständlich. Besonders zu erwähnen ist die Verkehrserziehung, weil der Begriff „Gefahr" (ebenso wie „Tod" oder „Verletzung") den Kindern erst ziemlich spät in ihrer Schulzeit klar wird.

Eine Schule für autistische Kinder

Praktische Überlegungen, z. B. hinsichtlich des Personals, der Größe und Lage der Gebäude sind von entscheidender Bedeutung. Von ihnen kann der Erfolg oder Mißerfolg einer Schule abhängen. Die Society for Autistic Children hat eine Schule in Ealing gegründet, deren organisatorischer Aufbau sich als sehr zufriedenstellend erwiesen hat und die ich deshalb als geeignetes Modell vorstellen möchte. Gebäude und Grundstück wurden vom Kapital dieser Gesellschaft erworben und hergerichtet. Die Gehälter und Ausbildungskosten wurden von lokalen Behörden übernommen, aber es ist in jedem Jahr mit einem Defizit zu rechnen, das durch freiwillige Spenden ausgeglichen werden muß. Schul- und Ferienzeiten sind dieselben wie in allen anderen Schulen des Landes. Der Unterricht beginnt um 9.30 Uhr und endet um 16.00 Uhr. Die Kinder bekommen Mittagessen und Tee. Anfangs hatten wir 10 Kinder, die ich zum größten Teil vorher in einer anderen Schule unterrichtet hatte. Wir haben deshalb mit dem erheblichen Vorteil begonnen, daß viele Kinder an einen bestimmten Ablauf gewöhnt waren und schon einen recht guten Verhaltensstandard erreicht hatten. Hierdurch war die Atmosphäre für die Neuankömmlinge vorgezeichnet. Wir hatten 8 Jungen und 2 Mädchen. Wir hätten mehr Mädchen aufgenommen, es wurden aber fast nur Jungen angemeldet.

Nach unseren ersten Ferien hatten wir 13 Kinder, von denen sich 10 gut eingewöhnt hatten und in den Unterrichtsstunden zufriedenstellend mitarbeiteten, während die drei Neuankömmlinge in ihrem Verhalten noch sehr gestört waren. Wir haben fünf Vollzeitmitarbeiter, einen Kunsterzieher, einen Sprachtherapeuten und drei Studenten als Teilzeitmitarbeiter. Außerdem gibt es eine Sekretärin, eine Köchin und eine Putzfrau.

Wir werden allmählich mehr Kinder aufnehmen, bis das Maximum von 25 erreicht ist. Die Zahl der Mitarbeiter muß ebenfalls erhöht werden, damit das Mitarbeiter-Schüler-Verhältnis gleich bleibt. Es wird sicherlich immer zwei oder drei Kinder geben, die eine schwierige Phase durchmachen, wenn sie in die Schule eintreten, und so muß genügend Personal vorhanden sein, damit diese Kinder individuell betreut werden können.

Gegenwärtig gibt es keine spezifische Ausbildung für den Unterricht autistischer Kinder. Wichtig ist Unterrichtserfahrung mit normalen Kindern. Vorteilhaft ist eine Kenntnis der Methoden von Montessori. Erfahrung mit tauben, blinden und in gewissem Grad auch mit lernbehinderten Kindern kann eine recht gute Hilfe sein. Es gibt keine speziellen Lehrgänge und deshalb keinen Ersatz für die praktische Arbeit mit den Kindern unter der Anleitung eines erfahrenen Lehrers.

Die Schule hat Kinder von 4 Jahren aufwärts angenommen. Eine obere Altersgrenze ist nicht festgelegt, weil autistische Kinder oft erst in der späten Kindheit zu lernen beginnen und eine Erziehung bis ins frühe Erwachsenenalter brauchen. Die Grenze wird nicht durch die Schule gesetzt, sondern durch die Bereitschaft der lokalen Schulbehörde, Schulgeld zu zahlen. Jedes Kind, das ausreichende Fortschritte macht, kann in eine normale Schule oder Ausbildungsstätte übergehen, wobei es in einer Übergangsphase zum Teil noch unsere, zum Teil die neue Schule besucht. Wir haben einen kleinen siebenjährigen Jungen, der diesen Übergang vermutlich bald machen kann, und einen älteren Jungen, der in einer Technikerschule Holz- und Metallwerkerklassen besucht hat und wieder besuchen wird.

Die meisten Kinder kommen täglich von zu Hause zur Schule. Es gibt außerdem ein nahegelegenes Haus, in dem 8–10 Kinder wohnen können. Sie sollen dort in Familiengruppen zusammenleben, die von Hausmüttern betreut werden und die unter der Aufsicht der Schulleiterin stehen.

Über die Aufnahme der Kinder entscheidet ein Auswahlausschuß, zu dem ein Kinderpsychiater gehört. Der Anmeldung muß ein Bericht des Spezialisten beigegeben sein, der das Kind kennt. In diesem Bericht müssen die Entwicklung und das gegenwärtige Verhalten des Kindes dargestellt sein. Die lokale Schulbehörde muß bereit sein, das Schulgeld zu zahlen. Neuanmeldungen werden entgegengenommen, wenn Plätze frei werden; eine Warteliste wird nicht geführt. Dadurch soll vermieden werden, daß falsche Hoffnungen entstehen, wodurch die Eltern verleitet würden, einen anderen Platz in einer anderen Schule abzulehnen. Spezialschulen, die Wartelisten führen, sammeln oft so viele Voranmeldungen, wie sie jahrelang nicht aufnehmen könnten – ein ziemlich unrealistisches Verfahren.

Die meisten Kinder sind bereits als „autistisch" diagnostiziert worden, jedoch ist unser Kriterium für ihre Aunahme, ob sie die in Kapitel 1 und 2 beschriebenen Behinderungen haben. Jedes Kind ist ein Individuum mit seinen ganz speziellen Problemen, aber trotzdem sind die Kinder in unserer Schule einander so ähnlich, daß die Mitarbeiter eigene Erfahrungen und Methoden entwickeln können, die in der Regel bei allen Kindern anwendbar sind. Emotional gestörte Kinder werden akzeptiert. Die meisten autistischen Kinder gehen durch eine schwierige Phase, wenn sie mit einer neuen Umwelt konfrontiert werden. Allerdings darf der Anteil der unruhigen oder destruktiven Kinder nicht zu groß sein, damit eine Gesamtsituation erhalten bleibt, wie sie für eine fruchtbare Erziehungsarbeit erforderlich ist. Eine Spezialschule mit viel Platz und einem hohen Mitarbeiter-Schüler-Verhältnis hat den Vorteil, daß auch stärker gestörte Kinder aufgenommen und behalten werden können – hätte man dagegen nur eine kleine Spezialklasse, die einer anderen Schule angegliedert ist, so bestünde leicht die Gefahr, daß man Kinder, die unruhig oder destruktiv sind, wieder ausschließen müßte.

Unser Schulgebäude besteht aus einem großen viktorianischen Haus und einem Zusatzbau mit vier Räumen im Garten. Die Kinder werden in Anfangs-, Mittel- und Seniorenklassen eingeteilt, wobei nicht ihr Alter, sondern ihr Entwicklungsstand maßgebend ist. Die Anfänger brauchen die meiste Zeit individuelle Betreuung. Höchstens fünf von ihnen sind in einem Klassenzimmer von etwa 49 m².

Die Kinder der Mittelgruppe sollten imstande sein, teilweise selbständig zu arbeiten, so daß beim regulären Schulunterricht ein Lehrer zwei Kinder betreuen kann.

In die „Senioren"-Klasse gehen die am meisten fortgeschrittenen Schüler. Bei uns sind es zur Zeit fünf. Sie werden von einem Lehrer und einem in Teilzeit tätigen Praktikanten betreut.

Im Schulgebäude ist Platz für alle diese Klassenräume, außerdem für einen Zeichensaal, einen Gymnastikraum, eine überdachte Fläche für Spiele bei regnerischem Wetter, einen Eßraum, eine Küche und einen Büroraum für die Sekretärin. Im Zusatzbau gibt es einen ruhigen Raum abseits von der übrigen Schule, in dem sich ein Lehrer mit einem sehr unruhigen Kind aufhalten kann, bis es sich beruhigt hat.

Der Schultag beginnt mit Versammlung und Appell, bei dem jedes Kind lernt, auf seinen Namen zu reagieren. Es folgt ein Musikstück von einigen Minuten, das sich die Kinder ruhig sitzend anhören (eine sehr wertvolle Übung). Dann gehen sie in ihre Klassen und arbeiten bis zur Frühstückspause um 10.45 Uhr. Danach haben sie eine Pause von 20 Minuten zur freien Betätigung, während der sie beobachtet, aber nicht dirigiert werden. Wir haben das Gefühl, daß es gut ist, wenn sie an jedem Tag etwas Zeit für sich haben, weil sie den größten Teil der übrigen Zeit unter einem gewissen Druck stehen. Nach dieser Pause ist bis zum Mittagessen wieder Unterricht, wieder gefolgt von einer Zeit zur freien Beschäftigung. Am Nachmittag gibt es nochmals etwas Unterricht im Lesen, Schreiben und Rechnen, ferner zweimal wöchentlich Schwimmen, Musik und Malen. Tee gibt es um 15.00 Uhr, danach folgen die Unterrichtsstunden in Musik, Gymnastik oder künstlerischer Arbeit, die den Schultag abschließen. Die Kinder haben eine feste Routine, mit der sie sich für den Heimweg vorbereiten.

Es ist sehr ermutigend zu sehen, wie die Kinder allmählich den Zeitplan und den routinemäßigen Ablauf erfassen und wie sie mit der ganzen Schule, den Arbeitsräumen und ihren Aufgaben vertraut werden.

Wir haben eine Vielzahl von Unterrichtsmitteln angeschafft. Das gesamte Montessori-Material steht uns zur Verfügung, ferner Material zum Lesen-, Schreiben- und Rechnenlernen, das die Lehrer selbst entworfen und hergestellt haben. Modelle und Bilder von Tieren und Gegenständen sind in ständigem Gebrauch. Große Spielgeräte, die im Freien oder im Spielbereich benutzt werden können – Dreiräder, Tretautos, Schaukelpferde usw. – benutzen die Kinder sehr gern. Wir haben ein Fernsehgerät und einen Plattenspieler. Einen Teil des Gartens benutzen die Kinder für eigene Gartenarbeit.

Lehrer, die in diesem Bereich tätig werden wollen, sollten bereit sein, sich geeignetes Material für ihre Schüler auszudenken und selbst herzustellen und außerdem die große Breite der schon verfügbaren Materialien zu verwenden. Diejenigen Dinge, die das autistische Kind wirklich interessieren, seine eigenen unmittelbaren Erfahrungen und die Gegenstände seiner Umwelt, müssen als Lernhilfen verwendet werden.

Die beschriebene Schule hat sich auf den Unterricht autistischer Kinder spezialisiert. Wir hatten das Gefühl, daß diese Kinder in den Anfangsstadien wenig oder gar nichts gewinnen, wenn sie mit anderen Kindern gemeinsam unterrichtet werden oder mit ihnen zusammen spielen. Sofern sie eine kommunikative Sprache erwerben, hilft es ihnen weiter, wenn sie bei bestimmten Gelegenheiten unter sorgfältiger Aufsicht mit anderen Kindern zusammenkommen. Einige, die noch mehr Fortschritte machen, können später in Schulen mit normalen Kindern eingegliedert werden. Wenn dieses Stadium aber noch nicht erreicht ist, werden sich nach meiner Meinung die Lehrer einem autistischen Kind kaum richtig zuwenden können, das sich als einziges mit dieser Störung in einer Klasse normaler, verhaltensgestörter oder lernbehinderter Kinder befindet. Auf keinen Fall können sie spezielle Unterrichtsmethoden entwickeln und spezielle Erfahrungen sammeln, was aber beides notwendig ist. Außerdem besteht die Gefahr, daß ein schreiendes autistisches Kind die ganze Klasse, die ebenfalls die Aufmerksamkeit des Lehrers braucht, völlig durcheinander bringt. Die ideale Situation für das autistische Kind ist es, wenn es in der eigenen Familie bleibt, an deren Leben teilnimmt und von dort aus eine Spezialschule oder -klasse für die spezielle heilpädagogische Erziehung autistischer Kinder besucht.

Welche Erfolge haben wir?

Ich möchte überhaupt keine Behauptungen über den Erfolg unserer Bemühungen aufstellen. Ich habe ein tiefes Mißtrauen gegenüber leicht aufgestellten Behauptungen und erwarte nicht, daß irgendjemand meine eigene Bewertung der Leistung unserer Schule akzeptiert. Ich würde eine wissenschaftliche Prüfung unserer Methoden und unseres Vorgehens begrüßen. So könnten wir aus unseren Fehlern lernen, und so könnten andere von unseren Erfolgen profitieren.

Trotzdem würde ich den Ideen, die ich vertrete, die andere vor mir ausgearbeitet haben, und die meines Wissens viele andere heute teilen, Unrecht tun, wenn ich nicht wenigstens Folgendes sagen würde: Diese Kinder machen tatsächlich Entwicklungsfortschritte, sie werden ausgeglichener, lernen ihr Verhalten zu kontrollieren, gelangen zu einer besseren sozialen Integration und werden – das vor allem – glücklicher. Wie groß ihre Chance ist, unabhängig zu werden, ob etwa ebenso wie blinde Kinder, ist weniger klar. Einige von ihnen werden als Erwachsene eine beschützende Umwelt brauchen. Ich bin aber sicher, daß sie in die menschliche Gemeinschaft eingegliedert werden und ein erfüllteres Leben führen können, und daß dies ohne Erziehung meist nicht der Fall wäre.

Anhang zu Kapitel 9:
Sieben autistische Kinder

Die folgenden kurzen Berichte werden hier angefügt, weil sie die Art der Schwierigkeiten veranschaulichen, denen wir begegnet sind. Sie beziehen sich auf die ersten sieben autistischen Kinder, die ich unterrichtet habe, und die ich alle zwei bis vier Jahre lang kenne: lange genug, um ein vorsichtiges Urteil über den Fortgang ihrer Entwicklung abgeben zu können. Dieses Urteil will ich aber dem Leser überlassen. Die Namen sind natürlich verändert worden. Mit Ausnahme der ersten Sätze beschreiben die Berichte den Entwicklungsstand Ende 1965.

Adam: 9 Jahre alt

Als Adam vor vier Jahren in die Schule aufgenommen wurde, war er emotional sehr gestört, destruktiv, hyperaktiv und stumm. Er warf alles Erreichbare umher und zerriß alles Zerreißbare. Bei sich zu Hause mußten beinahe täglich die Fensterscheiben ersetzt werden. Und seine Mutter sagte: „Wir waten buchstäblich knöcheltief in Papier." Man konnte ihn nicht in Geschäfte mitnehmen, nicht auf Ausflüge, in keinem anderen Verkehrsmittel als dem elterlichen Auto fahren (und selbst dann war – ausgenommen bei ganz kurzen Fahrten – außer dem Fahrer noch eine Eskorte erforderlich). Wir brauchten viel Zeit, um die Kooperation dieses kleinen Jungen zu gewinnen. Jetzt kennt er die Unterschiede in Größe, Farbe, Form, Durchmesser und Länge. Selbst *ohne* Sprache erlernte er die Zahlen und die phonetischen Laute für die Buchstaben. Er kann jetzt jede Zahl im Einer-, Zehner-, Hundertersystem und die entsprechenden Mengen herstellen – er kann einstellige Zahlen addieren und substrahieren – er kann auf der Multiplikationstafel Tabellen bis zur Multiplikation mit 5 ausarbeiten. Er erkennt verschiedene Geldstücke und hat ein gewisses Verständnis für die Zeit: „Nach den Ferien", „Schwimmen am Freitag".

Adam kann einfache phonetisch geschriebene Wörter aus drei bis vier Buchstaben lesen und buchstabieren. Er kann aufgrund seines Gedächtnisses Wörter Bildern zuordnen. Sein Sprachverständnis hat sich gebessert. Er benutzt jetzt viel mehr Wörter, sein Wortschatz ist wesentlich umfangreicher geworden. Malen macht ihm Freude, er benutzt Pinsel und Farben, malt damit Formen und setzt die Farben gegeneinander ab. Handwerkliche Tätigkeiten kann er schlechter, er verliert auch schnell das Interesse daran.

Seine motorische Koordination ist gut: er kann springen, werfen und einen Ball fangen, Fußballspielen und einen Ball genau in einen Behälter werfen. Aber er schwimmt nicht gern, obwohl ihn das Meer, Seen und Flüsse sehr interessieren. Wenn er an den Schwimmtagen in der Schule ankommt, beklagte er sich: „Nicht schwimmen, kranker Junge", „Schwimmen ganz weg". Adam nimmt wahr, was die anderen Gruppenmitglieder tun, obwohl er nicht mit ihnen kooperiert. Er macht z. B. oft auf Tätigkeiten anderer Kinder aufmerksam, besonders wenn er darin ein Vergehen gegen Gebote sieht – er sagt dann: „Ungezogener Junge, Charly". Er fährt gern mit Roller, Schlitten und anderen Fahrgeräten und spielt gern mit einem Fußball. Bisher hat er keine Neigung, mit anderen Kindern zusammen zu spielen. Das Singen in der Gruppe scheint ihn zu interessieren, aber er kann nicht mit den anderen gemeinsam singen, sondern singt hinterher für sich allein. Er singt nicht sehr melodisch, hat aber ein gewisses Gefühl für Rhythmus.

Adam hat ein außerordentliches Talent, etwas zu genießen und sich daran zu freuen. Schon im vorhinein stellt er sich auf zukünftige Ereignisse ein. Auf Exkursionen verhält er sich gut und gesittet. Er ißt ordentlich und sauber, wartet, bis er an der Reihe ist, akzeptiert, daß Geschenke geteilt werden müssen, und fügt sich in den Ablauf des Tages ein.

Er hat immer noch Perioden, in denen er unkooperativ und negativistisch ist, aber im allgemeinen ist er viel glücklicher und gelöster geworden.

Bobby: 11 Jahre alt

Bei der Aufnahme war Bobby hyperaktiv, furchtsam und unglücklich. Er benutzte folgende Wörter, die für ihn wenig oder keine Bedeutung hatten: „Mond", „arme Eule" und „Tunnel". Er fürchtete sich schrecklich vor harmlosen Vorgängen (etwa dem Anhalten des Autos vor Verkehrsampeln) und schrie bei solchen Gelegenheiten. Bobby hat jetzt ein gutes Verständnis für Zahlen und kann mit den vier Grundregeln schnell und richtig arbeiten. Er kann Probleme mit Geld, Länge, Gewicht, Zeit und Rauminhalt lösen. Seine Arbeit ist sauber und ordentlich, er braucht keine ständige Aufsicht. Sein Lesen, Rechtschreiben, seine Satzbildung und sein Satzverständnis haben sich gebessert, sein Wortschatz ist gewachsen. Er hat noch Schwierigkeiten mit Pronomen und Präpositionen. Er spricht sehr schnell, wenn er aufgeregt ist, und scheint Schwierigkeiten mit den Zungenbewegungen zu haben.

Bobby hat an Sport und Gymnastik Freude, seine Bewegungen sind gut koordiniert. Er ist in diesen weniger formalen Unterrichtsabschnitten weniger kooperativ und lenkbar. Das Schwimmen macht ihm Freude, er hat seine Furcht vor dem Wasser völlig überwunden.

Bobby ist sich der Gegenwart der anderen Gruppenmitglieder bewußt, aber er spielt oder kooperiert nicht mit ihnen. Er gibt Kommentare, wenn ein anderes Kind nicht da ist, und sagt etwa: „Armer Francis – zum Zahnarzt gegangen" oder wenn ein Kind in einer Notlage ist: „Ungezogener Adam – kein Schwimmen für Adam". Er hat Freude am Kochunterricht in der Gruppe und liebt den Mal- und Zeichenunterricht. Seine Bilder zeigen Formen und Ordnung und lassen sogar etwas Vorstellungsfähigkeit erkennen. Er schreibt auf der Schreibmaschine, am liebsten nur mit einer Hand, kann aber innerhalb einer Reihe die richtigen Finger für die entsprechenden Tasten benutzen. Seine Konzentration ist begrenzt.

Bobby freut sich auf Veranstaltungen, Feiern und Ausflüge und verhält sich dabei gut und gesittet. Er ißt jetzt gut und normal, während er früher sehr mäklig war. Er neigt dazu, die Erwachsenen gegeneinander auszuspielen; wenn er getadelt wird, wendet er sich sofort an eine andere erwachsene Person, setzt sich auf deren Schoß und legt die Arme um sie. Er ist jetzt viel glücklicher als noch vor einiger Zeit und im allgemeinen sehr bemüht, alles recht zu machen. In freien Spielperioden hat er ein- oder zweimal einen Kicheranfall, bei dem er seinen Kopf verbirgt. Er kann immer noch nicht richtig spielen.

Charles: 7 Jahre alt

Bei der Aufnahme war er stumm, hyperaktiv, ängstlich und weinerlich und fürchtete sich vor Geräuschen und Menschen. Er war noch nicht sauber und trug Windeln. Er hatte Eßprobleme. Er drehte sich in ritualistischer Weise umher und zwirbelte ständig ein Stöckchen oder ein Stück Schnur in seinen Fingern. Dieser kleine Junge reagierte erstaunlich rasch auf unsere Erziehung und erkannte bald Unterschiede in Farbe, Form, Größe, Tonhöhe, Gewicht, Umfang und Länge. Er ist in der Lage, den Tisch zu decken, abzuräumen und ganz allgemein zu helfen, wenn es von ihm verlangt wird. Er hat einen guten Zahlbegriff, kann addieren, subtrahieren und multiplizieren und hat gerade mit der Division angefangen. Er kennt das Geld und kann den Preis von Artikeln in einer Preisliste nachsehen und den richtigen Betrag angeben. Er hat eine Vorstellung von der Zeit und kennt die Tage der Woche und die Monate des Jahres. Er schreibt sorgfältig und sauber. Rechtschreibung, Lesen, Wortschatz, Satzkonstruktion und Satzverständnis – das alles hat sich verbessert.

Sein Malen, Zeichnen und Werken sind gut. Es fehlt ihm bisher dabei die Vorstellungsfähigkeit, aber er kann mit Farbe und Pinsel Formen malen und Farben gegeneinander setzen. Er kann mit der Schere schneiden, Papier falten und mit Bast arbeiten. Er liebt sportliche Betätigung, und seine motorische Koordination ist gut: er kann springen, hüpfen, einen Ball werfen und fangen, mit einem Schläger einen Ball zurückschlagen und sich im Schwimmbad über Wasser halten, allerdings nicht mit den vorschriftsmäßigen Bewegungen, sondern mit einer Art Hundepaddeln.

Charles ist sich der Gegenwart der anderen Gruppenmitglieder sehr bewußt und kooperiert gut mit ihnen. Er nimmt an allem teil, was von ihm erwartet wird, und liefert einen positiven Beitrag zum Gruppenleben. Er singt in der Gruppe oder allein mit Klavierbegleitung. Er ist jetzt sozial sehr gut integriert. Er verhält sich in der Schule und anderswo gut und diszipliniert. Er freut sich im voraus auf Ausflüge, Veranstaltungen, Wochenendfahrten und andere Feste und genießt diese Ereignisse. Emotional ist er immer noch unreif, aber er müßte trotzdem als Hilfe für seine Entwicklung zeitweise die Möglichkeit haben, in einer anderen Umgebung zu sein. Er ist sich der Absonderlichkeiten bei den anderen Kindern bewußt und macht Kommentare darüber. Nach meiner Ansicht würde er von einem Programm profitieren, bei der er die Hälfte jeden Tages in einer Gruppe normaler Kinder sein könnte, und den Rest innerhalb seiner jetzigen Umwelt verbringt, die ihm einen Rückhalt gibt.

Dennis: 7 Jahre alt

Bei der Aufnahme war er noch nicht sauber, trug Windeln und mußte gefüttert werden. Er war hyperaktiv und stumm. Er schien die Anwesenheit von niemandem wahrzunehmen und war taub und blind gegenüber Sprache und Gesten. Er hüpfte auf den Zehenspitzen umher, den Kopf hochgereckt, wobei er besondere Gurrlaute hervorbrachte und mit den Armen wie mit Flügeln schlug. Wenn er sich hinsetzte, schaukelte er ständig vor und zurück. Er schien unfähig, irgend etwas in seinen Händen festzuhalten.

Er konnte anscheinend Gegenstände in Augenhöhe nicht sehen, lief mit voller Wucht gegen eine Querstange am Ende des Gartens, die sich in dieser Höhe befand. Er schien ganz unempfindlich gegenüber Schmerz und war überhaupt nicht beeindruckt, stand gleich wieder auf, drehte sich um, lief zurück und hätte die Handlung noch oft wiederholt, hätte man ihn nicht daran gehindert. Visuelle Reize über und unter Augenhöhe zogen seine Aufmerksamkeit vorübergehend auf sich. Diese visuelle Behinderung ist nicht mehr erkennbar, auch nicht die Immunität gegenüber Schmerz und körperlichen Beschwerden. Es dauerte lange, zu ihm Kontakt zu finden und seine Kooperationsbereitschaft zu gewinnen, aber jetzt sitzt er vergnügt da und arbeitet mit dem sensorischen Material, er kommt, wenn er gerufen wird, und befolgt einfache Aufforderungen.

Er kann nach Form, Größe, Farbe und Umfang sortieren. Er arbeitet mit manipulativem Material und Puzzlespielen schnell und gut. Er kann die Zahlen 1–5 wiedererkennen und Bilder einander zuordnen, obwohl er nur bei einigen die Namen kennt. Malen, Zeichnen und Werken kann er bisher noch nicht.

Dennis hat Freude an Sportstunden, obwohl er bisher nicht nachmacht, was vorgemacht wird. Er hat Freude am Schwimmen und kann sich durch eine Art Hundepaddeln über Wasser halten. Er ist sich bisher der anderen Gruppenmitglieder nicht bewußt und braucht die Bekräftigung und Unterstützung eines Erwachsenen. Er kann sich immer nur für sehr kurze Zeit konzentrieren. Während vieler Spielperioden ist Dennis hyperaktiv, beschäftigt sich aber eine gewisse Zeit mit einem Roller oder Tretauto.

Dennis hat vor kurzem eine sehr unruhige Periode durchgemacht, hat Trotzanfälle bekommen, die er vorher nicht gezeigt hatte, hat sich gelegentlich selbst gekratzt und gebissen. Diese Veränderung könnte mit Vorfällen zu Hause in Verbindung gestanden haben, denn als sich in der Mitte des Schuljahresabschnittes die Dinge normalisierten, wurde seine Selbstkontrolle besser, und er schien wieder zugänglicher und glücklicher zu sein.

Elisabeth: 7 Jahre alt

Bei der Aufnahme war dieses kleine Mädchen hyperaktiv und noch nicht sauber, sie hatte lange Schreianfälle, wobei sie den Kopf anschlug. Auch schien sie sich der Menschen und Dinge ihrer Umgebung überhaupt nicht bewußt zu sein. Es brauchte lange Zeit, um irgendeinen Einfluß auf sie zu bekommen. Jetzt ist sie in der Schule und zu Hause in ihren Toilettengewohnheiten einigermaßen zuverlässig. Sie ist wenig selbständig, zieht sich z. B. nicht selbständig Kleidung oder Schuhe an und aus. Sie arbeitet mit dem sensorischen Material sehr gut und schnell, kann Farben zuordnen und benennen und nach Form, Größe und Umfang, Höhe, Länge und Breite sortieren. Sie arbeitet mit manipulativem Material oder Puzzlespielen fehlerfrei und schnell. Sie liebt Arbeiten im Haushalt und ist in ihren Bewegungen präzise und schnell. Sie kennt ihre Zahlen von 1–10 und kann die entsprechenden Mengen legen. Sie kennt die Buchstaben des Alphabets und die entsprechenden phonetischen Laute. Sie kann Bilder einander zuordnen und auf Aufforderung bestimmte Bilder geben, nach denen verlangt wird. Das Aufregendste an Elisabeths Fortschritten in diesem Schuljahrabschnitt ist der Beginn einer verstehbaren und sinnvollen Sprache. Sie sagt nun: „Hallo", wenn sie ankommt, und „Auf Wiedersehen", wenn sie geht – sie kann auch bestimmte Farben, Figuren und Buchstaben benennen.

Malen, Zeichnen und Basteln machen ihr Freude, sie kann auch mit Pinsel und Farbe einige Formen malen. Elisabeth hat Freude an Sportstunden, ihre Bewegungen sind gut und harmonisch. Sie hat Freude am Schwimmen.

Elisabeth ist sich der anderen Gruppenmitglieder nur insoweit bewußt, als sie dann, wenn sie ein Spielzeug möchte, das ein anderes Kind hat, in ihrer Entschlossenheit, das begehrte Objekt zu bekommen, bis zum Äußersten geht. Sie scheint die Musikstunden zu mögen, beteiligt sich aber aktiv gar nicht daran. In freien Spielperioden fährt sie mit Fahrgeräten umher oder spielt mit Wasser.

Elisabeths Tischmanieren haben sich gebessert, sie ist nicht mehr so mäklig und gebraucht den Löffel gut. Sie achtet sehr auf Sauberkeit und benutzt eine Papierserviette, um ihren Mund oder ihre Kleidung abzuputzen. Sie ist immer noch hauptsächlich mit der unmittelbaren Befriedigung ihrer eigenen Bedürfnisse beschäftigt, beginnt aber nun zu akzeptieren, daß auch andere Menschen Wünsche haben. Wutanfälle sind selten geworden. Bei Ausflügen ist ihr Verhalten gut und diszipliniert, und sie fürchtet sich nicht mehr vor neuen Situationen.

Francis: 13 Jahre alt

Als Francis zuerst zu uns kam, nahm er sich ganz willkürlich irgendwelches Material und bemühte sich gar nicht, es auch zu benutzen.

Er beantwortete keine Fragen und schien auch nicht an irgendwelchen Tätigkeiten interessiert. Heute arbeitet er schnell und fehlerlos und kann Aufgaben mit Geld, Rauminhalt, Länge, Gewicht und Zeit und mit einfachen Brüchen und Dezimalzahlen lösen. Er braucht immer noch individuelle Aufsicht. Seine schriftliche Arbeit ist meist nicht sorgfältig genug. Lesen, Rechtschreiben, Satzbildung und Satzverständnis – das alles hat sich gebessert; seine Versuche zum freien Schreiben sind amüsant, manchmal sogar realistisch, z.B.: „Meine Mutter hat rotes Haar, sie ist groß, sie ist fett."
Francis genießt die Vorfreude auf Sport- und Schwimmstunden, aber seine Bewegungen sind träge und unkoordiniert. Er kann jetzt einen Ball einigermaßen genau werfen und fangen, aber seine Versuche zu springen und zu hüpfen und zu anderen kontrollierten Gymnastikübungen sind nicht so erfolgreich. Er beginnt gärtnerische Aufgaben mit Begeisterung, hat aber nicht die Ausdauer, daß daraus eine wirkliche Arbeit wird. Er ist sich der anderen Gruppenmitglieder gut bewußt. In freien Spielperioden kommt es insofern zu Interaktionen, als er mit den Aktivitäten anderer Kinder in Konflikt geraten kann – er möchte von jemand anderem ein Tretauto oder die Sandspielzeuge haben. Sein Interesse an den Kochstunden in der Gruppe hat nicht angehalten. Francis scheint an musikalischen Tätigkeiten Freude zu haben, nimmt aber nicht aktiv daran teil. Er kann in der Gruppe nicht mitsingen. Er liebt den Malunterricht, bringt aber keine geordneten Formen zustande. Seine manuelle Arbeit entspricht einer viel jüngeren Altersstufe und besteht hauptsächlich im Zerreißen und Falten von Papier und im Aufreihen von Perlen.
Francis freut sich im voraus auf Geselligkeiten, Feiern und Ausflüge. Sein Verhalten außerhalb des schulischen Bereichs ist gewöhnlich gut, diszipliniert und ziemlich interessiert. Er scheint an der Erwartung meist mehr Freude als an der Verwirklichung zu haben. Er kann mit anderen Kindern teilen und erfaßt jetzt, daß andere Menschen innere Antriebe und Wünsche haben. Wir machten eine Wochenendfahrt mit drei Kindern, und Francis hatte wirkliche Freude an diesem Erlebnis. Es verwirrte ihn nicht, daß er von zu Hause fort war, und er versuchte die ganze Zeit über, hilfsbereit und kooperativ zu sein. In der zweiten Nacht war er lange Zeit

wach, aber dabei ganz entspannt, er sang und sprach zu sich selbst. Sein Verhalten in Restaurants und Geschäften, in Bussen und Zügen war gut und diszipliniert. Ich stellte während unserer Spaziergänge fest, daß er rascher als die anderen Kinder ermüdete, sich zur Unterstützung an meinen Arm hing und die Füße schleifen ließ. Er braucht immer noch individuelle Unterstützung und Bekräftigung, weil er nicht über eine etwas längere Zeit in einer Gruppensituation arbeiten kann, aber seine negativistischen Perioden sind weniger häufig, und seine Konzentration hat sich gebessert. Er ist ein fröhlicher Junge, dessen Selbstvertrauen zunimmt und der in neuen Situationen, z. B. gegenüber plötzlichem Lärm und ähnlichem, nicht mehr so furchtsam ist wie früher.

Graham: 8 Jahre

Graham kam vor zwei Jahren in unsere Schule. Er hat als zusätzliche Behinderungen ein angeborenes Hüftleiden und eine spastische Lähmung.

Er verbrachte seine ersten Wochen mit langdauerndem Brüllen und Schreien und äußerte verschiedene sinnlose Wünsche: „Möchte Sardinen und Kondensmilch", „möchte hochgehen", „möchte runtergehen".

Er war noch nicht sauber und aß mit den Händen. Er ignorierte jede Anweisung oder Aufforderung, krümmte in solchen Fällen den Rücken und brüllte. Wenn er sich von einer Stelle zur anderen bewegen wollte, ließ er sich auf die Knie nieder und krabbelte.

Graham kann jetzt Farben zuordnen und benennen und kann nach Form, Größe und Umfang sortieren. Er arbeitet bei manipulativen Übungen gut, die Kontrolle und Koordination seiner Finger und Hände sind viel besser geworden. Er widersetzt sich jeder Übung mit Zahlen; obwohl er die Zahlen von 1–10 kennt und die entsprechenden Quantitäten legen kann, ist es meist sehr schwer, ihn zur Mitarbeit zu bewegen. Er kennt die meisten Buchstaben und die entsprechenden phonetischen Laute. Er erkennt und benennt Blumen, Früchte, Obst, Farben, Kleidungsstücke, Transportmittel, Möbelstücke, Spielzeuge usw. Sein Wortschatz hat sehr zugenommen, seine Echolalie ist erheblich zurückgegangen. Obwohl er am Sportunterricht nicht aktiv teilnehmen kann, freut er sich daran und ist in diesen Stunden mobiler – er bewegt sich mit seinen Krücken schnell umher und kann ohne Hilfe etwa eine Minute lang stehen. Er liebt die Schwimmübungen und hat dabei überhaupt keine Furcht.

Graham ist sich der anderen Gruppenmitglieder sehr bewußt und interagiert so viel, daß er den anderen bei ihren Aktivitäten in die Quere kommt oder an ihrem Tun teilzunehmen versucht. Er liebt die Musikstunden in der Gruppe, singt aber bisher nicht die richtigen Töne und nicht zur richtigen Zeit. Er ißt jetzt gut und sauber. Er freut sich auf Feste, Geselligkeiten und Ausflüge, scheint aber an der Erwartung mehr Freude zu haben als an der Wirklichkeit. Neue Lernsituationen kann er nur schwer tolerieren. Obwohl er immer noch hauptsächlich mit der Befriedigung seiner eigenen inneren Bedürfnisse beschäftigt ist, beginnt er jetzt zu erfassen, daß andere auch Wünsche haben. Er ist liebevoll, aufgeweckt und fängt an, sich um Lob zu bemühen.

3. Teil:
Soziale und organisatorische Aspekte

Kapitel 10
Die familiäre Erziehung autistischer Kinder

Lorna Wing

Dieses Kapitel ist vorwiegend für diejenigen bestimmt, deren Aufgabe darin besteht, Eltern oder Pflegeeltern bei der familiären Betreuung eines autistischen Kindes zu helfen. Die Organisationsform dieser Beratungsarbeit wird im nächsten Kapitel besprochen, wobei auch die Konzeption eines „Teams" beruflich geschulter Berater erörtert wird, die gemeinsam das verwirklichen, was der oft mißbrauchte Begriff „Gemeinwesenarbeit" bezeichnet. Wir befassen uns hier speziell mit den Erziehungsfragen und den pädagogischen und sozialen Problemen beim häuslichen Umgang mit dem Kind. Es ist eine etwas akademische Frage, welches die beste Berufsausbildung für diese Beratertätigkeit ist: die wichtigsten Voraussetzungen dafür sind Erfahrungen mit autistischen Kindern in vielen unterschiedlichen Situationen, die Fähigkeit, aus diesen Erfahrungen zu lernen, die Bereitschaft, die Eltern als Partner bei einem gemeinsamen Unternehmen zu akzeptieren, eine gründliche Kenntnis der verfügbaren Hilfseinrichtungen und eine gewisse Zurückhaltung gegenüber allem Theoretisieren am Grünen Tisch. Im folgenden Kapitel wird die Art der Beratung beschrieben, die die Eltern brauchen und zur Zeit oft nicht erhalten. Es ist eine der Thesen dieses Buches, daß *jeder,* der beruflich mit behinderten Kindern zu tun hat, wenigstens einige Grundkenntnisse des gesamten Problembereichs besitzen sollte, so daß Erörterungen über Abgrenzungen und Zuständigkeiten überflüssig sein müßten. Der Ausdruck „Berater" wird auf jeden angewandt – Arzt, Medizinalbeamter, Psychologe, Sozialarbeiter oder Lehrer –, der in dieser Rolle tätig werden könnte.

Kommt ein autistisches Kind in eine fremde Umgebung, z. B. in eine ärztliche Klinik, in das Büro eines Sozialarbeiters oder in eine neue Schule, so fällt es in seinem Verhalten oft auf eine primitivere Stufe zurück. In einer vertrauten Umgebung ist es dagegen meist weniger in sich zurückgezogen, freundlicher, lebhafter und kooperativer, bereitet aber andererseits auch viele Schwierigkeiten, die bei einem Besuch im Büro nur erahnt werden können. Auch bei einem Wechsel von einer vertrauten in eine fremde Umgebung kann es zu Regressionen kommen. Ein Kind, das eigentlich gern zur Schule geht, sagt möglicherweise am Sonntagabend: „Gar keine Schule. Nicht zur Schule gehen" und verhält sich vielleicht am Montagmorgen noch ablehnender. Am Freitagnachmittag (angenommen, es geht immer zu den Wochenenden nach Hause) sagt dann dasselbe Kind: „Gar nicht nach Hause. Nicht nach Hause gehen." Derartige Reaktionsweisen kennt man von erwachsenen Patienten in psychiatrischen Krankenhäusern, und die Krankenschwestern oder Ärzte, die nur die eine Seite sehen, neigen leicht zu der Ansicht, das *von ihnen* beobachtete Verhalten sei die Folge einer ungünstigen Wirkung der Besuche zu Hause, sie erkundigen sich aber nicht, wie die Dinge von der anderen Seite her aussehen. Dieses Beispiel soll das erste Prinzip für die häusliche Betreuung verdeutlichen: Der Berater muß sich des jeweiligen Einflusses vieler verschiedener Umwelten auf das Verhalten des Kindes bewußt sein, damit er die Bedeutung jeder einzelnen Situation abschätzen und daraufhin praktische Ratschläge für den Umgang mit dem Kind geben kann.

Das zweite Prinzip folgt aus dem ersten. Der Berater sollte nicht die vorgefaßte Meinung haben, daß *notwendigerweise* irgendeine Störung in der häuslichen Umwelt die primäre Ursache des abnormen Verhaltens ist. Ganz abgesehen davon, daß dies ein elementarer logischer Fehler ist, können Eltern behinderter Kinder wegen ihrer eigenen Schuld- und Angstgefühle für jede Andeutung eines Vorwurfs sehr empfänglich sein. Mancher Berater kann vielleicht schwer akzeptieren, daß es menschliches Leid ohne moralische Schuld gibt – denn dadurch wird er so deutlich an die eigene

Verwundbarkeit erinnert. Es ist sicherlich leichter, zu glauben, daß die Opfer ihr Schicksal irgendwie verdient haben. Dieses Thema sollte man offen diskutieren und den Eltern versichern, daß es keinen Grund für die Annahme gibt, *sie* seien für den Zustand des Kindes verantwortlich. Wenn der Berater *wirklich* glaubt (wie es manche tun), daß der Zustand durch persönliche Unzulänglichkeiten der Mutter verursacht ist, dann ist es am besten, dies ganz offen zu sagen. Man sollte dann auch erklären, daß diese Auffassung nur eine Hypothese darstellt, die keineswegs allgemein anerkannt ist, damit die Eltern sich überlegen können, ob sie einen anderen Berater wählen wollen. Die Zeit väterlicher Bevormundung bei der Beratungstätigkeit ist sicherlich vorbei, besonders, wenn man es mit Eltern zu tun hat, die intelligent sind und die Probleme selbst durchschauen können. Die Klienten erwarten nicht immer, daß Berater allwissend sind, nicht einmal, daß sie in allen Dingen recht haben. Viele können von einem Berater, der freimütig sagt, was er nicht weiß, mehr profitieren als von einem, der vorgibt, alle Antworten zu kennen.

Das dritte Prinzip mag nun das notwendige Gegengewicht zu den beiden anderen bilden. Die Umwelt hat ja tatsächlich einen starken Einfluß auf das Verhalten. Die primären Behinderungen, die in den Kapiteln 1 und 2 behandelt wurden, führen zu zahlreichen und verschiedenartigen sekundären Folgeerscheinungen. Die Eltern können es im Grunde gar nicht vermeiden, daß sie beim Umgang mit dem Kind viele Fehler machen. Die Methoden der Kindererziehung, die sie alle in irgendeiner Weise gelernt haben, sind natürlich auf die Bedürfnisse eines Kindes ausgerichtet, das etwa zur gleichen Zeit laufen und sprechen lernt. Motorische und intellektuelle Selbständigkeit entwickeln sich gemeinsam. Orton (1937) und Ingram (1959) haben darauf hingewiesen, wie ein Kind mit Sprachschwierigkeiten von seinen Eltern in der Regel bewacht und behütet wird. Wenn ein autistisches Kind ungewöhnlich ruhig und genügsam ist, beschäftigt sich seine Mutter vielleicht weniger als üblich mit ihm, besonders, wenn sie mit ihren älteren Kindern zu tun hat. Andererseits sind viele autistische Kinder sogar schon als Säuglinge extrem schwierig und verlangen eigentlich Tag und Nacht ununterbrochen die Aufmerksamkeit beider Eltern. Dann entsteht das Problem der Überforderung der Eltern. Wenn autistische Kinder ins Kleinkindalter kommen, werden fast alle sehr schwierig und brauchen ständige Beaufsichtigung und nahezu ungeteilte Aufmerksamkeit von seiten der Eltern. Dies kann sich wiederum sehr nachteilig auf die anderen Kinder in der Familie auswirken. Sehr wenige Eltern haben das Glück, schon sehr früh zu entdecken, was mit ihrem Kind nicht in Ordnung ist und wie man seine Behinderungen verstehen kann. Die anderen müssen sich Tag für Tag abmühen, ohne zu wissen, warum ihr Kind so fremd, so eigenartig, so unberechenbar ist und so wenig Freude macht. Bei Kindern ohne zusätzliche körperliche Behinderungen (die ein Warnzeichen sein könnten) liegt in den ersten Lebensjahren der Kern des Problems in Folgendem: Die Eltern haben ein attraktives, gesund aussehendes Kind, das sie sehr lieben, an dem aber ihre Zuwendung und Zuneigung anscheinend völlig abgleiten. Sie sagen meist: „Nun gut, es spricht spät, wenn es einmal spricht, wird es anders sein, leichter, umgänglicher", aber die Zeit vergeht, und das Kind spricht immer noch nicht und wird größer, aktiver und schwieriger. Und doch wirkt es gelegentlich normal, schmiegt sich manchmal glücklich an seine Mutter an, wenn es auf ihrem Schoß sitzt und sie ihm ein Lied vorsingt. Aber bei anderer Gelegenheit scheint es sich ihrer Existenz wieder gar nicht bewußt zu sein. Man hat immer das Gefühl, daß nur irgendein kleines Ding an der richtigen Stelle „einrasten" müßte, und alles wäre normal. Diese Mischung aus normalem und bizarrem Verhalten bei einem scheinbar gesunden Kind ist etwas völlig Unverständliches.

Von autistischen Kindern weiß man in der Öffentlichkeit nichts. Die Leute haben davon gehört, daß Kinder geistig zurückgeblieben oder hochgradig schwachsinnig sein können und haben eine gewisse Vorstellung davon, aber autistisches Verhalten ist etwas völlig Unerwartetes. Den Eltern stehen keine fertigen Redensarten zur Verfügung, auf die sie zurückgreifen können, um anderen Menschen das schwierige Verhalten zu erklären. Ihr Kind ist vielleicht destruktiv, nicht sauber und hat schreckliche Tischmanieren, und all das macht die Familie bei Freunden und Nachbarn unbeliebt und kann das gesellige Leben auf ein Minimum reduzieren. Erklärungen anderer Leute reichen von „Es ist taub" oder „Es ist verwöhnt" bis zu „Es ist eben einfach schwachsinnig, aber ihr wollt das nicht einsehen".

Wenn die Eltern schließlich den Entschluß fassen, Fachleute zu konsultieren, dann sind sie gewöhnlich unglücklich, verwirrt, voller Schuldgefühle und vollkommen ohne Vertrauen in ihre Fähigkeit, das eigene Kind zu lenken. Die Frage, welche Institutionen in Anspruch genommen werden sollten, einschließlich der Frage einer Unterbringung und Erziehung außerhalb der Familie, wird im nächsten Kapitel behandelt. Spezielle Unterrichtsmethoden werden in den Kapiteln 8 und 9 dargestellt. An dieser Stelle sei Folgendes hervorgehoben: Je früher die Familie beraten wird, und je realitätsbezogener und empirisch fundierter diese Beratung ist, desto unwahrscheinlicher wird es, daß man einmal die Empfehlung geben muß, die Erziehung des Kindes den Eltern völlig aus der Hand zu nehmen. Welche Erziehungsprobleme in den einzelnen Lebensabschnitten auftreten können – bei Säuglingen, Kleinkindern und älteren Kindern – und welche Beratung dann erforderlich ist, wird im Folgenden dargestellt (Wing, 1964)[1].

Probleme in der Säuglingszeit

Sinnvolle Ratschläge für die erste Zeit im Leben eines autistischen Kindes zu geben, ist schwierig; denn wenn keine körperliche Abnormität vorhanden ist, durch die ein Arzt aufmerksam werden könnte, wird die Diagnose „Autismus" selten vor dem 2. Lebensjahr gestellt. In jüngster Zeit ist mehr über dieses Syndrom bekannt geworden, und so ist die Wahrscheinlichkeit einer Früherkennung vielleicht gestiegen, jedoch bleibt die Diagnose vor dem Alter des normalen Sprachbeginns immer unsicher. Aus den Berichten von Eltern autistischer Kinder läßt sich entnehmen, daß einige dieser Kinder als Säuglinge keine erkennbaren Abnormitäten zeigten, andere ungewöhnlich ruhig und genügsam waren und die übrigen ihrer Schreianfälle und Eßprobleme wegen extreme Schwierigkeiten bereiteten.

Eltern berichteten oft, daß ihre autistischen Kinder besonders als Säuglinge für körperliche Stimulationen wie Kitzeln, Liebkosen, Schaukeln und dergleichen sehr ansprechbar gewesen seien. In diesen Situationen hätten sie wie normale Kinder gewirkt. Ein vernünftiger Rat ist also, daß so viel körperlicher Kontakt wie möglich hergestellt werden sollte. Dabei sollten diejenigen Formen gewählt werden, an denen das Kind Freude hat. Wenn ein Säugling auf körperliche Kontakte wenig anspricht, sollte die Mutter es einmal anders als auf die ihr gewohnte Art versuchen.

Anspruchsvolle Säuglinge, die viel schreien, sind wahrscheinlich auch lebhafter und ansprechbarer und machen mehr Freude als die ruhigen und passiven. Sie sind aber eine starke Belastung für die Familie, weil sie unter Umständen schlecht schlafen und zu jeder Tages- und Nachtzeit stundenlang schreien. Wenn solche Probleme längere Zeit unverändert bestehen bleiben, sollte der Arzt ein geeignetes Beruhigungsmittel verschreiben. Autistische Kinder sind gegenüber Beruhigungsmitteln oft äußerst resistent und können durch ein ungeeignetes sogar in einen Erregungszustand geraten, so daß Medikamente niemals ohne ärztliche Verordnung gegeben werden sollten.

Probleme in der Kleinkindzeit

Wenn ein autistisches Kind das Alter von 12 bis 15 Monaten erreicht, ist meist sehr deutlich zu erkennen, daß seine Entwicklung nicht normal verläuft. Obwohl es immer noch auf körperlichen Kontakt ansprechbar ist, reagiert es überhaupt nicht, wenn Menschen zu ihm reden oder seinen Namen rufen. Wie jedes Kleinkind ist es aktiv und unternehmungslustig, läßt sich aber durch die Stimme seiner Mutter nicht leiten und kann seine Wünsche nicht mitteilen.

Zu diesem Zeitpunkt wird vielleicht die Diagnose „Autismus" gestellt, und der Berater muß den Eltern helfen, sich über die Konsequenzen klar zu werden. Viele Eltern wissen schon vorher, wie ernst das Problem ist, aber andere werden zunächst nicht erfassen, daß ihr Kind wahrscheinlich sein Leben lang behindert sein wird. Den Eltern das zu sagen und sie gleichzeitig zu überzeugen, daß sie ihrem Kind sehr viel helfen können, und daß ihre Anstrengungen sich lohnen, ist eine schwierige Aufgabe. Die Art und Weise, wie man sie angeht, kann das gesamte Schicksal des Kindes und der Familie bestimmen.

Die Wurzeln für viele spätere Schwierigkeiten liegen im Kleinkindalter, in dem die Verhaltensprobleme am größten sind, und in dem es sehr leicht geschehen kann, daß das ganze Familienleben nach diesem Kind ausgerichtet wird. Die Eltern gehen manchmal bis zum Äußersten, um die Schreianfälle zu vermeiden, denen man kaum ein Ende machen kann, wenn sie einmal angefangen haben. Das kann zu Bestechungsgeschenken in Form von Süßigkeiten oder Eis führen oder zu umständlichen Vorkehrungen, um den Wünschen des Kindes nachzukommen. Einige bemerkenswerte Beispiele sind folgende: Ein Kind, das eine ganze Familie dazu brachte, die Mahlzeiten auf dem Fußboden sitzend einzunehmen; ein kleines Mädchen, das keinem im Haus erlaubte, mit gekreuzten Beinen zu sitzen; ein Junge, dessen Bett wie ein Steingarten aussah, weil er von großen Zementplatten wie besessen war; ein kleiner Junge, der darauf bestand, daß die Schallplatte „Rock Around the Clock" ununterbrochen gespielt wurde, solange er wach war.

Es läßt sich schwer abschätzen, in welchem Umfang das gestörte Verhalten eines autistischen Kleinkinds durch geeignete Erziehungsmaßnahmen geändert werden kann. Einige Störungen sind zwar sekundär, aber es ist möglich, daß in diesem Entwicklungsstadium die Schreianfälle und einige der sonderbaren Bewegungen hauptsächlich durch die Unausgereiftheit des Nervensystems bedingt und damit durch irgendwelche äußeren Kontrollen nicht beeinflußbar sind. Es kann in der Kleinkindzeit also sehr lange dauern, bis die Bemühungen, das Verhalten des Kindes zu ändern, irgendwelche erkennbaren Resultate haben. Trotzdem sind die allgemeinen Prinzipien dieselben wie für den Umgang mit dem älteren und stärker lenkbaren Kind.

Man muß die Behinderungen des Kindes ganz genau kennen, um einen Erziehungserfolg zu erreichen. Es hat keinen Zweck, von einem Kind zu erwarten, daß es mehrere Anweisungen befolgt, die in einem komplizierten Satz enthalten sind, wenn es nur einfache Sätze verstehen kann. Es ist sinnlos, von ihm zu erwarten, daß es seinem Vater zuwinkt, der weit entfernt ist, wenn es Dinge nur innerhalb einer Entfernung von 10 m sehen und erkennen kann.

Ebenso wie die Behinderungen muß man auch die positiven Fähigkeiten des Kindes kennen, um sie als Grundlage für den Erwerb weiterer Fertigkeiten nutzen zu können. Hierzu braucht man Geduld, Fantasie und die Bereitschaft, aus den Erfahrungen anderer Menschen zu lernen. Die Kinder sind z. B. in ihren Nahsinnen weniger behindert als in den Fernsinnen, viele haben Interesse an nicht-sprachlichen Tätigkeiten wie Musik oder Bewegungen. Man muß unbedingt wissen, daß autistische Kinder, bevor ihre Behinderungen erkannt sind, bei ihrem Versuch, die Welt zu verstehen, kaum etwas anderes als Mißerfolge erleben, und daß dadurch ihr Bedürfnis, überhaupt noch irgendwelche Anstrengungen zu machen, vermindert oder ausgelöscht ist. Es ist immer möglich, dem Kind Erfolgserlebnisse zu vermitteln und damit seine Begeisterungsfähigkeit wieder zu wecken.

Die Eltern müssen soviel Zuversicht entwickeln, daß sie sich durch den Lernwiderstand des Kindes nicht entmutigen lassen. Als Beispiel sei ein Kind erwähnt, das eine Heim„schule" mit einem nicht-autoritären, nicht-direktiven Erziehungsstil besuchte, und das sich dort angewöhnte, bei allen Schwierigkeiten „Kann es nicht, hab keinen Verstand" zu sagen. Seine Mutter wußte, daß es sehr viel mehr konnte, als es überhaupt versuchte; sie erreichte eine Umschulung in eine andere Schule, in der an die Kinder direktere Anforderungen gestellt wurden. In der neuen Umgebung änderte sich die Einstellung des Kindes sehr schnell, und nach zwei oder drei Wochen konnte man diese Äußerungen von ihm nicht mehr hören.

Es ist äußerst wichtig, daß die Eltern einem gestörten Verhalten energisch und konsequent begegnen, denn sonst behindert es ernsthaft das Erlernen neuer Fähigkeiten und führt zum Verlust wertvoller Zeit.

Paradoxerweise wird es leichter, die Behinderungen des Kindes richtig zu erkennen, wenn sie etwas schwächer werden. Viele Eltern erfassen erst, wieviel Schwierigkeiten ihr autistisches Kind beim Sprachverständnis hat, wenn es selbst anfängt, einige Wörter zu sprechen. Das Ausmaß der Sehbehinderung wird ihnen oft erst dann bewußt, wenn das Kind anfängt, sich Bilder anzusehen und dazu Bemerkungen zu machen. Dagegen sind in den ersten Lebensjahren die Symptome so zahlreich und so schwer, daß man die einzelnen Behinderungen kaum als solche erkennen kann.

Sprachprobleme

Das zentrale Problem, das die Eltern angehen müssen, ist das Problem der Sprache. Mütter reden zu ihren Babys, und normale Säuglinge plappern, lallen und reagieren auf Sprache, lange bevor sie selbst irgendwelche Wörter sagen können. Autistische Kinder, die von Geburt an behindert sind, können anscheinend der Sprache, die sie hören, keinen Sinn entnehmen. Sie haben keine Freude daran, manchmal scheint das Zuhören für sie sogar schmerzhaft zu sein, denn es kommt vor, daß sie sich die Ohren zuhalten, um nichts davon zu hören. Bei einem solchen Kind müssen die Erwachsenen ihr gewohntes Verhalten ändern. Einige autistische Kinder horchen manchmal auf oder lachen vor Freude, wenn Wörter dicht an ihrem Ohr leise geflüstert werden, selbst wenn sie die normale Sprache nicht beachten. Andere verstehen manches, was man ihnen singend sagt, obwohl sie auf die gleichen Wörter nicht reagieren, wenn sie gesprochen werden. Das Wiederholen sehr einfacher Sätze oder Ausdrücke, die eine deutlich demonstrierbare Bedeutung haben, hilft wahrscheinlich mehr als ein Redefluß.

Wenn normale Kinder zu sprechen anfangen, greifen sie nur wenige Schlüsselwörter aus den Unterhaltungen um sie herum auf, wobei sie die übrigen Wörter anscheinend wenig stören. Dem autistischen Kind fällt diese Aussonderung der bekannten Wörter schwer. Es kann Sprache nicht wie selbstverständlich an den alltäglichen Gesprächen lernen. Man muß ihm die Wörter einzeln durch konkrete Demonstrationen beibringen. Am besten beginnt man mit alltäglichen Gegenständen (Bett, Stuhl, Tasse, Teller, Strumpf, Schuh usw.) und nennt den Namen jedesmal, wenn der Gegenstand benutzt wird. Sobald das Kind an die Namen gewöhnt ist, kann es sie spezifischer lernen: Man sagt z. B.: „Johnny, faß die Tasse an" und führt seine Hand so, daß er sie berührt. Hat er dies einmal verstanden, wird er trotzdem noch die Führungshand verlangen, aber diese Tendenz läßt sich allmählich abbauen, und schließlich wird er den genannten Gegenstand selbständig berühren. Danach können täglich einige neue Namen gelernt werden. Auch einfache Verben sind recht leicht zu lehren, ebenso einige Adjektive, wie „schön" zur Beschreibung beliebter Gegenstände oder Kleidungsstücke. Die schwierigsten Wörter sind Präpositionen und Konjunktionen, z. B. „in", „unter", „aber", „und". Wenn autistische Kinder selbst Sätze konstruieren (statt gehörte Ausdrücke als Echo wiederzugeben), tendieren sie dazu, nur die wichtigsten Wörter zu sagen und alle anderen auszulassen. Wenn man sie auffordert, etwas „über den Kopf" zu halten, geraten sie vielleicht in Verwirrung und Bedrängnis, weil sie die Verwendung von „über" nicht gelernt haben. Solche Wörter können sie einzeln nacheinander lernen, wozu man aber sehr viel Geduld und Zeit braucht. Auch der Umkehrung der Pronomen (eine Folge der Echolalie) kann man entgegenwirken, was allerdings nur mit äußerst intensiven Bemühungen zum Erfolg führt. Selbst wenn das autistische Kind viele Wörter spontan reproduzieren kann, ist es wahrscheinlich ohne sorgfältige Übung nicht in der Lage, Fragen zu beantworten. Ein kleines Mädchen hatte viel Spaß daran, als ihr Vater fragte: „Was sagt die Kuh", und seine eigene Frage beantwortete: „Die Kuh sagt muh". Schließlich gab sie selbst die Antwort, indem sie sagte: „Die Kuh sagt muh". Sie brauchte für den Satzanfang eine Hilfe, konnte aber später die ganze Antwort selbst produzieren. Später lernte sie, die Frage „Was ist im Ofen?" zu beantworten, weil darin ihre Lieblingsspeise war. Danach konnte sie Fragen nach dem Inhalt verschiedenartiger Behälter beantworten, selbst wenn diese Dinge sie nicht direkt interessierten.

Man darf nie annehmen, daß ein autistisches Kind irgendein Wort kennt, das es nicht speziell gelernt hat. Das Wort „Bleistift" mag zu Hause zahllose Male benutzt worden sein, ohne daß es die Bedeutung kennt. Bevor man ihm nicht ausdrücklich einen Bleistift gezeigt und den Namen mehrmals wiederholt hat, bringt man es mit der Aufforderung, einen Bleistift zu holen, in Schwierigkeiten. Sehr wahrscheinlich ist es hilflos, wenn man es drängt, etwas zu tun, was es nicht ganz verstehen kann. Dadurch wird es möglicherweise entmutigt, sich noch weiter anzustrengen. Man muß auf solche Situationen achten und sie zu vermeiden suchen, indem man Aufforderungen sehr einfach formuliert, das Kind bei der Hand führt und es selbst bei einem kleinen Erfolg ermutigt und lobt.

Ein anderes Problem ist das sehr konkrete Wortverständnis dieser Kinder. Wenn man einem autistischen Kind einen Malkasten und eine Vase mit Blumen gibt und ihm sagt: „Male die Blumen" („paint the flowers"), dann kann es durchaus geschehen, daß es sie wirklich anmalt. Die Anweisung muß genau und detailliert sein: „Male ein Bild von den Blumen auf das Papier". Das wird zur gewünschten Handlung führen, sofern das Kind vorher die Bedeutungen von „male", „Bild", „Blumen" und „Papier" gelernt hat.

Ein sehr häufiger Fehler ist die Annahme, das Kind könne alles verstehen, was gesagt wird. Viele Eltern erliegen diesem Fehlschluß, weil sie feststellen, daß das Kind sprachliche Instruktionen befolgt, wobei ihnen aber nicht bewußt wird, daß sie ihm zusätzliche Hinweise geben, beispielsweise durch Gesten. Die genaue Beobachtung zeigt meist ziemlich klar, daß das Sprachverständnis sehr begrenzt ist. Man sollte den Eltern raten, zu einem autistischen Kind nicht so zu sprechen, als sei es normal, es sei denn, dieser Ratschlag sei durch intensive Beobachtungen gut begründet. Es ist das beste, wenn man zu dem Kind nicht zu kompliziert spricht, andererseits aber auch nicht allzu einfach, so daß es sich zwar immer etwas anstrengen muß, aber auch eine Erfolgschance hat.

Für das Kind ist es eine gute Übung, anderen Familienmitgliedern einfache Nachrichten zu überbringen, wie etwa „Das Essen ist fertig, Papa". Es lohnt sich, die in dieser einfachen Aufgabe enthaltenen Probleme einmal zu überdenken und zu überlegen, welches das richtige Vorgehen ist. Wenn die Mutter das Kind auffordert: „Geh und sag Papa, das Essen ist fertig, nun geh, sag es Papa" (wenn sie also das sagt, was man einem normalen Kind sagen würde), dann lautet die Nachricht, die den Vater erreicht, wahrscheinlich: „Sag es Papa". Die richtige Methode ist, dem Kind zu sagen: „Das Essen ist fertig, Papa", es zu begleiten und ihm dann im Flüsterton Hilfen zu geben, bis es die Nachricht dem Vater richtig mitteilt. Im Verlauf einiger Wochen kann man allmählich auf die Hilfen verzichten; die Mutter braucht das Kind nicht mehr den ganzen Weg zu begleiten; und schließlich wird es die Nachricht selbständig überbringen und richtig mitteilen. Dieses Beispiel ist ein Muster dafür, wie ein Kind auf dem Weg über die Echolalie kommunikative Sprache lernen kann. Natürlich ist es für die Mutter viel leichter, die Nachricht selbst zu überbringen, aber dem Kind würde dadurch eine Lernmöglichkeit genommen.

Visuelle Probleme

Visuelle Probleme treten ziemlich häufig auf, sind allerdings schwerer zu entdecken als die Abnormitäten der Sprache. Viele autistische Kinder sehen sich bis zur späten Kindheit keine Bilder an. Einige erkennen bei kleinen Modellen nicht, um welche Gegenstände es sich handelt, während sie die betreffenden realen Gegenstände benennen können. Zum Beispiel wissen einige autistische Kinder mit kleinen Tiermodellen nichts anzufangen, obwohl sie eine richtige Kuh oder ein richtiges Pferd erkennen. Größere Modelle erkennen sie unter Umständen leichter. Ein Kind war an farbigen Bildern völlig uninteressiert, es gefiel ihm aber sehr, wenn man ihm auf weißem Grund große schwarze Silhouetten alltäglicher Gegenstände zeichnete, die es benennen konnte. Ebenso wie bei der Sprache gibt es also auch im visuellen Bereich die Notwendigkeit zur Vereinfachung. Dieses Kind sah sich später einfache farbige Bilder an und danach auch komplexere, wobei es allerdings meist dazu neigte, ein winziges irrelevantes Detail in irgendeiner Ecke herauszusuchen.

Ein autistisches Kind, das visuell behindert ist, kann durch die Unübersichtlichkeit einer fremden oder komplizierten Umgebung ganz aus der Fassung geraten. Ein überfülltes Kaufhaus kann es ängstigen, unbekannte Orte können es völlig verwirren. Das Kind darf vor neuen Erfahrungen nicht völlig abgeschirmt werden, weil es Gelegenheiten zum Lernen haben muß, doch sollte man sorgfältig im voraus planen, das Kind nur allmählich und anfangs nur kurzzeitig mit neuen Situationen konfrontieren, damit es nicht zu sehr beunruhigt wird. Manche autistische Kinder sind zunächst völlig blind und taub gegenüber allem, was sie umgibt, sowohl gegenüber Alltäglichem wie gegenüber Fremdem, aber wenn sie allmählich mehr wahrnehmen und mehr verstehen, können sie durch ein Stadium quälender Furcht gehen.

Ebenso wie Sprachstrukturen muß das autistische Kind auch visuelle Strukturen von sehr einfachen Anfängen an lernen. Ohne Hilfe erkennt es wahrscheinlich viele komplexe Objekte nicht als geschlossene Einheiten aus zueinander gehörenden Teilen; z. B. ist ihm möglicherweise nicht klar, daß eine Reihe von nebeneinander stehenden Häusern aus mehreren einzelnen Häusern besteht, von denen wieder jedes eine bestimmte Anzahl von Türen, Fenstern, usw. hat. Sobald das Kind sich Bilder ansehen kann, ist es eine nützliche Übung, die einzelnen Teile eines Hauses zu benennen und das Kind dann nach draußen zu nehmen und ihm die wirklichen Gegenstände zu zeigen. Eines der komplexesten Wahrnehmungsobjekte, das ein Kind erfassen muß, ist das andere menschliche Wesen: etwas, das sich ständig bewegt, verändert und in unterschiedlicher Weise auf das Kind einwirkt. Die Teile des Körpers zu lehren, indem man sie berührt, benennt und auf die jeweilige Person bezieht (Papas Augen, Mamas Augen, Davids Augen, Papas Hand, Mamas Hand, Davids Hand) ist eine Übung, die man viele Male wiederholen muß.

Es ist für autistische Kinder manchmal leichter, eine Handlungsreihe zu lernen, wenn sie ihre eigenen Bewegungen im Spiegel beobachten können (Russell, 1964). Auf diese Weise können das

Berühren und Benennen von Körperteilen geübt werden, sobald das Kind in der Lage ist, Menschen und Gegenstände auf Bildern zu identifizieren. Fotografien der Familie und der häuslichen Einrichtung sind nützliche Lernhilfen. Die Interessen des Kindes sind wegen seiner Behinderungen extrem begrenzt, aber vertraute Ereignisse, die es bei sich zu Hause erlebt, sind eine gute Grundlage für einfache Geschichten, an denen es Freude hat. Eltern können selbst eigene Bücher für das Kind herstellen, indem sie eine Serie von Handlungen fotografieren (z. B.: Mama beim Teekochen helfen, Papa im Garten helfen, mit dem Hund einen Spaziergang machen), die Fotos in ein einfaches Übungsbuch einkleben und sehr einfache Sätze unter die Bilder schreiben.

Die Tendenz autistischer Kinder, an Gegenständen und Menschen vorbeizusehen, statt sie direkt anzusehen, hat ihre Ursache zum Teil in der Bevorzugung des peripheren Sehens, zum Teil in der Meidung komplexer visueller Reize (siehe Kapitel 1). Diese Tendenz geht oft mit zunehmender Reifung zurück. Man kann ein Kind dahin bringen, Gegenstände oder Personen direkt anzusehen, indem man seinen Kopf einige Augenblicke in der richtigen Stellung festhält. Manchmal amüsieren sich die Kinder sehr über die kuriosen visuellen Effekte, die sie sehen, wenn sie ihre Nase gegen die eines anderen Menschen drücken und beide dann die Köpfe bewegen. Das entspricht in gewisser Weise dem Vergnügen, das diese Kinder haben, wenn Wörter in ihr Ohr geflüstert werden. Diese Spiele helfen, die Verwendung der visuellen und auditiven Sinne anzuregen.

Sehen und Hören sind eng miteinander verbunden, und die Übung des einen kann mit der Übung des andern kombiniert werden. Allerdings ist es notwendig, jedes Element langsam und umsichtig einzuführen, so daß das Kind nicht verwirrt und dadurch entmutigt wird.

Die anderen Sinnesbereiche

Die Sinne der Berührung, Bewegung, Vibration, des Geschmacks und Geruchs sind meist weniger beeinträchtigt als die des Sehens und Hörens. Man kann sie deshalb benutzen, um dem Kind praktische Fertigkeiten des Alltags beizubringen, die normalerweise vor dem Schuleintritt gelernt werden. Es ist unter Umständen unmöglich, einem autistischen Kind zu sagen oder zu zeigen, wie man Knöpfe aufknöpft; aber es ist möglich, seine Hände zu halten und seine Finger in der richtigen Weise zu führen. Zunächst werden sich seine Hände schlaff anfühlen, aber bei ausdauerndem Üben kann man die Anfänge eines ersten eigenen Versuchs spüren, und es wird nicht lange dauern, bis das Kind das meiste selbst tun kann. Es verlangt vielleicht immer noch nach der Führungshand, selbst wenn es seine Jacke sehr gut selbst zuknöpfen kann, aber das läßt sich langsam abbauen, bis das Kind alles gern selbständig tut. Dieses Vorgehen kann man auf alle anderen Tätigkeiten übertragen, angefangen beim Gebrauch von Messer und Gabel bis zum Fahrradfahren. Bei manchen Dingen sind zwei Erwachsene zur richtigen Demonstration erforderlich, aber diese Mühe lohnt sich.

Ein autistisches Kind benutzt natürlich mehr seine intakten Sinne, um die Welt zu untersuchen. Geschmack und Geruch stehen ihm gewöhnlich zur Verfügung, und demzufolge kann sein Verhalten mitunter recht befremdlich wirken, z. B. dann, wenn es an allem, was es ißt, vorher riecht. Das gleiche Verhalten kann man auch bei völlig blinden Kindern sehen. Es ist für das Kind sehr hart, wenn es an solchen Tätigkeiten völlig gehindert wird. Die Eltern müssen die sozialen Nachteile und die Bedürfnisse des behinderten Kindes gegeneinander abwägen. Beispielsweise könnte es nötig sein, ein Kind davon abzubringen, aus ganz unschuldiger Neugier die Kleidungsstücke von Fremden auf der Straße zu berühren. Seiner Freude daran, wie Dinge sich anfühlen, kann man dafür zu Hause mehr Raum geben. Viele Eltern kennen Situationen, in denen ihr Kind, weil ihm aus irgendeinem Grund unbehaglich oder ängstlich zumute ist, ihre Hand festhält und vielleicht daran leckt oder riecht, um Trost und Beruhigung zu finden. Es ist wichtig, sich darüber klar zu sein, daß dieser enge körperliche Kontakt eine Quelle der Sicherheit für ein Kind ist, das gerade beginnt, sich seiner Eltern als Menschen, die es kennt und liebt, bewußt zu werden.

Indem die Eltern diese Methoden anwenden, beginnen sie, für das autistische Kind in einem langwierigen Prozeß eine Welt aufzubauen. Zuerst scheint es, daß jeder einzelne Baustein an seinen Platz gebracht werden und einzementiert werden muß, und daß das Leben nicht lang genug ist, um auch nur das Fundament zu legen. Nach einiger Zeit jedoch, wenn das Kind genug Erfahrungen erworben hat, mit denen es sich selbst in neuen Situationen helfen kann, zeigen sich die ersten Generalisationen, und der Lernprozeß wird leichter und schneller. Das geschieht unmerklich, und nur im Rückblick über mehrere Jahre erkennen die Eltern, wieviel sie erreicht haben. Aufzeichnungen und Fotografien sind nützlich, um zu demonstrieren, daß ein Fortschritt stattgefunden hat. Besonders wichtig ist dies in einer gelegentlich auftretenden Phase, in der das Kind „festgefahren" scheint und vielleicht mehrere Monate lang nichts Neues hinzulernt.

Verhaltensprobleme

Man sollte die Eltern warnend darauf vorbereiten, daß ein autistisches Kind manchmal eine Fertigkeit lernt, ohne genau zu wissen, welche Konsequenzen sich daraus ergeben können. Das ist z. B. besonders gefährlich, wenn ein Kind plötzlich herausfindet, wie man ein Streichholz anzündet, aber die möglichen Gefahren nicht erkennt. Als ein anderes Beispiel sei ein kleines Mädchen erwähnt, das beobachtet hatte, wie die Mutter Wäsche wusch, daraufhin alle Kleidungsstücke sammelte, die irgendwo im Haus zu finden waren, sie in die Waschmaschine stopfte, sehr ordentlich Waschpulver hineintat und die Maschine anstellte. Das einzig Unangenehme war, daß die meisten Stücke schon sauber waren. Dasselbe Kind wurde gerade noch im letzten Moment daran gehindert, sein eigenes Haar abzuschneiden.

Viele Verhaltensschwierigkeiten autistischer Kinder sind sekundär, daher kommt es oft zu einer Verhaltensbesserung, wenn eine Hilfe in bezug auf die primären Behinderungen geschaffen wird. Wie jedoch an früherer Stelle erwähnt wurde, können Schreien, Trotzanfälle, Destruktivität, Aggressivität und Negativismus den Lernprozeß ernstlich hemmen, so daß man die Auseinandersetzung damit nicht hinausschieben darf, bis das Kind einer verstandesmäßigen Kontrolle zugänglich wird.

Lovaas und seine Mitarbeiter (Lovaas et al., 1965) haben in ihren Experimenten überzeugend nachgewiesen, daß manche Reaktion Erwachsener auf schwieriges Verhalten in Wirklichkeit für das Kind eine Art Belohnung darstellt und so die Wahrscheinlichkeit für das Wiederauftreten dieses Verhaltens erhöht. Viele Eltern wissen zu ihrem Leidwesen, was geschieht, wenn sie ihrem autistischen Kind ein Eis geben, damit es aufhört zu schreien. Für den Augenblick führt dies zum Erfolg, aber sehr wahrscheinlich wird das Kind in Zukunft jedesmal, wenn es einen Eisladen sieht, zu schreien anfangen, weil das nun nach seinem Gefühl die richtige Art und Weise ist, wie man zu einem Eis kommt.

Ein autistisches Kind schreit vielleicht, weil es etwas haben möchte, was es gern sammelt, z. B. ein Waschmittelpaket. Die Eltern sollten sich unbedingt ganz konsequent verhalten: wenn sie entschieden haben, daß das Kind diese Pakete nicht haben darf, sollen sie sich selbst durch schlimmstes Schreien nicht von ihrer Ansicht abbringen lassen. Das ist zuerst sehr schwierig, weil autistische Kinder einen Trotzanfall viele Stunden lang durchhalten können. Sie reagieren jedoch auf eine feste und konsequente Behandlung, und es ist eine Aufgabe des Familienberaters, diese Haltung zu unterstützen.

Durch eine unmittelbare Aktion, etwa einen Klaps, ein lautes, festes „nein" oder das Entfernen des Kindes aus dem Raum kann man den Auftritt vielleicht abkürzen. Jedes Elternpaar muß den besten Weg zum Umgang mit dem eigenen Kind ausfindig machen. Was bei dem einen Kind zum Erfolg führt, wird vielleicht von einem anderen, das hartnäckig ist, ignoriert, ängstigt aber wiederum ein drittes, das besonders sensibel ist.

Besonders schwer ist es, diese konsequente Haltung auch in der Öffentlichkeit durchzuhalten. Es ist äußerst peinlich, ein Kind in seiner Obhut zu haben, dessen Schreie weithin zu hören sind. Zuschauer machen vielleicht Bemerkungen darüber, wie unerzogen heute die Kinder sind; wenn die Eltern aber sehr unnachgiebig und fest auftreten, zeigen sie sich unter Umständen schockiert. Die Eltern müssen sich eine sehr dicke Haut zulegen, müssen nach ihrer eigenen Methode vorgehen und im übrigen solche peinlichen Vorfälle durchzustehen versuchen. Durch Nachgeben wird das Problem nur verlängert. Der andere Weg, das Kind so wenig wie möglich nach draußen mitzunehmen, ist sowohl für das Kind wie für die Familie schlecht. Die Eltern brauchen aber in dieser Zeit sehr viel Unterstützung und Ermutigung. Manchmal kann es einem Berater nutzen, wenn er eine Mutter und ihr Kind beim Einkaufen begleitet, um der Mutter zu helfen und um persönliche Erfahrungen mit den Schwierigkeiten zu gewinnen.

Die Weigerung, irgendwelche Veränderungen zu dulden und die Furcht vor allerlei alltäglichen Situationen kann zu Hause viele Schwierigkeiten verursachen. Es ist aber auch in diesen Fällen unklug, übermäßigen Forderungen nachzugeben. Sicherlich darf das Kind seine speziellen Gewohnheiten haben, seinen eigenen Platz am Tisch, seine Lieblingstasse und seinen Lieblingsteller und seine Zeremonie beim Schlafengehen, aber die Familie sollte nicht gezwungen sein, über das hinauszugehen, was auch normale Kinder mögen. Dadurch kann es zu Szenen kommen, aber diese verschwinden gewöhnlich im Lauf der Zeit.

Manches unerwünschte Verhalten der Kinder geht darauf zurück, daß es ihnen an andersartigen Beschäftigungen fehlt. Sammeln von Gegenständen, Zerreißen von Papier, Herumdrehen von Bindfäden, Kratzen an rauhen Oberflächen, ziellose Wiederholungen von Wörtern und Ausdrücken und viele Formen der Selbststimulation oder Selbstverletzung – das alles tritt viel häufiger auf, wenn das Kind nicht beschäftigt ist. Eltern oder Lehrer sollten den Tag so organisieren, daß das Kind sinnvoll beschäftigt ist und durch das eigene Tun lernen kann. Das ist in einer Schule mit ausreichendem Personal nicht schwer, für eine Mutter zu Hause aber sehr anstrengend, weil sie für den Haushalt und die anderen Kinder sorgen muß. Sie kann das autistische Kind aber auffordern, bei einfachen Aufgaben im Haushalt zu helfen, etwa beim Staubwischen und Tischdecken.

Viele autistische Kinder machen eine Phase durch, in der sie von zu Haus weglaufen, manchmal einfach mit der Absicht, eine alte

Dose oder einen anderen Gegenstand aufzusammeln. Sie kennen ihren Weg meist gut, aber es fehlt ihnen das Bewußtsein für die Gefahren des Straßenverkehrs. Es ist unter Umständen nötig, die Türen von Haus und Garten verschlossen zu halten, so daß das Kind sie nicht öffnen kann. Eine ebenso gute Hilfe ist ein Tagesprogramm, was gewährleistet, daß das Kind ständig beschäftigt ist und von jemandem beaufsichtigt wird.

Bei der Erziehung eines autistischen Kindes stehen diejenigen, die dem Kind helfen wollen, zu irgendeinem Zeitpunkt – gewöhnlich einem sehr frühen – dem Problem gegenüber, daß das Kind sich weigert, etwas Neues zu lernen, was wichtig ist und eigentlich bewältigt werden könnte. Es ist von entscheidender Bedeutung, daß dieser Kampf von Lehrern und Eltern gewonnen wird, nicht eines autoritären Prinzips wegen, sondern um in der Einstellung des Kindes zum Lernen eine Änderung zu erreichen, durch die es schließlich eine viel größere Unabhängigkeit erlangen wird. Diese Krisen im Erziehungsprozeß sind von Itard (1932), Macy, Witmer (1922) und Hewett (1964, 1965), die schwerbehinderte Kinder erfolgreich unterrichtet haben, anschaulich beschrieben worden. Ein ausgezeichnetes Beispiel, wie man einen solchen Kampf gewinnt, hat Furneaux (1966) gegeben.

Autistische Kinder neigen oft zu vielerlei sonderbaren Bewegungen und Grimassen, besonders wenn sie erregt sind. Das könnte durch primäre Abnormitäten der zentralnervösen Bewegungskontrolle verursacht sein, und deshalb mag es übermäßig hart erscheinen, wenn man die Kinder auffordert, diese Bewegungen zu kontrollieren. In den ersten Lebensjahren können sie es wahrscheinlich nicht, aber später, wenn sie Anweisungen besser verstehen, können sie das Armwedeln und Grimassenschneiden einstellen, wenn man sie dazu auffordert. Man sollte ihnen helfen, dieses merkwürdige Verhalten unter Kontrolle zu bringen, weil sie sonst von Fremden angestarrt und kritisiert werden. Zuerst können sie die Bewegungen vielleicht nur für kurze Zeit einstellen, aber meist wird die Kontrolle allmählich besser.

Soziales Verhalten in der Öffentlichkeit

Sobald die schlimmsten Verhaltensprobleme überwunden oder mit zunehmender Reife verschwunden sind, kann ein autistisches Kind lernen, wie man sich in der Öffentlichkeit verhält. Sein Erfahrungskreis wird hierzu allmählich ausgeweitet. Vernünftigerweise sind die Unternehmungen zunächst nur kurz – ein Kaffeebesuch bei einer befreundeten Familie oder eine Stunde im Zoo. Später kann die Zeit ausgedehnt werden. Das Kind soll Erfahrungen mit möglichst vielen Tätigkeiten des alltäglichen Lebens sammeln: wie man in einem Restaurant ißt, mit Bus und Eisenbahn fährt, usw. Solche Erfahrungen sind auch als Vorbereitung auf gemeinsame Ferien der Familie wertvoll. In den Ferien hat man es meist viel leichter, wenn man ein Ferienhaus mietet, in dem die Familie sich selbst versorgt und nach ihren eigenen Gewohnheiten leben kann. In einer Pension oder einem Hotel kann es zu Schwierigkeiten kommen, wenn sich das Kind noch nicht wirklich zuverlässig und gesittet verhält. Im Idealfall sollten Ferienort und -wohnung besichtigt werden, bevor man bucht, denn es könnte spezielle Gefahrenquellen geben, die den dortigen Familienaufenthalt verderben würden.

Häuslicher Unterricht durch die Eltern

Am allerbesten ist es, wenn ein autistisches Kind eine Schule besucht, in der es von erfahrenen Lehrern unterrichtet werden kann, die seine besondere Situation verstehen. Das ist manchmal unmöglich, weil keine derartige Schule vorhanden ist und selbst ein Hauslehrer nicht gestellt werden kann. Manche Eltern haben versucht, dieses Problem zu lösen, indem sie ihr Kind selbst unterrichtet haben[2]. Hierdurch ergeben sich offensichtlich zahllose Schwierigkeiten, besonders, wenn noch andere Kinder in der Familie sind. Trotzdem haben einige Mütter ihre Kinder mit beträchtlichem Erfolg unterrichtet und sie soweit gebracht, daß sie anschließend in eine kleine Privatschule für normale oder etwas behinderte Kinder gehen konnten. Diese Lösung erfordert ungewöhnliche Energie, und nur wenige Menschen können diesen Weg gehen. Denjenigen, die zu einem Versuch bereit sind, sollte man aber davon nicht abraten, es sei denn, man könne etwas Besseres zur Verfügung stellen.

Kinder, die keine Fortschritte machen

Es gibt vermutlich viele verschiedene Ursachen für Autismus, und bei einigen Kindern kann die zugrundeliegende Pathologie sehr ausgedehnt oder progressiv sein. Eine Besserung ist dann unwahrscheinlich, vielleicht kommt es sogar zu einer Verschlechterung. In diesen Fällen wird selbst die sorgfältigste Erziehungsarbeit nicht viel helfen. Glücklicherweise gilt das für die Mehrzahl der als autistisch diagnostizierten Kinder nicht. Das wichtigste ist, daß jedem Kind mit dieser Diagnose die bestmögliche Chance gegeben wird, sich so weit zu entwickeln, wie es kann.

Empfehlung von Hilfseinrichtungen

Eine der wichtigsten Aufgaben des Beraters ist es, der Familie die vermutlich am besten geeigneten Hilfseinrichtungen zu empfehlen und mitzuwirken, daß diese Hilfen tatsächlich zur Verfügung gestellt werden. Die notwendigen Hilfseinrichtungen werden im nächsten Kapitel im Einzelnen besprochen. Das erste, worauf man aufmerksam machen könnte, ist die freie Elternvereinigung*, durch deren Vermittlung die Eltern andere treffen werden, die vor ähnlichen Problemen wie sie selbst gestanden und sie erfolgreich bewältigt haben.

---

* Hilfe für das autistische Kind e.V., 2000 Hamburg, Bebelallee 141.

In *jeder* Familie gibt es irgendwelche Dinge, die Außenstehende als sonderbar ansehen würden, wenn sie davon wüßten. Man kann krankhafte psychische Erscheinungen immer finden, wenn man danach sucht. Wenn es in der Familie ein autistisches oder irgendein anderes behindertes Kind gibt, muß man deshalb unterscheiden, was von Bedeutung ist und was nicht. Auf bestimmte Schwierigkeiten sollte man besonders achten. Viele Eltern machen sich große Sorgen über die Ursache des Krankheitszustandes und fürchten, daß etwas, was sie getan oder versäumt haben, dafür verantwortlich sein könnte. Der Berater muß auf diese Schuldgefühle so früh wie möglich eingehen. Ein anderes Problem, das man vorhersehen und auf das man eingehen muß, ist die Ambivalenz. Obwohl die Eltern behinderter Kinder es vielleicht nicht immer zugeben, haben die meisten irgendwann einmal den Wunsch gehabt, ihr Kind möge tot sein. Solche Gefühle vertragen sich völlig mit der normalen Liebe zum Kind, aber die Eltern erkennen dies vielleicht nicht, bevor man es klar ausspricht. Einige Eltern sind intelligent genug, um diese Zusammenhänge von sich aus ohne Mühe zu durchschauen, und es wäre eine Bevormundung, dann in die Einzelheiten zu gehen. Der Berater muß sich auf der Grundlage vorsichtig tastender Erkundungen ein Urteil bilden; wenn er jedoch irgendwelche Zweifel hat, ist es am besten, auf solche Probleme einzugehen.

Eine Folge der Schuldgefühle kann eine Tendenz auf seiten der Eltern sein, sich mehr mit dem Kind zu befassen, als es für sie selbst und die übrige Familie gut ist. Tizard und Grad (1961) haben gezeigt, daß Familien mit einem behinderten Kind im Haus dazu neigen, ihre sozialen Kontakte auf ein Mindestmaß einzuschränken. Zum Teil ist dies während des Stadiums schwerer Gestörtheit unvermeidbar, der Berater kann aber vermeiden helfen, daß die Eltern damit zu weit gehen.

Die von einem gestörten Kind hervorgerufenen Spannungen können bei den Eltern oder Geschwistern emotionale Probleme zum Vorschein bringen, die unter anderen Umständen unterschwellig verborgen geblieben wären. Einige Eltern lassen sich fast scheiden, weil sie sich über die verschiedenen Fragen, die durch das Kind aufgeworfen werden (Erziehungsprobleme, Frage einer Heimunterbringung usw.) nicht einigen können. Die Geschwister können leiden, wenn dem autistischen Kind alle Aufmerksamkeit gewidmet wird. Solche Probleme ähneln wieder mehr denjenigen, mit denen sich Familienberater normalerweise beschäftigen, und so braucht hier nicht mehr darüber gesagt zu werden. Es stellen sich dabei keine *speziellen* psychotherapeutischen Probleme.

Zwar sind die Geschwister manchmal wegen eines autistischen Kindes emotional gestört, aber das ist gewöhnlich eine Folge der Einstellung der Eltern und keine direkte Auswirkung der Behinderung ihrer Geschwister. Viele Brüder oder Schwestern lernen, mit den Behinderungen des erkrankten Kindes sehr gut fertig zu werden, und diese Erfahrung ist für sie im späteren Leben wertvoll. Soweit möglich, sollte ihnen die Wahrheit über die betroffenen Kinder gesagt werden. Auch die normalen Kinder von Freunden, Verwandten und Nachbarn können wertvolle Erfahrungen gewinnen, wenn sie unter Beaufsichtigung in Kontakt mit behinderten Kindern kommen. Es hat keinen Sinn, ihnen vorzumachen, es gebe in der Welt nichts Trauriges, aber sie werden ebenso lernen, daß es einen konstruktiven Weg gibt, an die Probleme heranzugehen.

Verantwortung der Eltern

Die Rolle des Familienberaters ist in diesem Kapitel detailliert erörtert worden, und es müßte deutlich geworden sein, daß man sehr viele praktische Hilfen geben kann. Trotzdem muß die endgültige Entscheidung in allen wichtigen Dingen bei den Eltern bleiben. Sie werden diese Entscheidung besser und sicherer treffen, wenn zwischen ihnen und ihren Beratern ein Vertrauensverhältnis aufgebaut ist. Ob ein solches Verhältnis entsteht, wird von der Kenntnis, dem Geschick, dem Takt und der Anteilnahme der Berater abhängig sein.

Kapitel 11
Praktische Hilfen für autistische Kinder

Lorna Wing und J. K. Wing

Die Prinzipien, die den medizinischen, pädagogischen und sozialen Einrichtungen und Leistungen für autistische Kinder zugrundeliegen sollten, sind im Hauptteil dieses Buchs dargestellt worden. Im folgenden Kapitel werden wir die Anwendung dieser Prinzipien bei der Planung und praktischen Verwirklichung solcher Hilfen erörtern. Ärzte lernen selten, wie man eine sachgemäße Beratung hinsichtlich solcher Einrichtungen durchführt, obwohl dieser Teil der ärztlichen Tätigkeit ebenso wichtig wie die rein medizinische oder psychologische Beratung ist und – wenn schlecht ausgeführt – ebenso weitreichende Folgen haben kann. Ähnlich ist es bei Lehrern, die oft nicht wissen, welche pädagogischen Hilfsmöglichkeiten außer ihren eigenen zur Verfügung stehen. Dagegen erwartet man von Sozialarbeitern, daß sie eine große Vielzahl von Einrichtungen kennen und die Kenntnislücken ihrer Kollegen ausfüllen. Vermutlich ist es aber vernünftiger, wenn man fordert, daß Mitglieder aller Berufe (gleich welcher Disziplin, von praktischen Ärzten und Psychiatern bis zu Psychologen und Schulaufsichtsbeamten), die um eine Beratung der Eltern autistischer Kinder gebeten werden könnten, einige allgemeine Kenntnisse über Hilfseinrichtungen haben sollten.

Die folgenden Ausführungen sind zwar zur besseren Übersicht in Abschnitte aufgeteilt; es sei aber daran erinnert, daß der entscheidende Kern einer guten Hilfe im wechselseitigen Zusammenspiel verschiedener Maßnahmen liegt. Diese Maßnahmen müssen sich gegenseitig stützen, es darf also nirgends eine unüberbrückbare Kluft zwischen den verschiedenen Einrichtungen und Stellen bestehen, die eine Hilfe leisten. Es darf keine unvermittelt aufgestellten Forderungen an die Familie geben; auch kein plötzlicher Widerruf früherer Forderungen; kein Entzug der Hilfe, weil ein

Mitarbeiter der einen Stelle nicht weiß, was jemand an einer anderen entschieden hat. Jede Unterteilung kann also nur eine künstliche sein.

Diagnostische Dienste

Die medizinischen Einrichtungen, die man für einen diagnostischen Dienst braucht, sind von Connell in Kapitel 4 in den Grundzügen dargestellt worden. In jeder Region sollte es ein diagnostisches Zentrum geben, das über Spezialisten für heilpädagogische, genetische und psychiatrische Beratungen, Einrichtungen für Spezialuntersuchungen und Möglichkeiten für eine kurzfristige stationäre Aufnahme verfügt. Eine wichtigere Forderung ist, daß sich Schulärzte, Kinderpsychiater und praktische Ärzte um eine Frühdiagnose des Syndroms bemühen und ihren Teil zur anschließenden Betreuung von Kind und Familie und zur Empfehlung anderer Hilfseinrichtungen beitragen sollten.

Lotter (1966) hat gezeigt, daß bei Kindern mit zusätzlichen körperlichen Behinderungen das autistische Zustandsbild meist relativ früh erkannt wird, während es bei körperlich gesunden Kindern mit normaler motorischer Entwicklung oft lange unerkannt bleibt – solange, bis diese Kinder durch ihre Sprach- und Verhaltensschwierigkeiten oder erst durch Erziehungsprobleme in der Schule auffällig werden. Durch Schulung des Personals von Säuglingskliniken, durch Aufstellung von Risikolisten und Beobachtung der betreffenden Kinder und durch Information von Amtsärzten läßt sich bei einigen Kindern die Behinderung vermutlich früher erkennen – viel wichtiger ist es aber, praktischen Ärzten und Kinderärzten eine klarere Vorstellung von Entwicklungsproblemen bei Kindern zu vermitteln, damit sie die bestehenden Hilfsmöglichkeiten besser nutzen können. Neue Ärztegenerationen kann man vermutlich über die medizinischen Ausbildungsstätten und durch Artikel in der medizinischen Presse erreichen, aber es gibt eine große Gruppe von Hausärzten, die das Zustandsbild nicht kennen und deshalb nicht in der Lage sind, eine spezifische Bera-

251

tung zu erteilen. Wie Lotter (1966) feststellte und wie es die Unterlagen der Society for Autistic Children bestätigen, sind in vielen Fällen die Eltern die ersten gewesen, die die Diagnose gestellt und die darauf bestanden haben, daß eine Untersuchung durch einen Fachmann durchgeführt wurde.

Der erste Schritt besteht also darin, zu erkennen, daß die Entwicklung des Kindes nicht normal verläuft und daß eine Untersuchung und Diagnose durch einen Spezialisten erforderlich ist. Der zweite Schritt ist, eine Diagnose im konventionellen Sinn zu stellen, was vermutlich keine langwierige Angelegenheit ist. Im Idealfall sollten sich die Spezialzentren mit einer Vielzahl von Entwicklungsproblemen befassen, wie es Kushlick (1966) vorschlägt. Seh- und Hörtests, Untersuchungen von Abnormitäten des Zentralnervensystems, eine erste psychologische Untersuchung und Verhaltensbeobachtungen können ambulant durchgeführt werden, so daß eine routinemäßige stationäre Aufnahme vermeidbar sein müßte. Der nächste Schritt ist schwieriger und langwieriger. Er besteht darin, bei jedem Kind im Detail zu beschreiben, welches die primären Behinderungen sind, in welchem Ausmaß sekundäre Behinderungen bestehen, und welche sozialen Bedingungen möglicherweise das Zustandsbild beeinflussen. Dieser diagnostische Prozeß nimmt Monate, vielleicht sogar Jahre in Anspruch und verlangt die vereinten Kenntnisse und Beobachtungen von Ärzten, Psychologen, Sozialarbeitern und Lehrern. Nur die Anfangsphasen können in der Klinik abgeschlossen werden, später wird sich die Hauptarbeit in die häusliche Umwelt und die Schule verlagern. Eine diagnostische Kennzeichnung, sei sie „kindlicher Autismus", „Psychose", „emotionale Störung" oder „geistige Behinderung", ist ohne diese sorgfältige und fortgesetzte Analyse der Probleme des Kindes und seiner Familie nur ein Hindernis. Eine Empfehlung hinsichtlich der Hilfsmöglichkeiten läßt sich nur geben, wenn detaillierte Kenntnisse der visuellen, auditiven und sprachlichen Behinderungen, der Verhaltensstörungen, der Einstellungen und Belastungen der Familie, der sozialen, finanziellen und häuslichen Schwierigkeiten vorliegen. Es ist dieses Stadium der diagnostischen Arbeit, das ein Vorgehen im Team mit einer Kooperation über die beruflichen und verwaltungsmäßigen Abgrenzungen hinweg erfordert – ein zur Zeit ziemlich ungewöhnliches Verfahren. Diese Konzeption eines „Teams", das viel größer als die Dreiergruppe Arzt – Psychologe – Sozialarbeiter in den Kinderkliniken ist, wird in einem späteren Abschnitt ausführlicher beschrieben.

Soll man das Kind in ein Heim geben?

Eine der wichtigsten Entscheidungen, die das Team treffen muß, ist, ob das Kind eine Heimerziehung braucht. Lotter (1966) hat in seiner epidemiologischen Untersuchung in der englischen Grafschaft Middlesex gefunden, daß von 35 autistischen Kindern im Alter von acht bis zehn Jahren 16 nicht zu Hause lebten. In 5 Fällen war eine häusliche Betreuung wegen Tod, Scheidung oder geistiger Erkrankung der Eltern unmöglich. In 4 anderen Fällen war das Verhalten des Kindes zu Hause nicht mehr tragbar. Die übrigen 7 Kinder hätten möglicherweise zu Hause bleiben können, wenn es geeignete Einrichtungen in der Nähe des Wohnortes gegeben hätte.

Die positiven Gründe, Kinder von ihrer Familie fortzugeben, sind folgende:

a) Die häusliche Situation ist unzulänglich, weil nur ein Elternteil vorhanden oder ein Elternteil oder beide Eltern schwer erkrankt sind.

b) Das Verhalten des Kindes schafft eine nicht mehr erträgliche Situation. (Das ist natürlich von der Belastbarkeit der Eltern und der anderen Kinder und dem Grad ihrer seelischen und körperlichen Gesundheit abhängig.)

c) Eine kurzzeitige Einweisung in ein Krankenhaus ist notwendig, damit eine Untersuchung oder Spezialbehandlung durchgeführt wird. (In diesem Fall sollte man anbieten, die Mutter gemeinsam mit dem Kind aufzunehmen.)

d) Der klinische Zustand ist durch mehrfache oder schwere körperliche Behinderungen besonders kompliziert.

Diese Indikationen bestehen nur bei einer Minderheit der autistischen Kinder. Für alle anderen wäre es am besten, wenn sie in ihrer Familie blieben. Von den Kindern, die der Society for Autistic Children bekannt sind, lebt ein Drittel in Heimen verschiedener Art, und dieser Anteil ist vermutlich zu hoch. Sicherlich hätten es viele Eltern lieber gehabt, ihr Kind zu Hause zu behalten.

Die Empfehlung, daß autistische Kinder ihre Familie verlassen sollten, weil ihre Eltern die Ursache der Störungen sind und deshalb nur schädlichen Einfluß haben können, ist in Kapitel 1 erörtert und zurückgewiesen worden. Eltern können auf die schwierigen Probleme, die von autistischen Kindern gestellt werden, auf sehr unterschiedliche Weise reagieren und müssen als Eltern ganz überdurchschnittliche Qualitäten besitzen, um ohne detaillierte Beratung damit fertig zu werden – aber der Anteil, der bei sachgerechter Hilfe die Probleme nicht meistert, ist wahrscheinlich ziemlich klein. Wie bei anderen Behinderungsarten gehen auch beim kindlichen Autismus die neueren Bestrebungen in Richtung auf eine Betreuung innerhalb der Wohngemeinde, und es ist sehr unwahrscheinlich, daß sich dieser Trend innerhalb der nächsten Generation ändert. Eine der wichtigsten Aufgaben des Beratungsteams besteht darin, Bedingungen zu schaffen, mit denen die primären und sekundären Behinderungen des Kindes soweit wie möglich verringert werden, so daß sich eine Unterbringung außerhalb der Familie erübrigt.

Welche Hilfen braucht eine Familie, die ein autistisches Kind zu Hause behält?

Bleiben autistische Kinder zu Hause, so entstehen Belastungen für die ganze Familie. Die Hilfen, die nötig sind, um diese Belastungen soweit wie möglich zu verringern, sollen unter vier Gesichtspunkten besprochen werden – Umgang mit dem Kind, praktische Hilfen, Psychotherapie und Beratung hinsichtlich anderer Hilfsdienste.

Die medizinische Betreuung ist in Kapitel 4 behandelt worden. Sie kann eine wertvolle Hilfe bei der Kontrolle von Überaktivität und epileptischen Anfällen und bei der Verminderung von körperlichen Behinderungen sein. Außerdem brauchen die Eltern genaue Anweisungen, wie sie auf das abnorme Verhalten des Kindes reagieren sollen; denn wenn sie mit ihrem Kind in kluger und sicherer Weise umgehen, helfen sie nicht nur dem Kind, sich in optimaler Weise zu entwickeln, sondern bekommen auch selbst das Gefühl, daß sie etwas Konstruktives leisten; und das trägt dazu bei, daß sie die Verzweiflung und den Kummer, die unvermeidbar aufkommen, besser bewältigen können. Diese Form der Beratung wird am besten vom Sozialarbeiter durchgeführt, der dafür aber erst dann geeignet ist, wenn er in allen praktischen Einzelheiten weiß, wie sich autistische Kinder in verschiedenen Situationen verhalten, zu Hause, beim Einkaufen, auf Reisen, bei Besuchen oder in den vielen anderen Situationen, die entstehen können. Die Kenntnis des Verhaltens in der Klinik genügt nicht. Ratschläge für die häusliche Erziehung und Einübung eines akzeptablen Sozialverhaltens sind auch wichtig, damit möglichst wenig Zeit für konstruktiveres Lernen verloren geht. Viele Eltern können ihre autistischen Kinder ebenso unterrichten, wie sie beim Unterricht ihrer normalen Kinder helfen können, aber sie brauchen dafür die Hilfe eines Spezialisten aus dem Beratungsteam. Diese Aspekte der häuslichen Betreuung – Sozialverhalten und Unterricht – sind in Kapitel 10 detailliert behandelt worden.

Die praktische Hilfe, die zu Hause benötigt wird, ist für Familien mit autistischen Kindern größtenteils dieselbe wie für Familien, die Kinder mit einer andersartigen geistigen Behinderung haben. Hilfe im Haushalt beim Waschen der Wäsche, finanzielle Unterstützung, besondere Fahrmöglichkeiten, wenn das Verhalten des Kindes in Bussen oder Zügen unerträglich ist, eine erfahrene Beaufsichtigung der Kinder am Abend, damit die Eltern gelegentlich aus dem Haus gehen können – das alles könnte von Zeit zu Zeit erforderlich sein. Diese Hilfen sollte der Sozialarbeiter von sich aus zur Verfügung stellen, wobei er selbst versuchen muß, vorherzusehen, wann sie notwendig sind, und nicht warten soll, bis die Familie verzweifelt ist, weil sie ihr fehlen.

Eine Psychotherapie ist oft deshalb nötig, weil das gestörte Verhalten des Kindes ambivalente Gefühle bei den Eltern hervorruft. In Verbindung mit der unvermeidbar verlängerten Periode der Abhängigkeit kann dies zu ernsthaften Störungen der Beziehungen in der Familie führen, nicht nur zwischen Mutter und Kind und zwischen den Geschwistern, sondern auch zwischen den Ehepartnern. Gefühle von Feindseligkeit und Aggressivität gegenüber dem behinderten Kind sind unter Umständen schwer zu verarbeiten und führen zu Schuldgefühlen, Angst und Depressionen. Viele Eltern können diese Probleme (die nur eine besonders starke Form der Probleme aller Familien sind, auch wenn keine zusätzlichen Belastungen bestehen) selbst gut meistern, aber einige Eltern werden von ihnen überwältigt. Die Psychotherapie ist in Kapitel 10 ausführlicher behandelt worden.

Schließlich muß man die Familie in Kontakt mit den verfügbaren Hilfseinrichtungen bringen. Man muß das Problem der Heimerziehung nach allen Seiten hin diskutieren, muß gründlich auf die Erziehungsprobleme eingehen und eine sachgerechte Beratung erteilen. Man sollte die Eltern auf die freiwilligen Elternvereinigungen* hinweisen, in denen sie andere Eltern finden, die vor ebenso schwere Probleme wie sie gestellt waren und diese Probleme gelöst haben.

Diese Familienhilfen, die notfalls über Jahre hinweg gegeben werden, sind wirklich präventive Hilfsmaßnahmen. Gute medizinische und soziale Behandlung und umsichtige häusliche Erziehung vermindern die Verhaltensstörungen und erhöhen das Selbstvertrauen der Eltern. Wenn solche Unterstützung fehlt und die lokalen Hilfsdienste schlecht sind, dann kann bei Eltern, die sich vor sehr schwierige Probleme gestellt sehen, das Gefühl entstehen, sie sollten das Kind besser von zu Hause weggeben – und es ist dann schwer, etwas dagegenzusetzen.

Autistische Kinder in Heimen, Heimschulen und kinderpsychiatrischen Kliniken

Im Interesse des Kindes oder der Familie ist es manchmal notwendig, eine Unterbringung außerhalb der Familie zu empfehlen. Tizard (1964) hat die Prinzipien erörtert, die einer Heimunter-

---

* Hilfe für das autistische Kind e.V., 2000 Hamburg, Bebelallee 141.

bringung zugrunde liegen sollten. Er nimmt die Empfehlung des Curtis-Commitee (1946) zum Ausgangspunkt und vertritt die Ansicht, daß alle Kinder die Möglichkeit brauchen, in einer stabilen Umwelt aufzuwachsen, in der es Möglichkeiten für Gefühlsbindungen und für soziale und intellektuelle Anregungen gibt. Das Modell für eine solche Umwelt ist die normale Familie. Die wesentlichen Bezugspersonen in der Familie sind Vater und Mutter, außerdem sind meist noch andere Kinder verschiedenen Alters und beiderlei Geschlechts da, die mit dem Kind während der verletzbarsten und aufnahmefähigsten Jahre zusammenleben. Wenn keine natürliche Familie vorhanden ist, muß deshalb eine künstliche geschaffen werden. Behinderte Kinder brauchen eine liebevolle und in sich gefestigte Umwelt, die ihnen einen Halt gibt und sie fördert, *mehr* als andere Kinder, und autistische Kinder brauchen sie vielleicht mehr als irgend jemand sonst.

Die Argumente gegen große, abseits liegende Institutionen zur Heimerziehung behinderter Kinder sind an anderer Stelle ausführlich und detailliert dargestellt worden (Ainsworth, 1962; Bettelheim und Sylvester, 1948; Kushlick, 1966; Report of Working Party of B.P.S., 1966; Tizard, 1964), ebenso die allgemeinen Nachteile einer Institutionalisierung (Goffman, 1958; Wing, 1962). Für autistische Kinder ist ein Mangel an Umweltanregungen besonders schädlich: sie brauchen *mehr* spezielle und persönliche Zuwendung als normale Kinder, nicht weniger. Es ist unmöglich, daß sie diese Zuwendung auf großen, personell unterbesetzten Stationen erhalten, wo man sich nur um die am lautesten schreienden Kinder persönlich kümmern kann, und selbst um diese nicht genug. Psychiatrische Anstalten müssen trotzdem Kinder mit schwersten Behinderungen und Verhaltensstörungen aufnehmen und versuchen, mit ihnen zurecht zu kommen, einfach weil es an anderer Stelle keine ausreichende Versorgungsmöglichkeit gibt. Das heißt nicht, daß die eigene Familie immer besser als eine Institution ist. Eine kleine Wohngemeinschaft in einem guten Heim kann eine günstigere Lebenssituation sein als ein schlechtes Zuhause. Aber es gibt bisher sehr wenig Wohngemeinschaften dieser Art, und andererseits lassen sich schlechte häusliche Bedingungen oft verbessern, wenn mit praktischen Maßnahmen geholfen wird.

Die Entscheidung, ein Kind von zu Hause fortzugeben, ist eine negative, wenn sie nichts weiteres beinhaltet. Man braucht in einem solchen Fall die positive Entscheidung, welche Art der Unterbringung notwendig ist: ob eine spezielle Krankenhausabteilung, eine Heimschule oder eine Familiengruppe von der Art, wie sie Tizard (1964) und Kushlick (1966) beschrieben haben. Bisher existierten bei uns in England erst wenige Familiengruppen, aber es gibt ein Versuchsmodell in Dänemark[1]. Die Schule der Society for Autistic Children verfügt über die Möglichkeit zur Angliederung von zwei kleinen Familiengruppen, und eine davon, mit einer Hausmutter, ihrer Assistentin und drei Kindern, besteht bereits[2]. Die Kinder besuchen alle die Schule. Besuche zu Hause werden gefördert, man kann die Einrichtung auch zur Ferienerholung benutzen. Diese Art, am Schulort zu wohnen, müßte den Bedürfnissen der meisten behinderten Kinder gerecht werden, die außerhalb ihrer Familie leben müssen. Hätte man mehr derartige Möglichkeiten, so brauchte man weniger spezielle Krankenhausabteilungen oder Heimschulen, die weit vom Wohnort der Kinder entfernt liegen. Heimplätze gibt es auch in den Steiner-Schulen[3] und in einigen Privatschulen. Die Eltern sind mit diesen Einrichtungen meist recht zufrieden, obwohl die Einschränkungen der Besuchsmöglichkeiten in den Steiner-Schulen von den Eltern oft als ärgerlich und unnötig empfunden werden.

Abteilungen in kinderpsychiatrischen Kliniken haben im Rahmen der Hilfsdienste für autistische Kinder eine wichtige Funktion. Sie verfügen nicht nur über diagnostische Einrichtungen, sondern können auch ein Kind während einer akuten Verhaltenskrise, mit der man zu Hause nicht fertig werden kann, bei sich aufnehmen. Wenn mehr Plätze vorhanden wären, könnte eine solche Aufnahme auch erfolgen, wenn eine medizinische, eine chirurgische oder eine Zahnbehandlung notwendig ist, die sich in einem gewöhnlichen Kinderkrankenhaus nicht durchführen läßt. Es sollte die Möglichkeit geben, die Mutter mit aufzunehmen, falls es erforderlich ist. Krankenhausabteilungen sollten mit Lehrern zusammenarbeiten, und diese Lehrer sollten enge Verbindung zur Schule des Kindes halten. Es gibt noch immer nur sehr wenige Plätze in speziellen Krankenhausabteilungen dieser Art.

Das schwierigste Problem ist zur Zeit das schwer behinderte Kind, das vielleicht zusätzlich körperliche Behinderungen und oft schwere Verhaltensstörungen hat. Die Spezialabteilungen haben im allgemeinen kein Interesse daran, solche Kinder für einen langfristigen Aufenthalt aufzunehmen. Um einige dieser Kinder kann man sich in Tagesstätten [4] kümmern, besonders wenn es dort Möglichkeiten für eine spezielle Betreuung gibt, und wenn für den Transport gesorgt werden kann. Aber damit sind nicht alle Probleme gelöst. Die Mitarbeiter dieser Einrichtungen stehen den Schwierigkeiten oft so irritiert und hilflos gegenüber, daß man das Kind dort nicht lassen kann. Man braucht einen speziell ausgebildeten und erfahrenen Mitarbeiterstab, der sich vielleicht in einer zentralen Einrichtung innerhalb größerer Regionen zusammenholen läßt. Jedoch wird bei diesen schwierigen Kindern immer ein gewisses Bedürfnis nach einer langfristigen Heimunterbringung vorhanden sein, und vermutlich sind Familiengruppen vom Brooklands-Typ [5], vielleicht auf dem Gelände vorhandener Krankenhäuser, die spezialisierte Mitarbeiter haben, die richtige Lösung.

Pädagogische Einrichtungen

Die Entscheidung, welche pädagogischen Maßnahmen bei einem autistischen Kind erforderlich sind, muß vollkommen unabhängig davon sein, ob es außerhalb seiner Familie leben soll oder nicht. Das gilt ganz allgemein, besonders aber für Kinder mit schwer gestörtem Verhalten, die – wie schon Itard und Witmer wußten – auf eine Form von Schulunterricht recht häufig gut ansprechen. Ein schwer gestörtes Kind darf nicht automatisch als „nicht bildungsfähig" angesehen werden.

Man kann unmöglich vorhersagen, ob ein Kind von einem heilpädagogischen Unterricht profitieren wird – um das zu beurteilen, muß man einen längeren und ernsthaften Versuch in dieser Richtung unternehmen. Wenn man ohne ausreichende Informationen entscheidet, daß ein Kind nur für eine kindergartenähnliche Einrichtung in Frage kommt, in der keine gezielte Unterrichtsarbeit geschieht, so bedeutet das, daß man ihm seine beste Chance zum Vorankommen vorenthält. Intelligenztests können statistisch nützlich sein, wie aber Rutter (Kapitel 3) und Mittler (Kapitel 5) ausgeführt haben, können diese Tests als Grundlage einer Prognose im Einzelfall leicht zu Fehlentscheidungen führen. Der einzige Weg, wenigstens mit einiger Sicherheit herauszufinden, ob ein Kind „bildungsfähig" ist, besteht in dem Versuch, ihm eine Bildung zu geben.

Schon im Vorschulalter, aber auch während des ersten Schuljahres, kann eine Kindergartensituation autistischen Kindern sehr gut tun. Abgesehen davon erhält die Mutter etwas Entlastung von der ständigen Spannung, in der sie lebt, wenn sie das Kind den ganzen Tag über zu Hause hat. Es gibt in Toronto einen sehr erfolgreichen Kindergarten (Lovatt, 1962), in dem autistische mit normalen Kindern zusammengebracht werden. In einer Einrichtung dieser Art kann das Kind bleiben, bis es sieben oder acht Jahre alt ist, je nach den Fortschritten, die es macht.

In England hat das Unterrichtsministerium jetzt empfohlen, daß mit allen autistischen Kindern ein hinlänglich langer Versuch in einer schulischen Einrichtung gemacht werden soll, und das Ministerium hat sich selbst aktiv eingesetzt und Überlegungen angestellt, was zur Bildungsförderung dieser Kinder getan werden könnte. Gegenwärtig sind autistische Kinder in Schulen für normale Kinder, für verhaltensgestörte, für geistig behinderte, für körperbehinderte und gesundheitlich schwache Kinder zu finden, ferner in Steiner-Schulen und Privatschulen. Außerdem gibt es Spezialklassen, die anderen Schulen angegliedert sind, was die Eltern für eine sehr befriedigende Lösung halten.

Einige autistische Kinder haben in normalen Schulen recht gute Fortschritte gemacht, wenn der Lehrer verständnisvoll und die Klasse klein war – und besonders, wenn sie sich gesittet verhielten und ein bestimmtes Spezialtalent hatten. Probleme können entstehen, weil das autistische Kind Schwierigkeiten hat, Freundschaften zu schließen (was es selbst schmerzhaft empfinden mag, wogegen es aber gar nichts tun kann), weil es im Verhalten etwas absonderlich ist oder weil ihm das Gefühl für soziale Umgangsformen fehlen. Die Hauptschwierigkeiten ergeben sich in diesem Fall meist zur Zeit des Schulaustritts, weil Eltern und Lehrer mitunter unrealistische Vorstellungen davon haben, was der Jugendliche tun kann, und weil keine Hilfseinrichtungen zur Verfügung stehen, die den Übergang von der Schule zur Arbeitswelt erleichtern.

Die meisten autistischen Kinder gehören jedoch nicht in normale Schulen. Zwar ist man in vielen Schulen sehr tolerant und verständnisvoll, selbst wenn die Verhaltensprobleme ziemlich schwerwiegend sind, aber oft sind die Klassen zu groß und die Mitarbeiter zu ungeübt, um auf Kinder mit Hör-, Seh- und Sprachbehinderungen in der richtigen Weise eingehen zu können. Einige Kinder haben in Sonderschulen für Lernbehinderte sehr schöne Fortschritte gemacht, aber es wäre unrealistisch, wenn man erwarten würde, daß dies allgemein zutrifft.

Es sei daran erinnert, daß oft eine allmähliche Besserung im allgemeinen Verhalten, im Sozialverhalten und in der Fähigkeit zu Gefühlsbeziehungen festzustellen ist, selbst wenn das Kind im schulischen Lernen nicht vorankommt. Aber auch diese Besserung beruht zum Teil auf einer Täuschung, weil das Kind in einer fremden Umgebung oft zunächst einige Zeit auf ein niedrigeres Niveau zurückfällt und sich dann wieder fängt; diese Besserung könnte als ein Ergebnis des Unterrichts gewertet werden, obwohl im Grunde kein Fortschritt gemacht wurde. Der Erwerb kognitiver Fähigkeiten wie Lesen, Benennen von Farben, Zählen oder Ablesen der Uhrzeit folgt den Besserungen im Sozialverhalten nicht automatisch.

Der beste Kompromiß scheint darin zu bestehen, autistischen Kindern in der Schule einen Spezialunterricht zu erteilen und ihnen zu anderer Zeit die Möglichkeit zu geben, mit anderen Kindern zusammen zu sein, die sprechen und spielen können. Dieses Zusammenkommen mit anderen Kindern muß von einem Erwachsenen beaufsichtigt werden, der dem autistischen Kind helfen kann, am gemeinsamen Tun teilzunehmen; denn sonst zieht es sich vermutlich in einen Winkel zurück und konzentriert sich auf seine eigenen absonderlichen Beschäftigungen. Man braucht sich also im Grunde nicht zwischen sozialer Erziehung und schulischem Unterricht zu entscheiden. Man kann sich um beides bemühen, und eins wird das andere bereichern.

Furneaux (1964) hat eine Spezialklasse dieser Art beschrieben, die sich in einer kleinen Schule für verhaltensgestörte Kinder befindet. Sie hebt die Tatsache hervor, daß neurotisch gestörte Kinder, die schon etwas älter sind, wirklich Freude daran haben, autistischen Kindern zu helfen, und daß es für sie selbst eine Bereicherung ist, sofern es unter Aufsicht geschieht. Dagegen würden gleichaltrige Kinder, die sehr unruhig und aggressiv sind, davon nicht profitieren und für schwer behinderte kleinere Kinder eher ungeeignete Gefährten sein. Derartige Spezialklassen könnten auch an normale oder an andere Sonderschulen angegliedert werden.

Jede wirklich spezialisierte Einrichtung für autistische Kinder ist voraussichtlich teuer, weil das Lehrer-Schüler-Verhältnis hoch sein muß. Wenigstens einige Spezialschulen für autistische Kinder (wie die Schule der Society for Autistic Children) sind erforderlich. Sie müssen für Schüler aller Altersstufen eingerichtet sein, über Wohnplätze in nahegelegenen Familiengruppen verfügen, auch schwerer behinderte Kinder zur Beurteilung ihrer Entwicklungsmöglichkeiten aufnehmen, neue Methoden erproben und Speziallehrer ausbilden können. Sie müssen den Kindern auch die Möglichkeit geben, mit normalen Kindern zusammen zu kommen und – wenn sie Fortschritte gemacht haben – für immer längere Zeiten andere Schulen am betreffenden Ort zu besuchen.

Anders als Spezialschulen lassen sich Spezialklassen, die bestehenden Schulen angegliedert sind, in viel größerer Zahl einrichten. Welche Schulen dafür ausgewählt werden, ist vom verfügbaren Mitarbeiterstab, von der Schulleitung und von anderen Faktoren abhängig. Es ist wichtig, die Frage der Integration nicht aus dem Auge zu verlieren. Bevor autistische Kinder ein bestimmtes Entwicklungsstadium erreicht haben, profitieren sie allerdings nicht viel davon, wenn sie mit anderen Kindern zusammenkommen. Beobachtet man, wie sie sich in Gegenwart ihrer normalen Geschwister und ihrer Spielgefährten verhalten, so wird man kaum zu der Ansicht gelangen können, daß die Integration an sich schon zu vermehrtem sozialem Verhalten führen wird. Das geschieht nur durch Reifungsvorgänge und durch guten Unterricht und geschickte Lenkung durch Erwachsene.

In Schottland werden Tagesstätten von den Unterrichtsbehörden verwaltet, und die Meinungen gehen stark in die Richtung, daß diese Lösung allgemein empfehlenswert ist (The Needs of the

Mentally Handicapped Children, 1962; Report of the Working Party of B. P. S., 1966). Es wird natürlich Kinder geben, die dem Eindruck nach in Spezialklassen oder Spezialschulen keinerlei Fortschritte machen, und es ist dann folgerichtig, sie in eine Tagesstätte zu übernehmen, sofern sie dort richtig betreut werden können. Das Scott Committee (1962) empfiehlt einen Lehrgang für das Personal der Tagesstätten und vertritt nachdrücklich die Ansicht, daß man diese Einrichtungen als Teil des Schulsystems auffassen soll. Wenn solche Empfehlungen verwirklicht werden könnten und das Lehrer-Schüler-Verhältnis so weit verbessert würde, daß die Einrichtung von Spezialklassen möglich wäre, dann würden Tagesstätten (die man dann sinnvollerweise Schulen nennen sollte) zweifellos eine wichtige Rolle bei der Erziehung von schwerer behinderten autistischen Kinder spielen.

Ausbildung und Arbeit im Jugend- und Erwachsenenalter

Autismus bedeutet in der Regel, daß gewisse Behinderungen das ganze Leben über bestehen. Vermutlich ist es die Jugendzeit, für die es am meisten an Hilfseinrichtungen fehlt. Das wird deutlicher erkennbar sein, wenn die Hilfen während der Kindheit verbessert werden, so daß mehr Kinder eine angemessene Förderung und Erziehung erhalten und beim Erreichen des Jugendalters mindestens eine Chance haben, als Erwachsener irgendeine nützliche Arbeitstätigkeit übernehmen zu können.

Die Verzögerung in der Reifung, die während der Kindheit offensichtlich ist, besteht über die Pubertät hinaus (obwohl die körperlichen Reifungsvorgänge der Pubertät gewöhnlich nicht verzögert sind). Rutter stellt in Kapitel 3 fest, daß für Jugendliche, die als Kinder autistisch waren, das übliche Schulaustrittsalter nicht angemessen ist. Wegen der sozialen, emotionalen und intellektuellen Unreife dieser Jugendlichen, die mehrere Jahre jünger aussehen als sie tatsächlich sind, sind normale Lernfortschritte in einem gewöhnlichen Ausbildungsverhältnis völlig ausgeschlossen. Außerdem kommt – wie Rutter ausführt – die positive Entwicklungstendenz, die so oft vor dem 10. Lebensjahr beginnt, mit der Pubertät nicht zum Stillstand, so daß im späten Jugend- und frühen Erwachsenenalter die Möglichkeit für eine weitere Förderung besteht, die eine Vorbereitung für ein unabhängigeres Leben als Erwachsener sein kann. Deshalb sollen die Überlegungen bezüglich der beruflichen Möglichkeiten und die berufliche Ausbildung beginnen, wenn der Jugendliche noch in der Schule ist. Vielleicht müßte man die praktische Verwirklichung dieses Vorschlags zunächst in privat geführten Einrichtungen demonstrieren, vielleicht führen aber einige bereits vorhandene positive Erfahrungen[6] und das allgemeine Gefühl, daß die berufsbildenden Einrichtungen für Sonderschüler erheblich verbessert werden müssen, auch zu öffentlichen Maßnahmen.

Einige junge autistische Erwachsene finden auf dem freien Arbeitsmarkt eine Beschäftigung, aber zur Zeit sind die meisten nur zu einer Arbeit unter beschützenden Bedingungen fähig. Beschützende Werkstätten und ähnliche Einrichtungen für Erwachsene mit chronischen geistigen Behinderungen und Erkrankungen werden durch die Bemühungen der zuständigen Ministerien, lokaler Behörden, psychiatrischer Krankenhäuser und privater Organisationen allmählich verbessert. Das Modell der Dorfgemeinschaften verdient ebenfalls sorgfältige Beachtung.

Die Aufgaben freiwilliger Organisationen

Die Arbeit der Society for Autistic Children und der National Society for Mentally Handicapped Children[7] ist bereits erwähnt worden. Solche Organisationen spielen eine wichtige Rolle, um in Gebieten, in denen die gegenwärtig bestehenden Einrichtungen unzureichend sind, neue Formen der Erziehung, der Berufsausbildung und der allgemeinen Hilfe in die Wege zu leiten. Oft ist man auf offizieller Seite zu Anerkennung und Unterstützung bereit, und wenn ein Wagnis erfolgreich ist, so besteht eine gute Chance, daß es von der lokalen oder zentralen Verwaltung übernommen wird. Die Rolle der privaten Initiative erhält dadurch eine Bestätigung. Finanzielle Mittel für die meisten Aktionen dieser Vereinigungen werden von Privatpersonen, Wohlfahrtsorganisationen und aus öffentlichen Haushalten zur Verfügung gestellt.

Die vielleicht wertvollste Aufgabe, die von der Society for Autistic Children übernommen wurde, ist die Bereitstellung eines Informationsdienstes, durch den die Eltern über die bestehenden Einrichtungen für behinderte Kinder, über Krankenhäuser, Schulen, Ferienhäuser und vieles andere Auskünfte erhalten können. Ärzte und Sozialarbeiter, an die sich die Eltern wegen solcher Auskünfte wenden könnten, besitzen vielleicht nicht alle Informationen über die vorhandenen Hilfseinrichtungen, weil es kein Gesamtverzeichnis gibt, und weil sie nicht immer Erfahrungen über alle Einrichtungen besitzen können, von denen sie gehört haben. Eine freie Vereinigung hat gute Möglichkeiten, sich einen umfassenden Überblick zu verschaffen, weil sie in Kontakt zu Mitgliedern im ganzen Lande steht, die persönliche Erfahrungen gemacht haben.

Selbst wenn es schließlich ausreichende regionale Hilfsdienste gibt, haben freiwillige Vereinigungen immer noch eine Aufgabe. Eltern sollten das Gefühl haben können, daß sie eine gewisse Kontrolle über das Schicksal ihrer Kinder behalten, und daß es eine Organisation gibt, an die sie sich wenden können, wenn sie mit der Entscheidung einer lokalen Behörde oder eines Ministeriums nicht einverstanden sind. Je stärker die Integration der Hilfseinrichtungen wird, desto größer wird das Bedürfnis nach einer Vereinigung der Menschen, die davon Gebrauch machen. Die nützlichsten freien Vereinigungen sind solche mit einem hohen Anteil von direkt Betroffenen unter ihren Mitgliedern, die als Gruppe progressive Aktionen in Gang setzen können.

Eine Meinungsumfrage bei fast 300 Eltern, die der Society for Autistic Children angehören, ergab wertvolle Informationen über die Lücken in den gegenwärtigen Hilfseinrichtungen. Das hervorstechendste Thema war das Bedürfnis nach Schulen und die Schwierigkeit, Plätze in Schulen zu finden. Nur 20 Prozent der Eltern gaben einer außerhäuslichen Unterbringung den Vorzug, und von diesen sprachen sich fast alle für Heimschulen aus, nicht für Krankenanstalten. Das Bedürfnis nach individuellem Unterricht, der auf spezifische Behinderungen ausgerichtet ist, wurde oft betont. Andere häufig genannte Punkte waren das Fehlen einer sachkundigen Anleitung für den Umgang mit dem Kind, das Bedürfnis nach

Kindergartengruppen, nach Einrichtungen für Jugendliche, nach beschützenden Werkstätten und Ferienerholungen. 3 Prozent der Eltern meinten, daß ihre Kinder eine Psychotherapie erhalten sollten. Es gab viele Klagen über die Überfüllung und den Personalmangel in Schulen, Tagesstätten und anderen Einrichtungen für geistig behinderte Kinder, auch über die dort fehlende Erfahrung und Übung im Umgang mit autistischen Kindern.

Zahnbehandlung

Eines der schwierigsten Probleme, dem die Eltern eines geistig behinderten Kindes gegenüberstehen – besonders schwer, wenn auch dessen Verhalten gestört ist – besteht darin, eine Möglichkeit zur Zahnbehandlung zu finden. Das gilt ganz besonders für ein autistisches Kind, dem man mit Hilfe der Sprache nicht erklären kann, was geschieht. Es ist von Vorteil, wenn man der Mutter erlaubt, bei der Behandlung anwesend zu sein. Sie weiß, wieviel das Kind verstehen kann, und sie kann ihm erklären, was der Zahnarzt zu sagen hat. Obwohl dies nicht immer zum Erfolg führen mag, können die Eltern dem Zahnarzt die Arbeit oft sehr erleichtern.

Bei einem schwerer gestörten Kind ist es vielleicht unmöglich, irgendeine Behandlung ohne Narkose durchzuführen. Auch das ist nicht immer einfach, wie die folgende Geschichte zeigt:

„Janet ist ein autistisches Kind, das viel Probleme mit ihren Zähnen gehabt hat. Sie war immer äußerst widerspenstig. Die Zahnärzte klagten, daß sie »nicht hören will«, und versuchten mit wenig Erfolg, sie zu einer Behandlung zu überreden. Als sie neun Jahre alt war, sollte sie in eine Heimschule gehen, und vorher mußten ihre Zähne in Ordnung gebracht werden. Sie wurde von ihrem Vater in eine Zahnklinik gebracht und in den Operationssaal. Dort stand eine ganze Reihe von Geräten zur Zahnbehandlung, und neun oder zehn weißgekleidete Leute standen herum. Sie geriet in große Angst, schrie und strampelte, als ihr eine Injektion in den Arm gegeben wurde. Nach der Anästhesie erhielt sie Narkosegas, aber sie kam immer wieder gleich zu Bewußtsein. Die Zähne wurden gebohrt, es konnten aber nur vorläufige Füllungen gemacht werden. Man schlug vor, sie in ein normales Krankenhaus zu bringen, damit sie eine andere Art von Narkose erhalten könne.

Janet wurde zur Aufnahme vorgemerkt, mußte aber sieben Monate auf ein Bett warten. Sie war sehr beunruhigt, als sie merkte, daß sie im Krankenhaus bleiben mußte, lief von einer Schwester zur anderen und rief: »Plombier Zähne, will artig sein, sitz im Stuhl, plombier Zähne.« Enorme Mengen von Beruhigungsmitteln waren nötig, um der Station zur Nachtruhe zu verhelfen. Am nächsten Morgen gab man Janet Largactil, um sie still zu halten und um zu verhindern, daß sie vor der Anästhesie etwas zum Trinken erwischen würde.

Die Behandlung wurde durchgeführt, und gegen alle Vorschriften teilte die Schwester den Eltern telefonisch mit, daß das Kind schon am Abend statt am folgenden Tag nach Hause geholt werden könne. Sie wurde im Auto nach Hause gebracht, schläfrig, schwankend und sich übergebend."

Wenn man eine Behandlung für ein autistisches Kind vereinbart, dann sind folgende Punkte wichtig. Geistig behinderte Kinder werden sehr unruhig, wenn sie lange Zeit warten müssen. Durch ein spezielles Aufrufsystem kann man diese Schwierigkeit vermeiden. Da kein Aufrufsystem perfekt ist, wäre es eine große Hilfe, wenn es einen besonderen Platz zum Warten geben würde, am besten in der Nähe eines Waschraumes und einer Toilette.

Die Eltern wären für eine Form der Anästhesie dankbar, bei der Zahnfüllungen sofort gemacht werden könnten und so eine Aufnahme in das Krankenhaus vermieden würde. Wenn die Aufnahme notwendig ist, so wäre es für ein sehr gestörtes Kind besser, wenn es gesondert von den anderen Kindern sein könnte. Ein Raum, in dem Mutter und Kind zusammenbleiben können, abseits von den übrigen Patienten, wäre für die Behandlung im Krankenhaus das Ideale.

Wenn es nicht möglich ist, daß die Eltern bei der Behandlung zugegen sind, wäre es eine Hilfe, wenn sie zuerst ein ruhiges Wort mit dem Zahnarzt sprechen könnten, um ihm zu erklären, was das Kind vermutlich am meisten ängstigt oder erregt, so daß einige der größten Fehler vermieden würden. Bei autistischen Kindern, die eine Schule oder andere Einrichtung besuchen, könnten im Schulgebäude in einem vertrauten Raum reguläre routinemäßige Zahnuntersuchungen durchgeführt werden. Die Kinder könnten so mit dem Zahnarzt vertraut werden, und wenigstens einige von ihnen würden allmählich die Behandlung leichter geschehen lassen. Wenn dieser Plan Erfolg haben soll, ist es sehr wichtig, daß derselbe Zahnarzt, der regelmäßig die Zähne der Kinder untersucht, auch die Behandlung durchführt. Das allgemeine Prinzip ist, daß fremde Umgebungen diese Kinder in Angst versetzen, daß sie aber viel weniger Angst haben und auch leichter zu lenken sind, wenn ihnen die Situation vertraut ist.

Obwohl inzwischen gut bekannt ist, daß bei autistischen Kindern in der Regel sedierende und anästhesierende Mittel sehr geringe Wirkung haben, sind Narkoseärzte oft überrascht, wenn sie einem solchen Fall in der Praxis begegnen. Die Beurteilung der richtigen Dosis für die Vormedikamentierung und das Anästhetikum selbst erfordert großes Geschick und viel Erfahrung. Autistische Kinder sollten deshalb immer von einem erfahrenen Narkosearzt versorgt und nicht einem jungen Arzt anvertraut werden, der vielleicht nicht in der Lage ist, mit ihren ungewöhnlichen Besonderheiten fertig zu werden. In diesem Zusammenhang ist es angebracht, darauf hinzuweisen, daß bei autistischen Kindern (ebenso wie bei anderen hirngeschädigten Kindern) ein als Beruhigungsmittel für die Nacht verwendetes Barbiturat erregend statt beruhigend wirken kann.

Möglicherweise ist die einzig befriedigende Lösung die Schaffung spezieller Abteilungen für die Zahnbehandlung behinderter und gestörter Kinder.

Die Zahl der schulfähigen Kinder

Wie in Kapitel 1 ausgeführt wurde, gibt es im Schulalter etwa doppelt soviel autistische wie blinde und fast ebenso viel wie taube Kinder. Jedoch sind viele Einrichtungen für völlig blinde oder völlig taube Kinder Heimschulen, und das ist für autistische Kinder kein gutes Modell, sofern sich die Heimunterbringung überhaupt vermeiden läßt. In einem städtischen Ballungsgebiet wie London wäre es möglich, vier Stadtgebiete von normaler Größe zusammenzufassen, was eine Gesamtbevölkerung von einer Million ergäbe, mit etwa 200 000 Menschen im Alter von 0 bis 14 Jahren. Bei einer Rate von 4,5 auf je 10 000 (Lotter, 1966) gäbe es also 90 autistische Kinder, von denen 60 zwischen 5 und 14 Jahre

alt wären. Nach der strengsten Definition (mit einem Intelligenzquotient von 50 als Kriterium) wäre davon die Hälfte „bildungsfähig", aber die meisten dieser Kinder haben unabhängig von ihrer
Intelligenz Anspruch auf einen Versuch in einer speziellen Erzie-
hungseinrichtung. Einige werden sich nach dem Versuch als ungeeignet erweisen, und bei anderen wird eine andersartige spezielle
Versorgung nötig sein, aber es ist wahrscheinlich, daß bei einer
Gesamtbevölkerung von einer Million wenigstens 30 Kinder im
Alter von 5 bis 14 Jahren eine Betreuung in Spezialklassen brauchen. In großen Städten ließen sich mehrere Klassen für verschiedene Altersstufen einrichten, so daß die Kinder zu Hause bleiben
können. Wenn schulische Einrichtungen, wie an früherer Stelle
empfohlen, bis zum Alter von 19 oder 20 Jahren zur Verfügung
stehen, dann wären die Zahlen noch höher. Dementsprechend besteht in ländlichen Gebieten ein höherer Bedarf an Wohnmöglich-
keiten in Familiengruppen in der Nähe einer Schule mit den geeigneten Spezialklassen; allerdings sollten auch in diesem Fall die
Kinder am Wochenende in der Regel zu Hause bei ihrer Familie
sein.

Das sozialpsychiatrische Team

Die im vorliegenden Kapitel erörterten Hilfsdienste sind sehr
komplex, und es ist nicht leicht, nach einem rationalen Plan von
ihnen Gebrauch zu machen. Im Rahmen einer vergleichenden
Untersuchung kommunaler Einrichtungen haben Brown und seine
Mitarbeiter (Brown et al., 1966) erörtert, welche Aufgaben ein
Team aus Psychiater, Sozialarbeiter, Krankenschwester und Be-
rufsberater bei der Gemeinwesenarbeit für erwachsene Schizophrene hat. Für Kinder besteht ein solches Team aus Medizinern,
Pädagogen und Sozialarbeitern. Die Aufgabe des Arztes ist, eine
Diagnose zu stellen, mit der Ermittlung und Abgrenzung der
behinderten Funktionen zu beginnen und Anweisungen für die
medikamentöse Behandlung zu geben. Die Aufgabe des Sozialarbeiters oder Amtsarztes ist es, das Problem des Kindes im sozia-

len Zusammenhang zu sehen und bei der Ermittlung der sekundären Behinderungen zu helfen, für praktische Hilfen zu sorgen, Ratschläge für die häusliche Führung des Kindes zu geben und zu versuchen, die persönlichen Probleme, die bei den Eltern und Geschwistern entstehen, vorherzusehen und sich damit zu befassen. Der pädagogische Berater muß mit den anderen Mitgliedern des Teams zusammenarbeiten, um die Behinderungen ausfindig zu machen, die der Entwicklung des Kindes im Wege stehen. Er muß eine geeignete Schule oder Schulklasse finden und Methoden vorschlagen, mit denen Eltern und Schule dem Kind helfen können, die Behinderungen zu überwinden. Alle drei Mitglieder können bei ihrer Zusammenarbeit zu der Ansicht kommen, daß eine zusätzliche Hilfe durch andere Spezialisten wünschenswert ist oder daß die Eltern noch andere Hilfseinrichtungen in Anspruch nehmen sollten. Jedes Mitglied des Teams muß sich eine gründliche Kenntnis darüber verschaffen, wie sich autistische Kinder in verschiedenen Umgebungen, insbesondere zu Hause, in der Schule und in der Öffentlichkeit verhalten. Die schwierigste Aufgabe ist die der Koordination der einzelnen Maßnahmen (Jeffreys, 1965). Kushlick (1966) hat vorgeschlagen, daß derartige Arbeitsteams sich mit allen Arten von Entwicklungsproblemen bei Kindern befassen sollten. Diese Teams sollten einer lokalen Verwaltung unterstehen (und wenn erforderlich, sollte für die Klienten damit auch die Möglichkeit zum Besuch eines Psychiaters im Krankenhaus oder eines Kinderarztes verbunden sein). Die Hilfsmaßnahmen können dann auf einer sehr gründlichen Kenntnis der Situation jeder einzelnen Familie aufbauen, und es wird leicht sein, eine auch praktisch verwertete Übersicht über diejenigen Familien des betreffenden Gebiets zu führen, bei denen Hilfe, Unterstützung oder Beaufsichtigung nötig ist, so daß nicht durch irgendeinen Fehler des Teams eine Hilfeleistung ausbleibt. Soweit es allerdings autistische Kinder betrifft, ist eine allgemeine Erfahrung mit „Entwicklungs"-Problemen vermutlich nur von beschränktem Wert. Die Probleme dieser Kinder sind meist sehr spezieller Art, und so muß auch die Hilfe sehr speziell sein. Man muß einfach sehen, daß einige Psychiater, Lehrer, Medizinalbeamte und Sozialarbeiter zur Zeit nicht wissen, wie sie diese spezielle Hilfe geben können, und daß auch die Eltern nicht wissen, wie sie sich um diese Hilfe für ihre Kinder bemühen sollen. Ein nicht-direktives Vorgehen beispielsweise, das bei Neurosen Erwachsener wertvoll sein mag, hilft einer Mutter sehr wenig, die fragt, was sie tun soll, wenn ihr Kind jede Nacht mehrere Stunden lang schreit, das ganze Haus wachhält und die Eltern zur Verzweiflung treibt. Es gibt vernünftige Ratschläge, die man in solchen Fällen geben kann und geben sollte (siehe Kapitel 4 und 10).

Aufklärung der Eltern und der Öffentlichkeit

Die Aufklärung der Eltern übernehmen Mitglieder des Teams, wie es oben und in Kapitel 10 beschrieben wurde. Lovaas hat darüber hinaus mit ausgewählten Eltern ein spezielleres Trainingsprogramm durchgeführt, nachdem in seiner Klinik ein routinemäßiges Vorgehen einmal ausgearbeitet war. Diese Methode ist noch nicht in größerem Umfang verwendet worden, aber die Resultate sind vielversprechend und könnten vielleicht allgemeiner anwendbar sein [8].

Die Eltern sind natürlich oft die ersten, die bemerken, daß etwas mit ihrem Kind nicht stimmt, und so erhebt sich die Frage, ob sie und die allgemeine Öffentlichkeit durch Presse, Radio und Fernsehen Informationen über dieses Zustandsbild erhalten sollten. Die Fachleute sind darüber verschiedener Meinung. Unser Gefühl ist, daß vermutlich wenig Schaden entsteht, sofern die Informationen in unaufdringlicher Weise gegeben werden und den Tatsachen entsprechen. Es ist ja wirklich eine beträchtliche Gruppe kleiner Kinder dadurch als autistisch erkannt worden, daß die Eltern das Syndrom identifiziert und sich um eine medizinische Beratung und Überweisung zu einem Spezialisten bemüht haben. Bei einer derart seltenen Erkrankung ist es nicht so wichtig, daß die breite Öffentlichkeit darüber informiert ist, aber es wäre gut, wenn man geistigen Behinderungen überhaupt mit weniger Scheu und mehr praktischer Sympathie begegnen würde.

Es ist die Aufgabe aller gut informierten Fachleute, die schon vorhandene Hilfsbereitschaft in praktisch nützliche Kanäle zu lenken. Jede öffentliche Aufmerksamkeit, die autistische Kinder wecken, weil sie körperlich attraktiver sind und Interesse und Sympathie auf sich ziehen können, sollte ausgenutzt werden, nicht allein, um speziell diesen Kindern zu helfen, sondern um vermehrte Hilfen für alle geistig behinderten Kinder zu schaffen.

Kapitel 12
Ein autistisches Kind: Probleme nach der Schulzeit

Margaret Lauder

In den letzten zwei Jahren habe ich eine junge behinderte Erwachsene, meine Tochter Christine, ständig bei mir zu Hause gehabt und sie betreut. Das ist eine schwere Aufgabe, die vor viele Probleme stellt.

Christine ist jetzt 18½ Jahre alt. Sie war, was man heute ein „autistisches" Kind nennt, und wir sind als Familie durch die vielen schlimmen Probleme hindurchgegangen, die ein autistisches Kind mit sich bringt. Bis zum Alter von 7 Jahren sprach sie nicht (ausgenommen ein gelegentliches, sonderbares Wort), ihr Verhalten war zwanghaft, sie war auf bestimmte Objekte oder Tätigkeiten fixiert, lief fort (wobei sie auch in gefährliche Situationen geriet), spielte nicht wie ein normales Kind und zog sich völlig in sich zurück. Wir mußten uns mit dem sehr ernsten Problem auseinandersetzen, ob unsere Tochter bildungsfähig ist oder nicht, und als dann (in einem Alter, als sie noch nicht sprach) ihre Bildungsfähigkeit durch Tests bestätigt wurde, entstand das Problem, eine für sie passende schulische Einrichtung zu finden.

In unserer Gegend gab es keine Schule, die für Christines spezielle Probleme geeignet gewesen wäre, aber wir hatten das Glück, daß sie in einer der Rudolf-Steiner-Schulen der Camphill-Bewegung in Schottland aufgenommen wurde. Sie besuchte diese Schule als Heimschülerin vom 6. bis zum 16. Lebensjahr. Sie kam in den Ferien nach Hause und verlor dadurch den Kontakt zur Familie nicht. In dieser Schule fing sie mit 7 Jahren an zu sprechen, zuerst in einzelnen Wörtern, dann in ganzen Ausdrücken und Sätzen. Die Sprachentwicklung dauerte sehr lange und ist noch immer nicht abgeschlossen. Sie macht weiterhin Fortschritte im Sprachverständnis, fragt ständig nach der Bedeutung von Wörtern und vergrößert so ihren Wortschatz. Sie liest jetzt Bücher und Ausschnitte aus Zeitungen.

In der Schule lernte sie rechnen, lesen, schreiben, handwerkliche Techniken und vieles andere. Die Berichte über sie zeigten, daß sie ein intelligentes Kind war, und daß sie schnell lernte, sobald sie anfing, Sprache zu verstehen. Aber ihre Verhaltensprobleme, Fixierungen, Zwänge und die Tatsache, daß sie über scheinbar triviale Dinge sehr leicht aufgebracht war, behinderten ihre Entwicklung noch immer.

Sie verließ die Schule im Juli 1963 und kehrte nach Hause zurück, um hier zu leben. Der Leiter der Schule sagte mir, daß sie vermutlich eine geeignete Kandidatin für eine der Dorfgemeinschaften für Behinderte des Camphill Village Trust sei. Ihr Name wurde auf eine Warteliste gesetzt. Jedoch beträgt die Wartezeit für diese Dörfer mindestens drei Jahre. So standen wir vor dem Problem, für Christines Weiterbildung zu sorgen, nachdem sie die Schule verlassen hatte. Auch wenn diese Kinder in der Schule gute Fortschritte machen, bleibt für sie mit 16 Jahren immer noch viel zu lernen, denn sie haben mit dem Lernen erst spät angefangen.

Schwerwiegender und die Frage der Weiterbildung für Christine überschattend war jedoch das unmittelbare Problem, sie als ständiges Mitglied, nicht nur als Ferienbesuch, in das Familienleben einzugliedern. Obwohl sich Christine sehr darauf gefreut hatte, nach Hause zu kommen, um hier zu leben, fiel ihr die Umstellung von der Schule auf das häusliche Leben zuerst sehr schwer. Wir brauchten mindestens drei Monate großer Geduld und umsichtiger Lenkung, bevor sie wirklich zur Ruhe kam. Sie konnte nächtelang nicht schlafen, und tagsüber hatte sie die zwanghafte Tendenz zu hüpfen statt zu gehen oder zu laufen, wenn sie gezwungen war, sich in östliche oder nördliche Richtung zu bewegen. Das hat den ganzen Sommerurlaub der Familie verdorben. Wir mußten sie so oft wie möglich mit dem Auto fahren, um Aufsehen zu vermeiden und um ihr selbst, die unter dem zwanghaften Hüpfen litt, diese quälenden Erfahrungen zu ersparen. Gegen die schlaflosen Nächte halfen teilweise Soneryl-Tabletten, die der Arzt verschrieben hatte, und das Hüpfen mußten wir eben ertragen, bis es vorbeiging. In einem anderen Urlaub war sie wie besessen von der Furcht vor

einer Gasherdflamme. Sie ging nie in die Küche, wenn die Herd-
flamme brannte oder irgendeine andere Flamme sichtbar war.
Wenn sie zufällig eine Flamme sah, war sie schrecklich beunruhigt,
und erst als sie einmal schlafen gehen mußte, nachdem sie eine
Flamme gesehen hatte, verschwand die Furcht.

Aber trotz all dieser Schwierigkeiten der Eingewöhnung erreichten wir, daß Christine individuelle Unterrichtsstunden erhielt, die
bis heute andauern. Das war Unterricht im Geigenspiel, Töpfern,
Maschineschreiben und Duplizieren. Es war für uns sehr schwer,
die Behörden zu überzeugen, daß ein Kind wie Christine jemals
in der Lage sein würde, irgendwelche Arbeit zu leisten, und daß
die Ausbildung, die sie durch unsere persönlichen Bemühungen
erhielt, tatsächlich eine Berufsausbildung war. Eine andere Schwierigkeit bestand darin, den Behörden zu erklären, daß solche Ausbildung der ganztägigen Ausbildung eines jeden anderen behinderten Kindes entspricht, aber bei einem Kind wie Christine nicht
den ganzen Tag lang dauern kann, sondern über einen längeren
Zeitraum verteilt werden muß, weil sie die ständige Konzentration für eine mehrstündige ununterbrochene Arbeit nicht aufbringen kann. Zur Zeit gibt es nur ganztägige Einrichtungen für die
Berufsausbildung solcher Kinder. Für andere Ausbildungsformen
müssen also die Eltern aus eigener Kraft sorgen, entweder ganz
oder teilweise auf eigene Kosten.

Christine erhält Geigenunterricht

Christine hat immer Interesse an Musik gehabt und deshalb im
letzten Schuljahr Geigenunterricht erhalten. Sie zeigte dafür eine
natürliche Begabung, so daß ihr Musiklehrer uns den Rat gab, den
Unterricht zu Hause durch einen Lehrer fortführen zu lassen. Wir
fanden jemanden, der Christine und ihre Probleme sehr gut verstand, und so hat sie in den vergangenen zwei Jahren (ausgenommen die Ferienzeiten) je Woche eine halbe Stunde Unterricht bekommen. Die Kosten haben wir bezahlt.

Sie lernt maschineschreiben und duplizieren

In ihren Schulferien hat sich Christine oft für eine alte Schreibmaschine interessiert, die bei uns steht. Diese Tatsache und der Rat
eines in der Behindertenarbeit erfahrenen deutschen Arztes, der
uns sagte, daß es für Kinder wie Christine oft leichter sei, mit der
Maschine statt mit der Hand zu schreiben, brachten uns auf den
Gedanken, ihr das Zehnfingersystem beibringen zu lassen. Wiederum mußte das in von uns bezahlten Einzelstunden geschehen.
Jeden Mittwoch erhielt sie eine Stunde lang Unterricht und wurde
eine gute Maschinenschreiberin. Sie lernte dann, wie man Folien
zum Duplizieren herstellt, und jetzt schreibt und dupliziert sie
mit einem handbetriebenen Duplikator unter meiner Aufsicht
mehr als 600 Rundschreiben auf einmal für die lokale Sektion der
Society for Mentally Handicapped Children. Wir hoffen, daß sie
später Arbeit von anderen freien Vereinigungen und vielleicht
von Firmen erhält und für ihre Arbeit bezahlt wird. Sie ist in
ihrer Arbeit sehr sorgfältig. Das Hauptproblem besteht darin, sie
dahin zu bringen, die Arbeit dann zu tun, wenn sie getan werden
muß.

Die Töpferei hat großen therapeutischen Wert

Als Christine die Schule verließ, hat mir die Hausmutter geraten,
ihr zu Hause nach Möglichkeit Unterricht im Weben und Töpfern
geben zu lassen.
Dies ließ sich besonders schwer einrichten. Ich wandte mich an die
örtliche Schulbehörde mit der Bitte, mir zu helfen, daß Christine
in der Weberei und Töpferei Einzelunterricht erhielte. Leider fand
sich für die Weberei nie eine Möglichkeit. Aber für die Töpferei
wurden individuelle Unterrichtsstunden für sie arrangiert, und
das Gesundheitsministerium erklärte sich bereit, die Kosten zu
übernehmen. In den vergangenen zwei Jahren hat sie jeweils eine
Unterrichtsstunde pro Woche gehabt. Dieser Unterricht hat für
sie großen therapeutischen Wert. Sie wird ruhig und ausgeglichen,
wenn sie mit Ton arbeitet, und zeigt in ihrer Arbeit auch viel

Geschick und künstlerische Fähigkeiten. Das größte Problem besteht darin, daß die Lehrer, besonders die jüngeren, ziemlich oft wechseln. Christine hatte zwei verschiedene Lehrer (jeden ein Jahr lang), die sehr viel Verständnis für sie besaßen und sie gern unterrichteten, aber beide haben unseren Ort jetzt verlassen. Bis wir einen anderen geeigneten Lehrer gefunden haben, hat Christine also diesen Unterricht nicht mehr.

Christine sucht sich eigene Beschäftigungen

Christine ist immer gern beschäftigt, und deshalb sucht sie sich eigene Tätigkeiten, mit denen sie ihre freie Zeit ausfüllt. Sie hat ein Bandaufnahmegerät, das sie sehr geschickt bedient, und in den vergangenen zwei Jahren hat sie die Geschichten aus dem Rundfunkprogramm „Listen with Mother" an jedem Wochentag auf Band aufgenommen. Sie hat diese Geschichten dann Satz für Satz mit der Hand oder manchmal mit der Schreibmaschine vom Band in ein Übungsheft übertragen und oft auch illustriert. Sie bittet mich immer, das Geschriebene auf Rechtschreibfehler durchzusehen und Wörter zu korrigieren, und auf diese Weise vergrößert sie ihren Wortschatz und ihre Sprachkenntnisse. Von Anfang an scheint ihre Hauptbehinderung ein Ausfall im Erfassen und Verstehen der gesprochenen Sprache gewesen zu sein. Erst nach vielen Jahren harter Arbeit durch sie, ihre Eltern, Lehrer und ärztlichen Berater besitzt sie nun ein recht gutes Sprachverständnis.

Die Zahnbehandlung ist äußerst schwierig

Für junge Erwachsene wie meine Tochter ist die Zahnbehandlung ein schwieriges Problem, weil man sie meist nicht in der üblichen Weise in der Praxis eines Zahnarztes durchführen kann. Früher war es üblich, die Zähne einfach verkommen zu lassen und dann zu ziehen. Uns hat hier ein überaus freundlicher und verständnisvoller Zahnarzt geholfen, der auch der Zahnchirurg in einem Krankenhaus für geistig Behinderte ist. Er richtete es so ein, daß

Christine zwei Tage stationär in diesem Krankenhaus aufgenommen wurde. Hier führte er unter Anästhesie alle erforderlichen Zahnbehandlungen durch. Das war eine sehr zufriedenstellende Lösung. Alle Patienten dieses Krankenhauses, die ihre Zähne noch nicht verloren haben, werden jetzt so behandelt.

Einige Beobachtungen, Gedanken und Sorgen

Viele Eltern können und wollen die schwere Aufgabe nicht übernehmen, ein behindertes Kind oder einen behinderten jungen Erwachsenen ständig in der Familie zu haben. Ich mußte meine Arbeit als ausgebildete Lehrerin in einer Grundschule vorübergehend aufgeben, um für meine Tochter zu sorgen, als sie die Schule verließ. Für Eltern, die behinderte Jugendliche oder junge Erwachsene zu Hause betreuen, wäre es eine große Hilfe, wenn in erreichbarer Nähe Tagesstätten, beschützende Werkstätten oder ähnliche Einrichtungen vorhanden wären. Das würde auch anderen Eltern den Mut geben, diese Aufgabe zu übernehmen. Die jungen Leute sollten jeden Tag dorthin gehen und entweder eine *weitere Ausbildung* entsprechend ihren Fähigkeiten erhalten oder irgendeine Arbeit verrichten. Sie hätten so das Gefühl, daß ihr Leben ähnlich ist wie das der anderen Menschen; sie würden viel zufriedener leben, wenn sie sich an allen Wochentagen nach einem vorgeschriebenen Zeitplan richten müßten; und ihre Eltern, besonders die Mütter, hätten wenigstens eine zeitweilige Entlastung von der ständigen Anspannung, in der man lebt, wenn man einen behinderten Menschen ununterbrochen zu betreuen und für sein Wohlergehen zu sorgen hat.

Eines der tragischen Dinge bei einem ziemlich intelligenten autistischen Kind ist, daß es eines Tages merken kann, daß bei ihm irgendetwas verkehrt ist – daß es nicht wie normale Kinder ist. Im Alter von 11 Jahren sagte Christine: „Mami, wenn Gott mich gemacht hat, warum hat er mich nicht ganz richtig gemacht?"

Seit sich Christines Sprachfähigkeit gebessert hat (etwa seit dem Alter von 11 Jahren), hat sie mir oft Fragen sinnvoll beantworten können. Ich habe sie über ihr Verhalten befragt. Zum Beispiel hat sie als kleines Kind immer Dinge mit ihren Lippen befühlt, also z. B. ein Blatt sanft an ihren Lippen gerieben, als wolle sie seine Struktur erfühlen. Diese Gewohnheit ging zurück, nachdem sie ihre Umgebung mehr auf andere Art erkunden konnte. Aber als sie ungefähr 14 Jahre war, bemerkte ich zufällig einmal, wie sie wieder ein Blatt mit ihren Lippen befühlte. Ich fragte sie, warum sie das täte, und sie antwortete: „Weil mein Gefühl mir sagt, daß ich es tun soll".

Sie hat mir auch erzählt, daß sie manchmal „schlechte Gedanken" habe, und ich weiß, daß sie dann ein sehr starkes Bedürfnis nach Trost und nach dem Gefühl von Geborgenheit hat, daß sie einen Spaziergang machen oder etwas sehr Interessantes zu tun haben möchte, um diese „schlechten Gedanken" zu vertreiben. Langeweile ist eine echte Gefahr für ein autistisches Kind. Ich habe festgestellt, daß es in solchen Zeiten unbedingt erforderlich ist, Christine noch mehr Liebe und Zuneigung zu geben als sonst. Einen Tag, nachdem sie einen Wutausbruch gehabt hatte, sagte ich ihr, was für ein nettes Mädchen sie sei und wie sehr ich sie liebe. Und sie sagte: „Mami, liebst du mich immer?" Und ich antwortete: „Ja, natürlich tue ich das, mein Schatz". Christine sagte: „Auch wenn ich sehr böse bin?" Und ich sagte: „Ja, Mamis haben ihre Kinder immer lieb, auch wenn die Kinder ungezogen oder böse sind". Bei dieser Bemerkung lichtete sich Christines Gesicht zu einem strahlenden Lächeln, sie warf ihre Arme um meinen Nacken, drückte sich fest an mich und sagte: „O Mami, ich habe immer gedacht, du liebst mich nicht, wenn ich böse bin". Ich hatte das Gefühl, daß ich sehr nachlässig gewesen sein muß, weil ich nie ausdrücklich daran gedacht hatte, ihr jedesmal, wenn sie in schlechter Verfassung war, zu versichern, daß ich sie sehr liebe.

Eine andere Entdeckung war, daß Christine, die Musik immer gern gehabt hat, selbst festgestellt haben muß, daß Musik auf sie eine therapeutische Wirkung hat; denn sie sagte: „Mami, ich habe gern die Schallplatten gehört, die Musik hat mich aus dem tiefen Wald herausgeholt".

Ich habe auch bemerkt, daß sie einen Schutz gegen ihre eigenen Zwänge braucht. Sie *möchte* in Wirklichkeit diese zwanghaften Dinge nicht tun, aber sie *muß* sie einfach tun, wenn man sie nicht daran hindert. Zum Beispiel stellte sie eine Liste mit allen Nahrungsmitteln auf, die sie bei den Mahlzeiten ißt. Eines Tages verlor sie eines der Blätter mit diesen Aufzeichnungen. Über diesen Verlust geriet sie in schreckliche Aufregung. Wir suchten überall danach, ohne Erfolg. Ich sagte dann: „Gut, es macht eigentlich nichts; das Essen, das du gegessen hast, ist nun weg, es ist verschwunden, es ist vorbei". Sie akzeptierte das, und die Suche war beendet. Später sagte sie: „Du bist klug, Mami, du hast gewußt, wie du es machst, damit ich aufhöre, mich mit meiner Essensliste zu ärgern".

Autistische Kinder brauchen jemand, der sie versteht, ebenso wie eine Mutter ein normales Kind versteht. Nur muß man alles das, was so leicht schiefgehen könnte, besonders gut vorhersehen, und man muß wissen, wie verwundbar und empfindsam das Kind sein kann. Ich glaube nicht, daß es irgendeinen Ersatz für die Liebe einer Mutter geben kann, und obwohl ich manchmal verzweifelt war, als ich versuchte, die richtige Hilfe für Christine zu finden, glaube ich, daß ich ihr geholfen habe, eine gewisse Unabhängigkeit zu erreichen und sich an ihrem Leben zu freuen.

Anhang

Neuere Forschungsergebnisse

Jürgen Wendeler

Inhalt

Als das vorliegende Buch 1973 in deutscher Übersetzung erschien, war es nötig, den Originalbeiträgen ein Kapitel anzufügen, das über den neuesten Forschungsstand informiert. Frau Dr. Lorna Wing, die Herausgeberin der zweiten Auflage des englischen Originals, stellte dafür den größten Teil des notwendigen Materials zur Verfügung. Inzwischen sind mehr als 10 Jahre vergangen, in denen unser Wissen um den frühkindlichen Autismus weiterhin ergänzt, verfeinert und gefestigt wurde. Das machte eine Überarbeitung dieses abschließenden und ergänzenden Anhangs nötig. Grundlage der folgenden Darstellung ist neben dem Text von 1973 eine weitere eigene Zusammenfassung von Forschungsergebnissen (Wendeler, 1975) sowie eine speziell für diese Neubearbeitung durchgeführte Sichtung der Forschungsliteratur der letzten 10 Jahre. Es stehen inzwischen so viele Arbeitsberichte, Forschungsergebnisse und Diskussionsbeiträge zur Verfügung, daß eine vollständige Übersicht und Wiedergabe unmöglich ist. Es läßt sich nur ein Ausschnitt darstellen, und Auslassungen sind kein Werturteil. Ich habe versucht, weitgehend solche Arbeiten auszuwählen und darzustellen, die eine Ergänzung zu den Beiträgen des vorliegenden Buches sind.

Diagnostische Kriterien

Definition und Abgrenzung des „Frühkindlichen Autismus" sind nicht leicht. Für die Unklarheiten und Widersprüche sind nicht zuletzt einige Autismusforscher selbst verantwortlich. Rutter (1978) hat besonders deutlich die Schwierigkeiten beschrieben, die bei der Diagnosestellung bestehen. „Autismus" im strengeren Sinne sei dasjenige, was Kanner in seiner Erstbeschreibung 1943 dargestellt habe. Weil diese Beschreibung zu umfangreich sei, seien mehrfach Versuche zur Vereinfachung unternommen worden. So entstanden Kurzbeschreibungen, die notwendigerweise nicht immer gleich waren. Trotz dieser Unterschiedlichkeit habe meist in einem Punkt Übereinstimmung bestanden: Autismus ist nicht durch ein einzelnes Symptom zu definieren, sondern durch eine Symptomgruppe. Eine Ausnahme seien Tinbergen u. Tinbergen (1972), deren Diagnose nur auf einem einzelnen Symptom, der Meidung des Blickkontakts, beruhen würde. Aber auch Kanner selbst sei in der Reduktion der Symptome ziemlich weitgegangen. In einem 1956 zusammen mit Eisenberg veröffentlichten Aufsatz habe er nur zwei Kernsymptome aufgeführt: die extreme soziale Isolation und das intensive Bemühen um die Erhaltung konstanter Umweltbedingungen. Er habe damit die Anomalien der Sprache, die er selbst in seiner Erstbeschreibung und in seinen späteren Schriften so deutlich dargestellt habe, vernachlässigt.
Eine weitere Schwierigkeit, so Rutter, ergab sich aus der Verwendung

sog. Symptomlisten, d.h. einer Aufzählung von Verhaltensweisen bzw. Auffälligkeiten, die beim Autismus besonders häufig vorkommen. Man wußte, daß nicht bei jedem autistischen Menschen alle Symptome vorhanden sein würden. Wenn sich diese Listen also zur Definition eignen sollten, mußte man eine Addition durchführen und einen kritischen Grenzwert bestimmen. Bei diesem Verfahren kann es aber vorkommen, daß die Diagnose „Autismus" gestellt wird, ohne daß auch nur ein einziges der von Kanner beschriebenen Kernsymptome vorhanden ist.

Angesichts dieser Schwierigkeiten ist es kaum erstaunlich, daß verschiedene diagnostische Systeme zu teilweise erheblich unterschiedlichen diagnostischen Einstufungen geführt haben. So hat man z.B. in einer Untersuchung in Australien (Prior u. MacMillan, 1973) alle Kinder eines Distrikts aufgesucht, bei denen nach den vorliegenden Unterlagen „Autismus" diagnostiziert war. Diese Diagnose bestätigte sich nach exakteren Kriterien nur in etwa ⅓ der Fälle. In einer sehr umfangreichen Untersuchung von Rimland (1971) lag der Prozentsatz bestätigter Diagnosen mit 10% sogar noch erheblich niedriger. Das entspricht der erklärten Absicht Rimlands, die Diagnose „Autismus" möglichst eng einzugrenzen. Dem stehen andererseits Tendenzen zur Ausweitung gegenüber, wie sie u.a. von Schopler et al. (1980) vertreten werden.

Angesichts dieser Unstimmigkeiten ist verständlich, wenn einige Kliniker mit der Diagnose „Autismus" zurückhaltend sind. Manche scheinen vorsichtige Feststellungen wie „autistisches Verhalten" vorzuziehen. Jedenfalls ist „Autismus" nicht, wie es van Krevelen (1958) befürchtet hat, zu einer Modediagnose geworden. Es scheint eher, daß diese Diagnose bei uns seltener gestellt wird als sie angebracht wäre. Kehrer (1978) fand, daß unter 400 Kindern, bei denen nach seinen Feststellungen ein frühkindlicher Autismus vorlag, diese Diagnose nur bei rund 38% tatsächlich gestellt worden war. Nicht nur bei zweifelhaften Grenzfällen, sondern auch bei besonders typischen Fällen waren statt dessen eine Reihe unspezifischer Diagnosen gegeben worden.

Rutter (1978) hat vorgeschlagen, die diagnostischen Schwierigkeiten zu lösen, indem man eine verhältnismäßig eng umgrenzte Zahl sog. Kernsymptome definiert, die alle vorhanden sein müssen, wenn die

Diagnose Autismus gestellt werden soll. Er nannte die folgenden vier „essentiellen Kriterien":

„1. Ein Beginn vor dem Alter von 30 Monaten.
2. Gestörte Sozialentwicklung, die eine Anzahl spezieller Charakteristika hat und nicht in Beziehung zum Intelligenzniveau des Kindes steht.
3. Verzögerte und abweichende Sprachentwicklung, die ebenfalls bestimmte Besonderheiten hat und nicht in Beziehung zum Intelligenzniveau des Kindes steht.
4. Beharren auf Gleichförmigkeit, wie es sich in stereotypen Spielgewohnheiten, abnormen Vorlieben und Widerstand gegen Veränderung zeigt." (S. 155, 156).*

Diese Auffassung hat neuerdings insofern an Gewicht gewonnen, als ihr die Definition im „Diagnostic and Statistical Manual of Mental Disorders" der American Psychiatric Association (deutsch: Diagnostisches und statistisches Manual psychischer Störungen, DSM III, 1984) weitgehend entspricht. Als erstes Kriterium wird auch hier der Beginn der Erkrankung vor dem Alter von 30 Monaten genannt. Das zweite Kriterium ist ein grundlegender Mangel an Reaktionen auf andere Menschen (Autismus), das dritte die starke Beeinträchtigung der „kommunikativen Fertigkeiten" und das vierte „bizarre Reaktionen auf verschiedene Aspekte der Umgebung, z. B. Widerstand gegen Veränderung, eigentümliches Interesse an bzw. Beziehungen zu belebten oder unbelebten Objekten" (S. 96, 99).

Ebenso wie andere Kategorienlisten ist auch diese Definition nichts anderes als eine extrem verkürzte Beschreibung, die infolge dieser Verkürzung selbst keine lebendige Vorstellung vermitteln kann und deshalb durch ausführliche Fallgeschichten ergänzt werden muß. Davon gibt es inzwischen eine ganze Reihe (z. B. Park, 1973; Hundley, 1974; Häusler, 1979). Hier wäre auch mein eigener Beitrag (Wendeler, 1984) einzuordnen, in dem ich versucht habe, mit dem Material aus 44 Elterninterviews ein Bild von der Lebenssituation autistischer Jugendlicher und junger Erwachsener zu vermitteln.

---

* Dieses sowie alle folgenden Zitate aus der englischsprachigen Literatur in der Übersetzung des Verfassers.

Intelligenz

Kanner (1943) war der Meinung, daß autistische Kinder „gute kognitive Potentiale" besäßen. Er begründet es zunächst mit dem Hinweis auf ihren intelligenten Gesichtsausdruck. Dieser sei zugleich ernsthaft und ängstlich gespannt. Als Hinweis für ihre Intelligenz nimmt er weiterhin ihren umfangreichen Wortschatz und ihr ausgezeichnetes Gedächtnis. Schließlich würden sie auch, obwohl die üblichen Intelligenztests nicht durchführbar seien, in Spezialtests ausgezeichnete Leistungen erbringen.

Es ist erstaunlich, wie ein angesehener und erfahrener Psychiater eine Intelligenzdiagnose u. a. mit dem Gesichtsausdruck begründet. Das beweist nur, wie zwingend der äußere Eindruck zu psychologischen Schlußfolgerungen verleitet. Es ist deshalb kaum erstaunlich, wenn diese Schlußfolgerung in der Begegnung mit autistischen Menschen immer wieder getroffen wird.

Die kritische Forschung hat Kanners Überzeugung nicht bestätigen können. Diese Forschung war nicht nur kritisch, sie war auch selbstkritisch. Den Untersuchern waren durchaus die möglichen Einwände gegen Intelligenzdiagnosen bekannt, und sie haben sich damit auseinandergesetzt. Eine sehr sorgfältige und verhältnismäßig umfangreiche Untersuchungsreihe ist von einer Arbeitsgruppe an der Indiana University School of Medicine durchgeführt worden. Sie begann 1961 und wurde 1974 (DeMyer et al.) zusammenfassend dargestellt. Die Forscher befaßten sich als erstes mit der Ansicht, daß autistische Kinder nicht testbar seien. Bekanntlich weigern sich diese Kinder bei vielen der üblichen Testaufgaben, ein Problem auch nur anzugehen. Die Erfahrungen zeigten aber, daß dies keineswegs bei allen Aufgaben so ist. Besonders dann, wenn ein Problem nicht sprachlich erklärt werden mußte, sondern sich gleichsam selbst erklärte, wie z. B. eine Puzzleaufgabe, ein Formbrett oder ein Zusammensteckspiel, waren sie meist ebenso interessiert und kooperationsbereit wie normale Kinder. Erst wenn sie einen Mißerfolg erlebten, begannen ihre Trotzanfälle und Verweigerungen.

Aufgrund dieser Erfahrungen wurde eine spezielle Testserie aus Aufgaben des Cattell- und des Binet-Tests zusammengestellt (Alpern u. Kimberlin, 1970). Aus dem Aufgabenbestand sonstiger Tests wurde eine weitere Serie konstruiert, und zwar durch Auswahl derjenigen Probleme, die für autistische Kinder geeignet schienen (DeMyer, Barton u. Norton, 1972). Schließlich wurden einige Tests in unveränderter Form hinzugenommen, wie der Leiter- und Merrill-Palmer-Test.

Testprüfungen und Testwiederholungen zeigten, daß die Leistungsschwankungen bei den autistischen Kindern weder stärker noch schwächer als bei normalen Kindern waren. Wenn also die geeigneten Methoden verwendet werden, so läßt sich die Intelligenz beim Autismus mit einer Zuverlässigkeit messen, die den üblichen Maßstäben entspricht.

Das Gesamtergebnis der Intelligenzprüfung für 115 Kinder zeigt im Überblick die Figur 1. Die Skala der IQ-Werte hat den Mittelwert 100 und in diesem Fall als Einheit die Standardabweichung 16. IQ-Werte bis zu einer Einheit unter dem Durchschnitt gelten als durchschnittlich; 3% der autistischen Kinder hatten Intelligenzwerte in diesem Bereich. Intelligenzwerte zwischen der negativen 1. und der negativen 3. Standardabweichung gehören nach amerikanischem Sprachge-

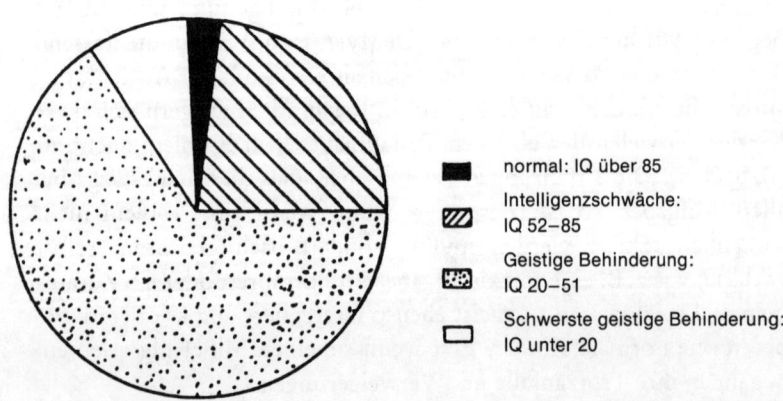

■ normal: IQ über 85

▨ Intelligenzschwäche:
IQ 52–85

▨ Geistige Behinderung:
IQ 20–51

▯ Schwerste geistige Behinderung:
IQ unter 20

Figur 1: Verteilung der Intelligenzquotienten von Kindern mit frühkindlichem Autismus (nach DeMyer et al., 1974)

brauch zum „Grenzbereich" bzw. zur „schwachen geistigen Retardierung", sie sind hier unter dem Begriff „Intelligenzschwäche" zusammengefaßt worden; bei insgesamt 23% der autistischen Kinder wurden Intelligenzwerte in diesem Bereich festgestellt. Unterhalb der negativen 3. Standardabweichung beginnt der Bereich der „geistigen Behinderung"; bei 74% der untersuchten Kinder lag die Intelligenz auf dieser Niveaustufe, wobei insgesamt 8% der Kinder eine „schwerste geistige Behinderung" mit IQ-Werten unter 20 hatten.

Das ist ein Gesamtergebnis für den Durchschnitt aus sprachgebundenen und handlungsgebundenen Aufgaben. Autistische Kinder sind in sprachlicher Hinsicht besonders behindert, und deshalb wurde eine Aufspaltung nach sprach- und handlungsgebundenen Tests vorgenommen. Das Resultat ist in Tabelle 1 wiedergegeben. Wie zu

Tabelle 1: Sprach- und Handlungsintelligenz bei autistischen Kındern (nach DeMyer et al., 1974)

IQ-Wert	Bezeichnung	Prozentsatz	
		Sprachtests	Handlungstests
> 100	Normalbereich, über Durchschnitt	2%	1%
100–86	Normalbereich, unter Durchschnitt	0%	4%
85–68	Grenzbereich	1%	16%
67–52	schwache geistige Behinderung	8%	23%
51–36	mittlere geistige Behinderung	16%	30%
35–20	schwere geistige Behinderung	33%	24%
< 20	schwerste geistige Behinderung	40%	2%

erwarten, fallen die Ergebnisse bei handlungsgebundenen Tests deutlich günstiger aus als bei sprachgebundenen. Am deutlichsten ist dies im Bereich der schwersten geistigen Behinderung. Nach den sprachgebundenen Tests sind 40% der autistischen Kinder diesem Niveau zuzuordnen, nach den handlungsgebundenen Tests aber nur 2%. Legt man eine Grenze beim IQ-Wert von 52, was etwa dem Grenzwert der

„geistigen Behinderung" entspricht, so ist der Effekt der Testart immer noch sehr deutlich. Unterhalb dieser Grenze liegen nämlich bei den sprachgebundenen Tests etwa 90% aller autistischen Kinder, bei den handlungsgebundenen Tests aber nur etwa 50%. Sprachgebundene und handlungsgebundene Intelligenz haben also beim Autismus oft sehr unterschiedliches Niveau.

Trotzdem darf nicht übersehen werden, daß auch in der handlungsgebundenen Intelligenz die meisten autistischen Kinder nicht annähernd den Bereich der Normalität erreichen. Zieht man die Grenze bei einer Standardabweichung unter dem Durchschnitt, so sind es auch bei handlungsgebundener Intelligenz nur 5% von ihnen, die als normal intelligent bezeichnet werden können, und nur bei 1% liegen die Intelligenzwerte in diesen Tests oberhalb des Durchschnitts.

Diese Ergebnisse sind nicht nur von theoretischer Bedeutung. Sie haben erhebliche praktische Konsequenzen. Nach vielen Untersuchungen mit nichtbehinderten und behinderten Menschen ist hinreichend gesichert, daß zwischen der gemessenen Intelligenz und dem schulischen und beruflichen Erfolg sowie der sozialen Eingliederung deutliche Zusammenhänge bestehen. Eine zuverlässige Intelligenzmessung vorausgesetzt, wird ein solcher Zusammenhang auch für autistische Kinder zu erwarten sein. DeMyer und ihre Kollegen haben dies geprüft, indem sie den Intelligenzwert mit der schulischen Einstufung der Kinder nach durchschnittlich sechs Jahren verglichen. Zur Vorhersage eignete sich der Handlungs-IQ am besten. Dabei zeigte sich:

- Kinder, die mit normalen Gleichaltrigen gemeinsam unterrichtet wurden, hatten einen Handlungs-IQ von 70 oder darüber;
- Kinder in Klassen oder Schulen für Lernbehinderte (Educable Retarded) hatten Werte von etwa 60–70;
- Kinder in Klassen oder Schulen für Praktisch Bildbare (Trainable Retarded) hatten Werte von etwa 50–60;
- und Kinder, die entweder gar keine Schule oder Klassen unterhalb des Niveaus der praktischen Bildbarkeit besuchten, hatten Werte unter 50.

Eine Intelligenzuntersuchung kann also dazu beitragen, für ein autistisches Kind die passende schulische Plazierung zu finden und in diesem Zusammenhang realistische Bildungsziele aufzustellen. Sie muß natürlich von einem Spezialisten durchgeführt werden, der Erfahrung mit den Problemen des Autismus hat. Sicherlich ist auch dann der festgestellte Intelligenzwert nichts Unabänderliches. Wenn er niedrig ausfällt, so bedeutet das keineswegs, daß alle Erziehungsversuche aussichtslos sind. Aber der Steigerung, auf die man hoffen kann, sind doch Grenzen gesetzt. Diese Feststellung wird für manche Eltern schmerzhaft, vielleicht sogar schockierend sein, aber auf die Dauer hilft es weder ihnen noch ihrem Kind, wenn sie übertriebenen Erwartungen und Hoffnungen nachhängen, und vor allem nicht, wenn sie es aufgrund falscher Erwartungen ständig überfordern. Diese Gefahr einer Überforderung ist aber gerade beim Autismus nicht unbeträchtlich und kann zu manchen sekundären Störungen führen.

Obwohl wir also feststellen müssen, daß die Intelligenz des weitaus größten Teils der autistischen Kinder weit unter dem Durchschnitt liegt, dürfen wir nicht übersehen, wie groß die Spielbreite der gemessenen Intelligenz ist. Sie reicht von Durchschnittswerten bis zu Werten der schwersten geistigen Behinderung. Das hat Konsequenzen für die Diagnose, für die Forschung und für die praktischen Hilfen.

Die Konsequenzen für die Diagnose hat Rutter (1978) besonders deutlich genannt. Bei der Beurteilung des Verhaltens müsse man das Entwicklungsalter in Rechnung stellen. Wenn z.B. das Entwicklungsalter ein halbes Jahr beträgt, könne man, wie hoch das Lebensalter auch sei, offensichtlich keine kommunikative Sprache und keine Freundschaftsbeziehung zu Gleichaltrigen erwarten. Mängel und Schwächen der Kommunikation und der Sozialkontakte seien demzufolge erst dann als Kennzeichen für Autismus zu werten, wenn sie größer sind als nach dem Entwicklungsalter zu erwarten ist. Dieser Gesichtspunkt spielt vor allem bei der Abgrenzung des Autismus von der schwersten geistigen Behinderung eine Rolle.

Auch in der Forschung muß nach Rutter die Bedeutung von Intelligenz bzw. von Intelligenz-(Entwicklungs-)Alter berücksichtigt werden. Um die spezifischen Merkmale des Autismus herauszufinden, müsse in Vergleichsuntersuchungen der mögliche Einfluß nicht nur des Lebens-, sondern auch des Entwicklungs- bzw. Intelligenzalters berücksichtigt werden. Andernfalls seien die Resultate praktisch uninterpretierbar. Leider, so fügt Rutter hinzu, gebe es eine ganze Reihe von sonst guten Untersuchungen, die durch dieses Versäumnis in ihren Ergebnissen praktisch wertlos seien.

Infolge des unterschiedlichen Entwicklungsniveaus sind Menschen mit Autismus in ihren Möglichkeiten zur schulischen, beruflichen und sozialen Eingliederung keine homogene Gruppe. Zur ungefähren Orientierung sollte man mindestens drei Teilgruppen voneinander unterscheiden:

1. Die Gruppe der Menschen, bei denen der Autismus mit einer Lernbehinderung verbunden ist.
2. Die Gruppe, bei der Autismus in Verbindung mit geistiger Behinderung besteht, und
3. die Gruppe, bei der der Autismus mit einer schweren geistigen Behinderung im Zusammenhang steht.

Jede Abgrenzung ist natürlich willkürlich, und es gibt Grenz- und Übergangsfälle. Trotzdem halte ich eine solche Aufteilung für nötig, denn damit wird klar zum Ausdruck gebracht, daß die autistischen Menschen nicht als eine einheitliche Gruppe anzusehen sind.

Medizinische und neuropsychologische Aspekte

Seit Rimland 1964 die Beweise dafür zusammenstellte, daß der frühkindliche Autismus nicht auf psychische, sondern auf organische Ursachen zurückzuführen ist, sind zahlreiche weitere Belege für diese Auffassung gefunden worden. Die heutige Aufgabe ist also nicht mehr, diese Theorie nochmals zu bestätigen, sondern herauszufinden, welcher Art die Schädigungen bzw. Störungen sind und welche Konsequenzen für die Erklärung des Verhaltens und die Behandlung sich daraus ergeben. Die folgende Zusammenfassung beruht hauptsächlich auf der Darstellung von Klicpera (1984), bei dem auch die Hinweise auf die Originalarbeiten zu finden sind; eingefügte Ergänzungen sind durch zusätzliche Quellenangaben kenntlich gemacht.

Frühkindlicher Autismus kann in Verbindung mit bestimmten metabolischen Erkrankungen, z. B. der Histidinämie oder der Phenylketonurie vorkommen. Auch bei tuberöser Sklerose und Neurofibromatose hat man ihn festgestellt. Ferner kann er auch durch pränatale

Virusinfektionen entstehen. Das wurde z.B. für Röteln, Varizellen und Toxoplasmose nachgewiesen. Bei diesen Infektionen kann es vorkommen, daß die Symptome verhältnismäßig spät auftreten und sich wieder zurückbilden.

Während man in früheren Untersuchungen keine Chromosomenanomalien gefunden hat, haben verbesserte Methoden neuerdings in mehreren Fällen derartige Störungen ergeben. So beschrieben Burd et al. (1985) den Fall eines Jungen mit frühkindlichem Autismus und einer partiellen Trisomie des 8. Chromosoms. Eine andere Störung ist das fragile X-Syndrom, ein Chromosomenbruch, der bei Jungen auftritt und der mit geistiger Behinderung, Sprachanomalien und leichteren körperlichen Mißbildungen in Zusammenhang steht. Bei einem Teil dieser Kinder läßt sich ein ausgebildetes autistisches Syndrom feststellen.

Diese Beobachtungen weisen zwar darauf hin, daß der frühkindliche Autismus als Folge spezifischer Erkrankungen oder Störungen entsteht, sie geben allerdings keine Hinweise auf die Art der Schädigung oder Störung. Aufschlüsse dazu hat man sich von der Untersuchung der Hirnstrukturen mit Hilfe der Pneumoenzephalographie und der Computertomographie versprochen. Tatsächlich ergaben sich relativ oft pathologische Befunde, und zwar vor allem in Form einer Erweiterung der Ventrikelräume. So wurde in der nach Klicpera genauesten Untersuchung (Hauser et al., 1975) bei 15 von 18 Kindern eine Ventrikelerweiterung festgestellt. Sie betraf vor allem den linken Seitenventrikel, und zwar entweder ausschließlich oder mit stärkerer Ausprägung. Untersuchungen mit Hilfe des Computertomogramms bestätigten eine relativ hohe Häufigkeit von Ventrikelerweiterungen, allerdings nicht deren vorwiegend linksseitiges Vorkommen.

Auch bei EEG-Untersuchungen wurden oft pathologische Befunde festgestellt; die Angaben über die Häufigkeit sind allerdings nach Clicpera außerordentlich unterschiedlich. Tsai et al. stellten in einer neueren Untersuchung (1985) bei 47 von 100 autistischen Kindern abnorme EEG-Befunde fest.

Lotter hatte bereits 1978 gefunden, daß mehr als 25% der autistischen Jugendlichen seiner Untersuchung epileptische Anfälle bekamen, als sie zwischen 15 und 29 Jahre alt waren. Im Kindesalter waren bei ihnen weder epileptische Anfälle aufgetreten noch waren andere Hinweise auf eine Hirnschädigung erkennbar gewesen. Deykin u. MacMahon (1980) stellten fest, daß die Häufigkeit epileptischer Anfälle bei autistischen Kindern 3- bis 28mal so hoch ist wie in der Grundgesamtheit der altersgleichen Kinder. Dabei ist die Häufigkeit von Krampfanfällen in jeder Altersstufe erhöht, besonders aber während der Pubertät.

Einiges Aufsehen erregten Ergebnisse, die auf genetische Faktoren beim frühkindlichen Autismus hinweisen. Folstein u. Rutter (1977) berichteten, daß etwa 2% der Geschwister ebenfalls autistisch sind. Das ist zwar selten, aber häufiger als nach dem Vorkommen des Autismus in der Grundgesamtheit zu erwarten. Noch deutlichere Hinweise auf genetische Faktoren erbrachten Zwillingsuntersuchungen. Folstein u. Rutter stellten fest, daß bei 10 zweieiigen Zwillingspaaren der Autismus immer nur bei einem Kind, nie bei seinem Geschwister auftrat; dagegen waren bei 11 eineiigen Zwillingspaaren in vier Fällen beide Geschwister autistisch. Außerdem fanden sich bei den nichtautistischen Kindern aus eineiigen Zwillingspaaren relativ häufig Auffälligkeiten in kognitiver und sprachlicher Hinsicht, was bei den nichtautistischen Kindern aus zweieiigen Paaren fast nie vorkam. Ferner zeigte sich, daß bei den Kindern, die autistisch wurden, pre- und perinatale Risikofaktoren wesentlich höher waren als bei ihren Geschwistern. Folstein u. Rutter kommen zu der Schlußfolgerung, daß es Erbeinflüsse gibt, die kognitive und sprachliche Abnormitäten zur Folge haben, als solche aber noch nicht den Autismus auslösen. Autismus entsteht nach ihrer Auffassung erst durch eine zusätzliche Hirnschädigung, wobei es sich nach ihren Feststellungen immer um Schädigungen während des Geburtsvorgangs handelt.

Daß Geburtsschädigungen bei der Verursachung des Autismus eine Rolle spielen, ergibt sich auch aus der Auswertung von Geburtsberichten, die Finegan u. Quarrington (1980) vorgenommen haben. Sie fanden darin für die autistischen Kinder viel häufiger Hinweise auf neuropathologische Faktoren als für ihre Geschwister und für die Grundgesamtheit. Sie folgern daraus, daß bei den autistischen Kindern geburtstraumatische Ereignisse zu einer Hirnschädigung geführt haben.

Inzwischen sind auch zahlreiche neurochemische Untersuchungen durchgeführt worden. Dabei hat man am häufigsten Störungen bei der serotonergen und dopaminergen Übertragung gefunden (Young et al., 1982). Bei etwa ⅓ der autistischen Patienten wurde ein erhöhter Serotoningehalt im Blut festgestellt. Das ist ein Hinweis, wenngleich kein zwingender, daß auch im zentralen Nervensystem eine Störung des Serotoninstoffwechsels vorliegt.

Coleman (1973) hat die früheren Untersuchungen zusammenfassend dargestellt und beurteilt. Sie weist darauf hin, daß Abnormitäten im Serotoninstoffwechsel nicht nur bei Kindern mit Autismus vorkommen, sondern u. a. auch bei hyperaktiven Kindern und bei Kindern mit Down-Syndrom. Der erhöhte Serotoningehalt könnte demzufolge mit einer geistigen Behinderung im Zusammenhang stehen und nicht mit dem Autismus. Im Gegensatz dazu scheinen Abnormitäten im Dopaminsystem spezifisch für die Behinderung des Autismus zu sein. Wiederholt wurde ein erhöhter Anteil des Hauptabbauprodukts des Dopamins im Liquor nachgewiesen, und zwar vor allem bei Kindern mit erhöhter lokomotorischer Aktivität und Stereotypien (z. B. Cohen et al., 1977). Das dopaminerge System scheint also zu stark aktiviert zu sein, zumindest bei dieser Teilgruppe. Dazu paßt nach Klicpera, daß Neuroleptika, mit denen man bisher die besten Behandlungserfolge erzielt hat, die Dopaminrezeptoren blockieren.

Eine auf die Ursachen zielende medizinische Behandlung ist nach wie vor unmöglich. Trotzdem können Medikamente hilfreich sein. Campbell (1973) stellt aufgrund einer Zusammenfassung bisheriger Untersuchungsbefunde fest: „Die Erfahrung hat gezeigt, daß eine Behandlung mit Medikamenten häufig eine wertvolle Komponente in der Gesamtbehandlung eines psychotischen Kindes ist. Bestimmte psychoaktive Mittel können das Kind aufgeschlossener machen für heilpädagogische oder spieltherapeutische Maßnahmen. Selbst wenn kein umfassendes Behandlungsprogramm zur Verfügung steht, können die durch Medikamente bewirkten Veränderungen das psychotische Kind umgänglicher machen, so daß das Zusammenleben mit ihm in der Gemeinschaft leichter ist."

Campbells Darstellung bietet eine Übersicht über den gegenwärtigen Wissensstand. Hervorgehoben werden darin besonders die Behandlung mit Tranquilizern, Lithium und Hormonen. Daneben wird über Erfahrungen mit Hypnotika, Anticonvulsiva, Sedativa, Stimulantien, Antidepressiva, Halluzinogenen, L.-Dopa und Vitaminen berichtet.

Campbell stellt fest, daß die gegenwärtig verfügbaren Medikamente am wirksamsten sind bei der Verminderung von Symptomen wie Schlaflosigkeit, Hyperaktivität, Impulsivität, Irritierbarkeit, psychotischen Ideenstörungen und bestimmten Formen von Aggressivität. Klicpera bestätigt diese Einschätzung aufgrund späterer Zusammenfassungen. Er hebt vor allem die positive Wirkung von Neuroleptika hervor. Allerdings würden keine dauerhaften Behandlungserfolge erzielt: Wenn die Medikamente abgesetzt werden, käme es wieder zu einer Verschlechterung. Vorsicht sei auch deshalb geboten, weil weder über die Wirkung noch über die Nebenwirkungen von langfristigen Behandlungen genügend bekannt sei.

Welche Funktionssysteme des zentralen Nervensystems sind für den Autismus verantwortlich? Hierzu liegen inzwischen mehrere Hypothesen vor, von denen Klicpera drei nennt. Nach der ersten handelt es sich um Störungen der dominanten Hemisphäre, nach der zweiten um Störungen im Hirnstamm und nach der dritten um Störungen des mesolimbisch-frontalen Systems. Klicpera hält die dritte Hypothese für die am besten fundierte. Das mesolimbische System sei besonders anfällig für pre- und perinatale Schädigungen; unter anderem deshalb, weil seine vaskuläre Versorgung zur Zeit der Geburt noch nicht voll ausgebildet ist. Schädigungen dieses Systems bei Erwachsenen würden zu Störungen führen, die eine gewisse Ähnlichkeit mit Störungen des frühkindlichen Autismus haben, so z.B. spezifische Kommunikationsstörungen wie Schwierigkeiten im Verständnis von Gesten, ungewöhnliche Konkretheit der Sprache und Auffälligkeiten der Sprechweise (Dysprosodie), ferner Störungen der Aufmerksamkeit sowie die Tendenz zu ritualistischem und zwanghaftem Verhalten.

Abgrenzung von Kindheitspsychosen

Daß es sich beim frühkindlichen Autismus und bei den später beginnenden Kindheitspsychosen um verschiedenartige Störungen handelt, ist schon seit langem vermutet worden (s. Kap. 1). Systematische Untersuchungen darüber haben Kolvin und seine Mitarbeiter (Kolvin, 1971) durchgeführt. Ihre Hypothese lautete: „Psychotische Störungen in der Kindheit sind von dem Alter abhängig, in dem der Prozeß einsetzt. Störungen, die im verschiedenen Alter beginnen, sind fundamental verschieden". Deshalb unterschieden sie eine Psychose mit frühem Krankheitsbeginn, die dem frühkindlichen Autismus entspricht und vor dem 3. Lebensjahr beginnt, von einer später einsetzenden Psychose mit schizophrener Symptomatik, die nach dem 3. und vor dem 15. Lebensjahr einsetzt, und der in Kapitel 1 beschriebenen Kindheitsschizophrenie entspricht. Zwischen den beiden Gruppen zeigten sich in mehrfacher Hinsicht deutliche Unterschiede in familiären, sozialen, psychologischen und neurologischen Merkmalen.

Besonders groß waren die Unterschiede natürlich bei den Kernsymptomen des Autismus. Diese traten zwar auch bei den Kindern mit späterem Krankheitsbeginn auf, aber nur in 46% bis 52% der Fälle und damit wesentlich seltener als bei den Kindern mit frühem Beginn. Aber auch in anderen Merkmalen zeigten sich deutliche Unterschiede. Auffällig war, daß anscheinend bei der Kindheitspsychose mit Beginn nach dem 3. Lebensjahr ein Zusammenhang mit der Schizophrenie bestand: In 81% der Fälle gab es Anzeichen für das Vorhandensein von Halluzinationen; die Häufigkeit von Schizophrenie bei den Eltern war gegenüber der Grundhäufigkeit erhöht (sie war mit 9,4% etwa ebenso hoch wie bei den Eltern erwachsener Schizophrener); die Eltern gehörten überproportional häufig zu den Sozialschichten der gelernten und ungelernten Arbeiter. Bei frühem Krankheitsbeginn gab es überhaupt keine Anzeichen für Halluzinationen; kein erhöhtes Auftreten von Schizophrenie bei den Eltern; ferner die oft gefundene, überproportional häufige Zugehörigkeit zu höheren Sozialschichten. Außerdem wurden bei frühem Krankheitsbeginn aufgrund anamnestischer, klinischer und neurologischer Befunde (einschließlich EEG-Aufzeichnungen) häufiger Hinweise auf hirnorganische Schädigungen oder Störungen gefunden (in 54% gegenüber 31%), und schließlich war die Intelligenz dieser Kinder im Durchschnitt niedriger als diejenige der schizophrenen Kinder. So scheint es sich bei Kindheitspsychosen mit frühem und späterem Beginn tatsächlich um unterschiedliche Störungen zu handeln.

Ein zentrales Merkmal des Autismus ist die Behinderung im Verständnis und in der Verwendung von Sprache. Schwere zentrale Sprachstörungen gibt es auch bei einer anderen Behinderung, die nach englischem Sprachgebrauch als „Entwicklungsaphasie" bezeichnet wird. Wing u. Rutter haben in den Kapiteln 1 und 2 auf diese Zusammenhänge hingewiesen und die Hypothese aufgestellt, daß es sich in beiden Fällen um die gleiche Art der Sprachstörung handelt. In einem neueren Beitrag hat Churchill (1972) diese Hypothese noch verschärft und angenommen, daß eine zentrale Sprachstörung wie bei der Entwicklungsaphasie, jedoch in schwererem Grad, die notwendige und ausreichende Ursache für das Verhalten ist, das man beim Autismus findet. Wie alle Theorien, die ein komplexes Erscheinungsbild auf einen einzigen Faktor zurückführen, ist auch diese durch ihre Einfachheit faszinierend. Ihr steht die Annahme gegenüber, die z. B. von Rutter im Kap. 2 geäußert wird: daß beim Autismus eine Mehrfachbehinderung besteht, zu der neben Sprachstörungen auch Behinderungen in der Wahrnehmungstätigkeit gehören.

L. Wing (1969, 1971; Wing u. Wing, 1971) hat eine Vergleichsuntersuchung durchgeführt, die in dieser Hinsicht einige wichtige Aufschlüsse gibt. Sie hat durch eine schriftliche Elternbefragung verschiedenartige Störungen und Verhaltensabnormitäten im Alter von 2–5 Jahren bei autistischen (sprechenden und stummen), rezeptiv-aphasischen, expressiv-aphasischen, partiell taub-blinden, normalen und mongoloiden Kindern miteinander verglichen. Besonders aufschlußreich sind die Vergleiche zwischen den autistischen, den aphasischen und den partiell taub-blinden Kindern.

Die sprechenden autistischen und die rezeptiv-aphasischen zeigten ähnliche Abnormitäten und Störungen in der Reaktion auf Laute, im Sprachverständnis und im spontanen Sprechen. Jedoch fand sich die unmittelbare und die verzögerte Echolalie – beides für autistische Kinder charakteristisch – bei den rezeptiv-aphasischen Kindern seltener (L. Wing, 1971). Noch wichtiger war die Feststellung, daß alle rezeptiv-aphasischen Kinder Gestik und Mimik sowohl verstanden als auch gebrauchten, so daß sie ein Mittel hatten, um mit anderen Menschen zu kommunizieren. Dies konnten nur 15% der nichtsprechenden und 45% der sprechenden autistischen Kinder. Hierin, wie auch in anderen Merkmalen sind die autistischen den partiell taubblinden Kindern ähnlicher, von denen ebenfalls nur eine Minderheit (40%) Mimik und Gestik verstehen und gebrauchen konnte.

Auffällig war ferner, daß bei nahezu allen sprechenden und stummen autistischen Kindern Abnormitäten auftraten, die Anzeichen für visuelle Behinderungen sind, z.B. Bewegen von Gegenständen in Augennähe und Bevorzugung der Nahsinne. Auch dies entspricht etwa der Häufigkeit bei partiell taub-blinden Kindern, während es höchstens bei 20% der aphasischen Kinder beobachtet wurde.

Diese Ergebnisse weisen darauf hin, daß die autistischen Kinder nicht nur an sprachlichen, sondern auch an visuellen Behinderungen leiden – daß der frühkindliche Autismus also nicht nur eine besonders ausgeprägte Form der Entwicklungsaphasie ist, sondern eine Mehrfachbehinderung. Wings Resultate legen den Schluß nahe, daß autistische Kinder an Störungen der rezeptiven Aphasie, der expressiven Aphasie und vielen Störungen taub-blinder Kinder gleichzeitig leiden.

Sprache und Kommunikation

Um autistische Menschen zu verstehen, ist nichts wichtiger als die Einsicht, daß zum „Autismus" manchmal schwache, meist aber schwerwiegende Beeinträchtigungen der kommunikativen Fähigkeiten gehören. Diese besonderen Schwächen genauer zu beschreiben, klarer einzugrenzen und besser zu erklären, ist deshalb eine der Hauptaufgaben der Autismusforschung.

Aus den Untersuchungen zur Sprache seien zwei herausgegriffen, die dazu beitragen, bestimmte für den Autismus typische Besonderheiten besser zu verstehen. Eine davon beschäftigt sich mit der Echolalie (Prizant & Duchan, 1981). Das echoartige Nachsprechen gehört ja zu den auffälligsten Eigenheiten beim Autismus. Manche Autoren sehen darin nur ein sinnloses Nachplappern, eine nicht nur bedeutungslose, sondern auch schädliche Aktivität. Im Gegensatz dazu weisen Prizant & Duchant nach, daß Echolalie die unterschiedlichsten Bedeutungen und Ziele haben kann. Z.B. war sie für die autistischen Jungen, die beobachtet wurden, manchmal ein Mittel, einen wechselseitigen sozialen Kontakt aufrecht zu erhalten. Diese Jungen hatten offenbar erkannt, daß man zu diesem Zweck reden muß, und sie benutzten, weil sie über keine eigenen Wörter verfügten, dafür die fremden. Andere echolalische Äußerungen hatten anscheinend einen Übungscharakter: die Wiederholung war eine Technik, sich neue, schwierige Wörter einzuprägen. In weiteren Fällen war die Wiederholung als Bejahung einer Frage zu verstehen; in wieder anderen war sie ein Mittel, eine Bitte auszudrücken. In einer weiteren Untersuchung konnten Prinzant & Rydell (1984) nachweisen, daß auch die verzögerte Echolalie keineswegs immer eine sinnleere Tätigkeit ist, sondern ein sinnvolles Mittel für die unterschiedlichsten Zwecke sein kann. Es gehört nur etwas Aufmerksamkeit, Geduld und Kombinationsfähigkeit dazu, um dies zu erkennen.

Auch eine andere sprachliche Auffälligkeit, die Vertauschung von Pronomen, insbesondere die Selbstanrede mit „du" anstelle von „ich", hat eine neue Deutung erfahren. Sofern bis dahin überhaupt Deutungen gegeben wurden, bestanden sie meist in der Vermutung, beim Autismus sei die Trennung von „Ich" und „Nicht-Ich" nicht vollständig vollzogen, mit der Folge einer unzulänglichen „Individuation" bzw. einem schwachen „Ichbewußtsein". Die neue Erklärung, formuliert von Bartolucci & Albers (1974), ist handfester. Demnach ist die Vertauschung von Pronomen nur *ein* Zeichen für eine umfassendere Schwäche: nämlich für die Schwierigkeit im Umgang mit deiktischen Begriffen. Das sind Begriffe, deren Bedeutung vom Sprecher, seiner räumlichen und zeitlichen Position abhängig ist. Dazu gehören neben „ich" und „du" auch Begriffe wie „hier" und „da", bei denen man ja ebenfalls berücksichtigen muß, wer sie verwendet, um zu verstehen, was sie bedeuten. Bei zeitlichen Begriffen wie „heute" und „gestern" besteht eine ähnliche Schwierigkeit, ebenso bei den Gegenwarts- und Vergangenheitsformen der Zeitwörter. Bartolucci & Albers führten ein Experiment durch, in dem sie den richtigen Gebrauch der Zeiten prüften. Mit der Bildung der Gegenwart hatten autistische Kinder keine besondere Schwierigkeiten, außerordentlich viele Fehler machten sie aber bei der Bildung der Vergangenheit. Bei sonst vergleichbaren nicht behinderten Kindern zeigte sich ein solcher Unterschied nicht. Die These der Autoren, beim Autismus gäbe es eine besondere

Schwäche im Umgang mit deiktischen Begriffen, hat so eine gute Bestätigung gefunden.

Beim Autismus bestehen indessen nicht nur Schwächen und Auffälligkeiten in den Fähigkeiten zur sprachlichen, sondern auch Defizite in den Fähigkeiten zur nichtsprachlichen Kommunikation. Das ist seit langem bekannt, doch sind in der jüngsten Zeit zunehmend mehr Beweise dafür zusammengetragen worden, und es wird zunehmend klarer, welche entscheidende Bedeutung gerade diese Schwächen für den Autismus haben.

Betroffen sind sowohl die Fähigkeit, Ausdrucksmittel wie Gestik und Mimik zu gebrauchen, als auch die Fähigkeit, derartige Äußerungen zu verstehen. Während sich z.B. rezeptiv-aphasische Kinder häufig über Gestik und Mimik verständlich machen können, scheint autistischen Kindern dieser Weg in die soziale Welt weitgehend versperrt. Rutter, Bartak & Newman (1971) berichten, daß selbst die intelligenteren von ihnen (Handlungs-IQ über 70) von Gesten keinen Gebrauch machen, während dies viele aphasische Kinder tun.

Wenn autistische Kinder aber doch einmal nichtsprachliche Ausdrucksmittel verwenden, so werden sie oft nicht verstanden, weil diese – wie Wilson in Kapitel 7 erwähnt – den gewohnten Äußerungsformen nicht entsprechen. Das bestätigt eine wichtige Untersuchung von Ricks (1972). Darin wurden die Lautäußerungen autistischer Kinder im Alter von 3–4 Jahren, die nicht sprachen, aber stimmlich reagierten, mit den Lautäußerungen nicht behinderter Säuglinge im Alter von 8–13 Monaten verglichen. In vier Situationen wurden vokale Reaktionen ausgelöst und auf Tonband aufgezeichnet. Die Absicht war, Äußerungen des Verlangens, der Frustration, der Begrüßung und der Überraschung zu provozieren. Es zeigte sich, daß die Lautäußerungen der normalen Säuglinge gut zu verstehen waren, und zwar sowohl von den eigenen wie von den fremden Müttern, auch von den Müttern autistischer Kinder. Ihr eigenes Kind konnten die Mütter allerdings nicht erkennen. Daraus folgt, daß es ein einfaches vorsprachliches „Vokabular" aus angeborenen Lautreaktionen gibt, das normalerweise als Verständigungsmittel gut funktioniert. Ganz anders verhielt es sich bei den autistischen Kindern. Ihre Äußerungen wurden von den fremden Müttern gar nicht, nur von der eigenen Mutter verstanden. Diese Mütter erkannten auch ihr eigenes Kind. Daraus folgt, daß jedes autistische Kind eine ganz individuelle Äußerungsweise hat, deren Bedeutung von den Menschen, die mit ihm umgehen, erst allmählich gelernt werden muß.

Über die Schwierigkeiten im Ausdrucksverstehen hat schon Bosch (1962) berichtet. Er erzählt von einem Jungen, der, als ein anderes Kind auf ihn einschlug, ratlos lächelnd fragte: „Machst Du Scherz oder Ernst?" Und ein anderes Mal, als er ein Kind weinen sah, fragte: „Bist Du lieb oder traurig?" Bosch spricht von einer „spezifischen und fundamentalen Schwäche im Ausdrucksverständnis".

Neue Beweise für diese Auffassung hat Hobson (1983) vorgelegt. Seine Untersuchungsmethode war eine Sortieraufgabe. Karten mit Abbildungen von Personen sollten einander zugeordnet werden, wobei die richtige Zuordnung nach dem Alter erfolgen mußte. Eine Vergleichsgruppe aus nicht autistischen Kindern und Jugendlichen mit leichter Intelligenzschwäche löste diese Aufgabe fast perfekt. Die intelligenzgleichen autistischen Kinder und Jugendlichen kamen dagegen über Zufallstreffer nicht hinaus. Dieser Unterschied trat nur bei Zuordnungen mit Personenbildern auf, bei anderen Zuordnungsaufgaben unterschieden sich die beiden Gruppen nicht. Ein so wesentliches Personenmerkmal wie das Lebensalter wird also von autistischen Kindern und Jugendlichen nicht erfaßt.

Hermelin (1982) hat dieses und eine Reihe weiterer Ergebnisse, die ebenfalls auf besondere Schwächen im Ausdrucksverstehen hinweisen, in einer Übersicht zusammengefaßt und interpretiert. Demzufolge dienen sprachliche und nichtsprachliche Kommunikation unterschiedlichen Zwecken. Die Sprache sei ideal geeignet, Information über die Umgebung, sowie Gedanken und Ideen auszudrücken, sie sei weniger gut geeignet, Gefühle und Intentionen mitzuteilen. Das Verständnis dafür käme vor allem durch nichtverbale Ausdrucksmittel zustande. Dieses nichtverbale Kommunikationssystem sei in der Entwicklungsgeschichte und im menschlichen Entwicklungslauf ein viel älteres als das sprachliche. Überdies sei es im zentralnervösen System anders lokalisiert: Während die Lokalisation der Verbalsprache das Großhirn sei, lägen die für Gestik und Mimik verantwortlichen Zentren in älteren Strukturen, nämlich im Zwischenhirn, Störungen des nichtverbalen Ausdrucksvermögens würden demzufolge auf Schädigungen von Zwischenhirnfunktionen hinweisen.

Hermelin leitet aus dieser Theorie ein pädagogisches Förderungskonzept ab. Die meisten Kinder erwerben die Fähigkeit zur nichtverbalen Kommunikation mühelos, oder sie verfügen von Geburt an darüber. Wenn sie das nichtverbale Kommunikationssystem auf dem „angeborenen, vorprogrammierten Weg" nicht normal entwickelt hat, so müßte es doch möglich sein, diese Entwicklung durch ersatzweises Lernen nachzuholen. Das autistische Kind müßte die nichtverbale Sprache in ähnlicher Weise lernen wir ein normales Kind eine Fremdsprache: planvoller, bewußter, mühsamer, und auch nicht mit perfektem Resultat, aber doch mit der Hoffnung auf ein verwendbares Ergebnis. Im Abschnitt „Soziales Lernen" des vorliegenden Kapitels sind einige Hinweise für ein derartiges Kommunikationstraining enthalten.

Früherkennung

Eine möglichst frühe Diagnose ist bei jeder Krankheit oder Behinderung wichtig, damit eine frühe Behandlung beginnen kann, die oft wirksamer ist als spätere. Der frühkindliche Autismus wird leider oft erst spät erkannt, und gerade bei ihm sind die Folgen eines zu späten Behandlungsbeginns besonders schwerwiegend.

Warum eine frühe Behandlung gerade beim Autismus so wichtig ist, hat Cordes (1985), gestützt auf eine heute vorherrschende Interpretation des Autismus, näher ausgeführt. Demzufolge beruhen viele der Symptome, wie die Selbststimulation, die Stereotypien und die Rituale sowie der autistische Rückzug und die mangelhafte Entwicklung sozialer Kontakte auf einer „Störung in der Verarbeitung der Wahrnehmung": Die Wahrnehmungen können vom autistischen Kind „nicht zu einer für seine Situation bedeutungsvollen Gesamtinformation verarbeitet werden" (S. 20), so daß eine chaotische Reizüberflutung eintritt, die bedrohlich und angstauslösend wirkt. Um sich davor zu schützen, richtet das Kind seine Aufmerksamkeit nur auf denjenigen engen Ausschnitt der Wirklichkeit, den es verstanden hat und der ihm vertraut ist. Die stereotype Beschäftigung mit immer denselben Handgriffen und Gegenständen ist die Folge davon – ein verständlicher, selbstgewählter Versuch zur Bewältigung der Behinderung, durch den die Entwicklung jedoch unvermeidlich in eine Sackgasse gerät.

Cordes ist überzeugt, daß es Gegenmittel gibt. Allerdings sei das normale Erziehungsverhalten von Eltern dafür ebenso ungeeignet wie traditionelle heilpädagogische Methoden. Vielmehr müßten spezielle Therapiekonzepte entwickelt werden. Voraussetzung dafür sei natürlich eine rechtzeitige Diagnose, und gerade damit sei es zur Zeit schlecht bestellt. Aufgrund zweier in der Bundesrepublik durchgeführter Untersuchungen (Kehrer, 1978; Wilker, 1981) kommt Cordes zu der deprimierenden Feststellung, daß die Eltern im Durchschnitt schon in der Mitte des 2. Lebensjahres die Krankheitszeichen erkannt und wenig später auch Fachleute aufgesucht haben, die Diagnose aber im Durchschnitt erst in der Mitte des 5. Lebensjahres erfolgte – eine Verzögerung von 3 Jahren, eine Zeit der Versäumnisse und Irrwege.

Um eine Besserung zu erreichen, hat Cordes an einen älteren Versuch von Kehrer angeknüpft und eine Liste mit Merkmalen zur Früherkennung zusammengestellt, die bei den Vorsorgeuntersuchungen eingesetzt werden kann. Die Merkmale beziehen sich hauptsächlich auf Wahrnehmung, Sozialverhalten, Motorik und Sprache und sind den Untersuchungsterminen U2 bis U8 zugeordnet. Die Diagnoseliste ist gleichzeitig eine der Grundlagen für eine Früherkennungsaktion im Raum Bremen, die das Ziel hat, autistische Kinder möglichst schon im 2. und 3. Lebensjahr zu erkennen und sie an die entsprechenden therapeutischen Einrichtungen zu vermitteln.

Prognostische Ergebnisse

Inzwischen haben sich Wissenschaftler in verschiedenen Ländern bemüht, möglichst umfangreiche Gruppen autistischer Kinder zu erfassen und in ihrem Lebenslauf zu verfolgen. Zu den Untersuchungen, über die Rutter im vorliegenden Buch (Kap. 3) berichtet, sind einige weitere Untersuchungen hinzugekommen (z.B. Kanner, Rodriguez, Ashenden, 1972; DeMyer et al., 1973; Lotter, 1974).

Lotter, dem wir eine wichtige Untersuchung über die Verbreitung des Autismus verdanken, hat seine Arbeit fortgesetzt, indem er acht Jahre nach der ersten Erfassung nachgeforscht hat, welchen Verlauf die Entwicklung der Kinder genommen hat. Er konnte Informationen über 29 der 32 ursprünglich untersuchten Kinder, die inzwischen 16 bis 18 Jahre alt geworden waren, zusammentragen. Nach dem Vorbild anderer Autoren teilte er sie aufgrund der sozialen Eingliederung in vier Gruppen ein.

Bei vier Jugendlichen war die soziale Eingliederung gut: sie waren in der Lage, selbständig ein normales oder fast normales soziales Leben zu führen. Bei sieben war sie ausreichend: diese Jugendlichen waren zwar weitgehend selbständig, waren jedoch durch einige auffällige Abnormitäten beeinträchtigt. Bei vier Jugendlichen war die Eingliederung schlecht: sie waren zu einer unabhängigen Lebensführung nicht in der Lage, obwohl sie unter schützenden Bedingungen für sich selbst sorgen konnten. Die größte Gruppe bildeten aber die Jugendlichen mit „sehr schlechter" Eingliederung: sie waren auch bei der elementaren Selbstversorgung noch in starkem Maße auf soziale Hilfen angewiesen. Lotter stellt dieses Resultat den Ergebnissen von Rutter (1967) und DeMyer et al. (1973) gegenüber und findet eine überraschend hohe Übereinstimmung. Nach allen drei Untersuchungen liegt der Prozentsatz der autistischen Kinder, deren soziale Eingliederung auch im Jugendalter als „sehr schlecht" bezeichnet werden muß, bei rund 50%. Solche Ergebnisse sind vielleicht für manchen, der für ein autistisches Kind zu sorgen hat, erschreckend und deprimierend. Es kann aber kein Fehler sein, sich rechtzeitig ein realistisches Zukunftsbild zu machen. Unter den gegenwärtigen Bedingungen müssen wir uns bei einem großen Teil der autistischen Kinder darauf einstellen, daß sie im Erwachsenenalter weder ein normales Arbeitsverhältnis aufnehmen noch selbständig für ihre Angelegenheiten werden sorgen können. Sie werden besondere Wohn-, Arbeits- und Lebensbedingungen brauchen, die ihnen einen schützenden Halt geben.

Läßt sich im Kindesalter vorhersehen, bei welchen Kindern man mit einer verhältnismäßig guten sozialen Eingliederung rechnen darf? Gibt es bestimmte Anzeichen, aufgrund derer man eine relativ günstige Prognose stellen kann?

Eine Antwort auf diese Fragen läßt sich u. a. aus den Ergebnissen einer sehr umfangreichen Untersuchung von DeMyer et al. (1973) entnehmen. Untersucht wurden 120 autistische Kinder, 85 Jungen und 35 Mädchen, erstmals mit 5½ bis 12 Jahren, und im Durchschnitt nach 6 Jahren nochmals. Eine größere Zahl von Tests, Beurteilungsskalen und medizinischen Prüfungen wurde eingesetzt. Die schulische bzw. berufliche Eingliederung bei der Zweituntersuchung ließ sich am besten aufgrund der schulischen Eingliederung bei der Erstuntersuchung vorhersagen. Man bildete fünf Gruppen und fand:

55% waren auf derselben Stufe geblieben,
33% waren eine Stufe aufgestiegen,
12% waren eine Stufe abgestiegen.

Um vorherzusagen, ob eher ein Anstieg um eine Stufe oder ein Abstieg zu erwarten ist, eignete sich das Ergebnis der Intelligenzprüfung am besten, daneben auch die soziale Reife, das Sprachniveau und ein medizinischer Index für den Grad eventuell bestehender hirnorganischer Störungen.

Die Ergebnisse aus solchen Untersuchungen verhelfen zu einer realistischen Orientierung der Einstellungen und Erwartungen. Gerade bei einem so schwer verständlichen Problem wie dem frühkindlichen Autismus besteht ja die Neigung, plötzliche dramatische Veränderungen zu erwarten. Veröffentlichungen über Einzelfälle, bei denen tatsächlich große Besserungen eingetreten sind, nähren solche Hoffnungen. Diejenigen, die positive Veränderungen erlebt haben, sind natürlich eher bereit, darüber zu reden, während diejenigen, die sich ebenso bemüht haben, ohne einen besonders großen Erfolg zu sehen, eher schweigen. Dadurch entsteht in der Öffentlichkeit vielleicht ein falsches Bild von den Besserungschancen. Untersuchungen an größeren Gruppen von Kindern können dieses Bild wieder zurechtrücken. Aber man muß sich auch davor hüten, derartige Ergebnisse als unveränderliche Naturgesetze anzusehen. Zum Beispiel bezieht sich Lotters Untersuchung auf eine Gruppe von Kindern, deren frühe Kindheit in eine Zeit fällt, in der über den Autismus noch wenig bekannt war und in der es kaum Möglichkeiten für eine pädagogische und therapeutische Förderung gab. Daran hat sich inzwischen einiges geändert. Wie werden die Ergebnisse ausfallen, wenn man eine Gruppe autistischer Kinder, die sich heute im Kleinkindalter befindet, über die nächsten 20 Jahre verfolgt? Wie werden sich die pädagogischen, psychologischen und medizinischen Maßnahmen auswirken, die heute zur Verfügung stehen? Daß wahrscheinlich bereits wichtige Veränderungen stattgefunden haben, zeigt ein Teilergebnis der Untersuchung von DeMyer et al. (1973): Nach einem früher häufig zitierten Ergebnis von Eisenberg war die Chance, nach dem 5. Lebensjahr noch kommunikative Sprache zu entwickeln, äußerst gering. Nach der neuen Untersuchung kamen aber von 86 Kindern, die bei der Erstuntersuchung entweder stumm waren oder nicht kommunikativ sprachen, noch 30 zu einer sozial nützlichen Sprache, und 15 davon noch nach ihrem 5. Lebensjahr. Könnte das nicht ein Erfolg der intensiveren Betreuung sein, die sie vermutlich erhalten haben? Niemand kann heute sagen, was durch den rechtzeitigen, beständigen und planvollen Einsatz aller Mittel und Kenntnisse, die heute zur Verfügung stehen, erreichbar wäre.

So wäre nicht nur ein unrealistischer Optimismus, sondern auch ein falscher Pessimismus gefährlich. Trotz des insgesamt eher ungünstigen prognostischen Bildes ist nicht zu übersehen, daß es bereits heute einige Berichte über sehr günstige Entwicklungsverläufe gibt. Einige im frühen Alter eindeutig autistische Kinder haben es, obwohl gewisse Reste des Autismus noch zu erkennen sind, im Erwachsenenalter bis zur völligen Unabhängigkeit in der beruflichen Eingliederung und der praktischen Lebensführung gebracht. Kanner, Rodriguez u. Ashenden haben 1972 über neun solcher Fälle berichtet. Diese Darstellung ist nicht nur deshalb so interessant, weil sie aus der Klinik stammt, die gleichsam die Geburtsstätte des Syndroms ist, sondern auch, weil die Lebensgeschichte dieser Menschen über einen sehr langen Zeitraum verfolgt werden konnte.

Als typisches Beispiel sei kurz der Bericht über Sally S. wiedergegeben, 1937 geboren und erstmals als Sechsjährige von Kanner untersucht. Sie war ein hübsches und intelligent aussehendes Mädchen, völlig autistisch im Verhalten und unter starken Zwängen leidend, mit einem phänomenalen Gedächtnis und einer ungewöhnlichen Fähigkeit, Puzzles zu lösen. Sie ging in ihrem Heimatort regelmäßig zur Schule und hatte gute bis durchschnittliche Noten, was die Mutter aber mehr ihrem guten Gedächtnis als ihrem Verständnis zuschrieb. Die Intelligenzprüfung ergab bei der Dreizehnjährigen einen IQ von 110. Sie selbst sagte, daß sie sich sehr anstrengen müsse, um gute Leistungen zu erreichen. Nach der Schule ging sie in eine Frauenfachschule mit der Absicht, Säuglingsschwester zu werden. Sie bemühte sich sehr, den Anforderungen gerecht zu werden, geriet aber in Schwierigkeiten. Man hatte ihr z. B. gesagt, daß die Säuglinge gewöhnlich 20 Minuten an die Brust der Mutter gelegt würden; daraufhin kam sie nach genau 20 Minuten und nahm die Säuglinge kommentarlos fort; es gab also viele Beschwerden. Man schlug ihr vor, ihre Berufspläne zu ändern. Sie ging gleich darauf ein und wurde Laborantin, eine Arbeit, die ihr lag und bei der sie sich seither gut bewährt hat. Sie bemühte sich intensiv, soziale Beziehungen anzuknöpfen, was nicht immer leicht war. Eine Beziehung zu einem Mann dauerte ein halbes Jahr, wurde aber problematisch, da sie sich vor jeder Intimität ängstigte. Nach einigem Zureden benutzte sie ihr Interesse für Musik, um festes Mitglied in einer kirchlichen Chorgruppe zu werden.

Sozialer Status und Intelligenz der Eltern

Kanner hatte in seiner ersten Veröffentlichung (1943) berichtet, daß alle 11 Kinder, die er beschrieb, aus Familien mit hohem sozialen Status stammten. Seit dieser Feststellung hat das Problem von Intelligenz und Sozialstatus der Eltern die Forscher fasziniert. Sicherlich hoffte man, durch die Aufklärung eines derartigen Zusammenhanges den Ursachen des frühkindlichen Autismus näherzukommen. Dabei scheint eine stärkere Häufung in den höheren Sozialschichten von manchen Autoren im Sinne einer psychogenetischen Verursachungstheorie interpretiert zu werden, so neuerdings wieder von Sanua (1983), der eine umfassende Literaturübersicht gibt.

Zu den am häufigsten zitierten Arbeiten gehört die sorgfältige und umfangreiche Untersuchung von Lotter (1967). Er teilte die autistischen Kinder in drei Gruppen: eine Kerngruppe mit dem höchsten Grad der Beeinträchtigungen und der klarsten Ausprägung des Autismussyndroms, eine Randgruppe mit weniger klarer Ausprägung und verschiedenartigeren Symptomen und zum Vergleich eine Gruppe nicht autistischer, aber behinderter Kinder. Nach einer englischen fünfstufigen Klassifikation des sozioökonomischen Status ergab sich: 60% der Familien mit einem autistischen Kind aus der „Kerngruppe" gehörten zu den Sozialklassen 1 oder 2, während nur 31% der Familie der Randgruppe und nur 23% der Familien der Vergleichsgruppe einen derart hohen Sozialstatus aufwiesen. Außerdem hatten die Eltern der Kerngruppe höhere Intelligenzwerte als die Eltern der beiden anderen Gruppen.

Einige der späteren Untersuchungen haben Lotters Ergebnisse bestätigt, andere nicht. Zu den widersprechenden gehört eine Arbeit von Schopler, Andrews u. Strupp (1979). Sie bezieht sich auf einen ganzen nordamerikanischen Bundesstaat, nämlich North-Carolina. Ihr Resultat war, daß 61% der autistischen Kinder aus Familien mit niedrigem und nur 22% aus Familien mit höherem sozioökonomischen Status stammen.

Man möchte das Problem daraufhin beiseite legen, wie manches andere, zu dem die Wissenschaft nur widersprechende Ergebnisse produzieren konnte. Aber die Frage ist immer wieder und noch in jüngster Zeit mit gewichtiger Bedeutung aufgeladen worden, so daß man derart gleichmütig nicht darüber hinweggehen kann. So zitiert Sanua (1983) einen an ihn gerichteten Brief eines Professors für Psychiatrie: Er habe mit sehr seltenen Ausnahmen die klassische autistische Symptomatik nur bei Kindern aus Familien festgestellt, die einen rapiden sozialen Aufstieg hinter sich hatten. Fast immer sei es möglich gewesen, ein Element überwältigender sozialer Unsicherheit bei den Eltern festzustellen. Diese Behauptung und andere Ergebnisse mutig verallgemeinernd, kommt Sanua zu der Schlußfolgerung, daß der frühkindliche Autismus eine Krankheit der modernen Zivilisation sei.

(Nebenbei bemerkt, ist eine derartige These keineswegs neu. Man kann sie in der Literatur z. B. in einem Buch des anthroposophischen Arztes König aus dem Jahre 1959 finden. Auch darin wird behauptet, daß eine Behinderung die Folge des sozialen Wandels sei. Diese Behinderung ist bei König allerdings nicht der frühkindliche Autismus, sondern das Down-Syndrom.)

Wie lassen sich die unterschiedlichen Ergebnisse erklären? Sicher wird man nicht eine Summe ziehen wollen, aber man kann nicht übersehen, daß in der Mehrzahl der Untersuchungen mit größerer Personenzahl eine relative Häufung des Autismus in Familien mit höherem Sozialstatus festgestellt wurde.

Die unterschiedlichen Ergebnisse hängen sicher z.T. mit Definitionsproblemen zusammen. Es gibt engere und erweiterte Definitionen, was teilweise zu recht unterschiedlichen Einordnungen führen kann. Sanua ist der Auffassung, daß man bei engerer Definition eine Häufung in den höheren Sozialschichten findet, bei erweiterter Definition eine bimodale Verteilung mit einem Gipfel in den Sozialschichten 1 und 2, und einem zweiten Gipfel in den Sozialschichten 4 und 5.

Zum Definitionsproblem gehört auch, ob man Kinder mit organisch feststellbaren Schädigungen oder Störungen aufnimmt oder nicht. Sanua möchte sie ausgeschlossen haben und läßt nur Untersuchungen gelten, die das auch tatsächlich tun. Damit nimmt er seinerseits eine unbegründete Verengung des Begriffes „Autismus" vor. Sie ist zudem naiv, weil sich auch bei negativem Befund die Existenz einer organischen Schädigung nicht ausschließen läßt.

Schopler u. Mesibov (1984) neigen zu der Auffassung, daß die Häufung des Autismus bei den höheren Sozialschichten auf Verzerrungen der Stichproben zurückzuführen sind. Die Auffälligkeiten seien in den ersten Lebensjahren nicht selten subtil und würden nur von gebildeteren Eltern erkannt. Diese hätten zugleich mehr Informationen und mehr finanzielle Mittel, Beratungsstellen aufzusuchen. Spezielle Beratungs- und Therapiedienste seien zunächst von Eltern aus höheren Sozialschichten in Anspruch genommen worden. Nachdem die Programme aber etabliert waren, stieg allmählich auch die Teilnahme von Familien aus unteren Sozialschichten.

Ob mit diesen selektiven Faktoren das Übergewicht von Kindern aus höheren Sozialschichten erklärt werden kann, ist natürlich offen. Jedenfalls zeigen die Argumente von Schopler u. Mesibov, wie schwierig es ist, zur Beantwortung des Problems der sozialen Herkunft, das manchem Forscher so wichtig erscheint, beweiskräftiges statistisches Material zusammenzutragen.

1981 formulierte eine deutsche Expertengruppe 11 Grundthesen zum frühkindlichen Autismus, wovon die siebente These lautete: „Zahlreiche Forschungen haben ergeben, daß das autistische Syndrom unter anderem auf einer Störung der Wahrnehmungsverarbeitung beruht. Wie diese zustande kommt, ist bis heute nicht eindeutig geklärt" (Kehrer, 1981). Man kann hinzufügen, daß auch über das Wesen dieser Störung keine Klarheit besteht. Es gibt dazu verschiedene Annahmen, die einander nicht zu widersprechen scheinen, aber auch nicht völlig deckungsgleich sind, die sich vielmehr überschneiden und deren Verhältnis zueinander nicht einfach zu durchschauen ist. Eine dieser Konzeptionen stammt von Wing, die sie zuerst in der zweiten Auflage des englischen Originals des vorliegenden Buches zusammen mit Ricks (1976) und später in erweiterter Form zusammen mit Shah (1986) formuliert hat.

Ricks und Wing schreiben 1976: „Das zentrale Problem, das selbst bei den am schwächsten behinderten autistischen Menschen besteht, scheint eine spezifische Schwierigkeit im Umgang mit Symbolen zu sein, wodurch die Sprache, die nichtverbale Kommunikation und viele andere Aspekte kognitiver und sozialer Aktivitäten beeinträchtigt sind" (S. 12). Es gibt, so führen sie aus, eine angeborene Tendenz und Fähigkeit zur begrifflichen Ordnung der Erfahrungswelt, wobei in einem ständigen Prozeß des Prüfens und Vergleichens durch Entdeckung von Ähnlichkeiten und Unterschieden Kategorien gebildet werden. Nach und nach werden diese Kategorien durch sprachliche Benennungen symbolisiert.

Es ist denkbar, daß bereits auf dieser frühen Stufe der Kategorien- bzw. Symbolbildung Ausfälle oder Schwächen auftreten. Ricks und Wing meinen jedoch, daß dies nur dann der Fall sei, wenn neben dem Autismus eine schwere geistige Behinderung vorliegt. Allen anderen autistischen Kindern würde die Fähigkeit zur Kategorienbildung nicht völlig fehlen. Schwierigkeiten entstünden für sie erst auf höheren Stufen der Informationsverarbeitung, und das in zweierlei Weise. Sie hätten erstens Probleme, Beziehungen zwischen den basalen Kategorien herzustellen, und sie hätten zweitens Schwierigkeiten, das Wechselspiel zwischen den vorhandenen Kategorien und den neu einkommenden Informationen zu vollziehen.

Die Schwierigkeiten, Beziehungen zwischen Kategorien herzustellen, kommen u. a. in den Problemen beim Umgang mit deiktischen Begriffen zum Ausdruck, von denen bereits gesprochen wurde. Ebenso ist es mit bestimmten abstrakten Begriffen, deren Sinngehalt autistischen Schülern mitunter völlig verschlossen bleibt (Wendeler, 1984, S. 47). Besonders deutlich werden diese Schwierigkeiten im Schulunterricht. Autistische Schüler, besonders die intelligenteren unter ihnen, haben oft ein erstaunlich gutes Gedächtnis für Tatsachen, und sie können auf diesem Wege viel erreichen. Ihre Schwäche zeigt sich in enttäuschender Weise erst mit steigenden Anforderungen: wenn sie komplexeren Erklärungen folgen oder selbst gedankliche Verbindungen herstellen sollen, wie es im Deutsch-, Sozialkunde- und Geschichtsunterricht der höheren Klassen immer wieder verlangt wird. „Wenn sie die Stufe erreichen, auf der sie aufgefordert werden, die Implikationen der gelernten Tatsachen zu erklären, werden ihre Behinderungen offenkundig" (Ricks u. Wing 1976, S. 123).

Auch das zweite Grundproblem, das Ricks u. Wing beschreiben, ist ein Problem bei der Herstellung von Beziehungen. Es geht dabei nicht um das Verhältnis von Kategorien zueinander, sondern um die Beziehung zwischen bestehenden Kategorien und neuen Informationen. Diese bestehenden Kategorien nennen Shah u. Wing im Anschluß an Piaget auch „Schemata". Das Schema wird durch neue Informationen aktiviert und es bestimmt die weitere Verarbeitung. Bei bekannten Ereignissen werden deren Eigenschaften automatisch erfaßt und dadurch erfolgt eine Sinnentnahme bzw. Sinngebung. Das ist, in Piagets Worten, der Vorgang der Assimilation. Wenn die eingehenden Informationen aber nicht zu einem bisher bestehenden Schema passen, dann kommt es zu komplizierteren Verarbeitungsprozessen, vielleicht zur schrittweisen Erprobung anderer Schemata oder zur Veränderung eines Schemas, zu einem Vorgang also, den Piaget Akkommodation nennt.

Frith, Hermelin und O'Connor haben eine Reihe psychologischer Experimente durchgeführt, deren Ergebnisse auf Schwierigkeiten bei der Assimilation hinweisen, insofern nämlich, als in ihnen Probleme bei der Sinnentnahme von Sprache deutlich werden (Frith, 1969;

Hermelin, 1971; Hermelin u. O'Connor, 1970). Die meisten dieser Experimente prüften das unmittelbare Gedächtnis für sprachliches Material. Den Kindern wurde etwas vorgesprochen, das sie unmittelbar darauf wiedergeben sollten. Aus den Fehlern und Ausfällen bei der Weitergabe konnte man gewisse Schlüsse auf die Art der Aufnahme und Verarbeitung von Sprache ziehen. Frith (1969) bot den Kindern z.T. sinnvolle Sätze, z.T. sinnlose Wortfolgen. Im allgemeinen wird sinnvolles Material besser behalten als sinnloses. So war es auch bei den Kindern dieser Versuchsreihe, sowohl bei den nichtbehinderten wie bei den autistischen. Aber außerdem gab es einen auffälligen Unterschied: Der Behaltensgewinn durch den erhöhten Bedeutungsgehalt bei sinnvollen Sätzen war bei nichtbehinderten Kindern deutlich höher als bei autistischen. Die Behaltensleistungen der autistischen Kinder hängen also weniger von der Sinnhaftigkeit ab als die Leistungen der nichtbehinderten Kinder. Natürlich war darauf geachtet worden, daß die Gruppen im Sprachverständnis und in der Gedächtnisspanne einander annähernd gleich waren, so daß die Unterschiede nicht auf solche Faktoren zurückgeführt werden können. Ein zweites Ergebnis war, daß die wichtigsten Wörter, die den Hauptgehalt der Informationen tragen (Substantive, Verben, Adjektive), von allen Kindern besser als die kleinen „Verbindungswörter" behalten wurden, daß aber auch dieser Unterschied bei den nichtbehinderten Kindern größer als bei den autistischen war. Auch dieses Resultat weist darauf hin, daß der Bedeutungsgehalt der Sprache den autistischen Kindern zwar nicht völlig verschlossen, aber erheblich schwerer zugänglich ist als nicht behinderten Kindern.

Die mangelhafte Fähigkeit der autistischen Kinder, Bedeutungsgehalte zu erfassen, zeigt sich ferner daran, daß die meisten nicht in der Lage sind, symbolisch zu spielen. Das gilt selbst für die intelligenteren: von 14 Kindern mit einem Handlungs-IQ über 70 war nur bei dreien irgendeine Form des symbolischen Spiels zu erkennen (Rutter, Bartak u. Newman, 1971). Diese Art des Spiels steht wahrscheinlich mit sprachlichen Fähigkeiten in Verbindung. Wing (1972) fand in einer Untersuchung mit schwerbehinderten (nicht nur autistischen) Kindern, daß kein Kind, das unter schweren Sprachausfällen leidet, mit Spielsachen symbolisch umging, daß dies aber alle Kinder taten, die Sprache oder Gesten in ausreichendem Maße verstanden und verwendeten. Die oftmals fehlende Fähigkeit zu kreativer Gestaltung, die Elgar in Kapitel 9 beschreibt, ist vermutlich ebenfalls eine Folge des mangelhaften Symbolverständnisses.

Die Schwierigkeiten zur Akkommodation, d.h. zur Anpassung alter Schemata an neue Erfahrungen, spiegeln sich am deutlichsten in der Neigung zur Ritualisierung, dieser befremdlichen Besonderheit autistischer Menschen, die sich auch bei sonst relativ hohem Entwicklungsstand immer wieder zeigt. Das in Kapitel 12 beschriebene junge Mädchen ist ein Beispiel dafür. Die intensiven Widerstände gegen Veränderungen sind ein anderer Aspekt dieser Störung. Autistische Menschen neigen dazu, aufgrund weniger, vielleicht nur einer einzigen Erfahrung an Ereignisabfolgen starr festzuhalten und sich gegen Unterbrechung oder Veränderungen aufs Heftigste zur Wehr zu setzen. Diese Verhaltensweisen werden meist als der Versuch gedeutet, Ordnung in eine Welt zu bringen, die sonst als sehr chaotisch erlebt würde. Die Angst, die bei Störungen dieser Ordnung aufkommt, bestärkt diese Interpretation. Zwar brauchen alle Menschen, auch nicht behinderte, eine Ordnung ihrer Lebenswelt, nur ist diese meist biegsamer und anpassungsfähiger. Andere behinderte Menschen zeigen manchmal ebenfalls die Neigung zu Ritualisierung und Zwanghaftigkeit, jedoch erheblich seltener als autistische (Wing, 1972).

Die Regeln, nach denen das Verhalten autistischer Menschen strukturiert ist, können bei aller Zwanghaftigkeit durchaus kompliziert und schwierig sein. Frith (1971) hat dies in einer Untersuchungsreihe mit nicht behinderten, geistig behinderten und autistischen Kindern gleicher Intelligenz auch experimentell nachgewiesen. Die Kinder hatten die Aufgabe, Sequenzen von Tönen auf dem Xylophon oder Reihen mit vorgegebenen figuralen Elementen frei herzustellen. Die Komplexität der hergestellten Muster und Tonfolgen hing nur vom Intelligenzniveau ab. Autistische Kinder produzierten also ebenso komplexe Gebilde wie nicht behinderte Kinder gleicher Intelligenz. Trotzdem ergab sich ein wesentlicher Unterschied. Die nicht behinderten Kinder produzierten entweder recht willkürlich irgendwelche „hübschen" Folgen, in denen gar keine Regeln enthalten waren, oder sie brachten zwar Regeln hinein, probierten dann aber nacheinander verschiedenartige aus. Die autistischen Kinder dagegen hielten in extremem Maße an einer Regel fest, sobald sie diese einmal aufgestellt hatten. Das entspricht der starren und strengen Orientierung an fertigen Schemata, wie es für ihr gesamtes Verhalten charakteristisch ist.

Die Organisation der Wahrnehmungen

Aufgrund einer in den 70er Jahren durchgeführten Untersuchungsreihe kommt Hermelin (1976) zu der Schlußfolgerung, daß eine der zentralen kognitiven Störungen beim frühkindlichen Autismus die unzureichende Fähigkeit zur Organisation der Wahrnehmungen ist. Einschränkend betont sie allerdings, daß die entsprechenden Ergebnisse meist aus Experimenten mit relativ intelligenten autistischen Kindern und Jugendlichen stammen, so daß die Schlußfolgerungen zunächst auf diese Gruppe beschränkt sein müssen.

Die Experimente, auf die Hermelin sich stützt, sind Versuche zum kurzfristigen Behalten. Zur Erklärung der dabei ablaufenden Vorgänge nimmt sie, Modellen der neueren Gedächtnispsychologie folgend, ein Zweispeichersystem an. Danach gelangen die Informationen zunächst in einen sensorischen Speicher, in dem sie nahezu unverändert für sehr kurze Zeit aufbewahrt werden. Aus diesem werden sie in einen Kurzzeitspeicher überführt, in dem eine Umordnung und Umorganisation stattfindet und in dem sie etwas länger aufbewahrt werden können.

Bei Menschen mit Autismus fällt oft ein ausgezeichnetes Kurzzeitgedächtnis auf, aber die wiedergegebenen Informationen scheinen viele, auch nebensächliche Merkmale der ursprünglichen Wahrnehmungen zu bewahren. Das läßt vermuten, daß die Rekodierung und Rekonstruktion der Informationen, wie sie normalerweise bei der Überführung in einen abstrakteren Kurzzeitspeicher geschieht, beim Autismus nicht stattfindet. Infolgedessen ist zu erwarten, daß das Kurzzeitgedächtnis bei Material, das wenig anschließende Kodierung erforderlich macht, gut funktioniert, hingegen schwächer ist, wenn solche Bearbeitung nötig ist.

Ein erstes Experiment, das diese Theorie stützt, wurde 1965 von O'Connor und Hermelin veröffentlicht. Darin wurden autistische mit normalen und geistig behinderten Kindern in drei Aufgaben verglichen. Das Untersuchungsmaterial waren einfache Pappquadrate, mit denen ein Zuordnungs-, ein Gedächtnis- und ein Seriationsversuch durchgeführt wurden. Das Intelligenzalter der autistischen Kinder, gemessen mit einem sprachfreien Test, war im Durchschnitt etwa 5 Jahre; alle diese Kinder konnten wenig oder gar nicht sprechen. Sie wurden mit altersgleichen normalen und altersgleichen geistig behinderten Kindern verglichen; die geistig behinderten Kinder hatten im gleichen sprachfreien Test ein durchschnittliches Intelligenzalter von etwa 3 Jahren.

Im Zuordnungsversuch mußte unter zwei Quadraten verschiedener Größe dasjenige gefunden werden, das dieselbe Größe wie ein Musterquadrat hatte. Im Gedächtnisversuch sollte von zwei vorgezeigten Quadraten dasjenige gefunden werden, das einem vorher gezeigten, aber nicht mehr präsenten Modell entsprach. Bei der Seriationsaufgabe wurden fünf Quadrate in abnehmender Größe geboten, woraufhin der Experimentator diese Reihe zerstörte und zur Rekonstruktion aufforderte.

Bei der Zuordnungsaufgabe waren alle drei Gruppen gleich. In der Gedächtnisaufgabe schnitten die autistischen Kinder ebenso gut wie die normalen Kinder ab, nur die geistig behinderten Kinder hatten schwächere Leistungen. Das entscheidende Ergebnis aber betraf die Seriationsaufgabe. Hierin leisteten die autistischen Kinder signifikant weniger als die beiden anderen Gruppen. Hermelin führt das auf die unterschiedliche Fähigkeit zurück, die Regel der Serienbildung zu erkennen. Das unmittelbare bildliche Gedächtnis reiche für die richtige Wiedergabe nicht aus; nur wenn die Ordnungsregel erkannt sei, sei eine korrekte Wiedergabe möglich, und die autistischen Kinder hätten größere Mühe, diese Regel zu erkennen.

Zu derselben Schlußfolgerung führte eine Untersuchung von Frith (1970). Den Kindern wurden Reihen aus verschiedenfarbigen Farbblättern vorgelegt, die sie aus dem Gedächtnis reproduzieren sollten. Es gab nur zwei Farben, und deren Sequenz folgte entweder einem einfachen Gesetz (z. B. rot/grün/rot/grün) oder sie war unregelmäßig. Versuchspersonen waren autistische Kinder mit einem Intelligenzalter von 5–6 Jahren und nichtbehinderte Kinder, deren Lebensalter diesem Intelligenzalter entsprach. Die nichtbehinderten Kinder lernten, wie man es erwarten kann, die regelmäßigen Sequenzen besser als die unregelmäßigen. Bei den autistischen Kindern gab es einen solchen Unterschied aber nicht. Ob die Sequenzen also regelhaft oder irregulär aufgebaut waren, ihre Leistungen blieben davon unbeeinflußt. Das läßt darauf schließen, daß sie diese Regelhaftigkeit gar nicht erfaßt und ausgenutzt haben. Sie neigen offenbar dazu, sich die einzelnen Elemente zu merken, ohne das Bauprinzip der Serie zu beachten.

Überselektivität der Wahrnehmung

Eine weitere Erklärung der kognitiven Schwächen beim Autismus hat eine amerikanische Forschergruppe ausgearbeitet. Sie spricht von einer Überselektivität der Wahrnehmung. Beobachtungen dazu gibt es schon seit langem, die wissenschaftliche Erforschung begann aber erst Anfang der 70er Jahre. Lovaas et al. (1971) brachten autistischen Kindern bei, auf einen Reizkomplex mit einem Hebeldruck zu reagieren, um dafür mit einer Süßigkeit belohnt zu werden. Dieser Reizkomplex bestand aus einem auditiven (weißes Rauschen), einem visuellen (rotes Licht) und einem taktilen (über eine Blutdruckmanschette) Reiz. Alle drei Komponenten wurden gleichzeitig als Signal für den Hebeldruck eingesetzt. Nachdem die Kinder das Erfolgskriterium erreicht hatten, wurde jedes dieser drei Signale isoliert dargeboten. Nichtbehinderte Kinder reagierten nun auf alle drei, autistische Kinder dagegen nur auf eine der drei Komponenten, also entweder nur auf das taktile oder nur auf das visuelle oder nur auf das auditive Signal. Geistig behinderte Kinder lagen zwischen diesen Extremen.
Es scheint also, als hätten die autistischen Kinder während der Lernversuche nur auf eine Komponente des gesamten Komplexes geachtet. Zunächst machte man dafür den Umstand verantwortlich, daß die drei Signale zu verschiedenen Sinnesmodalitäten gehörten. Kritische Kontrollen zeigten aber, daß die Überselektivität auch dann bestand, wenn es sich um Signale aus derselben Modalität handelte. Zum Beispiel stellte man bei Bildkarten mit mehreren nebeneinander gezeichneten Figuren fest, daß die autistischen Kinder während der Lernversuche nur auf eine dieser beiden Figuren geachtet hatten; wiederum war diese Überselektivität typisch für den Autismus; bei sonst vergleichbaren, nicht behinderten Kindern kam sie kaum vor (Koegel et al., 1973).

317

Diese Tendenz zeigte sich auch bei realitätsnahen pädagogischen Lernversuchen. Schreibman u. Lovaas (1973) brachten nicht behinderten und autistischen Kindern bei, zwischen Puppen männlichen und weiblichen Geschlechts zu unterscheiden. Nachdem sie das konnten, prüfte man durch systematische Änderungen an Kleidung und Körperteilen, woran sie sich bei ihren Urteilen orientierten. Es stellte sich heraus, daß dies für die normalen Kinder meist Merkmale des Kopfes waren. Im Gegensatz dazu orientierten sich die autistischen Kinder meist an sehr spezifischen Teilen der Kleidung, z. B. an den Schuhen. Solche Überselektivität läßt sich nach Schreibman u. Lovaas auch beim alltäglichen Umgang mit anderen Menschen feststellen. Sie erwähnen das Beispiel eines Jungen, der auf seinen Vater überhaupt nicht reagierte, wenn dieser keine Brille trug. Sobald der Vater aber eine Brille aufhatte, ging er sehr lebhaft und freudig auf ihn zu.

Die Überselektivität der Wahrnehmung beeinträchtigt das Lernen in vielfacher Weise. Von lernpsychologischen Gesichtspunkten ausgehend, zählen Anderson u. Rincover (1980) folgende Beeinträchtigungen auf:

1. Nach behavioristischer Lehre erwerben konditionierte Verstärker, z. B. sprachliches Lob, Lächeln usw. ihre verstärkende Wirkung durch die Paarung mit primären Verstärkern. Wenn aber bei solch gemeinsamem Auftreten die Aufmerksamkeit selektiv nur auf eine der beiden Komponenten ausgerichtet ist, kann eine Verbindung nicht hergestellt werden.
2. Bei vielen Lernvorgängen werden Hilfen eingesetzt, die zur richtigen Lösung hinweisen, z. B. Handzeichen oder Handführung. Sobald sich die Aufmerksamkeit selektiv auf diese Hilfen richtet, behindert sie den Lernvorgang statt ihn zu fördern. Das ist z. B. dann der Fall, wenn ein Kind, dem beim Schreibenlernen zunächst die Händ geführt wird, sich auf die Berührungsreize der geführten Hand konzentriert und nicht auf die Linien achtet, die der Schreibstift zieht.
3. Manche autistische Kinder scheinen eine an sich normale Angst nicht zu kennen oder durch Ermahnungen, Verbote oder Strafen nicht lenkbar zu sein. Auch das könnte die Folge einer überselektiven Wahrnehmung sein, die sie daran hindert, motorische Aktionen und affektive Reaktionen miteinander in Beziehung zu bringen.

Aber die selektive Wahrnehmung hat auch ihre Grenzen. Angenommen, man würde autistischen Kindern eine durch eine enge Punktreihe dargestellte kreisförmige Figur zeigen.

Würden sie hier tatsächlich nur auf einen einzelnen Punkt achten und nicht auf die kreisförmige Gestalt? Das wäre bei einer dichten Folge der Punkte sehr überraschend, und es trat, wie eine Prüfung zeigte, auch nicht ein. Bei einer solchen Versuchsanordnung reagierten die autistischen Kinder später auch dann, wenn ihnen ein geschlossener Kreis vorgelegt wurde, und nicht nur dann, wenn sie nur Punkte sahen (Anderson u. Rincover, 1980).

Weitere Untersuchungen bestätigten, daß die Selektivität der Wahrnehmung ihre Grenzen hat. In bestimmten Situationen beachten auch autistische Kinder mehrere Elemente gleichzeitig. Aber ihr Wahrnehmungsfeld ist sehr eingeengt, gerade so, als würden sie die Welt durch eine vor das Auge gehaltene Pappröhre betrachten. Sie nehmen also neben einem zentralen Element noch andere Elemente auf, aber nur dann, wenn deren Abstand gering ist.

Diese Ergebnisse erklären u.a. einige Beobachtungen über Hilfestellungen. Schreibman (1975) und Rincover (1978) stellten fest, daß eine „innere Hilfe" (within stimulus prompt) wirksamer war als eine „äußere Hilfe" (extra stimulus prompt). Eine innere Hilfe ist z.B. die Hervorhebung bestimmter Elemente durch die Farbe, eine äußere Hilfe die Hervorhebung durch Unterstreichen oder Hindeuten. Bei der inneren Hilfe sind also die akzentuierenden Hinweise unmittelbar mit dem kritischen Wahrnehmungselement selbst verknüpft, bei der äußeren Hilfe kommen sie ergänzend hinzu und sind unwirksamer, weil sie von den kritischen Elementen zwangsläufig einen größeren Abstand haben.

Eine andere Folgerung aus der Theorie der Wahrnehmungsselektivität ist die Erwartung, daß autistische Menschen dann besonders gute Leistungen vollbringen, wenn es darauf ankommt, die Aufmerksamkeit nur auf isolierte Aspekte einer Gesamtsituation auszurichten. Shah u. Frith (1983) haben das in Untersuchungen mit „eingebetteten Figuren" bestätigen können. Diese Aufgaben lassen sich besonders gut lösen, wenn man sich von der Bedeutung der Umgebung, in welche die kritische Figur eingebettet ist, nicht ablenken läßt. Tatsächlich bewältigen die autistischen Kinder derartige Probleme signifikant besser als nicht behinderte Kinder gleichen Intelligenzalters.

Der mitunter fast fanatische Eifer, mit dem autistische Menschen sich bestimmten Problemen oder Themen widmen können, ist möglicherweise ebenfalls als eine Folge der Wahrnehmungsselektivität zu verstehen. Ebenso kann die Schwierigkeit, Zusammenhänge zu erfassen, in der Frith (1983) eine entscheidende Ursache für die kognitiven und sozialen Schwächen des Autismus sieht, auf diese Wahrnehmungstendenz zurückzuführen sein.

Stereotypien

Motorische Stereotypien gibt es nicht nur beim Autismus, sondern auch bei manchen anderen Behinderungen; insbesondere bei schweren geistigen Behinderungen sind sie häufig. Es scheint aber, als kämen diese seltsamen und irritierenden Verhaltensweisen beim Autismus öfter vor, als es nach dem geistigen Entwicklungsstand zu erwarten wäre. Vielleicht sind ihr Charakter und ihre Bedeutung auch anders, als wenn nur eine geistige Behinderung vorliegt. Insofern lassen sich die zahllosen Forschungsergebnisse über Stereotypien nicht ohne weiteres auf die Problematik stereotypen Verhaltens beim Autismus übertragen.

Beobachtungen aus dem Alltag (Wendeler, 1984) legen die Schlußfolgerung nahe, daß sich Stereotypien beim Autismus nur eindämmen, aber nicht völlig verhindern lassen. Nach neueren Deutungen (z.B. Feuser, 1985) haben sie sogar, obwohl sie beim ersten Hinsehen sinnlos scheinen, einen positiven Zweck, nämlich den, einer Reizüberflutung und der damit verbundenen Überforderung entgegenzuwirken. Nach dieser Auffassung wäre ihre vollständige Löschung kein sinnvolles Ziel.

Stereotypes Verhalten einfach hinzunehmen, kann aber auch keine Lösung sein. Durch diese mitunter kuriosen Gewohnheiten sind Menschen mit Autismus sozial auffällig, was sie isoliert und was ihre Begleiter belastet. Dies ließe sich noch ertragen, wenn Stereotypien nicht außerdem die aktive Auseinandersetzung mit der Umwelt behindern und damit weitere Entwicklungsschritte erschweren würden.

Obwohl Erfahrungen mit geistig behinderten Menschen nur begrenzt übertragbar sind, lohnt ein Blick in die einschlägige Forschungsliteratur. LaGrow u. Repp (1984) haben die wissenschaftlichen Untersuchungen zusammengestellt, die eine Beeinflussung stereotypen Verhaltens zum Ziel hatten. Die meisten beschäftigten sich mit hospitalisierten, geistig schwerbehinderten Menschen. Dementsprechend standen Stereotypien wie das Körperschaukeln und das In-den-Mundnehmen von Gegenständen in der Liste der bearbeiteten Probleme obenan. Aber auch Stereotypien, die eher für den Autismus charakteristisch sind, wie komplexe Hand- und Fingerbewegungen, Wedeln und Schwingen der Arme und bedeutungsleere Vokalisationen wurden untersucht. Zur Beeinflussung wurden am häufigsten aversive Methoden eingesetzt, z. B. Festhalten, Überkorrektur, Ausschluß oder sprachliche Zurechtweisungen. Meist war der Erfolg groß. Die Wirksamkeit positiver – bei denen Verhaltensalternativen verstärkt wurden – und aversiver Verfahren war etwa gleich. Am wirksamsten war eine Kombination von Bestrafungs- und Belohnungsmethoden, bei der eine unerwünschte Stereotypie bestraft und zugleich eine erwünschte Alternative belohnt wurde.

Rincover (1978) hat für autistische Kinder eine neue Technik zum Umgang mit Stereotypien entwickelt; er nennt sie „sensorische Extinktion". Sie beruht auf der Annahme, daß Stereotypien durch die sensorischen Konsequenzen, die sie hervorrufen (z. B. auditiver, visueller, taktiler oder kinästhetischer Art) aufrechterhalten, gefestigt und intensiviert werden. Demzufolge müßten sie durch die Ausschaltung oder Maskierung ihrer sensorischen Konsequenzen abnehmen oder verschwinden.

Rincover berichtet über mehrere erfolgreiche Behandlungen nach diesem Konzept. Unter anderem brachte er einen Jungen von dessen Neigung ab, Gegenstände aller Art, wie z. B. Untertassen auf dem Tisch in drehende Bewegung zu versetzen. Er bespannte den ganzen Tisch mit einem Teppich, und zwar so, daß darauf die Gegenstände immer noch kreiseln konnten, aber keine Geräusche mehr erzeugten. Nachdem das Kind vorher etwa 40–70% der Beobachtungszeit mit seiner Stereotypie zugebracht hatte, sank die Häufigkeit nun fast auf Null. Als die Bespannung wieder abgenommen wurde, stieg die Stereotypie auf das alte Niveau an. Durch das Verbinden der Augen änderte sich daran nichts. Es war also das Geräusch der Kreiselbewegung, worin die Faszination bestanden hatte.

Devany u. Rincover (1982) vermuten, daß zwanghafte Rituale beim Autismus nicht unbedingt – wie bei Zwängen oft vermutet – durch

Angst motiviert sind, sondern ebenfalls durch sensorische Verstärkung. Die Behandlung der Zwänge mit Löschungsverfahren, z. B. mit Reaktionsverhinderungen, hätten nur begrenzten Erfolg gehabt. Besser bewährt hätten sich Techniken, die auf dem Prinzip der sensorischen Extinktion beruhen. Als Beleg zitieren sie eine Arbeit mit zwei entwicklungsgestörten Kindern, deren Ritual darin bestand, einen Lichtschalter ständig zu betätigen. Angst war weder vor noch während dieser Rituale zu beobachten. Aber es zeigte sich, daß es den Kindern auf die sensorischen Konsequenzen ankam, allerdings nicht jedem Kind auf dieselbe. Bei dem einen verschwand das Ritual, wenn man die elektrischen Kontakte unterbrach, so daß das Licht nicht mehr ein- und auszuschalten war. Bei dem anderen nutzte das nichts; wenn man den Schalter aber so manipulierte, daß er kein Klickgeräusch mehr von sich gab, so gab auch dieses Kind sein Ritual auf.

Nicht immer ist die Beseitigung der sensorischen Konsequenzen so einfach, und manchmal gelingt sie, wie bei der Teppichbespannung des Tisches, nur mit erheblichem Aufwand. Noch nachteiliger ist, daß die Wirkungen nicht anhalten. Sobald sich die gewohnten sensorischen Konsequenzen wieder einstellten, nahmen die Kinder ihre Stereotypien wieder auf. Trotzdem ist das Verfahren nicht wertlos. In Kombination mit einem positiven Verfahren läßt sich dadurch vorübergehend eine Stereotypie verhindern, wodurch der Weg zum Aufbau neuer Handlungsmöglichkeiten geöffnet wird. Für denselben Zweck hat man Bestrafungsmethoden eingesetzt, jedoch ist die sensorische Extinktion, weil sie eine sanftere Methode ist, sicherlich vorzuziehen. Außerdem kann man mit diesem Verfahren feststellen, für welche sensorischen Reize ein autistisches Kind empfänglich ist. Dafür gibt es bekanntlich keine allgemeine Regel. Aber man kann die Beobachtungen ausnutzen, um daraufhin den Kindern anzubieten, was ihren Neigungen entspricht. Zum Beispiel begeisterte sich der Junge, dem man das Drehen von Gegenständen mit dem Teppichtrick abgewöhnt hatte, bevorzugt für solches Spielzeug, das bei passender Betätigung Geräusche von sich gab. Wenn man ihm statt dessen ein anderes Spielzeug aushändigte, das eine andere Sinnesmodalität ansprach, so nahm seine alte Stereotypie dramatisch zu. Die Kenntnis seiner Vorlieben – und autistische Kinder haben oft sehr intensive Vorlieben – macht es also möglich, anstelle der selbstgewählten, in eine Sackgasse

einmündenden Stereotypien neue Handlungsmöglichkeiten aufzubauen.

Demselben Zweck kann die Methode dienen, das selbststimulierende
Verhalten seinerseits als verstärkende Belohnung einzusetzen. Man
stellt Anforderungen, von denen die Kinder nicht von vornherein
begeistert sind. Wenn sie ihnen dann trotzdem folgen, belohnt man
sie, und zwar dadurch, daß man ihnen die Möglichkeit gibt, sich
wieder mit selbststimulierendem Verhalten zu beschäftigen. Wolery et
al. (1985) konnten dadurch bei zwei schwerbehinderten autistischen
Jungen gute Erfolge erreichen. Diese Jungen lösten eine einfache
Zuordnungsaufgabe zunehmend besser, wenn sie im Anschluß an den
Lösungsversuch nicht nur gelobt wurden, sondern auch die Möglichkeit bekamen, 5 Sekunden lang ihr bevorzugtes, stereotypes Verhalten
auszuführen.

Man könnte einwenden: Das mag ein nützlicher Effekt sein, er könnte
aber mit dem Nachteil erkauft werden, daß die Stereotypien ihrerseits,
weil man sie zuläßt, an Häufigkeit zunehmen. Auch das wurde
geprüft, aber die Befürchtung bewahrheitete sich nicht. Im Gegenteil,
bei einem der Jungen war sogar eine vorübergehende Abnahme der
Stereotypien zu verzeichnen, nachdem diese als Verstärker zugelassen
waren. Devany u. Rincover (1982) berichten Ähnliches. Ein Junge
hatte die stereotype Gewohnheit, immerfort mit rasender Geschwindigkeit die Seiten von Katalogen umzublättern. Statt ihm diese
Beschäftigung zu verbieten, ließ man sie ausdrücklich zu, allerdings
nur als Belohnung für eine andere, ihm unangenehme Tätigkeit. Aber
dadurch verlor sie für ihn ihren Reiz. Er verzichtete völlig darauf, was
um so erstaunlicher ist, als er vorher fast seine gesamte freie Zeit mit
der stereotypen Katalogblätterei verbracht hatte.

Daraus ergibt sich ein Hinweis auf eine weitere Methode zum Abbau
von Stereotypien. Effekte der Sättigung, wie in diesem Fall manchmal
plötzlich, manchmal allmählich eintretend, sind ja beim Autismus
nichts Ungewöhnliches. Leider gibt es darüber kaum systematische
Untersuchungen. Methoden zur Beschleunigung der Sättigung – wenn
es sie geben würde – hätten für den Umgang mit Stereotypien Vorzüge
und verdienen mehr Beachtung als bisher.

Selbstverletzendes Verhalten gehört zu den schlimmsten Problemen, die in Verbindung mit dem frühkindlichen Autismus auftreten können. Es ist oft schwer zu behandeln, und so besteht die Gefahr, daß die Betroffenen sich selbst gesundheitlich schwer schädigen und, um solchen Gefahren vorzubeugen, in ihrer Bewegungsfreiheit stark eingeschränkt werden müssen. Verschärft wird die Problematik noch dadurch, daß die Hilflosigkeit und das Erschrecken, mit dem wohl jeder auf solche Verhaltensweisen reagiert, die soziale Isolation noch verstärken.

Erschwert wird die Behandlung schon dadurch, daß die Ursachen für dieses gefährliche Verhalten offenbar unterschiedlich und im Einzelfall nicht immer leicht zu erkennen sind. In einer sorgfältigen Analyse stellte Carr (1977) fünf Hypothesen dar, die zur Erklärung selbstverletzenden Verhaltens aufgestellt worden sind. Eine davon, die psychodynamische Hypothese, behandelt er nur am Rande. Die vier anderen Hypothesen sind: die Hypothese der positiven Verstärkung, die Hypothese der negativen Verstärkung, die Hypothese der Selbststimulation und die Hypothese der organischen Verursachung.

Nach der Hypothese der positiven Verstärkung wird selbstverletzendes Verhalten durch Zuwendung und Beachtung gelernt und aufrechterhalten. Es ist demnach ein trauriger Versuch, soziale Zuwendung zu erlangen, die auf andere Weise nicht erreicht werden kann. Nach der Hypothese der negativen Verstärkung wird selbstverletzendes Verhalten gelernt, weil dadurch unangenehme Situationen vermieden oder beendet werden. Es ist demzufolge ein Mittel, einen Widerstand auszudrücken, wenn andere Ausdrucksmittel nicht zur Verfügung stehen oder keine Wirkung haben. Nach der Hypothese der Selbststimulation dienen selbstverletzende Verhaltensweisen ebenso wie Stereotypien der Aufrechterhaltung eines gewissen Optimums an Wahrnehmungsimpulsen. Wenn durch die Lebensumstände äußere Anregungen fehlen oder infolge der Behinderung nicht aufgenommen werden können, so sind nach dieser Annahme selbststimulierende Verhaltensweisen ein Ersatz dafür. Sie könnten einen selbstverletzenden Charakter annehmen, wenn durch die häufige Selbststimulation die Reizschwelle der Haut so verringert wird, daß Berührungsreize erst dann wahrgenommen werden, wenn sie selbstverletzender Art sind (Edelson, 1984). Nach der Hypothese der organischen Verursachung ist das selbstverletzende Verhalten das Ergebnis abweichender physiologischer Prozesse. Carr faßt darunter verschiedene Erklärungsmöglichkeiten zusammen, von denen im vorliegenden Zusammenhang vor allem diejenige bedeutsam ist, die das selbstverletzende Verhalten als die Folge unentdeckter innerer Erkrankungen interpretiert. So stellte man bei einer Gruppe von Kindern, die sich durch heftiges Kopfanschlagen selbst verletzten, im Vergleich zu einer Kontrollgruppe eine erhöhte Häufigkeit schmerzhafter Mittelohrentzündungen fest. Selbstverletzungen als verzweifelte Reaktion auf Schmerz: Gerade bei autistischen Menschen, die bekanntlich über Krankheiten oft nicht Auskunft geben können, eine einfache Erklärung für Verhalten, das zunächst unverständlich und rätselhaft scheinen mag.

Inzwischen sind zahlreiche Versuche unternommen worden, selbstverletzendes Verhalten abzubauen. Eine Übersicht gibt Brezovsky (1985). Er kommt zu der Schlußfolgerung, daß eine medikamentöse Therapie allein meist keine Resultate erbracht habe. Neurochirurgische Maßnahmen erwähnt er zwar, lehnt sie aber ab. Das Schwergewicht legt er auf psychotherapeutische Maßnahmen, vor allem die Methoden der Verhaltenstherapie. Er bespricht die Techniken der Löschung, der Bestrafung, des sozialen Ausschlusses, der Überkorrektur, des Aufbaus alternativen Verhaltens und verschiedene spezielle Methoden, stellt deren Wirksamkeit dar und diskutiert die mit ihren Anwendungen verbundenen psychologischen Probleme. Sein Bericht macht deutlich, daß gegenwärtig keinem der verwendeten Verfahren ein Vorrang eingeräumt werden und keine Technik völlig verworfen werden kann. Deutlich wird aber auch, daß eine Behandlung im allgemeinen aus einer Kombination verschiedener Techniken bestehen muß.

Angesichts der Gefährlichkeit der Selbstverletzungen ist es verständlich, daß die Therapeuten sich meist auf den Abbau des selbstverletzenden Verhaltens als vorrangiges Ziel konzentriert haben. Kane u. Hettinger (1987) kritisieren diese Ausrichtung trotzdem und bemängeln außerdem, daß die gewählten Verhaltensalternativen oft zu künstlich und ohne lebenspraktische Bedeutung waren. Sie berichten über erste Resultate eines eigenen Forschungsvorhabens, bei dem das Schwergewicht auf der Entwicklungsförderung liegen soll, und zwar so, daß durch den Aufbau neuer Handlungsmöglichkeiten Fehlverhalten wie Selbstverletzungen allmählich überflüssig und verdrängt werden. Anhand von Fallberichten verdeutlichen sie zwei ihrer theoretischen Konzeptionen. Nach der einen ist „selbstschädigendes Verhalten ein Versuch des Behinderten ..., sich verständlich zu machen". Demzufolge muß die Förderung darauf abzielen, die Fähigkeiten zur Kommunikation zu erweitern, so daß der Behinderte auf andere Weise als durch Selbstverletzungen seine Bedürfnisse ausdrücken und soziale Interaktionen beeinflussen kann. Nach der zweiten Konzeption kann selbstverletzendes Verhalten den Zweck haben, „eine Untererregung infolge mangelnder äußerer Reize bzw. als Folge von Bewegungsmangel auszugleichen". Demzufolge müßte es möglich sein, durch körperliche Tätigkeit, bei der verschiedene Sinnesbereiche intensiv stimuliert werden, selbstverletzende Verhaltensweisen überflüssig zu machen. Die ersten praktischen Erfahrungen mit diesen Konzepten waren ermutigend. Obwohl die Probleme keineswegs völlig verschwanden, berechtigen die Fortschritte doch zu der Hoffnung, daß hier ein richtiger Weg eingeschlagen wurde.

Soziales Verhalten

Eigenartiges und unzulängliches Sozialverhalten gehört zu den Hauptmerkmalen des Autismus. Trotzdem gibt es hierzu wenig wissenschaftlich fundierte Ergebnisse. Aber schon diese wenigen haben geholfen, falsche Verallgemeinerungen abzubauen und unseren Blick für die wirklichen sozialen Defizite zu schärfen.

Autistische Kinder, so kann man hören, verhielten sich in sozialen Situationen indifferent, beachteten also das Kommen und Gehen anderer Menschen und deren Kontaktversuche nicht. Stimmt das wirklich? Sigman et al. (1984) beobachteten das Verhalten 3–5jähriger autistischer Kinder in einer Spielsituation. Es zeigte sich, daß sie auf eine Trennung von ihrer Mutter durchaus reagierten, und zwar ebenso wie andere Kinder mit einer Zunahme der aktiven Kontakte mit ihr, gleichsam als wollten sie den vorübergehenden Verlust wieder ausgleichen. Außerdem war es für sie durchaus nicht gleichgültig, wer ihr Spielgefährte war: auch sie nahmen mehr Kontakt mit Personen auf, die ihnen vertraut waren.

Nun sind die Eindrücke, das autistische Kind sei gegenüber sozialen Kontakten indifferent, sicherlich keine reine Erfindung. Wie kommt dieser Eindruck zustande? Wenn es nicht an der Häufigkeit der sozialen Kontakte liegt, so muß deren Qualität die Ursache sein. Und genau das stellten Sigman et al. auch fest. Schon sehr kleine Kinder benutzen normalerweise Methoden, die Aufmerksamkeit des Erwachsenen auf Gegenstände oder Spielzeuge der Umgebung zu lenken. Die Autoren sprechen von aufmerksamkeitslenkenden („attention-getting")-Strategien und sie stellen fest, daß es diese Strategien sind, die von autistischen Kindern erheblich seltener verwendet wurden als von sonst vergleichbaren geistig behinderten. Ebenso reagierten sie selbst vergleichsweise wenig auf derartige Lenkungsversuche von seiten der Erwachsenen. Der Eindruck der sozialen Indifferenz scheint also vor allem darauf zu beruhen, daß derartige kommunikative Handlungen ausbleiben. Die autistischen Kinder wissen anscheinend nichts von der Möglichkeit, gleichzeitig mit einer anderen Person die Aufmerksamkeit auf die gegenständliche Welt zu richten. Im Gegensatz dazu ist ihnen offenbar klar, daß andere Menschen etwas für sie tun können, und daß es auch Mittel gibt, dies zu erreichen. Jedenfalls setzen sie solche Mittel, die man imperative Kommunikation nennen könnte, nicht seltener ein als vergleichbare andere Kinder.

Auch andere Untersuchungen zum Sozialverhalten haben geholfen, klischeehafte Verallgemeinerungen durch genauere und verständnisvollere Feststellungen zu ersetzen. Howlin (1986) hat in ihrer Zusammenfassung u. a. über Beobachtungen zum Blickverhalten und zur Meidung des Körperkontakts berichtet. Ein ungewöhnliches Blickverhalten, das meist als Meidung des Blickkontaktes erlebt wird, gehört tatsächlich zu den häufigsten Auffälligkeiten des Autismus. Aber auch in diesem Fall ist das Problem nicht quantitativer, sondern qualitativer Art. Es ist die ungewöhnliche Verwendung des Blickkontakts im sozialen Wechselspiel, und nicht die geringere Häufigkeit, worin die Besonderheit des Autismus besteht. Genauere Beobachtungen zeigten, daß autistische Kinder Blickkontakte relativ häufig während ihrer Monologe herstellten, seltener aber während ihrer Dialoge, während es bei den zum Vergleich herangezogenen Kindern umgekehrt war. Die autistischen Kinder hatten demzufolge die Fähigkeit zum Blickkontakt, machten davon aber falschen Gebrauch: Wenn er nicht nötig war und nicht erwartet wurde, stellten sie ihn her und umgekehrt, wenn er erwartet und sonst üblich war, taten sie es nicht.

Ebenso oft wie über die Meidung des Blickkontaktes wird über die Meidung von Körperkontakten berichtet. Nach Tinbergen u. Tinbergen (1983) soll das sogar das Hauptproblem des Autismus sein. Therapeutische Ansätze, wie die sog. Festhaltetherapie, bei denen Körperkontakte gewaltsam hergestellt werden, beruhen auf dieser Auffassung. Daß autistische Kinder körperliche Nähe oder körperlichen Kontakt überhaupt ablehnen, ist allerdings nicht richtig. Howlin (1986) weist auf mehrere Untersuchungen hin, die das Gegenteil beweisen. So fanden Hutt u. Ounsted bereits 1966, daß autistische Kinder zwar selten sozialen Kontakt herstellten, daß sie aber dann, wenn ein Erwachsener damit den Anfang gemacht hatte, körperliche Nähe und körperlichen Kontakt länger duldeten als andere Kinder. Andere Untersucher fanden im Grad des Körperkontakts bei nichtbehinderten und bei autistischen Kindern überhaupt keinen Unterschied. Selbst Richer (1976, 1978), der in der Meidung des sozialen Kontaktes das Hauptproblem des Autismus sieht, mußte feststellen, daß die von ihm untersuchten autistischen Kinder den Kontakt nicht völlig ablehnten, sondern rund 30% ihrer Zeit mit sozialer Zuwendung beschäftigt waren.

So könnte auch der Eindruck sozialer Indifferenz auf einer Wahrnehmungstäuschung beruhen. Möglicherweise ist die Häufigkeit stereotypen und ritualistischen Verhaltens eine der Ursachen dafür. Solange autistische Menschen mit derlei Tätigkeiten beschäftigt sind, haben sie tatsächlich wenig Interesse an der Umwelt, und zwar weder an der sozialen noch an der dinglichen. Und weil es oft schwierig oder sogar unmöglich ist, sie aus solchen Tätigkeiten herauszuholen, und weil diese Rituale und Stereotypien etwas sehr Auffälliges sind, kann der Eindruck einer allgemeinen Abwehr menschlicher Kontakte entstehen.

Auch wenn dieser Eindruck falsch ist: Die sozialen Fähigkeiten autistischer Menschen sind unzulänglich und fehlerhaft. Von der Einsicht ausgehend, daß dies nicht am Wollen, sondern am Können liegt, sind in jüngster Zeit mehrere Programme zum Aufbau sozialer Fertigkeiten entwickelt und erprobt worden. Eines davon hat Mesibov (1986) beschrieben. Es wurde mit Jugendlichen und jungen Erwachsenen im Alter zwischen 14 und 35 Jahren durchgeführt. Diese wohnten entweder noch bei den Eltern oder in Wohngruppen, die für geistig schwach behinderte Menschen konzipiert waren. Einige besuchten noch die Schule, andere arbeiteten in beschützenden Werkstätten, wieder andere nahmen tagsüber an keinen Aktivitäten teil.

Man traf sich wöchentlich einmal 1½ Stunden lang, wobei formell strukturierte Übungssituationen und informelles Zusammensein abwechselten. Die Übungen fanden teils individuell statt, teils in Zweiergruppen oder in der größeren Gruppe.

Ein wesentliches Ziel war die Verbesserung der Kommunikationsfähigkeit. Übungsmethoden waren die direkte Unterweisung in der individuellen Sitzung, die direkte Praxis in der Zweier- bzw. der Gesamtgruppe und die indirekte Praxis durch das Rollenspiel. Geübt wurde z. B., wie man eine Unterhaltung führt: Wie man ein Thema anspricht und dabei sein Interesse formuliert, zugleich aber prüft, ob der Partner dieses Interesse teilt; wie man bei einem Thema bleibt und nicht ständig abschweift; wie man den Mitteilungen des Partners aufmerksam zuhört und dabei nicht nur auf die sachlichen Informationen, sondern auch auf die begleitenden Gefühle achtet. Die Methoden waren den Zielen angepaßt. Eine Unterhaltung zu führen, wurde beispielsweise im Rollenspiel geübt. Um das Zuhören zu lernen, bekamen die Jugendlichen den Auftrag, der ganzen Gruppe mitzuteilen, was ihnen der Gesprächspartner gesagt hatte; kurze Sketche wurden gespielt, um die Fähigkeit zu üben, Gefühle darzustellen und wahrzunehmen.

Mesibov berichtet, daß besonders der informelle Teil der wöchentlichen Zusammenkünfte großes Interesse fand. Dazu gehörten so einfache Dinge wie das gemeinsame Kaffeetrinken. Das bestätigt andere, bereits vorliegende Berichte, wonach das soziale Interesse bei Menschen mit Autismus gerade im Jugend- und Erwachsenenalter sehr stark zunimmt. Mesibov führt die große Beliebtheit der informellen Teile der Zusammenkünfte auch darauf zurück, daß in dieser Zeit weder kritisiert noch korrigiert wurde.

Dieses Programm ist hauptsächlich für ältere und weniger behinderte autistische Menschen geeignet. Für Kinder und schwerer behinderte muß man nach anderen Möglichkeiten suchen. Eine davon beschreiben Wooten u. Mesibov 1986: Es wurde angeregt und ermöglicht durch die Konzepte zur Integration behinderter Kinder.

Gewöhnlich werden bei Integrationsversuchen die behinderten Kinder für kurze Zeit in die Klassen der nicht behinderten gebracht. Das schien bei autistischen Kindern nicht sinnvoll, weil ihnen jeder Wechsel zu schaffen macht. Daher fanden die Besuche in umgekehrter Richtung statt. Das entspricht dem bewährten Grundsatz, beim Lernen neuer Ziele möglichst viel von der alten Situation konstant zu halten. So sollte man, wenn die Umgebung neu ist, dort bekannte Materialien einsetzen und gefestigte Fertigkeiten fordern. Wenn umgekehrt eine neue Fertigkeit gelernt werden soll, so geschieht das besser in der vertrauten Umgebung.

Anfangs wurden Fehler gemacht, und statt der erhofften Integration trat eher eine Desintegration ein. Die autistischen Kinder begannen immer mehr, ihre aufdringlichen Altersgefährten zu meiden und zurückzuweisen, und diese begannen, die behinderten Kinder zu ignorieren und lieber miteinander zu spielen. Eine Besserung trat ein, als Zweiergruppen aus je einem behinderten und einem nichtbehinderten Kind hergestellt wurden und dem nichtbehinderten Kind genau erklärt worden war, was von ihm verlangt wurde.

Zur Vorbereitung fanden Gespräche mit den Lehrern und den nicht behinderten Schülern statt. Nachdem die Lehrer einige Male gesehen hatten, wie positiv sich die Besuche auf ihre Schüler auswirkten, waren sie immer zur Mitarbeit bereit. Den nicht behinderten Kindern wurden Probleme der Behinderung im allgemeinen und der autistischen Behinderung im besonderen erklärt. Das Schwergewicht lag dabei auf den Sprachdefiziten, dem sozialen Rückzug und den unangemessenen Verhaltensweisen. Dann wurde erklärt, wie wichtig es für diese Kinder sei, angemessenes Verhalten zu lernern, und es wurde dargestellt, inwieweit nicht behinderte Kinder dabei helfen könnten. Daß dabei Schwierigkeiten auftreten könnten, wurde ihnen nicht verschwiegen. Die Kinder besuchten ihre behinderten Mitschüler in deren Klasse einmal wöchentlich je 45 Minuten lang, es wurde gekocht, im Freien und am Tisch gespielt, und jedes nicht behinderte Kind wußte genau, was das behinderte lernen sollte.

Das Resultat des Programms war, daß sich das Sozialverhalten und die interaktiven Fähigkeiten der autistischen Schüler besserten. Noch positiver waren die Auswirkungen auf die nicht behinderten Schüler. Sie bemühten sich sichtlich um die autistischen Kinder, entwickelten zu ihnen positive Einstellungen und waren stolz auf ihre eigenen Erfolge. Von den autistischen Kindern wurden diejenigen mit gewissen Sprach- und Sozialfähigkeiten bevorzugt, aber auch die schwächeren fanden noch Partner. Auch die Kontakte außerhalb der speziellen Übungssituationen nahmen zu: Die nicht behinderten Kinder schauten gelegentlich in die Klasse der autistischen Kinder hinein, sie setzten sich während der Pausen zu ihnen oder begleiteten sie auf dem Weg innerhalb des gemeinsamen Schulgeländes.

Negativismus und Kooperation

Negativismus ist in der normalen Entwicklung nichts Ungewöhnliches, aber autistische Kinder werden oft als besonders negativistisch erlebt.

Manche Autoren interpretieren diese mangelnde Kooperation als aktiven Widerstand und Verweigerung. Sie halten deshalb, wie Tinbergen u. Tinbergen (1972), bei Behandlung und Unterricht ein nichtdirektives Vorgehen für angezeigt; denn Forderungen und Hilfestellungen würden die Kinder nur noch stärker in ihre Abwehrhaltung hineindrängen. Andere Autoren, wie Kehrer u. Temme-Meickmann (1982) sehen dagegen in negativistischen Haltungen die Folge von Überforderungen. Daraus folgt, daß die Kinder für eine Mitarbeit zu gewinnen wären, wenn man die Anforderungen ihren Fähigkeiten anpaßt.

Die Erfahrung mit Intelligenzprüfungen, über die berichtet wurde, sprechen eher für die zweite Auffassung. Neuere Ergebnisse weisen in dieselbe Richtung; eine besonders aufschlußreiche wurde von Volkmar, Hoder u. Cohen (1985) durchgeführt. Sie beruht auf Beobachtungen in der natürlichen Umgebung und mit vertrauten Betreuern als Bezugspersonen. Das ist wichtig, denn in fremder Umgebung mit fremden Personen und mit fremden Aufgabenstellungen erhält man leicht ein verfälschtes Bild. Beobachtet und gezählt wurde, wie häufig die autistischen Kinder Aufforderungen und Befehlen ihrer Betreuer nachkamen. Schon der Gesamtüberblick zeigte, daß von einer allgemeinen Tendenz zur Verweigerung keine Rede sein kann. In etwa 75% der Fälle wurden die Aufforderungen befolgt. Die nähere Aufschlüsselung ergab ferner einen klaren Zusammenhang zwischen der Schwierigkeit der Aufgabenstellung und der Häufigkeit positiver Mitarbeit. Die Anforderungen ließen sich nämlich nach ihrer Schwierigkeit ordnen, je nachdem, ob Aufforderung und erwartete Reaktion sprachlicher oder nichtsprachlicher Art waren. Eindeutig zeigte sich, daß die autistischen Kinder solange den Anforderungen nachkamen, bis ihre Leistungsgrenze erreicht war. Demzufolge hängt ihre Mitarbeit vom Leistungsvermögen ab und nicht von der Leistungsbereitschaft.

Obwohl die fehlende Mitarbeit autistischer Kinder nicht auf Widerstände und Verweigerung zurückzuführen ist, ist die Suche nach Methoden, ihre Mitarbeit zu gewinnen, nicht überflüssig. Die einfachste und am häufigsten empfohlene besteht darin, die Anforderung ihren Fähigkeiten anzupassen. Eine andere, neuerdings häufiger beachtete, macht sich das Prinzip der Selbstbestimmung zunutze. Wer über das, was er tun will, selbst entscheiden kann, der hat daran auch größeres Interesse. Diese schlichte Alltagsweisheit ist bei Übungen mit autistischen Kindern nicht selten vergessen worden. Neuerdings wird durch einige kontrollierte Untersuchungen wieder daran erinnert. Wenn man autistischen Kindern die Möglichkeit gab, den Inhalt einer Unterhaltung oder das verwendete Spielmaterial selbst zu bestimmen, dann nahmen ihr Interesse und ihre Motivation zu (Koegel u. Mentis, 1985). Über ähnliche Erfahrungen berichten Bernhard-Opitz u. Hermann in einer noch unveröffentlichten Untersuchung unter dem Titel „Probleme der Gegenkontrolle". Sie haben ihre Untersuchung in einer großen Institution für geistig behinderte Menschen in Süddeutschland durchgeführt; 6 autistische Kinder und Jugendliche mit einem Sprachentwicklungsalter zwischen 2,5 und 4 Jahren nahmen daran teil. Ihr Verhalten wurde in einer Spielsituation unter drei Bedingungen beobachtet. Eine davon war direktiv: Der Therapeut sagte dem Kind, was für ein Spiel es spielen solle und wie man dabei vorgehen müsse. Unter der anderen Bedingung war das Machtverhältnis gerade umgekehrt. Nun wurde das Kind ausdrücklich aufgefordert, dem Therapeuten zu sagen, was und womit er spielen solle. Die dritte Bedingung diente der

Kontrolle. „Oppositionelles Verhalten", d.h. fehlende Mitarbeit, Aufgabenmeidung, aggressives, destruktives und selbstverletzendes Verhalten gab es unter allen drei Bedingungen. Bei allen Kindern, bis auf einen Jungen, war diese Opposition am stärksten, wenn der Therapeut nach dem direktiven Verfahren vorging. Die Autoren fassen zusammen: „Wenn man dem Kind die Möglichkeit gibt, den Therapeuten zu instruieren, so kann das helfen, seine Spontaneität zu steigern, ebenso seine Fähigkeit, Gedanken laut auszusprechen und funktionale Sprache zu verwenden. Es kann auch die Tendenz des Kindes vermindern, einen Therapeuten dadurch zu kontrollieren, daß es falsche Antworten gibt, vorgibt, etwas nicht zu wissen, nicht zu kooperieren oder anderes Oppositionsverhalten zu zeigen."

Ein anderer, ähnlicher Weg ist es, gar nicht auf die Aufforderung des Kindes zu warten, sondern dessen Verhalten unmittelbar als Aufforderung zu verstehen. Schon DesLauriers u. Carlson (1969) haben empfohlen, sich dem Handeln des Kindes anzuschließen und mitzumachen, woran dieses seine Freude hat. Tiegerman u. Primavera (1984) haben nachgewiesen, daß unter diesen Bedingungen verhältnismäßig schwer behinderte autistische Kinder in zunehmendem Maße damit beginnen, den erwachsenen Spielgefährten zu beobachten. Dawson u. Adams (1984) haben auf demselben Wege eine Verbesserung der Imitationsfähigkeit erreicht. Sie erklären es u.a. damit, daß das autistische Kind, wenn der Erwachsene seine Handlungen imitiert, eine aktive Kontrolle über die Situation erhält und damit das Verhalten des Erwachsenen in der Weise regulieren kann, daß es nicht zu kompliziert und zu unübersichtlich wird.

Motivation

Beim Unterricht mit autistischen Schülern haben, sofern dieser systematisch und unter wissenschaftlicher Kontrolle durchgeführt wurde, die Prinzipien der Verhaltensmodifikation immer eine besonders große Bedeutung gehabt. Sie werden in dem Buch von Koegel, Rincover u. Egel (1982) noch einmal dargestellt und anhand von Erfahrungen aus langjährigen Forschungsprojekten erläutert und erweitert. Ein eigener Abschnitt gilt dem Problem der Motivation.

Als die Arbeiten etwa zu Beginn der 60er Jahre begannen, versuchte man das Motivationsproblem zu lösen, indem man sehr wirkungsvolle „primäre Verstärker", meist Nahrungsmittel, als Belohnung einsetzte. Tatsächlich gelang es, mit dieser Unterstützung beträchtliche Lernerfolge zu erreichen, und zwar auch bei Kindern, bei denen alle anderen Versuche erfolglos geblieben waren.

Nahrungsmittel als Belohnungen haben allerdings mehrere Nachteile. Ihre geplante und systematische Verwendung zur Förderung des Lernens widerspricht so sehr den kulturellen Normen, daß Lehrer, Therapeuten und Eltern ihre Skepsis und Reserve schwer überwinden können, auch wenn sie die Erfolge des Verfahrens anerkennen. Aber auch bei der praktischen Durchführung stellten sich Schwierigkeiten ein. Zum Beispiel verloren manche Kinder allmählich das Bedürfnis und das Interesse für bestimmte Nahrungsmittelverstärker. Andere lernten zu unterscheiden, in welchen Situationen eine Belohnung zu erwarten war, in welchen nicht, und sie verhielten sich dementsprechend, so daß eine Übertragung des Gelernten in die Alltagssituation nicht zustande kam. Lovaas, einer der Pioniere der angewandten Lernpsychologie, stellte nach 12 Jahren Forschungsarbeit fest, daß zur Lösung solcher Schwierigkeiten eine gründlichere Beschäftigung mit dem Motivationsproblem nötig ist.

In dem Buch von Koegel, Rincover u. Egel (1982) sind einige neue Gedanken und Erfahrungen zu diesem Problem zusammengetragen worden. Bei normalen Schülern sind Neuigkeit, Abwechslung, Variation eine motivierende Kraft. Sollte das bei autistischen Kindern nicht ebenso sein? Dagegen spricht ihre offenkundige Neigung zu monotonen Stereotypien und Ritualisierungen. Dagegen spricht auch die häufig beobachtete Schwierigkeit bei der Anpassung an veränderte Situationen. Demzufolge müßte ihre Motivation gerade unter möglichst gleichförmigen Bedingungen besonders günstig sein, und ein Lehrer täte gut daran, für eine solche Gleichförmigkeit zu sorgen.

Egel berichtete 1981 über Erfahrungen, die solchen Erwartungen genau widersprechen. Die Untersuchungen waren mit 4 bis 13½jährigen autistischen Kindern von sehr unterschiedlichem Fähigkeitsniveau durchgeführt worden. Die Aufgabe war einfach: Die Kinder sollten an einem speziell konstruierten Kästchen einen Hebel herabdrücken, wofür sie als Belohnung Nahrungsmittel erhielten. Diese Belohnungen waren vorher für jedes einzelne Kind aufgrund der festgestellten Vorlieben ausgewählt worden. Es gab zwei Versuchsbedingungen. Unter der einen erhielt das Kind immer die gleiche, unter der anderen im Wechsel drei verschiedenartige Belohnungen. Das Resultat war eindeutig: Bei gleichförmiger Belohnung nahm die Mitarbeit der Kinder sehr schnell und stetig ab, bei variierender Belohnung aber blieb sie über längere Zeit auf demselben hohen Niveau wie bei Versuchsbeginn.

Zur Erklärung dieses Effekts ist keine tiefgründige Theorie nötig. Jeder weiß, daß das Neue interessant und motivierend wirkt. Überraschend ist trotzdem, daß dieses einfache Gesetz auch für Kinder und Jugendliche mit Autismus gilt, die also in dieser Hinsicht trotz ihrer Eigenheiten verblüffend normal sind.

Was für die Art der Belohnung gilt, müßte auch für die Art des Aufgabenmaterials zutreffen. Tatsächlich haben O'Connor u. Hermelin schon 1967 nachgewiesen, daß autistische Kinder eine Vorliebe für neue und nicht für schon bekannte Stimuli zeigen. In Übungsversuchen sind diese Feststellungen aber eher ignoriert worden. Meist bestanden sie aus einer Reihe verhältnismäßig gleichbleibender Aufgabenstellungen, die solange geübt wurden, bis ein Lernkriterium erreicht oder die festgesetzte Übungszeit beendet war. Wenn es richtig ist, daß auch autistische Schüler das Neue lieben, wäre es angebracht, die Aufgabenreihen abwechslungsreicher zu gestalten.

Diese Vermutung erwies sich als richtig. Wenn autistische Kinder sich mehrmals hintereinander mit derselben, nicht ganz einfachen Aufgabe beschäftigen sollten, so nahm ihr Interesse bald deutlich ab. Wenn dieselbe Aufgabe ebenfalls mehrmals, aber vermischt und unterbrochen durch andere Aufgaben gestellt wurde, so gab es einen solchen Abfall der Motivation nicht (Dunlap u. Koegel, 1980).

Der allgemeine Grundsatz, daß Abwechslung motivierend wirkt, gilt also auch beim Autismus, und es wäre ein Fehler, das zu vernachlässigen. Ein anderes, ebenso einfaches Prinzip besagt, daß Erfolg motivierend, Mißerfolg entmutigend wirkt, und es scheint nicht überflüssig zu sein, darauf hinzuweisen, daß auch dieses Prinzip beim Autismus gültig ist.

Churchill (1971) hat nachgewiesen, daß bei autistischen Kindern nach Mißerfolgen die Häufigkeit von Selbststimulationen, von Trotz- und

Schreireaktionen und von Meidungsverhalten signifikant anstieg. Ein vergleichbares Resultat fanden Koegel u. Egel (1979) in einem Unterrichtsversuch. Autistische Kinder erhielten Aufgabenstellungen, die ziemlich schwierig waren und bei denen sie meist scheiterten. Die Folge war, daß ihre Begeisterung begreiflicherweise abnahm und sie kaum bereit waren, anschließende Aufgaben überhaupt in Angriff zu nehmen. Daraufhin halfen ihnen die Experimentatoren auf verschiedene Weise, und zwar solange, bis ihnen die Aufgabenlösung fast immer gelang. Wenn sie nun neue Aufgaben zur selbständigen Bearbeitung erhielten, so war ihre Bereitschaft, sich daran zu versuchen, gegenüber dem deprimierenden Ausgangsniveau deutlich angestiegen. Eine andere Methode zur Motivationsverbesserung hat Dunlap (1984) erprobt. Die Kinder sollten eine Reihe neuer Aufgaben lernen. Vermischt mit diesen neuen Aufgaben stellte er ihnen aber alte, die sie bereits sicher beherrschten. Der Erfolg bei diesen bekannten Aufgaben erhöhte offensichtlich ihre Bereitschaft, sich mit den neuen Aufgaben zu beschäftigen.

Die Wahl passender Aufgabenstellung, die Hilfe bei Mißerfolgen, die Vermittlung von Erfolgserlebnissen: Der alte Grundsatz der Heilpädagogik, daß Ermutigung nötig ist, um Lernen zu ermöglichen, gilt für den Autismus nicht weniger als für jede andere Behinderung.

Gruppenunterricht und schulische Integration

Ob man von Verhaltensmodifikation oder von strukturiertem Unterricht spricht: Daß die Prinzipien der angewandten Lernpsychologie beim Unterricht mit autistischen Schülern zu guten Erfolgen führen, ist oftmals nachgewiesen und beschrieben worden. Eine sehr detaillierte Darstellung dieser Arbeit kann man in dem Bericht von Cordes (1983) über das Bremer Projekt nachlesen.

Die lernpsychologischen Grundsätze, auf denen diese Arbeit beruht, sind nicht schwer zu verstehen, und trotzdem scheint ihre Umsetzung in der Praxis nicht einfach zu sein. Deshalb wurden für Lehrer, die sich auf den Unterricht mit autistischen Schülern vorbereiten wollten, spezielle Übungsprogramme erarbeitet. Über eines davon berichten Koegel et al. (1982). Es begann mit einer theoretischen Unterweisung durch schriftliches Material; es folgten praktische Demonstrationen; das Schwergewicht lag dann aber auf den anschließenden eigenen Übungen. Dabei bestand die Aufgabe für die Lehrer darin, einem autistischen Kind im Einzelunterricht eine neue Fertigkeit beizubringen. Der gleichzeitig anwesende Übungsleiter unterbrach sie von Zeit zu Zeit und gab ihnen in knapper Form Rückmeldung über ihr Verhalten. Die Beobachtungen während dieses Trainings zeigten, daß die Lehrer die theoretischen Prinzipien keineswegs spontan und von vornherein befolgten. Dahin gelangten sie erst durch das spezielle Training.

Zusätzliche Kontrolle ergab, daß dieses Training nicht überflüssig war. Nachdem ihre Lehrer sich zunehmend mehr an den lernpsychologischen Prinzipien der Verhaltensmodifikation ausrichteten, nahmen die Lernerfolge der Schüler sichtbar zu.

Wie in diesem Fall ist der Wert dieser Prinzipien hauptsächlich im Einzelunterricht erprobt und nachgewiesen worden. Sie sind trotzdem nicht an den Einzelunterricht gebunden, und der Unterricht mit autistischen Schülern sollte nach Möglichkeit nicht nur Einzelunterricht sein. Allerdings ist der Übergang vom Einzel- zum Gruppenunterricht nicht problemlos. Koegel et al. (1982) berichten über einen Versuch mit acht schwerer behinderten autistischen Kindern, die im Einzelunterricht gute Fortschritte gemacht hatten. Wenn sie danach ihre neu erworbenen Fertigkeiten in der Gruppe zeigen sollten, gab es bei allen einen Rückfall. Ähnlich stand es mit weiteren Lernversuchen. Es gelang zunächst nicht, ihnen im Gruppenunterricht neue Fertigkeiten beizubringen.

Koegel et al. führen den Mißerfolg darauf zurück, daß der Wechsel zur Gruppensituation zu abrupt erfolgte. Die Gruppenfähigkeit müsse deshalb, wie jede andere Fähigkeit, in vielen kleinen Schritten aufgebaut werden. Also wurde zunächst in einer Gruppe mit nur zwei Kindern geübt, danach wurde die Gruppengröße ständig erhöht. Ferner war zunächst ein weiterer Helfer anwesend, der in unmittelbarer Nähe der Kinder blieb und sich im Ablauf der Übungsreihe allmählich zurückzog. Schließlich ging der Lehrer von der Technik ständiger Belohnung zu einer Technik teilweiser Belohnung über. Damit waren noch keineswegs alle Schwierigkeiten behoben. Autistische Schüler sind in ihren Fähigkeiten sehr unterschiedlich, so daß sie von einem Unterricht nur dann profitieren können, wenn er stark individualisiert ist. Das setzt voraus, daß sie Aufgaben erhalten, an denen sie eine Zeitlang selbständig arbeiten können.

Auch die Selbständigkeit wurde mit einer imponierenden Geduld schrittweise aufgebaut. Dies geschah in der Hauptsache dadurch, daß die Anforderung an die Aufgabenmenge, für die es eine Belohnung gab, ständig zunahm. Zum Beispiel gab es zunächst eine Belohnung schon dann, wenn auf einem Arbeitsblatt der Buchstabe A nur einmal geschrieben war, später mußte das ganze Arbeitsblatt damit gefüllt sein. Tatsächlich lernten autistische Kinder, die anfangs für jede Einzelleistung Bestätigung und Unterstützung brauchten, auf diese Weise, eine längere Zeit unabhängig zu arbeiten.

Schon als nächsten Schritt empfehlen Koegel et al. die Integration in reguläre Schulklassen. Sie denken dabei nicht nur an die Integration einer Elite fast normaler autistischer Schüler, sondern auch an die Integration schwerer behinderter Kinder mit den typischen Verhaltensproblemen des Autismus. Russo u. Koegel (1977) beschreiben die erfolgreiche Integration eines solchen Kindes in eine normale Grundschule.

Das Mädchen war zu Beginn der Versuche fünf Jahre alt, sprach äußerst wenig, begann kaum einmal eine Unterhaltung und reagierte auf Fragen oder Aufforderungen überhaupt nicht. Sie sprach sich selbst mit Du an, und wenn sie überhaupt redete, stand dies in keinem erkennbaren Zusammenhang mit der jeweiligen Situation. Ihr Verhalten in der Gruppe bestand aus einem kleinen Repertoire weitgehend unpassender Aktionen. Mitten in einer Arbeitsperiode stand sie auf, lief im Raum umher und wedelte mit einer großen Feder, einer Blume oder einem Taschentuch. Wenn sie den Lehrer ansprach, so waren es immer dieselben Wünsche, und zwar verlangte sie ein Glas Wasser oder ein Handtuch, und wenn sie das nicht bekam, reagierte sie mit einem Schrei- oder Wutanfall. Ihr Verhaltensrepertoire bestand hauptsächlich aus bizarren Stereotypien, außerdem masturbierte sie häufig. Sie war von der Schulbehörde ausgeschult worden und durfte nur für die Dauer der Untersuchung weiter die Schule besuchen.

Die Untersuchung fand im Kindergarten und in den ersten beiden Grundschulklassen statt. Die Gruppen bestanden aus 20–30 Kindern, die von einer Lehrerin und einer Lehrhilfe unterrichtet wurden. Hinzu kamen der Therapeut für dieses Mädchen und ein Beobachter. Man arbeitete mit einem Münzsystem. Dazu lernte das Mädchen zunächst in Einzelsitzungen, wie man Münzen gegen Nahrungsmittel eintauschen kann. Sobald sie das verstanden hatte, begann der Klassenunterricht. Sie erhielt zunächst für jede Art sozialen Verhaltens eine Münze; sie steckte sie in einen Plastikbeutel, der an ihrer Kleidung befestigt war und tauschte sie am Ende der Stunde in einem „Kaufladen" in der Ecke des Klassenzimmers ein. Als nächster Schritt kam hinzu, daß sie für selbststimulierendes Verhalten mit einem unfreundlichen „Nein" und dem Wegnehmen einer Münze bestraft wurde. Wenn sie dagegen für eine gewisse Zeit auf die Selbststimulation verzichtet hatte, wurde sie dafür gelobt und mit einer Münze belohnt. Anfangs half ihr der Therapeut, indem er bei beginnenden Selbststimulationen seine Hand auf ihre legte. Im nächsten Schritt wurde das Beantworten von Fragen geübt. Auch das geschah schrittweise, wobei die Anforderungen an die Richtigkeit und Angemessenheit der Antworten ständig erhöht wurden. Es folgte eine Unterweisung der Lehrerin, die allmählich die Rolle des Therapeuten übernahm. Gleichzeitig wurde die Häufigkeit der Münzbelohnungen vermindert, und zwar in der Weise, daß es nicht mehr für jedes erwünschte Verhalten eine Münze gab. Lob und Tadel in sprachlicher Form wurden allerdings kontinuierlich beibehalten. Das Mädchen saß im Klassenzimmer ganz vorn in unmittelbarer Nähe der Lehrerin, und auch der Therapeut blieb in ihrer Nähe sitzen. Im letzten Schritt übernahm die Klassenlehrerin die gesamte Behandlung selbst. Sie blieb, soweit möglich, in der Nähe des Mädchens und dirigierte sie mit Lob oder Tadel. Münzen teilte sie nur noch während der Pausenzeiten aus. Sie machte sich Notizen und besprach sie jeden Tag mit dem Therapeuten entweder persönlich oder telefonisch. Die Anforderungen für die Vergabe von Münzen erhöhte sie allmählich. Sie händigte sie schließlich nur noch zweimal täglich aus, einmal vor dem Frühstück und einmal kurz vor Ende des Schultages. Dabei erklärte sie dem Mädchen, wofür sie die Belohnungen bekäme.

Das gesamte Programm dauerte 17 Wochen. Das Verhalten des Mädchens änderte sich in jeder Hinsicht, das Sozialverhalten wurde besser, die selbststimulierenden Verhaltensweisen nahmen ab. Für kurze Zeit hatte man es gewagt, die Münzbelohnungen auszusetzen, um zu prüfen, ob sie tatsächlich für den Erfolg verantwortlich waren.

In dieser Zeit verschlechterte sich das Sozialverhalten deutlich, und es wurde erst wieder besser, als man zur Methode der Münzbelohnung zurückkehrte.

Diese Behandlung fand im Alter von fünf Jahren statt. Beim Übergang in die Grundschule wechselte der Lehrer, und nach wenigen Wochen war das Verhalten des Mädchens wieder völlig untragbar. Man bat um therapeutische Hilfe, und es wurde ein ähnliches Programm wie im Kindergarten durchgeführt. Der Erfolg war ebenso groß, und das Mädchen konnte weiterhin die Grundschule besuchen; auch während des 2. und 3. Schuljahres stellten sich keine zusätzlichen Probleme ein.

Die schulische Integration behinderter Kinder und Jugendlicher ist ein weitgestecktes Ziel, auf einem Weg mit noch vielen Barrieren. Sie wird gegenwärtig, wie im beschriebenen Beispiel, vor allem in Vor- und Grundschule versucht, vermutlich, weil hier die Schwierigkeiten noch am geringsten sind. Ohne die vielen noch schwereren Probleme vergessen zu wollen – wozu vor allem der Übergang von der Schule zur Arbeitswelt gehört – darf man in einem erfolgreichen Projekt, wie es beschrieben wurde, doch einen ermutigenden Anfang sehen.

Die veränderte Rolle der Eltern

1959 schrieb Bettelheim in einem Aufsatz, der das Verhalten der sog. „Wolfskinder" mit demjenigen autistischer Kinder vergleichen sollte: Das wilde Verhalten der autistischen Kinder „scheint das Resultat der Unmenschlichkeit einiger Leute, gewöhnlich der Eltern zu sein. ... Wilde Wolfskinder werden offenbar geschaffen ..., wenn Mütter sich wie Unmenschen verhalten" (zit. nach Schmauch, 1977, S. 98). Demzufolge lehnte er jeden Versuch einer therapeutischen Behandlung unter Mitwirkung der Mutter rigoros ab. Er bezeichnete es als „Gipfel der Ironie", dem autistischen Kind gerade durch diejenige Person helfen zu wollen, die es an erster Stelle in seiner Entwicklung gehindert habe.

1984 schreibt Schopler, Initiator und Leiter eines speziellen Förderungs- und Unterrichtsprojekts, in einem Aufsatz mit dem Titel „Meine großen Lehrer": „An diesem Punkt angelangt, fand ich einige neue Lehrer: Eltern autistischer Kinder. Sie gehörten zu den besten, die ich je getroffen habe" (S. 229). Und nachdem er aufgezählt hat, was er alles von den Eltern lernen konnte, schließt er: „Diese Lektionen sind die Grundlage für alle von uns, die wir kein behindertes Kind haben. Den Eltern, die mir diese wertvolle Lektion erteilten, werde ich immer dankbar sein" (S. 232).

In den 25 Jahren, die zwischen diesen beiden Äußerungen liegen, hat sich in der Interpretation und dem Umgang mit dem Problem des Autismus vieles dramatisch verändert (Schopler u. Mesibov, 1984), aber nirgends ist diese Änderung so deutlich wie in der Auffassung von den Eltern und ihrer Mitarbeit.

Bettelheims Ansicht war nur eine besonders extreme, wenngleich konsequente Schlußfolgerung aus der psychogenetischen Theorie. Andere mochten nicht so weit gehen, ihr Grundgedanke war indessen nicht viel anders: Die Kinder sollten die Möglichkeit bekommen, befreit von den schädigenden Einflüssen der Eltern ihre unversehrten Kräfte zu entfalten, und die Eltern sollten einer psychotherapeutischen Behandlung unterzogen werden, um die schädigenden Kräfte, die von ihnen ausgingen, aufzulösen. Noch heute kann man solchen Auffassungen begegnen. So schreibt z. B. Diekmeyer (1976) in einem Elternbuch völlig unbeirrt: „Meistens jedoch liegt die Ursache darin, daß das Kind von der Mutter oder Pflegeperson zurückgewiesen oder ... vernachlässigt wurde." Und Rupprecht (1984) berichtet von einer Psychoanalytikerin, die es noch in einem 1982 geschriebenen Gutachten für richtig hielt, im Falle eines autistischen Mädchens „unerfüllte, anspruchsvolle Wünsche nach Liebe" zum zentralen Problem ihrer Behinderung zu erklären.

Die psychoanalytischen Modelle der Behandlung wurden etwa seit Mitte der 60er Jahre zunehmend durch Konzepte der angewandten Lernpsychologie bzw. Verhaltensmodifikationen abgelöst. Hierbei änderte sich allmählich auch die Auffassung von der Zusammenarbeit mit den Eltern. Die Frage nach den primären Ursachen der autistischen Störungen wurde beiseite geschoben und statt dessen das Problem in den Vordergrund gestellt, wie der Erziehungsprozeß umorganisiert werden könne, um die massiven Verhaltensstörungen und Lernhemmnisse zu beseitigen. Man erkannte bald, daß dafür eine Therapie in isolierten Spezialsituationen nicht ausreichte, sondern zusätzlich eine erzieherisch-therapeutische Arbeit in der natürlichen Umwelt des

Kindes, also in seiner Familie, stattfinden mußte; dazu waren natürlich die Eltern nötig.

So wurden die Eltern zu Co-Therapeuten. Sie erhielten ihre Anweisungen und Anleitungen durch den Spezialisten und bekamen die Aufgabe zugewiesen, in der häuslichen Umwelt nach den ausgearbeiteten Leitsätzen an der Therapie bzw. Erziehung ihres Kindes zu arbeiten. Es entstand eine therapeutische Hierarchie, mit den therapeutischen Spezialisten an der Spitze, dem autistischen Kind am Ende: Ein verhältnismäßig strenges Arbeitsverhältnis mit eindeutiger Autoritätsstruktur und mit oft erheblichen Ansprüchen und Anforderungen an die Eltern.

Inzwischen hat es aber weitere Veränderungen gegeben. Sie finden u. a. in den Schriften von Schopler einen deutlichen Ausdruck. Das oben stehende Zitat zeigt die Richtung an. Die Eltern werden nicht mehr als die unwissenden Befehlsempfänger behandelt, die zu belehren und anzuleiten sind, sondern als gleichberechtigte Partner, deren Bedürfnisse, Erfahrungen und Einstellungen bei der Planung und Durchführung der therapeutischen und erzieherischen Maßnahmen ein großes, nicht selten ein entscheidendes Gewicht bekommen.

Belastungen der Familie

Ein autistisches Kind in der Familie verursacht chronischen Streß. Die Belastungen nehmen nicht, wie manchmal gehofft, mit zunehmendem Alter allmählich ab, im Gegenteil. Bristol (1979) befragte 40 Mütter mit autistischen Kindern im Alter von 4–19 Jahren und stellte fest, daß der Streß mit zunehmendem Alter der Kinder wuchs. Davon am meisten betroffen sind natürlich die Mütter selbst. Bei einem Drittel stellte DeMyer (1979) Symptome einer typischen Depression fest. Bei mehr als der Hälfte der Familien führte außerdem die chronische Belastung zu einer Lockerung oder Auflösung der affektiven Bindung zwischen den Eltern. Mehr als ein Viertel der Eltern sprach den Gedanken an eine Scheidung offen aus (DeMyer, 1979). Natürlich sind auch die Geschwister belastet; etwa ein Drittel äußerte offen das Gefühl, vernachlässigt worden zu sein. Einige lösen das Problem, indem sie sich mit den Einstellungen der Eltern identifizieren und früh

Verantwortung übernehmen, oft später selbst einen helfenden Beruf ergreifen. Andere Geschwister sondern sich ab: versuchen, die Familienprobleme zu ignorieren und nach einem eigenen, unabhängigen Lebensstil zu suchen (Sullivan, 1979).

Bei allen Behinderungen hat die ganze Familie zu leiden, und bei allen schweren Behinderungen ist die Belastung chronisch und begleitet die Eltern ihr ganzes Leben lang. Die besonderen Probleme des Autismus haben jedoch zur Folge, daß der Streß ungleich höher ist als bei den meisten anderen Behinderungen. Holroyd u. McArthur (1976) stellten es z. B. in einem Vergleich von Müttern mit autistischen und Müttern mit Down-Syndrom-Kindern fest. Einige Probleme gab es in beiden Gruppen: die extreme zeitliche Beanspruchung, der schlechte eigene Gesundheitszustand, depressive Verstimmungen und pessimistische Erwartungen bezüglich der Zukunft. Bei den Müttern autistischer Kinder kamen erschwerend hinzu: vermehrte Schwierigkeiten, mit ihren Kindern in die Öffentlichkeit zu gehen, mehr Mißerfolge und Enttäuschungen bei der Erziehung, stärkere Störung des familiären Zusammenlebens und weniger Angebote zu außerhäuslicher Aktivität und sozialer Teilnahme.

Eine weitere Quelle der Belastung ist die Unklarheit hinsichtlich der Diagnose. Jede Ungewißheit erhöht den Streß, und Eltern autistischer Kinder müssen leider oft lange warten, bis ihnen gesagt wird oder sie selber herausfinden, was ihrem Kind eigentlich fehlt (Cordes, 1985). Diese Ungewißheit ist bei leichter behinderten autistischen Kindern oft größer als bei schwerer behinderten. Demzufolge sehen Eltern schwach autistischer Kinder den Entwicklungsstand ihres Kindes oft unrealistischer als die Eltern von schwerer betroffenen. Diese Unsicherheiten und Ungewißheiten können zu Konflikten innerhalb der Familie und im Freundes- und Bekanntenkreis führen; sie erschweren auch die Integration in die Wohngemeinde.

Die familiäre Belastung hängt nicht zuletzt davon ab, welche Lösung unsere Gesellschaft für das Problem des Autismus bereithält. Es ist noch nicht lange her, daß es kaum Verständnis und keine passenden Dienste für autistische Kinder und Jugendliche gab. Den Eltern fehlte nicht nur die direkte Unterstützung, sie wurden obendrein auch zurückgewiesen und isoliert (Bristol, 1984).

Wie bei anderen Behinderungen und chronischen Erkrankungen wird auch beim Autismus heute oft gefragt, wie die betroffenen Familien selbst ihre Belastungen bewältigen und auf welche Kräfte sie sich dabei stützen. Bristol (1984) befragte u. a. 27 Familien mit autistischen Kindern im Alter zwischen 2 und 10 Jahren, von denen etwa drei Viertel auch geistig behindert waren. Eine erfolgreiche Problembewältigung hing einerseits von der Art des familiären Zusammenlebens ab, andererseits von der informellen Unterstützung durch soziale Netzwerke. Beim familiären Zusammenleben kam es auf das Ausmaß der gegenseitigen Hilfe und des gegenseitigen Verständnisses an, auf die Offenheit im Austausch der Gefühle und Meinungen sowie auf den Umfang, in dem die Familienmitglieder auch Kontakte außerhalb der Familie hatten. Die Hilfe durch soziale Netzwerke, also die erweiterte Familie, Freunde, Nachbarn und die Eltern anderer behinderter Kinder bestand in der direkten praktischen Unterstützung, mehr aber noch in der Vermittlung von wechselseitiger Wertschätzung und dem Gefühl von Zusammengehörigkeit und Hilfsbereitschaft.

Alles zusammengenommen war aber für die Mütter bei der Bewältigung ihrer Probleme nichts so wichtig wie die Unterstützung durch ihren Mann.

Natürlich spielte es auch eine Rolle, ob Schul-, Therapie- und Beschäftigungsmöglichkeiten für die autistischen Kinder vorhanden waren. Dabei kam es sehr auf deren Qualität an. Bristol stellte fest, daß die Mehrheit der Mütter mit geringstem Belastungsgrad, nämlich 80% dieser Gruppe, Hilfen durch das Spezialprojekt TEACCH bekam. Dagegen nahm die Mehrheit der Gruppe mit höchstem Belastungsgrad, nämlich 70% dieser Gruppe, an lokalen sonderpädagogischen Maßnahmen und Programmen teil, die nicht speziell auf die Probleme des Autismus eingingen. Offensichtlich genügen die regulären und unspezialisierten Maßnahmen noch nicht, um die Belastungen des Autismus aufzufangen.

In welcher Weise bewältigen die Mütter die Belastungen, mit denen sie leben müssen? Aufgrund ihrer Angaben stellte Bristol eine Rangordnung auf. An erster Stelle standen, wenig erstaunlich, Aktionen und Meinungen über das Wohlergehen des Kindes. Am meisten half den Müttern also, wenn sie wußten, daß ihr Kind in guten Händen ist und wenn sie lernten, wie sie ihm bei seiner Entwicklung helfen können. An zweiter Stelle stand die Stabilisierung des familiären Zusammenhalts, insbesondere die Festigung der Beziehung zum Mann. Auffällig war ferner die hohe Wertigkeit religiöser Überzeugungen: den Müttern half es, wenn sie die Behinderung ihres Kindes als einen Teil von Gottes Plan interpretieren oder sie hoffen konnten, daß Gott ihnen die Stärke geben würde, das Problem zu bewältigen. Bristol hebt hervor, daß es der religiöse Glaube war, der den Müttern geholfen hat, nicht die Mitgliedschaft und Teilnahme in kirchlichen Organisationen. Schließlich half den Müttern auch, wenn sie Befriedigung in eigenen Interessen und Aktivitäten fanden, die nicht ausschließlich vom Kind abhängig waren.

Elternberatung und Elterntraining

Bei einer derart belastenden, dabei aber seltenen und schwer verständlichen Behinderung wie dem frühkindlichen Autismus könnte eine rechtzeitige und nachhaltige Unterstützung durch Fachleute sehr viel helfen. Leider scheinen die professionellen Ratgeber oft zu versagen. Nachträglich haben viele Eltern deren Wirken als eher schädlich bezeichnet. Manchmal wurde den Eltern nichts anderes empfohlen, als sich selbst einer Therapie zu unterziehen, und manche Eltern sind in ihrer Hilflosigkeit diesem Rat auch gefolgt, wobei die Therapien bis zu sieben Jahren dauerten, währenddessen mit dem Kind keine spezielle heilpädagogische oder therapeutische Arbeit stattfand (Cantwell u. Baker, 1984).

Unter den Fachleuten, die sich speziell mit dem Problem des Autismus beschäftigen, hat sich eine andere Sichtweise durchgesetzt, und dadurch ist die Zusammenarbeit mit den Eltern grundlegend anders geworden. Am deutlichsten geht das aus den Trainingsprogrammen für Eltern hervor, von denen inzwischen mehrere ausgearbeitet und durchgeführt wurden. Die Verhaltensprobleme beim Autismus, so stellen Schreibman et al. (1984) fest, gehören zu den schwersten Herausforderungen für Kindertherapeuten und Pädagogen, die sie aus eigener Kraft ohne die Mitwirkung der Eltern nicht bewältigen können. Das wurde sogar durch kontrollierte empirische Untersuchungen untermauert. Lovaas et al. (1973) berichten über die Entwicklung von 20 autistischen Kindern, die an einem Programm zur

Verhaltensmodifikation teilgenommen hatten. Alle Kinder hatten durch dieses Programm deutliche Fortschritte gemacht. Ihre weitere Entwicklung hing jedoch von ihren Eltern ab. Kinder, deren Eltern ein Training in der Verhaltensmodifikation erhalten hatten, verbesserten sich weiter, während Kinder, die institutionalisiert wurden oder deren Eltern eine derartige Unterweisung nicht bekommen hatten, ihre vorher erworbenen Fähigkeiten wieder verloren.

Noch deutlicher fielen die Resultate einer ähnlichen Untersuchung von Schreibman et al. (1982) aus. Sie zeigten, daß eine ausschließliche Behandlung der Kinder in der Klinik zu keinen nennenswerten Verbesserungen führte, daß derartige Verbesserungen vielmehr erst dann eintraten, wenn die Eltern ein Training erhielten und ihre Kenntnisse und Fähigkeiten im häuslichen Zusammenleben mit ihrem autistischen Kind anwendeten.

Als Beispiel für ein derartiges Elterntraining sei das Programm TEACCH in North Carolina herausgegriffen; Kozloff (1984) berichtet darüber.

In einem Vorprogramm, das aus einigen Gesprächen besteht, werden zunächst die Voraussetzungen für die Zusammenarbeit geklärt. Sind sie vorhanden, wird ein regelrecht formeller Arbeitsvertrag geschlossen, in dem die Eltern einerseits, die Mitglieder des Projekts andererseits die gegenseitigen Rechte und Pflichten festhalten. Darauf folgt eine diagnostische Erfassung des Entwicklungsstandes des Kindes mit Hilfe von Gesprächen, direkten und indirekten Beobachtungen sowie Videoaufnahmen im elterlichen Haus. Das Programm selbst findet in Gruppen mit durchschnittlich 8 Familien statt. Es wird erwartet, daß beide Eltern an allen Treffen teilnehmen, oder, wenn das nicht möglich ist, ein älteres Geschwister oder ein Freund der Familie als Ersatz einspringt. Die Programme haben verschiedenen Umfang; das Optimum scheinen 16 Treffen zu sein, wovon die ersten sechs wöchentlich und die restlichen zehn zweiwöchentlich stattfinden. Die Teilnehmer erhalten zunächst schriftliches Material zur Lektüre. Darin werden die theoretischen Grundlagen der Arbeit dargestellt. Zusätzlich erhalten sie Aufgaben zur Beobachtung und Aufzeichnung des Verhaltens ihres Kindes. Theorie und Beobachtung beruhen auf den Prinzipien und Begriffen der angewandten Lernpsychologie. Die ersten sechs Treffen dienen im wesentlichen dazu, diese Grundlagen zu erläutern, zu diskutieren und durchzuarbeiten.

Nach dieser Phase, also etwa während der letzten acht Gruppensitzungen, führen die Eltern die Lernprogramme tatsächlich zu Hause durch. Sie werden dabei von ihren Beratern unterstützt, die wöchentlich oder zweiwöchentlich Hausbesuche durchführen. Sie lernen weitere Lehrmethoden und deren Anwendung bei einer Vielzahl von Verhaltensproblemen und Aufgabenstellungen: z.B. zur Förderung von Kooperationsbereitschaft und Aufmerksamkeit, zur Verbesserung von Feinmotorik und Imitation, zur Erweiterung der Sprechfähigkeit und zur Übung von Entspannung. Sie lernen, wie sie den Unterricht so gestalten können, daß er gut in die täglichen Aktivitäten hineinpaßt, und sie lernen, wie sie selbst Lernprogramme planen, schreiben, durchführen, kontrollieren und verändern können.

Auf diesen Hauptteil des Übungsprogramms folgt eine Nachphase. Die Gruppentreffen und die Hausbesuche werden zwar nicht völlig abgebrochen, aber allmählich seltener, zunächst monatlich, dann zweimonatlich und dann nur noch vierteljährlich durchgeführt. Bei den gemeinsamen Treffen werden die Fortschritte besprochen, neu auftretende Probleme beraten und die häuslichen Programme, wenn nötig, den neuen Erfordernissen angepaßt.

Natürlich ist es bei der Beratung der Eltern mit einer Vermittlung und Einübung von Prinzipien der Verhaltensmodifikation nicht getan. Ausgerechnet zwei Verhaltenstherapeuten (Harris u. Powers, 1984) waren es, die darauf hingewiesen haben. Sie hatten festgestellt, daß manche Eltern, die diese Prinzipien gelernt hatten, sie nach einer Weile nicht mehr anwendeten, und das offensichtlich nicht aus Bequemlichkeit oder Vergeßlichkeit. Der Grund war vielmehr, daß die lernpsychologischen Techniken nicht oder nur mühsam in das Familienleben integrierbar waren. Auch wenn das behinderte Kind zwangsläufig oft im Mittelpunkt steht, läßt sich das Familienleben nicht restlos nach seinen Interessen und Bedürfnissen organisieren. Eine gute Beratung, so Harris u. Powers, müsse dies berücksichtigen und auch auf die – sich im Entwicklungsverlauf wandelnden – Interessen und Bedürfnisse der übrigen Familienmitglieder eingehen.

Anmerkungen

Kapitel 1

1 Der Bericht ist in dem kürzlich erschienenen Suhrkamp-Taschenbuch Malson, L., Itard, J., Mannom, O.: „Die wilden Kinder" (1972) enthalten, interessanterweise umrahmt von zwei Aufsätzen, die auf die Möglichkeit, daß es sich bei dem „Wilden von Aveyron" um einen autistischen Jungen handeln könnte, nicht eingehen. Truffauts schöner Film „Der Wolfsjunge" folgt Itards Aufzeichnungen sehr genau, und niemand, der an autistischen Kindern interessiert ist, sollte sich die Möglichkeit, diesen Film zu sehen, entgehen lassen.

2 Im Deutschen wird oft zwischen dem „Kanner'schen Autismus" und der Asperger'schen „autistischen Psychopathie" unterschieden. Im vorliegenden Band wird das von Asperger beschriebene Zustandsbild nicht behandelt. Aspergers Darstellung findet man unter dem Titel „Autistisches Verhalten im Kindesalter", im Jahrbuch für Jugendpsychiatrie und ihre Grenzgebiete, Band II, Verlag Hans Huber, 1960. Zur Abgrenzung der beiden Zustandsbilder siehe: Asperger (1968), Nissen (1971), van Krevelen (1971).

3 Im Englischen gibt es noch die Unterscheidung zwischen „Early infantile autism" (der von Kanner bevorzugte Begriff) und „Early childhood autism" (der von Wing gewählte). Der zweite Begriff impliziert, anders als der erste, nicht, daß die Störungen schon im ersten Lebensjahr auftreten müssen. Wing bevorzugt ihn, weil sich in manchen Fällen ein sonst typisches Syndrom erst während des zweiten Lebensjahres oder noch später entwickelt.

4 Ein Film, der die Symptome sehr gut veranschaulicht und der als einführende Demonstration gut geeignet ist, wird vom SANDOZ-Filmdienst (8500 Nürnberg, Deutschherrn-Str. 15) verliehen: „Zur Diagnose des frühkindlichen Autismus" von Prof. J. Rendle-Short, Australien, 16 mm Lichtton, schwarz-weiß, deutscher optischer Ton, 17 Min. Spieldauer.

5 Der Begriff „developmental aphasia" wird immer in wörtlicher Übersetzung als „Entwicklungsaphasie" widergegeben. Damit sind sprachliche Störungen gemeint, die bei Kindern auftreten und den Störungen bei einer Aphasie gleichen, ohne daß eine Hirnverletzung

durch äußere Einwirkung stattgefunden hat. Wenn im vorliegenden Text von „Aphasie" bzw. „aphasischen" Kindern die Rede ist, so ist immer diese „Entwicklungsaphasie" gemeint. Im Englischen wird dafür auch der Ausdruck „congenital aphasia" (angeborene Aphasie) verwendet, im Deutschen der Begriff „Hörstummheit" (siehe Lutz, J., 1968, S. 213).

6 Auf die Ähnlichkeiten zum Verhalten blinder Kinder weist besonders Weber (1970) hin.

7 Über systematische neuere Vergleichsuntersuchungen mit autistischen und aphasischen Kindern wird im ergänzenden Kapitel des Anhangs berichtet.

8 Über Frühschizophrenie siehe auch: Kothe, B. (1956). Über neue empirische Untersuchungen zur Abgrenzung von Frühschizophrenie und Autismus wird im Anhang berichtet.

9 Die folgenden Zahlen sind aufgrund von Wings Angaben für die Bundesrepublik als Schätzwerte errechnet. Die Angaben über blinde und taube Kinder beziehen sich ebenfalls auf die Bundesrepublik (Quellen: Statistisches Jahrbuch der BRD, 1970. Bevölkerung und Kultur. Reihe 10. Allgemeinbildende Schulen. Kohlhammer-Verlag 1969).

10 In diesem Zusammenhang wäre auch zu berücksichtigen, daß oft die Behinderung erst im zweiten Lebensjahr oder noch später erkannt wird, zu einer Zeit also, in der die Eltern bereits ein zweites Kind haben können.

11 Allen et al. (1971) kommen zu dem Ergebnis, daß Eltern autistischer Kinder im Durchschnitt älter sind als Eltern normaler Kinder. Dieser Befund wird von Ritvo et al. (1971) nicht bestätigt. Da nicht dieselben diagnostischen Kriterien verwendet wurden, ist unklar, ob die Ergebnisse vergleichbar sind.

12 Diese These wird durch die Ergebnisse von Schopler und Loftin (1969) gestützt.

13 Systematische neuere Erörterungen der ätiologischen Problematik findet man bei Rutter (1968), Rutter, Bartak und Newman (1971) und Rutter und Bartak (1971).

14 Siehe auch die neuen Ergebnisse von Boullin et al (1971).

Kapitel 2

1 Es wurden die Kinder und die Erwachsenenformen verwendet. Deren deutschsprachige Entsprechungen sind der HAWIK und HAWIE. Die Tests wurden zunächst separat analysiert, wobei alle Vergleiche sehr ähnliche Ergebnisse erbrachten. Deshalb werden die Ergebnisse für beide Formen zusammen dargestellt.

2 Die Ergebnisse in den einzelnen Untertests des Wechsler Tests waren bei den psychotischen Kindern und den Kontrollkindern wie folgt:

Tabelle 3: Punktwerte in den Wechsler-Untertests für psychotische und Kontrollkinder

Untertests	Psychotische Kinder	Kontrollkinder
Allgemeines Verständnis	2.61	5.21
Rechnerisches Denken	3.61	4.48
Gemeinsamkeitenfinden	4.24	4.74
Zahlennachsprechen	5.76	4.57
Wortschatz-Test	3.70	4.93
Zahlen-Symbol-Test	2.76	3.28
Bilderergänzen	4.54	5.14
Bilderzuordnen	3.58	3.69
Mosaik-Test	8.03	5.12
Figurenlegen	6.82	5.19

3 Die Ergebnisse in den Wechsler-Untertests bei psychotischen Kindern mit und ohne sprachliche Retardierung waren wie folgt:

Tabelle 4: Punktwerte in den Wechsler-Untertests für psychotische Kinder mit und ohne sprachliche Retardierung

Untertest	Psychotische Kinder mit sprachlicher Retardierung	Psychotische Kinder ohne sprachliche Retardierung
Allgemeines Verständnis	0.67	4.44
Rechnerisches Denken	0.67	6.28
Gemeinsamkeitenfinden	1.35	7.11
Zahlennachsprechen	4.89	8.11
Wortschatz-Test	1.44	6.06
Zahlen-Symbol-Test	1.08	4.28
Bilderergänzen	2.54	6.33
Bilderordnen	1.69	5.28
Mosaik-Test	8.15	8.56
Figurenlegen	5.92	7.89

4 Hinsichtlich des Begriffs „Aphasie" siehe Anmerkung 5 zu Kapitel 1. Die Auffassung, daß zentrale Sprachstörungen, wie man sie bei einer „angeborenen Aphasie" (developmental aphasia) findet, eine entscheidende Rolle bei der Entstehung kindlicher Psychosen spielen, wird auch von Don W. Churchill (1972) in einer neueren Veröffentlichung vertreten.

5 Diese Auffassung wird auch von Churchill (1972) in einer neueren Veröffentlichung vertreten.

Kapitel 3

1 Als neuere Veröffentlichung ist hinzugekommen: Kanner, L.: „Follow-up Study of Eleven Autistic Children Originally Reported in 1943" in: Journal of Autism and childhood schizophrenia, 1971 (1), S. 119–145.

2 Weitere Informationen über diese Gruppe geben Rutter, Bartak und Newman (1971).

3 Eine nächste Nachuntersuchung ergab, daß zwischen 1963 und 1970 weitere 5 Kinder epileptische Anfälle bekamen, alle im Jugend- oder frühen Erwachsenenalter. Es zeigte sich auch ein Zusammenhang mit der gemessenen Intelligenz bei der Erstuntersuchung: Von den insgesamt 18 Fällen (von 65), die epileptische Anfälle bekamen, hatten nur 2 einen Anfangs-IQ über 65.

4 Diese Vermutung wird durch eine neuere, systematische Untersuchung von Kolvin (1971) bestätigt.

5 Rutter und Bartak (1973, in Druck) haben inzwischen eine derartige Untersuchung durchgeführt und einige der Ergebnisse publiziert.

Kapitel 5

1 Diese Form der Testanwendung dürfte in England nicht mehr in Frage kommen, weil seit dem Gesetz von 1970 (The Education of Handicapped Children Act) die Unterrichtsbehörden verpflichtet sind, für Erziehung und Unterricht aller – auch sehr schwer behinderter – Kinder zu sorgen. In der Bundesrepublik Deutschland dagegen ist die Verwendung von Tests zur Ermittlung der „Bildungsfähigkeit" durchaus noch üblich.

2 Mittlers Skepsis gegenüber „sprachfreien" Tests ist z. T. auch gegenüber den gern verwendeten Progressiven Matrizen von Raven angebracht. Ein Teil dieses Tests besteht aus Aufgaben, die den Formbrett-Aufgaben der geforderten Leistung nach sehr verwandt sind. Ein jüngeres autistisches Kind, das diese puzzle-ähnlichen Aufgaben gut löst, kann damit einen hohen IQ-Wert erreichen, auch wenn es an den späteren Aufgaben der Reihe (logische Multiplikationen) völlig scheitert.
Andere sprachfreie Tests, die sich auch für autistische Kinder eignen könnten, sind der Leiter-Test (The Arthur Adaption of the Leiter International Performance Scale Stoelting Company, 1952) und die Columbia Mental Maturity Scale (die ebenso wie eine erweiterte Fassung des Raven-Tests in der „Testbatterie für geistig behinderte Kinder TBGB" von Bondy, Cohen, Eggert und Lüer enthalten ist). Der Leiter-Test scheint für autistische Kinder besonders gut geeignet, weil er keine sprachliche Instruktion verlangt und wegen des manipula-

tiven Elements für viele einen hohen Aufforderungscharakter hat. Ein Vorteil ist die recht große Vielzahl von Aufgabenstellungen, ein Nachteil, daß die (für die Testleistung eigentlich irrelevante) Manipulation manchen Kindern, die feinmotorisch ungeschickt sind, Mühe macht.

3 Die deutsche Adaption dieses Tests ist in der „Testbatterie für geistig behinderte Kinder TBGB" (Verlag Beltz, Weinheim) enthalten.

4 Eine deutsche Bearbeitung des „Illinois Test of Psycholinguistic Abilities" wird von Prof. Angermaier durchgeführt und wird im Beltz-Verlag (Weinheim) erscheinen.

5 Ein Test, der das Verständnis für komplexere sprachliche Aufforderungen erfassen soll, ist unter dem Titel „Befolgen von Anweisungen" in der „Testbatterie für geistig behinderte Kinder TBGB" enthalten.

6 Über eine deutsche Kurzform der Vineland Social Maturity Scale für geistig behinderte Kinder berichten Eggert und Betche in: Praxis der Kinderpsychologie und Kinderpsychiatrie 18 (1969), S. 81–86.

Kapitel 6

1 Diese Experimente sind in zahlreichen Untersuchungen fortgeführt worden. Ein großer Teil ist dargestellt in: Hermelin und O'Connor (1970). Weitere Experimente wurden von Uta Frith (1969, 1971) durchgeführt.

Kapitel 8

1 Hinsichtlich deutschsprachiger Darstellungen dieses Falls siehe Anmerkung 1 zu Kapitel 1.

2 Im Original wird an dieser Stelle auf ein englisches Gesetz aus dem Jahr 1959 (Mental Health Act 1959) hingewiesen, das aber inzwischen in England durch neuere Gesetzgebungen überholt ist. 1970 wurde vom Parlament ein Gesetz verabschiedet (The Education of Handicapped Children Act), das den Unterrichtsbehörden die Verantwortung für die Erziehung aller Kinder gibt, auch der sehr schwer behinderten.

3 Bezüglich einer ähnlichen Analyse der Behinderungen bei der Schizophrenie Erwachsener, siehe Wing, J. K. (1966): The modern management of schizophrenia, in: New Aspects of the Mental Health Services. Freeman, H. (Hsg.) London: Pergamon.

4 Die entsprechenden Einrichtungen in der Bundesrepublik Deutschland sind die Heime und Tagesstätten der Vereinigung der Heil- und Erziehungsinstitute für Seelenpflege – bedürftige Kinder e. V., der Sozial-therapeutischen Werkgemeinschaft und der Camphill-Bewe-

gung (Geschäftsstelle der Vereinigung der Heil- und Erziehungsinstitute für Seelenpflege – bedürftige Kinder e.V.: 7325 Eckwälden Post Boll).

5 Deutschsprachige Literatur: Rudolf Steiner (1948, 1963, 1969), Willi Aeppli (1950).

6 In der Bundesrepublik werden nach § 43 (Erweiterte Hilfe) des Bundessozialhilfegesetzes die Kosten für den Heimaufenthalt eines behinderten Kindes im schulpflichtigen Alter vom Staat übernommen. Die Eltern müssen nur für die Kosten der für den häuslichen Lebensunterhalt ersparten Aufwendungen aufkommen. Diese Hilfe wird gewährt für: (1) eine angemessene Schulbildung, (2) eine Vorbereitung auf das Leben in der Gemeinschaft (wenn die Behinderung eine Schulbildung nicht zuläßt) und (3) eine Ausbildung für einen angemessenen Beruf oder eine sonstige angemessene Tätigkeit.

7 Deutschsprachige Literatur: Montessori (1922, 1965, 1966).

8 Eine Einführung in die theoretischen Grundlagen dieser Methode und eine Darstellung der praktischen Vorgehensweise und bisheriger Ergebnisse findet man bei: Gottwald, P. und Redlin, W. (1972). Im Anhang dieses Buches wird ein kurzer Abriß des Sprachtrainingsprogramms von Lovaas gegeben.

9 Eine derartige Vergleichsuntersuchung ist inzwischen von Rutter und Bartak (1973, in Druck) durchgeführt worden.

Kapitel 10

1 Eine noch ausführlichere Darstellung der familiären Erziehung gibt L. Wing (1972a).

2 Siehe Thieme, G. (1971) „Leben mit unserem autistischen Kind", Lüdenscheid: Hilfe für das autistische Kind e.V.

Kapitel 11

1 Adresse: Direktor Bank Mikkelsen, Danish Mental Retardation Service; Kopenhagen.

2 Gegenwärtig hat die Schule 18 Tages- und 22 Heimschüler. Es gibt 4 Familiengruppen mit je einer Hausmutter.

3 In der Bundesrepublik sind dies die „Heil- und Erziehungsinstitute für Seelenpflege-bedürftige Kinder" (siehe Anm. 6 zu Kap. 8).

4 Diese Tagesstätten tragen in England die Bezeichnung „Training Centres".

5 Über das Brooklands Experiment informiert: Tizard, J. „Residential care of mentally handicapped children". British Medical Journal 1960, S. 1041–1046.

6 Im Original wird hier auf eine Einrichtung der National Society for Mentally Handicapped Children für schwer behinderte Jugendliche in Slough verwiesen.

7 Die entsprechenden Organisationen in der Bundesrepublik sind „Hilfe für das autistische Kind" und „Lebenshilfe für Behinderte".

8 Diese Zusammenarbeit mit Eltern wird in neuerer Zeit häufiger praktiziert. Siehe den Bericht im Anhang.

Erklärung von Fachausdrücken

A

Agnosie: Unvermögen, das Wahrgenommene bewußt aufzufassen.

Agrammatismus: Sprechen im Telegrammstil, etwa wie in der Kindersprache zwischen dem 1. und 3. Lebensjahr: also eine Beschränkung auf die wichtigsten Redeteile, Fortlassen von Endungen, Präpositionen, Konjunktionen usw.

Anencephalie: Mißbildung mit teilweisem oder völligem Fehlen des Gehirns.

Aphasie: Durch Krankheitsvorgänge in der Hirnrinde hervorgerufene Sprachstörungen. *Expressive* (motorische) *Aphasie:* Unfähigkeit zu sprechen, trotz unbeschädigter Sprechwerkzeuge. *Rezeptive* (sensorische) *Aphasie:* Unfähigkeit, Gesprochenes zu verstehen, trotz unbeschädigter Hörwerkzeuge.

Apraxie: Unfähigkeit, bestimmte Bewegungen auszuführen.

Ätiologie: Lehre von den Ursachen einer Krankheit.

B

Bilder-Puzzles: Aufgaben nach Art der bekannten Puzzle-Spiele, mit denen eine anschauungsgebundene Intelligenzleistung erfaßt wird, in vielen Kinder-Intelligenztests enthalten (z. B. im → HAWIK).

C

Cyanose: Bläuliche Verfärbung der Haut und anderer Gewebe bei venöser Stauung bzw. mangelhafter Oxydation des Blutes.

D

Dereistisches Denken: Undiszipliniertes, impulsives und affektiv beeinflußtes Denken. Am deutlichsten bei Schizophrenie.

Diskrimination: Eine bei Lernvorgängen zu beobachtende Erscheinung, die der → Generalisation entgegengesetzt ist. D. bezeichnet die Tatsache, daß auf ähnliche Reize in unterschiedlicher Weise reagiert wird.

Dominanz: Bevorzugter Gebrauch von Auge, Fuß und Hand einer Körperseite. *Gemischte D.* Keine durchgängige Bevorzugung derselben Körperseite (z. B. Bevorzugung der rechten Hand, aber des linken Auges).

Dysfunktion: Gestörte Funktion.

Dysgraphie: Völlige oder teilweise Unfähigkeit, richtige Buchstaben oder Wörter zu schreiben.

Dyslexie: Störung des Lesens.

E

EEG (Elektroenzephalogramm): Aufzeichnung der mit Elektroden vom unverletzten menschlichen Schädel abgeleiteten elektrischen Spannungsschwankungen. Das EEG erlaubt Schlüsse auf den Wachzustand und den Funktionsstand des Gehirns, auf gestörte und tumuröse Hirnteile und auf Epilepsieherde.

Encephalomalacie: Gehirnerweichung.

Encopresis: Einkoten.

Enuresis: Einnässen.

Epidemiologie: Lehre von der Verbreitung einer Krankheit. Dabei wird untersucht, wie häufig eine Krankheit überhaupt und unter welchen äußeren Bedingungen (u. a. geographischer und sozialer Art) sie auftritt.

Epilepsie: Gehirnkrankheit, bei der zeitweilig anfallsweise krampfartige Störungen auftreten. Epileptische Anfälle können in jedem Lebensalter auftreten. Sie unterscheiden sich in Art und Schweregrad. Sie stehen mit einer Störung des normalen Rhythmus der elektro-chemischen Aktivität der Hirnzellen in Verbindung. Bei der Diagnose der E. spielt die Elektroenzophalographie (→ EEG) eine wichtige Rolle.

Ethologie: Umweltlehre.

F

Formatio reticularis: Eine netzartige Struktur von Nervenzellen im Bereich des Stammhirns und des Zwischenhirns. Die F. r. wirkt hemmend und erregend auf Thalamus und Cortex (Hirnrinde) und steuert dadurch den Wachheitszustand und die allgemeine Aufmerksamkeit.

Frustration: Innerer Zustand eines Lebewesens, nachdem Handlungsweisen nicht oder nur teilweise zum intendierten Erfolg geführt haben.

G

Generalisation: Ein Begriff aus der experimentellen Lernpsychologie. Eine G. liegt vor, wenn ein Lerneffekt von der eigentlichen Lernsituation auf andere, ähnliche Situationen ausstrahlt. Häufig meint man mit G. eine *Reizgeneralisation,* d. h. die Tatsache, daß Verhaltensweisen, die durch einen Lernvorgang mit bestimmten Reizen verbunden wurden, später nicht nur durch diese, sondern auch durch ähnliche Reize hervorgerufen werden können.

Grand mal: Großer epileptischer Anfall.

H

Heller'sches Syndrom: Ein von Th. Heller beschriebenes Krankheitsbild, bei dem nach einer Periode annähernd normaler geistiger Entwicklung eine schwere Verblödung einsetzt.

Halluzinationen: Sinneswahrnehmungen, die ohne Erregung des betreffenden Sinnesorgans durch Außenreize entstehen, wobei der Kranke aber fest überzeugt ist, etwas in der Außenwelt wirklich Vorhandenes wahrzunehmen.

Hemisphären: Rechte und linke Hälfte des Großhirns.

Hyperextension: Übermäßige Streckung.

Hyperkinese: Übermäßig starke motorische Aktivität.

Hypertonie: Erhöhte Spannung.

Hypokinese: Starke Verminderung der motorischen Aktivität.

I

Imbezillität: Schwachsinnsgrad, der nicht so stark ausgeprägt ist, wie bei der Idiotie, jedoch so stark, daß die betreffenden Menschen nicht selbständig leben können.

Intelligenztests: Prüfverfahren zur Erfassung individueller Unterschiede der Intelligenz. Ein I.test besteht aus einer oder mehreren Reihen von Aufgaben unterschiedlicher Schwierigkeit, die nach vorgegebenen Anweisungen bearbeitet werden. Die erreichte Leistung wird in einem Standardwert, meist einem → IQ-Wert, ausgedrückt. Intelligenztests können Einzel- oder Gruppentests sein. Sie können je nach ihrem Aufbau verschiedene Aspekte der Intelligenz erfassen (z. B. mehr sprachliche oder mehr anschaulich-praktische). Als *sprachfreie Intelligenztests* bezeichnet man Verfahren, deren Aufgaben die Bearbeitung anschaulich gegebener Probleme verlangt.

IQ-Wert: Intelligenzquotient, ein Standardmaß, mit dem die in einem Intelligenztest erreichte Leistung in Bezug auf eine Vergleichsgruppe ausgedrückt wird. Ein IQ-Wert von 100 bezeichnet eine genau durchschnittliche Leistung. Etwa 70 % der getesteten Personen haben IQ-Werte zwischen 85 und 115.

K

Kongenital bei der Zeugung, also chromosomal vorhanden.

Kryptorchidie: Fehlen eines oder beider Hoden im Hodensack infolge eines unterbliebenen oder unvollkommenen Descensus (Herabsteigens des Hodens vom Ort der ersten Anlage in den Hodensack).

L

Legetests (form board): Eine besondere Form sprachfreier, stark auf die unmittelbare Anschauung bezogener Intelligenztests. Das Kind hat die Aufgabe, verschieden geformte Figuren in die entsprechenden Ausschnitte einer Holzplatte einzufügen. Beispiele sind der Seguin-Legetest (im Merrill-Palmer-Test enthalten) und der Wallin Peg Board Test.

M

Merill-Palmer-Test: Testbatterie zur Prüfung des kognitiven Entwicklungsstands normaler Kinder im Vorschulalter.

Metabolismus: Stoffwechsel.

Mongolismus: Down-Syndrom: Eine durch Schwachsinn und „mongoloides" Aussehen der Betroffenen gekennzeichnete Störung der Embryonalentwicklung.

Mutismus: Über lange Zeit durchgehaltenes Schweigen bei vorhandener Sprachfähigkeit.

N

Neologismen: Neugebildete Wörter.

P

Paranoia: Chronische Psychose mit systematisierten unerschütterlichen Wahnideen.

Pathologie: Krankheitslehre. Die Lehre von krankhaften Veränderungen im Körper.

Peripher: Am Rande, vom Mittelpunkt entfernt.

Phenylketonurie: Eine Sonderform angeborener geistiger Entwicklungshemmung, die auf einer Störung des Aminosäurestoffwechsels beruht.

Prognostik: Vorhersage des Verlaufs und Ausgangs einer Krankheit.

R

Regression: Rückfall auf eine einfachere Entwicklungsstufe.

Retardierung: Verzögerung der Entwicklung.

Retrolentale Fibroplasie: Eine schwere Erkrankung des Glaskörpers, die man bei Frühgeburten mit einem Geburtsgewicht von weniger als 1800 bis 1900 g findet, wenn diese im Brutkasten einer starken Beatmung durch Sauerstoff ausgesetzt waren. R. F. führt, wenn beide Augen betroffen sind, zu völliger Erblindung.

S

Skelettalter: Reifegrad des kindlichen Skeletts, ermittelt aufgrund des Verknöcherungsgrades der Handwurzelknochen.

Stammeln: Die Unfähigkeit zur richtigen Artikulation bestimmter Laute oder Lautverbindungen. Am häufigsten sind Fehler bei der Aussprache des „sch", des „r", der Gaumenlaute (g, k, ch) und des „s" (Sigmatismus, Lispeln).

Stereotyp: Schablonenhaft ständig wiederkehrend.

Symptom: Krankheitserscheinung.

Syndrom: Eine Gruppe von Symptomen, die zusammen auftreten

T

Terminologie: Fachausdrücke einer Wissenschaft.

Tryptophan: Eine Aminosäure, wird bei der Eiweißverdauung in Freiheit gesetzt.

V

Vineland social maturity scale (Vineland Skala der sozialen Reife): Ein Fragebogen, mit dem Eltern, Lehrer oder Erzieher das soziale Verhalten eines behinderten Kindes beurteilen und mit dem der Grad der erreichten sozialen Reife erfaßt werden kann.

W

Wechsler-Intelligenztest: Eine von Wechsler entwickelte Testbatterie aus 10 Untertests zur Erfassung der allgemeinen → Intelligenz. Die Untertests werden zu einem Verbal- und einem Handlungsteil zusammengefaßt. Die deutschen Bearbeitungen sind der Hamburg Wechsler-Intelligenztest für Erwachsene (HAWIK) und für Kinder (HAWIE). Die Kinderform ist für das Alter von 10,0 bis 15,11 Jahren vorgesehen.

Wortschatz-Tests: Methoden zur Prüfung des expressiven (aktiven) oder rezeptiven (passiven) Wortschatzes. Prüfungen des aktiven Wortschatzes verlangen bei Kindern meist die Benennung vorgegebener Bilder. Bei Prüfungen des passiven Wortschatzes besteht die Aufgabe für das Kind meist darin, unter mehreren Bildern dasjenige zu zeigen, das zu einem vorgesprochenen Wort paßt (Beispiele: Peabody Picture Vocabulary Test, Wortschatzprüfung aus der „Testbatterie für geistig Behinderte").

Z

Zerebral: das Gehirn betreffend.

Literatur

Aeppli, W. (1950) Aus der Unterrichtspraxis an einer Rudolf-Steiner-Schule. Basel: Bd. 1. R. G. Zbinden und Co.

Ainsworth, M., et al. (1962) Deprivation of Maternal Care. Public Health Papers No. 14. Geneva: W.H.O.

Allen et al. (1971) Intellectuality in parents of psychotic, subnormal and normal children. Journal of Autism and Childhood Schizophrenia 1, 311–326.

Alpern, G. D., Kimberlin C. C. (1970) Short intelligence test ranging from infancy levels through childhood levels for use with the retarded. American Journal of Mental Deficiency, **75**, 65–71.

Anastasi, A. and *Levee, R.* (1960) Intellectual defect and musical talent: a case report. Amer. J. Ment. Def., **64**, 695.

Anderson, N. A., Rincover, A. (1980) The nature and generality of attentional deficits in autistic children. Unpublished master's thesis. University of North-Carolina at Greensboro, 1980.

Annell, A. L. (1963) The prognosis of psychotic syndromes in children. Acta Psychiat. Scand., **39**, 235.

Anthony, J. (1958a) An experimental approach to the psychopathology of childhood autism. Brit. J. Med. Psychol., **31**, 211.

Anthony, J. (1958b) An aetiological approach to the diagnosis of psychosis in childhood. Rev. Psychiat. Infant, **25**, 89.

Anthony, J. (1962) Low-grade psychosis in childhood, in Proc. London Conf. Scientific Study Ment. Def., Vol. 2 Dagenham: May & Baker.

Asperger, H. (1960) Autistisches Verhalten im Kindesalter. Jahrbuch für Jugendpsychiatrie und ihre Grenzgebiete Bd. II. Bern: Huber.

Asperger, H. (1968) Zur Differentialdiagnose des kindlichen Autismus. Acta Paedopsychiatrica **35**, 136–145.

Argy, W. P. (1965) Montessori versus orthodox. Rehab. Lit., **26**, 294.

Ayllon, T. and *Azrin, N. H.* (1965) The measurement and reinforcement of behaviour of psychotics. J. Exp. Anal. Behaviour, **8**, 357–83.

Baird, D., Walker, J. and Thomson, A. M. (1954) The causes and prevention of stillbirths and first week deaths. Part III: A classification of deaths by clinical cause: the effect of age, parity and length of gestation on death rates by cause. J. Obstet. Gynec. Brit. Cwlth., **61**, 433.

Bakan, D. (1949) The relationship between alcoholism and birth rank. Quart, J. Stud. Alcoh., **10**, 434.

Bartolucci, G. and Albers, R.J. (1974) Deictic categories in the language of autistic children. Journal of Autism and Childhood Schiziphrenia, **4**, 131–141.

Bender, L. (1947) Childhood schizophrenia: a clinical study of 100 schizophrenic children. Amer. J. Orthopsychiat., **17**, 40.

Bender, Lauretta (1954) Treatment of juvenile schizophrenia, in Neurology and Psychiatry in Childhood. Mackintosh, R. and Hare, C. (Eds.). ARNMD Proc., **34**, 462.

Bender, L. (1955) Twenty years of clinical research in schizophrenic children with special reference to those under six years of age, in Emotional Problems of Early Childhood. Caplan, G. (Ed.). London: Tavistock.

Bender, L. (1956) Schizophrenia in childhood – its recognition, description and treatment. Amer. J. Ortho. Psychiat., **26**, 499.

Bender, L. (1958) Communication in children with developmental alexia, in Psychopathology of Communication. Hoch, P. and Zubin, J. (Eds.). New York: Grune & Stratton.

Bender, L. (1959) The concept of pseudo-psychopathic schizophrenia in adolescents. Amer. J. Orthopsychiat., **29**, 491.

Bender, L. (1961) Childhood schizophrenia and convulsive states, in Recent Advances in Biological Psychiatry, Vol. III. Wortis, J. (Ed.). New York: Plenum Press.

Bender, L. (1962) Organicity in schizophrenic children (Functioning at a defective level), in Proc. London Conf. Scientific Study Ment. Def., Vol. 2. Richards, B. W. (Ed.). Dagenham: May & Baker.

Bender, L. and Helme, W. H. (1953) A qualitative test of theory and diagnostic indicators of childhood schizophrenia. Arch. Neurol. Psychiat., **70**, 413.

Bensberg, G. J., Colwell, C. N. and Cassel, R. H. (1965) Teaching the profoundly retarded self-help activities by shaping techniques. Amer. J. Mental Deficiency, **69**, 674–9.

Berkson, G. and Davenport, R. K. Jr. (1962) Stereotyped movements of mental defectives. I. Anitial survey. Amer. J. Ment. Def., **66**, 849.

Berkson, G. and Mason, W. A. (1963) Stereotyped movements of mental defectives. III. Situation effects. Amer. J. Ment. Def., **68**, 409.

Berkson, G. and Mason, A. (1964) Stereotyped movements of mental defectives. IV. The effects of toys and the character of the acts. Amer. J. Ment. Def., **68**, 511.

Bernard-Opitz, V., Hermann, U. (1985) Counter-control problems of autistic children: Analysis and cognitive intervention. Los Angeles, unveröffentlichtes Manuskript.

Bettelheim, B. and *Sylvester, E.* (1948) A therapeutic milieu. Amer. J. Orthopsychiat., **18**, 191.

Birch, H. G. (1964) Brain Damage in Children. New York: Williams & Wilkins.

Birnbrauer, J. S., Bijou, S. W., Wolf, M. M. and *Kidder, J. D.* (1965) Programmed instruction in the classroom, in Case Studies in Behaviour Modification, L. Ullmann and L. Krasner (Eds.). New York: Holt, Rinehart & Winston.

Blank, H. R. (1959) Psychiatric problems associated with congenital blindness due to retrolental fibroplasia. New Outlook for the Blind, **53**, 237.

Bond, E. D. and *Smith, L. H.* (1935) Post-encephalitic behaviour disorders. Amer. J. Psychiat., **92**, 17.

Böök, J. A., Nichtern, S. and *Gruenberg, E.* (1963) Cytogenetical investigations in childhood schizophrenia. Acta Psychiat. Scand,. **39**, 309.

Bosch, G. (1962) Der frühkindliche Autismus. Springer: Berlin, Göttingen, Heidelberg.

Boullin, D. J., Coleman, M., O'Brien, R. A. und *Rimland, B.* (1971) Laboratory Predictions of infantile autism based on 5-Hydroxitryptamine efflux from blood platelets and their correlation with the Rimland E-2 score. Journal of Autism and Childhood Schizophrenia, **1**, 63-71.

Bowlby, J. (1952) Maternal Care and Mental Health. Geneva: W.H.O.

Bradley, C. (1942) Biography of a schizophrenic child. Nervous Child, **1**, 141.

Brezovsky, P. (1985) Diagnostik und Therapie selbstverletzenden Verhaltens. Klinische Psychologie und Psychopathologie 33. Stuttgart: Enke Verlag.

Bristol, M. M. (1979) Maternal coping with autistic children: the effects of child characteristics and interpersonal support. University of North Carolina at Chaple Hill. Unpublished doctoral dissertation.

Bristol, M. M. (1984) Family resorces and successful adaptation to autistic children. In: *Schopler, E., Mesibov, G. B.* (Eds.): The effects of autism on the family. London: Plenum Press, pp. 289–310.

British Medical Journal (1972) Editorial: Parents of Psychotic Children.

British Psychological Society (1966) Children in Hospitals for the Subnormal: A Survey of Admissions and Educational Facilities. London: B.P.S.

Brown, J. L. (1960) Prognosis from presenting symptoms of pre-school children with atypical development. Amer. J. Orthopsychiat., **30**, 382.

Brown, J. L. (1963) Follow-up of children with atypical development (infantile psychosis). Amer. J. Orthopsychiat., **33**, 855.

Brown, G. W., Bone, M., Dalison, B. and *Wing, J. K.* (1966) Schizophrenia and Social Care. Maudsley Monograph No. 17. London: Oxford Univ. Press.

Burd, L., Kerbeshian, J., Fisher, W., Martsolf, J. T. (1985) A case of autism and mosaic of trisomy 8. Journal of Autism and Developmental Disorders, **15** 351–352.

Butler, N. R. (1963) Perinatal Mortality. London and Edinburgh: Livingstone.

Cameron, K. (1955) Psychosis in infancy and early childhood. Medical Press, **234**, 3.

Cameron, K. (1958) A group of twenty-five psychotic children. Revue de Psychiatric infantile, **25**, 117.

Campbell, M. (1973) Biological interventions in psychoses of childhood. Journal of Autism and Childhood Schizophrenia, **3**, 347–373.

Cantwell, D. P., Baker, L (1984) Research concerning families of children with autism. In: Schopler, E., Mesibov, G. B. (Eds.): The effects of autism on the family. London: Plenum Press, pp. 41–59.

Carr, E. (1977) The motivation of self-injurious behavior: A review of some hypotheses. Psychological Bulletin, **84**, 800–816.

Carter, C. O. and McCarthy, D. (1951) Incidence of Mongolism and its diagnosis, Brit. J. Prev. Soc. Med., **5**, 83.

Churchill, D. W. (1972) The relation of infantile autism and early childhood schizophrenia to developmental language disorders of childhood. Journal of Autism and Childhood Schizophrenia, **2**, 182–197.

Churchill, D. W. (1971) Effects of success and failure in psychotic children. Archives of General Psychiatry, **25**, 208–214.

Churchill, D. W. (1972) The relation of infantile autism and early childhood schizophrenia to developmental language disorders of childhood. Journal of Autism and Childhood Schizophrenia, **2**, 182–197.

Clardy, E. R. (1951) A study of the development and course of schizophrenia in children. Psychiat. Quart., **25**, 81.

Clark, G. D. (1964) The role of the teacher. Conference on educational needs of psychotic children. (Unpublished.)

Clark, G. D. (1965) An educational programme for psychotic children, in Some Approaches to Teaching Autistic Children. Weston, P. T. B. (Ed.). London: Pergamon.

Clarke, A. D. B. and Clarke, Ann M. (1965) (Eds.) Mental Deficiency: the Changing Outlook, 2nd edition. London: Methuen.

Cohen, D. J., Caparulo, B. K., Shaywitz, B. A., Bowers, M. B. (1977) Dopamine and serotonine metabolism in neuropsychiatrically disturbed children: CSF homovanillic acid and 5-hydroxyindoleacetic acid. Archives of General Psychiatry, **34**, 545–550.

Cole, E. M. and Walker, Louise (1964) Reading and speech problems as expressions of a specific language disability, in Disorders of Communication. Rioch, D. and Weinstein, E. (Eds.). Baltimore: Williams & Wilkins.

363

Coleman, M. (1973) Serotonin and central nervous system syndromes of childhood: A Review. Journal of Autism and Childhood Schizophrenia, 3, 27–35.

Colver, T. and Kerridge, D. F. (1962) Birth order in epileptic children. J. Neurol. Neurosberg. Psychiat., 25, 59.

Connell, P. H. (1961) The day hospital approach in child psychiatry. J. Ment. Sci., 107, 969.

Cordes, H. (Hrsg.) (1983) Curriculum des Bremer Projekts. Hilfe für das autistische Kind, Bremen e.V.

Cordes, H. (1985) Früherkennung und Frühförderung bei Frühkindlichem Autismus. Frühförderung interdisziplinär. München: Ernst Reinhardt Verlag, 4, 17–29.

Cowie, V. and Slater, E. (1959) (Ed.) Psychiatric genetics, in Recent Progress in Psychiatry, Vol. II.

Creak, M. (1951) Psychoses in childhood. J. Ment. Sci., 97, 545.

Creak, M. (1961) Schizophrenia syndrome in childhood. Progress Report of Working Party. Cerebral Palsy Bull., 3, 501.

Creak, M., et al. (1961) Schizophrenic syndrome in children. Brit. Med. J., 2, 889.

Creak, M. (1962) Juvenile psychosis and mental deficiency, in Proc. London Conf. Scientific Study Ment. Def., Vol. 2. Richards, B. W. (Ed.). Dagenham: May & Baker.

Creak, M. (1963a) Childhood psychosis: a review of 100 cases. Brit. J. Psychiat., 109, 84.

Creak, M. (1963b) Schizophrenia in early childhood. Acta Paedopsychiat., 30, 42.

Creak, M. (1964) Schizophrenic syndrome in childhood. Further progress report of working party. Developmental Med. Child. Neurol., 4, 530.

Creak, M. and Ini, S. (1960) Families of psychotic children. J. Child Psychol. Psychat., 1, 156.

Cunningham, M. A. and Dixon, C. (1961) A study of the language of an autistic child. J. Child Psychol. Psychiat., 2, 193.

Curtis, M. (Chairman) (1946) Report of the Care of Children Committee. London: H.M.S.O.

Darr, G. C. and Worden, F. G. (1951) Case report 28 years after an infantile autistic disorder. Am. J. Orthopsychiat., 21, 559.

Davenport, R. K. Jr. and Berkson, G. (1963) Stereotyped movements of mental defectives. II. Effects of novel objects. Amer. J. Ment. Def., 67, 879.

Dawson, G., Adams, A. (1984) Imitation and social responsiveness in autistic children. Journal of Abnormal Child Psychology, 12, 209–226.

DeMyer, M. (1971) Perceptual limitations in autistic children and their relation to social and intellectual deficits. In: Rutter, M. (Hsg.) Infantile autism: Concepts, characteristics, treatment. London: Churchill.

DeMyer, M. K. (1979) Parents and children with autism. Washington D.D.: Winston.

DeMyer, M. K., Barton, S., DeMyer, W. E., Norton, J. A., Allen, J., Steele, R. (1973) Prognosis in autism: a follow-up Study. Journal of Autism and Childhood Schizophrenia, 3, 199–246.

DeMyer, M. K., Barton, S., Norton, J. A. (1972) A comparison of adaptive, verbal and motor profiles of psychotic and non-psychotic subnormal children. Journal of Autism and Childhood Schizophrenia, 2, 359–377.

DeMyer, M. K., Barton, S., DeMyer, W. E., Kimberlin, C., Allen, J., Yang, E., Steele, R. (1974) The measured intelligence of autistic children. Journal of Autism and Childhood Schizophrenia, 4, 42–60.

Dennis, W. (1941) Infant development under conditions of restricted practice and of minimum social stimulation. Genet. Psychol. Monogr., 23, 143.

Department of Education and Science (1962/63) The Health of the School Child. Report of the Chief Medical Officer. London: H.M.S.O.

DesLauriers, A., Carlson, C. F. (1969) Your child is asleep. Early infantile autism. Homewood, Illinois: The Dorsey Press.

Despert, J. L. (1938) Schizophrenia in children. Psychiat. Quart., 12, 366.

Despert, J. L. (1955) Differential diagnosis between obsessive-compulsive neurosis and schizophrenia in children, in Psychopathology of Childhood. Hoch, P. and Zubin, J. (Eds.). New York: Grune & Stratton.

Despert, J. L. and *Sherwin, A. C.* (1958) Further examination of diagnostic criteria in schizophrenic illness and psychoses of infancy and early childhood. Amer. J. Psychiat., 114, 784.

Devany, J., Rincover, A. (1982) Self-stimulatory behavior and sensory reinforcement. In: *Koegel, R., Rincover, A., Egel, A.* (Eds.): Educating and understanding autistic children. San Diego: College Hill Press, 127–141.

Deykin, E. Y., MacMahon, B. (1980) The incidence of seizures among children with autistic symptoms. Annual Progress in Child Psychiatry and Child Development, 72, 513–518.

Diagnostisches und Statistisches Manual Psychischer Störungen, DSM – III. Deutsche Bearbeitung und Einführung (1984) Koehler, K., Saß, H. Weinheim: Beltz-Verlag.

Diekmeyer, U. (1976) Unser Kind im 2. Lebensjahr. Das Elternbuch, 2. Rowohlt.

Doll, E. A. (1953) The Measurement of Social Competence. Minneapolis: Educational Testing Bureau.

La Du, B. N., Howell, R. R., Jacoby, G. A., Seegmiller, J. E., Sober, E. K., Zannoui, V. G. and *Canby, J. P.* (1963) Clinical and biochemical studies on two cases of histidinemia. Pediatrics, Vol. 32, 216.

Dumont, Diane A., Klynn, Gail, Lovaas, O. I. and *Meisel, Joan* (1966) Establishment of spontaneous and conversational speech in schizophrenic children. Working paper No. 3.

365

Dunlap, G. (1984) The influence of task variation and maintenance tasks on the learning and affect of autistic children. Journal of Experimental Child Psychology, **37**, 41–64.

Dunlap, G., Koegel, R. L. (1980) Motivating autistic children through stimulus variation. Journal of Applied Behavior Analysis, **13**, 619–627.

Dunn, L. (1959) The Peabody Picture Vocabulary Test. Minneapolis: American Guidance Service.

Dutton, G. (1964) The growth pattern of psychotic boys. Brit. J. Psychiat., **110**, 101.

Edelson, S. M. (1984) Implications of sensory stimulation in self-destructive behavior. American Journal of Mental Deficiency, **89**, 140–145.

Egel, A. L. (1982) Reinforcer variation: Implications for motivating developmentally delayed children. Nach: *Koegel, R. L., Rincover, A., Egel, A. I.* (Eds.): Educating and understanding autistic children. College Hill Press.

Eisenberg, L. (1956) The autistic child in adolescence. Amer. J. Psychiat., **112**, 607.

Eisenberg, L. (1957) The course of childhood schizophrenia. A.M.A. Arch. Neurol. Psychiat., **78**, 69.

Eisenberg, L. (1964) Behavioral manifestations of cerebral damage in childhood, in Brain Damage in Children. Birch, H. G. (Ed.). New York: Williams & Wilkins.

Eisenberg, L., Kanner, L. (1956) Early infantile autism 1943–1955. American Journal of Orthopsychiatry, **26**, 556–566.

Fenichel, C. (1963) Educating the severely disturbed child. Pathways in Child Guidance, **5**, 43.

Ferster, C. B. (1961) Positive reinforcement and behavioural deficits of autistic children. Child Development, **32**, 437.

Ferster, C. B. (1966) The repertoire of the autistic child in relation to principles of reinforcement, in Methods of Research in Psychotherapy, Gottschalk and Auerback (Eds.). (In press.)

Ferster, C. B. and *De Meyer, M.* (1961) The development of performance in autistic children in an automatically controlled environment. J. Chron. Dis., **13**, 312.

Ferster, C. B. and *De Meyer, M.* (1962) A method for the experimental analysis of the behavior of autistic children. Amer. J. Orthopsychiat., **32**, 89.

Feuser, G. (1985) Zum Verständnis von Stereotypien und selbstverletzenden Verhaltensweisen bei Kindern mit Autismussyndrom unter Aspekten der pädagogisch-therapeutischen Arbeit. In: *Feuser, G., Jantzen, W.* (Hrsg.): Jahrbuch für Psychopathologie und Psychotherapie. Bd. V, pp. 127–156.

Finegan, J.-A., Quarrington B. (1980) Pre-, peri-, and neonatal factors and infantile autism. Annual Progress in Child Psychiatry and Child Development, **72**, 501–512.

Fisch, L. (1964) The contibution of audiology, in The Child who does not Talk. Renfrew, C. and Murphy, K. (Eds.). Clinics in Dev. Med., No 13.

Fischer, E. (1965) Der frühkindliche Autismus. Jahrbuch der Jugendpsychiatrie, IV, 157–205. Bern: Huber.

Folstein, S. E. (1985) Genetic aspects of infantile autims. Annual Review of Medicine, 36, 415–419.

Folstein, S. E., Rutter, M. (1978) A twin study of individuals with infantile autism. In: Rutter, M., Schopler, E. (Eds.): Autism. New York: Plenum Press, pp. 219–242.

Frith, U. (1969) Emphasis and meaning in recall in normal and autistic children. Language and Speech, 12, 29–38.

Frith, U. (1970) Studies in pattern detection in normal and autistic children: II. Reproduction and production of color sequences. Journal of Experimental Child Psychology, 10, 120–135.

Frith, U. (1970) Studies in pattern detection in normal and autistic children: I. Immediate recall of auditory sequences. Journal of Abnormal Psychology, 3, 413–420.

Frith, U. (1983) Autism: social and cognitive deficits. Paper accompanying poster presentation at the 7th Biennial Meeting of the International Society for the Study of Behavioral Development. München.

Frith, U. (1971) Spontaneous patterns produced by autistic, normal and subnormal children. In: Rutter, M. (Ed.) Infantile autism: concepts, characteristics and treatment. London: Churchill.

Frith, U and Hermelin, B. (1969) The role of visual and motor cues for normal, subnormal and autistic children. Journal of Child Psychology and Psychiatry, 10, 153–163.

French, L. M. (1940) Psychiatric Social Work. New York: The Commonwealth Fund.

Furneaux, Barbara (1964) New hope at Hollymount: helping autistic children. Times Educ. Sup., 24th April.

Furneaux, Barbara (1966) The autistic child. New Education, February, p. 8.

Gellner, L. (1959) A Neurophysiological Concept of Mental Retardation and its Educational Implications. Chicago: J. D. Levinson Research Foundation.

Geschwind, N. (1964) Non-aphasic disorders of speech. Int. J. Neurol., 4, 207.

Gillies, S. M. (1965) Some abilities of psychotic children and subnormal controls. J. Ment. Def. Res., 9, 89.

Gillies, S. M., Mittler, P. and Simon, G. B. (1963) Some characteristics of a group of psychotic children and their families. B.P.S. Conf. Proc., Reading.

Goffman, E. (1958) The characteristics of total institutions, in Symposium on Preventive and Social Psychiatry. Washington: Walter Reid, Army Inst. of Research.

Goldberg, B. and Soper, H. A. (1963) Childhood psychosis or mental retardation: a diagnostic dilemma. I. Psychiatric and psychological aspects. Canad. Med. Ass. J., **89**, 1015.

Goldiamond, I. (1965) Stuttering and fluency as manipulatable operant response classes, in Research in Behavior Modification. Leonard Krasner and Leonard P. Ullman (Eds.). New York: Holt, Rinehart & Winston.

Goldfarb, W. (1961) Childhood Schizophrenia. Commonwealth Fund. Harvard Univ. Press.

Goodman, N. (1957) Relationship between maternal age at parturition and incidence of mental disorder in the offspring. Brit. J. Prev. Soc. Med., **11**, 203.

Goodman, N. and Tizard, J. (1962) Prevalence of imbecility and idiocy among children. Brit. Med. J., **1**, 216.

Goodman, N., Richardson, S. A., Dornbusch, S. M. and Hastorf, H. A. (1963) Variant reactions to physical disabilities. Amer. Sociol. Rev., **28**, 429.

Gordon, N. and Taylor, I. G. (1964) The assessment of children with difficulties of communication. Brain, **87**, 121.

Gunzburg, H. C. (1963) Progress Assessment Charts. London: Nat. Ass. Ment. Health.

Haeusserman, E. (1962) in West, R. (Ed.). Childhood Aphasia (Proc. Inst. Child Aphasia Conf., Stamford Univ., 1960).

Hallgren, B. and Sjögren, T. (1959) A clinical and genetico-statistical study of schizophrenia and low-grade mental deficiency in a large Swedish rural population. Acta Psychiat. et Neurol. Sup., **35**, 140.

Halmos, P. (1965) The Faith of the Counsellors. London: Constable.

Hannigan, H. (1956) Rh. Child: Deaf or "aphasic"? 3. Language and behaviour of the "aphasic" child. J. Speech Hearing Dis., **21**, 413.

Harlow, H. F. (1960) Primary affectional patterns in primates. Amer. J. Orthopsychiat., **30**, 676.

Harlow, H. F. (1961) The development of affectual patterns in infant monkeys, in Determinants of Infant Behaviour. Foss, B. M. (Ed.). London: Methuen.

Harris, S. L., Powers, M. D. (1984) Behavior therapists look at the impact of an autistic child on the family system. In: Schopler, E., Mesibov, G. B. (Eds.): The effects of autism on the family. New York: Plenum Press, pp. 207–223.

Häusler, I. (1979) Kein Kind zum Vorzeigen? Reinbek: rororo aktuell.

Hauser, S. L., DeLong, R., Rosman, N. P. (1975) Pneumographic findings in the infantile autism syndrome. Brain, **98**, 667–688.

Heeley, A. F. and Roberts, G. E. (1965) Tryptophan metabolism in psychotic children. Develop. Med. Child Neurol., **7**, 46.

Hermelin, B. (1971) Rules and language. In: *Rutter, M.* (Ed.): Infantile autism: concepts, characteristics and treatment. Edinburgh: Churchill Livingstone, pp. 98–113.

Hermelin, B. (1976) Coding and the sense modalities. In: *Wing, L.* (Ed.): Early childhood autism. Oxford: Pergamon Press, pp. 135–168.

Hermelin, B. (1982) Thoughts and feelings. Australian Autism Review, 1, 10–19.

Hermelin, B., O'Connor, N. (1965) Visual imperception in psychotic children. British Journal of Psychology, **56,** 455

Hermelin, B., O'Connor, N. (1970) Psychological experiments with autistic children. Oxford: Pergamon.

Hermelin, B. and O'Connor, N. (1963) The response and self-generated behaviour of severely disturbed children and severely subnormal controls. Brit. J. Soc. Clin. Psychol., **2,** 37.

Hermelin, B. and O'Connor, N. (1964a) Crossmodal transfer in normal, subnormal and autistic children. Neuropsychologia, **2,** 229.

Hermelin, B. and O'Connor, N. (1964b) Effects of sensory input and sensory dominance on severely disturbed autistic children and on subnormal controls. Brit. J. Psychol., **55,** 2.

Hermelin, B. and O'Connor, N. (1966) Perceptual and motor discrimination in psychotic and normal children. (To be published.)

Hewett, F.M. (1964) Teaching reading to an autistic boy through operant conditioning. The Reading Teacher, May 1964.

Hewett, F. M. (1965) Teaching speech to an autistic child through operant conditioning. Amer. J. Orthopsychiat., **35,** 927.

Holroyd, J., McArthur, D. (1976) Mental retardation and stress on the parents: A contrast between Down's syndrome and childhood autism. American Journal of Mental Deficiency, **80,** 431–436.

Hobson, R.P. (1983) The autistic childs recognition of age-related features of people, animals and things. British Journ. of developm. Psych., 1, 343–352.

Howlin, P. (1986) An overview of social behavior in autism. In: *Schopler, E., Mesibov, G. B.:* Social behavior in autism. New York: Plenum Press, pp. 103–131.

Hundley, J. M. (1974) Der kleine Außenseiter. Ravensburg: Otto Meyer Verlag.

Hutt, C., Ounsted, C. (1966) The biological significance of gaze aversion with particular reference to the syndrome of infantile autism. Behavioral Science, **11,** 346–356.

Hutt, S. J., Hutt, C., Lee, D. and Ounsted, C. (1965) A behavioural and electroencephalographic study of autistic children. J. Psychiat. Res., **3,** 181.

Ingram, T. T. S. (1959) A description and classification of the common disorders of speech in children. Arch. Dis. Childhood, **34,** 444.

Ingram, T. T. S. (1959) Specific developmental disorders of speech in childhood. Brain, **82**, 450.

Ingram, T. T. S. (1960) Perceptual disorders causing dyslexia and dysgraphia in cerebral palsy. Child Neurol and Cerebral Palsy Study Group, Oxford.

Ingram, T. T. S. (1963) The association of speech retardation and educational difficulties. Proc. Roy. Soc. Med., **56**, 7.

Ingram, T. T. S. and *Reid, J. F.* (1956) Developmental aphasia observed in a department of child psychiatry. Arch. Dis. Childh., **31**, 161.

Isaacs, W., Thomas, J. and *Goldiamond, I.* (1960) Application of operant conditioning to reinstate verbal behavior in psychotics. J. Speech Hear. Dis., **25**, 8–15.

Itard, J. M. G. (1932) The Wild Boy of Aveyron. Trans. Humphries and Humphries. New York: Appleton Century Crofts.

Jefferys, Margot (1965) An Anatomy of Social Welfare Services. London: Michael Joseph.

Kallman, F. G. and *Roth, B.* (1956) Genetic aspects of pre-adolescent schizophrenia. Amer. J. Psychiat., **112**, 599.

Kane, J. F., Hettinger, J. (1987) Die Förderung von Menschen mit selbstverletzenden Verhaltensweisen. Geistige Behinderung, 13–21.

Kanner, L. (1943) Autistic disturbances of affective contact. The Nervous Child, **2**, 217.

Kanner, L., Rodriguez, A., Ashenden, B. (1972) How far can autistic children go in matters of social adaptation? Journal of Autism and Childhood Schizophrenia, **2**, 9–33.

Kanner, L. (1946) Irrelevant and metaphorical language in early infantile autism. Amer. J. Psychiat., **103**, 242.

Kanner, L. (1949) Problems of nosology and psychodynamics of early infantile autism. Amer. J. Orthopsychiat., **19**, 416.

Kanner, L. (1954a) To what extent is early infantile autism determined by constitutional inadequacies, Proc. Ass. Res. Nerv. & Ment. Dis., **33**, 378.

Kanner, L. (1954b) General concept of schizophrenia at different ages, in Neurology and Psychiatry in Childhood. R. McIntosh and C. Hare (Eds.). A.R.N.M.D. Proc., **34**, 451.

Kanner, L. (1957) Child Psychiatry. 3rd edition. Springfield: Thomas.

Kanner, L. and *Eisenberg, L.* (1955) Notes on the follow-up studies of autistic children, in Psychopathology of Childhood. Hoch, P. H. and Zubin, J. (Ers.). New York: Grune & Stratton.

Kanner, L. and *Lesser, L. I.* (1958) Early infantile autism. Pediat. Clinics N. Amer., **5**, 711.

Keeler, W. R. (1958) Autistic patterns and defective communication in blind children with retrolental fibroplasia, in Psychopathology of

Communication. Hoch, P. H. and Zubin, J. (Eds.). New York: Grune & Stratton.

Kehrer, H. E. (1978) Früherkennung des frühkindlichen Autismus. Ergebnis einer Fragebogenaktion an 400 autistischen Kindern. Münster.

Kehrer, H. E., Temme-Meickmann, U. (1982) Negativismus bei frühkindlichem Autismus. Praxis der Kinderpsychologie und Kinderpsychiatrie, 31, 60–64.

Kehrer, H. E. und Körber, H. P. (1971) Sprachbehandlung durch Verhaltenstherapie bei autistisch-mutistischen Kindern. Acta Paedopsychiatrica 38, 2–17.

Keller, Helen. (1925) The Story of my Life. New York: Doubleday.

Kinsbourne, M. and Warrington, E. K. (1964) Observations on colour agnosia. J. Neurol. Neurosurg. & Psychiat., 27, 296.

Klicpera, Ch. (1984) Medizinische und neuropsychologische Aspekte des frühkindlichen Autismus. Frühförderung interdisziplinär, 3, 154–164.

Knobloch, H. and Pasamanick, B. (1959) Syndrome of minimal cerebral demage in infancy. J. Amer. Med. Assoc., 170, 1384.

Koegel, R. L., Egel, A. L. (1979) Motivating autistic children. Journal of Abnormal Psychology, 88, 418–426.

Koegel, R. L., Mentis, M. (1985) Motivation in childhood autism: can't they or won't they? Journal of Child Psychology and Psychiatry and Allied Disciplines, 26, 185–191.

Koegel, R. L., Rincover R, Egel, A. I. (1982) Educating and understanding autistic children. College Hill Press.

Koegel, R. L., Wilhelm, H. (1973) Selective responding to the components of multiple visual cues by autistic children. Journal of Experimental Child Psychology, 15, 442–453.

Kolvin, I. (1971) Psychoses in childhood – a comparative study. In: Rutter, M. (Ed.): Infantile autism: concepts, characteristics and treatment. London: Churchill.

König, K. (1959) Der Mongolismus. Hippokrates-Verlag, Stuttgart.

Kothe, B. (1956) Bild und Verlauf der Frühschizophrenie. Jahrbuch für Jugendpsychiatrie und ihre Grenzgebiete. Bern: Huber.

Kozloff, M. A. (1984) A training program for families of children with autism: Responding to family needs. In: Schopler, E., Mesibov, G. B. (Eds.): The effects of autism on the family. New York: Plenum Press, pp. 163–185.

van Krevelen, D. (1958) Zur Problematik des Autismus. Praxis der Kinderpsychologie und Kinderpsychiatrie, 7, 87–93.

van Krevelen, D. (1971) Early Infantile autism and autistic psychopathy. Journal of Autism and Childhood Schizophrenia, 1, 82–86.

Kushlick, A. (1961) Subnormality in Salford, in Report on the Mental Services of the City of Salford for the Year 1960. Susser, M. W. and Kushlick, A. Salford Health Dept.

Kushlick, A. (1965) Community care for the subnormal – a plan for evaluation. Proc. Roy. Soc. Med., **58**, 374.

Kushlick, A. (1966) Community service for the mentally subnormal. Soc. Psychiat., **1**. (To be published.)

Kysar, J. (1968) The two camps in child psychiatry: A report from a psychiatrist-father of an autistic and retarded child. American Journ. of Psychiatry, **125**, 103-109.

La Grow, S. J., Repp, A. C. (1984) Stereotypic responding: A review of intervention research. American Journal of Mental Deficiency, **88**, 595–609.

Lea, J. (1965) A language scheme for children suffering from receptive aphasia. Speech Pathology and Therapy, **8**, 58.

Lenneberg, E. H., Nichols, I. A. and Rosenberger, E. F. (1964) Language development in mongolism, in Disorders of Communication, Rioch, D. McK., and Weinstein, E. A. (Eds.) Baltimore: Williams & Wilkins.

Lilienfeld, A. and Pasamanick, B. (1955/6) Association of maternal and fetal factors with the development of mental deficiency. II. Relationship with maternal age, birth order, previous reproductive loss and degree of mental deficiency. Amer. J. Ment. Def., **60**, 557.

Lockyer, L. and Rutter, M. (1966) Children with early onset psychosis: 5 to 15 years later. III. Psychological outcome. (To be published.)

Lotter, V. 1967) Epidemiology of autistic conditions in young children. Soc. Psychiat. (To be published.)

Lotter, V. (1967) Epidemilogy of autistic conditions in young children, II: Some characteristics of the parents and children. Social Psychiatry, **1**, 163–173.

Lotter, V. (1974) Social adjustment and placement of autistic children in Middlesex: A follow-up study. Journal of Autism and Childhood Schizophrenia, **4**, 11–32.

Lotter, V. (1978) Follow-up studies. In: Rutter, M., Schopler, E. (Eds.): Autism. New York: Plenum Press, pp. 475–496.

Lovaas, O. I., Schreibman, L. (1971) Stimulus overselectivity of autistic children in a two stimulus situation. Behavior Research and Therapy, **9**, 305–310.

Lovaas, O. I., Koegel, R., Simmons, J. Q., Long, J. S. (1973) Some generalization and follow-up measures on autistic children. Journal of Applied Behavior Analysis, **6**, 131–166.

Lovaas, O. I., Berberich, J. P. Kassorla, Irene C., Klynn, Gail A. and Meisel. Joan. (1966) Establishment of a texting and labeling vocabulary in schizophrenic children. Working paper No. 1.

Lovaas, O. I., Berberich, J. P., Perloff, B. F. and Schaeffer, B. (1966) Acquisition of imitative speech in schizophrenic children. Science, February 1966.

Lovaas, O. I., Dumont, Diane A., Klynn, Gail A. and Meisel, Joan. (1966)

Establishment of appropriate response to, and use of, certain prepositions and pronouns in schizophrenic children. Working paper No. 2.

Lovaas, O. I., Freitag, G., Gold, V. J. and *Kassorla, I. C.* (1965) Experimental studies in childhood schizophrenia. J. Exp. Child Psychol., **2**, 67.

Lovatt, M. (1962) Autistic children in a day nursery. Children, May-June 1962.

Lutz, J. (1937) Über die Schizophrenie im Kindesalter. Schweiz. Arch. Neurol Psychiat., **39**, 335; ibid., **40**, 141.

Lutz, J. (1968) Kinderpsychiatrie. 3. Aufl. Rotapfel-Verlag.

Mahler, M. S. (1952) On child psychosis in schizophrenia; autistic and symbiotic infantile psychosis, in Psychoanalytic Study of the Child, Vol. 7. New York: International Universities Press.

Mair, Katherine J. (1963) Coding and literacy in severely subnormal children. J. Ment. Def. Res., **7**, 46.

Malson, L., Itard, J. und *Mannoni, O.* (1972) Die wilden Kinder. Suhrkamp-Taschenbuch.

Malzberg, B. (1949/50) Statistical aspects of mental deficiency due to birth traumas. Amer. J. Ment. Def., **54**, 427.

Malzberg, B. (1953/54) Sex differences in the prevalence of mental deficiency. Amer. J. Ment. Def., **58**, 301.

McCarthy, D. (1954) Language development in children, in Manual of Child Psychology. Carmichael, L. (Ed.). London: Wiley.

McCarthy, J. and *Kirk, S. A.* (1961) The Illinois Test of Psycholinguistic Abilities. Experimental Edition. Urbana, Ill.: Univ. Illinois.

McCarthy, J. and Kirk, S. A. (1963) The Construction, Standardisation and Statistical Characteristics of the Illinois Test of Psycholinguistic Abilities. Urbana, Ill.: Univ. Illinois.

McFie, J., Piercy, M. F. and Zangwill, O. L. (1950) Visual-spatial agnosia associated with lesions of the right cerebral hemisphere. Brain, **73**, 167.

McGinnis, Mildred A. (1963) Aphasic Children: Identification and Education by the Association Method. Washington: Bell Association for the Deaf.

Mental Health Act (1959) Sections 57A, B and C substituted for Section 57 of Education Act, 1944. London: H.M.S.O.

Mesibov, G. B. (1986) A cognitive program for teaching social behaviors to verbal autistic adolescents and adults. In: *Schopler, E., Mesibov, G. B.* (Eds.): Social Behavior in Autism. New York: Plenum Press, pp. 265–284.

Miller, G. A. (1956) The magical number seven, plus or minus two: some limits of our capacity for processing information. Psychol. Rev., **63**, 81.

Mittler, P. (1964) The use of form boards in developmental assessment. Dev. Med. Child Neurol., **6**, 510.

Mittler, P., Gillies, S. and Jukes, E. (1966) A follow-up report on a group of psychotic children. (Abstract), Brit. Psychol. Soc. Bull., **18**, 25.

Montessori, M. (1962) The Absorbent Mind. Wheaton, Ill. Theosophical Press.

Montessori, M. (1963) The Discovery of the Child. Wheaton, Ill.: Theosophical Press.

Montessori, M. (1922) Mein Handbuch. Hoffmann-Verlag.

Montessori, M. (1966) Über die Bildung des Menschen. Freiburg, Basel, Wien: Herder.

Montessori, M. 1965) Grundlagen meiner Pädagogik und weitere Aufsätze zur Anthropologie und Didatik. Heidelberg: Quelle und Meyer.

Müller-Wiedemann, H. Die verstellte Welt – Zum geisteswissenschaftlichen Verständnis des frühkindlichen Autismus. Lehenhof-Buchhandlung 7779 Deggenhausen.

Myklebust, H. R. (1954) Auditory Disorders in Children. New York: Grune & Stratton.

Myklebust, H. R. (1957) Babbling and echolalia in language theory. J. Speech Hearing Dis., 22, 356.

Myklebust, H. R. (1960) The Psychology of Deafness: Sensory Deprivation, Learning and Adjustment. New York: Grune & Stratton.

Nicholls, R. H. (1963) Programming Piaget in practice. Teaching Arithmetic, 1, 24.

Nissen, G. (1971) Zur Klassifikation autistischer Syndrome im Kindesalter. Der Nervenarzt, 42, 35–39.

Norman, E. (1954) Reality relationships of schizophrenic children. Brit. J. Med. Psychol., 27, 126.

Norman, E. (1955) Affect and withdrawal in schizophrenic children. Brit. J. Med. Psychol., 28, 1.

Nurcombe, B. and Parker, N. (1964) The idiot savant. J. Amer. Acad. Child. Psychiat., 3, 469.

O'Connor, N. (1956) The evidence for the permanently disturbing effects of mother–child separation. Acta Psychol., 15, 174.

O'Connor, N. and Hermelin, B. (1963) Speech and thought in severe subnormality. London: Pergamon Press.

O'Connor, N. and Hermelin, B. (1964) Measures of distance and motility in psychotic children and severely subnormal controls. Brit. J. Soc. Clin. Psychol., 3, 29.

O'Connor, N. and Hermelin, B. (1965) Visual analogies of verbal operations. Language and Speech, December 1965.

O'Connor, N., Hermelin, B. (1967) The selective visual attention of psychotic children. Journal of Child Psychology and Psychiatry, 8, 167–179.

Orton, S. T. (1937) Reading, Writing and Speech Problems in Children. London: Chapman & Hall.

Osgood, C. E. (1957) Contemporary Approaches to Cognition. Harvard: Harvard Univ. Press.

Ottoway, A. K. C. (1962) Education and Society. London: Routledge.

Park, C. C. (1973) Eine Seele lernt leben. Bern: Scherz.

Parsley, N. B. and Hamilton, J. W. (1965) The development of a comprehensive Cottage-Life program. Mental Retardation, 3, 25–29.

Pinneau, S. R. (1955) The infantile disorders of hospitalization and anaclitic depression. Psychol. Bull., 52, 429.

Piotrowski, Z. A. (1933) The test behaviour of schizophrenic chlidren. Proc. Amer. Assoc. Ment. Def., 38, 332.

Piotrowski, Z. A. (1937) A comparison of congenitally defective children with schizophrenic children in regard to personality structure and intelligence type. Proc. Amer. Assoc. Ment. Def., 42, 78.

Pitfield, M. and Oppenheim, A. N. (1964) Child rearing attitudes of mothers of psychotic children. J. Child Psychol. Psychiat., 5, 51.

Pond, D. A. (1961) Psychiatric aspects of epileptic and brain-damaged children. Brit. Med. J., 2, 1377 and 1454.

Potter, H. W. (1933) Schizophrenia in children. Amer. J. Psychiat., 89, 1253.

Prechtl, H. F. R. and Stemmer, C. J. (1962) The choreiform syndrome in children. Dev. Med. Child Neurol., 4, 119.

Pringle, M. L. K. (1964) The emotional and social adjustment of blind children. N.F.E.R. Occ. Publ. No. 10.

Pringle, M. L. K. (1965) Deprivation and Education. London: Longmans.

Prior, M., Macmillan, M. B. (1973) Maintenance of sameness in children with Kanner's syndrome. Journal of Autism and Childhood Schizophrenia, 3, 154–167.

Pritchard, D. G. (1963) Education of the Handicapped 1760–1960. London: Routledge.

Prizant, M. B. and Duchan, J. F. (1981) The functions of immediate echolalia in autistic children. Journ. of Speech and Hearing Disorders, 24, 241–249.

Prizant, M. B. and Rydell, P. J. (1984) Analysis of functions of delayed echolalia in autistic children. Journ. of Speech and Hearing Research, 27, 183–192.

Rachman, S. and Berger, M. (1963) Whirling and postural control in schizophrenic children. J. Child Psychol. Psychiat., 4, 137.

Record, R. G. and McKeown, T. (1949) Congenital malformations of the C.N.S. I.A. survey of 930 cases. Brit. J. Soc. Med., 3, 183.

Record, R. G. and Smith, A. (1955) Incidence, mortality and sex distribution of mongoloid defectives. Brit. J. Prev. Soc. Med., 9, 10.

Reed, G. F. (1963) Elective mutism in children: A re-appraisal. J. Child Psychol. Psychiat., 4, 99.

Reichler, R. J. and Schopler, E. (1971) Observation on the nature of human relatedness. Journal of Autism and Childhood Schizophrenia, 1, 283–296.

Reinhold, M. (1950) A case of auditory agnosia. Brain, 73, 203.

Reiser, D. E. and Brown, J. L. (1964) Patterns of later development in children with infantile psychosis. J. Amer. Acad. Child Psychiat., 3, 650.

Report of Working Party of British Psychological Society (1966) Children in Hospitals for the Subnormal: A Survey of Addisions and Educational Facilities. London: Brit. Psychol. Soc.

Richardson, S. A. (1964) Social environment and individual functioning, in Brain Damage in Children. Birch, H. G. (Ed.). New York: Williams & Wilkins.

Richardson, S. A., Goodman, N., Hastorf, H. A. and Dornbusch, S. M. (1961) Cultural uniformity in reaction to physical disabilities. Amer. Soc. Rev., 26, 241.

Richer, J. (1976) The social avoidance behavior of autistic children. Animal Behavior, 24, 898–906.

Richer, J. (1978) The partial noncommunication of culture to autistic children – an application of human ethology. In: Rutter, M., Schopler, E. (Eds.): Autism: A reappraisal of concepts and treatment. New York: Plenum Press.

Ricks, D. M., Wing, L. (1976) Language, communication and the use of symbols. In: Wing, L. (Ed.): Early Childhood Autism. Pergamon Press, pp. 93–134.

Ricks, D. (1972) Vocal communication in pre-verbal normal and autistic children. Unveröffentlichtes Vortragsmanuskript. Vortrag in der Study Group No 2 bei der Konferenz „Language and Cognition in the handicapped" des Institute for Research into Mental Retardation. Dezember 1972, London.

Rimland, B. (1965) Infantile Autism. London: Methuen.

Rimland, B. (1964) Infantile Autism. Meredith Publishing Company.

Rimland, B. (1971) The differentiation of childhood psychoses: An analysis of checklists for 2218 psychotic children. Journal of Autism and Childhood Schizophrenia, 1, 161–174.

Rincover, A. (1978) Variables affecting stimulus fading and discriminating responding in psychotic children. Journal of Abnormal Psychology, 8, 235–246.

Rincover, A. (1978) A procedure for elimination self-stimulatory behavior in psychotic children. Journal of Abnormal Child Psychology, 6, 299–310.

Ritvo et al. (1971) Social class factors in autism. Journal of Autism and Childhood Schizophrenia, 1, 297–310.

Rupprecht, W. (1984) Frühförderung aus Elternsicht. Frühförderung interdisziplinär. München: Ernst Reinhardt Verlag, 3, 177–183.

Russell, R. W. (1964) A program of special classes for children with learning disability. N. J. Assoc. for Brain-injured Children.

Russo, D. C., Koegel, R. L. (1977) A method for integrating an autistic child into a normal public school classroom. Journal of Applied Behavior Analysis, 10, 579–590.

Rutter, M. (1967) Psychotic disorders in early childhood. In: Coppen A., Walk, A. (Eds.): Recent developments in schizophrenia. British Journal of Psychiatry, Special Publication, 1.

Rutter, M. (1978) Diagnosis and Definition. In: Rutter, M., Schopler, E. (Eds.): Autism: A reappraisal of concepts and treatment. New York: Plenum Press, pp. 1–25.

Rutter, M., Bartak, L., Newman, S. (1971) Autism – a central disorder of cognition and language? In: Rutter, M. (Ed.): Infantile autism: concepts, characteristics and treatment. London: Churchill.

Rutter, M. (1965a) The influence of organic and emotional factors on the origins, nature and outcome of child psychosis. Develop. Med. Child. Neurol., 7, 518.

Rutter, M. (1965b) Speech disorders in a series of autistic children, in Children with Communication Problems. Franklin, A. W. (Erd.). London: Pitman.

Rutter, M. and Greenfeld, D. (1966) Children with early onset psychosis: 5 to 15 years later. II. Behavioural and social outcome. (To be published.)

Rutter, M. (1968) Concepts of autism: A review of research. Journal of Child Psychology and Psychiatry, 9, 1–25.

Rutter, M. and Bartak, L. (1971) Causes of infantile autism: Some considerations from recent research. Journal of Autism and Childhood Schizophrenia, 1, 20–32.

Rutter, M. and Bartak, L. (1973) Special educational treatment of autistic children. A comparative study. II Follow-up findings and implications for services. Journal of Child Psychology and Psychiatry (im Druck).

Rutter, M., Bartak, L. and Newman, S. (1971) Autism – a central disorder of cognition and language? In: Rutter, M. (Hsg.) Infantile autism: Concepts, characteristics and treatment. London: Churchill.

Saenger, G. S. (1960) Factors influencing the institutionalization of mentally retarded individuals in New York City. A Report to the New York Interdepartmental Health Resources Board.

Sanua, V. D. (1983) Socioeconomic status of families of autistic children. A critical review of the literatur. International Journal of Family Psychiatry, 4, 191–227.

Schachter, S. (1959) The Psychology of Affiliation. Stanford Univ. Press.

Scheerer, M. E., Rothman, E. and Goldstein, K. (1945) A case of "Idiot Savant": an experimental study of personality organization. Psychol. Monogr., 58, 85.

Schmauch, U. (1977) Ist Autismus heilbar? Frankfurt: Fachbuchhandlung für Psychologie.

Schopler, E. (1984) My great teachers. In: Schopler, E., Mesibov, G. B. (Eds.):

The effects of autism on the family. New York: Plenum Press, pp. 227–232.

Schopler, E., Andrews, C. E., Strupp, K. (1979) Do autistic children come from upper-middle-class parents? Journal of Autism and Developmental Disorders, 9, 139–151.

Schopler, E., Mesibov, G. B. (1984) Professional attitudes toward parents: A forty-year progress report. In: Schopler, E., Mesibov, G. B.: The effects of autism on the family. New York: Plenum Press, pp. 3–20.

Schopler, E., Reichler, R. J., DeVellis, R. F., Daly, K. (1980) Toward objective classification of childhood autism: Childhood autism rating scale (CARS). Journal of Autism and Developmental Disorders, 10, 1, 91–103.

Schopler, E. (1965) Early infantile autism and receptor processes. Arch. Gen. Psychiat., 13, 327.

Schopler, E. (1969) Parents of psychotic children as scapegoats. Unveröffentlichtes Vortragsmanuskript. Vortrag beim Symposion „Parents of Impaired Children as Developmental Agents", APA, Washington.

Schopler, E. und Loftin, J. (1969) Thought disorders in parents of psychotic children. Archives of General Psychiatry. 20, 174–181.

Schopler, E. und Reichler, R. J. (1968) Psychobiological Referents for the treatment of autism. Unveröffentlichtes Vortragsmanuskript. Vortrag beim Kolloquium über Infantile Autism des Indiana University Medical Center der Indiana University.

Schopler, E. and Reichler, R. J. (1971) Developmental therapy by parents with their own autistic child. In: Rutter, M. (Hsg.) Infantile autism: Concepts, characteristics and treatment. London: Churchill.

Schreibman, L. (1975) Effects of within-stimulus and extra-stimulus prompting on discrimination learning in autistic children. Journal of Applied Behavior Analysis, 8, 91–112.

Schreibman, L., Koegel, R. L., Britten, K. R. (1982) Parent – intervention in the treatment of autistic children: a preliminary report. Proceedings of the XIIth BANFF International Conference on Behavior Sciences: Essentials of behavior treatment for families. New York: Brunner-Mazel.

Schreibman, L., Koegel, R. L., Mills, D. L., Burke, J. C. (1984) Training parent-child interactions. In: Schopler, E., Mesibov, G. B. (Eds.): The effects of autism on the family. New York: Plenum Press, pp. 187–202.

Schreibman, L., Lovaas, O. I. (1973) Overselectivity responding to social stimuli by autistic children. Journal of Abnormal Child Psychology, 1, 152–168.

Schwitzgebel, R. and Kolb, D. A. (1964) Inducing behaviour change in adolescent delinquents. Behav. Res. Ther., 1, 297–304.

Scott Committee (1962) The Training of Staff of Training Centres for the Mentally Subnormal. London: H.M.S.O.

Scottish Council for Research in Education (1953) Social Implications of the 1947 Scottish Mental Survey, London.

Shah, A., Wing, L. (1984) Cognitive impairments affecting social behavior in autism. In: *Schopler, E., Mesibov, G. B.* (Eds.) Social Behavior in Autism. New York: Plenum Press, 154–170.

Shah, A., Frith, U. (1983) An islet of ability in autistic children: A research note. Journal of Child Psychology and Psychiatry, **24**, 613–620.

Shapiro, M. B. (1961) A clinical approach to fundamental research with special reference to the study of the single patient, in Methods of Psychiatric Research. Sainsbury, P. and Kreitman, N. (Eds.). London: O.U.P.

Sherman, J. A. (1965) Use of reinforcement and imitation to reinstate verbal behavoir in mute psychotics. J. Abnorm. Psychol., **70**, 155–64.

Sigman, M., Ungerer, J., Mundy, P., Sherman, T. (1984) Cognitive functioning in autistic children. In: *Cohen, D., Donnelan, A., Paul, R.* (Eds.): Handbook of autism and atypical development. New York: Wiley.

Simon, G. B. and Gillies, S. M. (1964) Some physical characteristics of a group of psychotic children. Brit. J. Psychiat., **110**, 104.

Singer, M. T. and Wynne, L. C. (1963) Differentiating characteristics of parents of childhood schizophrenics, childhood neurotics and young adult schizophrenics. Amer. J. Psychiat., **120**, 234.

Skinner, B. F. (1938) The Behaviour of Organisms: An Experimental Analysis. New York: Appleton-Century- Crofts.

Smith, Kline and French Laboratories (Philadelphia, Pa.) (1966) Reinforcement Therapy. Film.

Stein, Z. and Susser, M. (1960) The families of dull children: a classification for predicting careers. Brit. J. Prev. Soc. Med., **14**, 83.

Stein, Z. and Susser, M. (1963) The social distribution of mental retardation. Amer. J. Ment. Def., **67**, 811.

Steiner, R. (1954) Education and Modern Spiritual Life. London: Antroposophical Pub. Co.

Steiner, R. (1948) Erziehungskunst. Methodisch-Didaktisches. Freiburg: Novalis-Verlag.

Steiner, R. (1969) Erziehungskunst. Seminarbesprechungen und Lehrplanvorträge. Verlag der Rudolf-Steiner-Nachlaßverwaltung.

Steiner, R. (1963) Die Kunst der Erziehung aus dem Erfassen der Menschenwesenheit. Verlag der Rudolf-Steiner-Nachlaßverwaltung.

Stengel, E. (1964) Speech disorders and mental disorders, in Disorders of Language. De Renck, A. V. S. an O'Connor, Maeve (Eds.). Ciba Foundation Symposium. London: Churchill.

Stengel, E. (1965) Pain and the psychiatrist. The thirty-ninth Maudsley Lecture. Brit. J. Psychiat., **111**, 795.

Stengel, E., Oldman, A. J. and Ehrenberg, A. S. C. (1958) Reactions of low-grade mental defectives to pain. J. Ment. Sci., **104**, 434.

Scott, D. H. (1963) The Bristol Social Adjustment Guides. London: Univ. London Press.

Strauss, A. A. and Lehtinen, E. L. (1950) Psychopathology and Education of the Brain-injured Child. New York: Grune & Stratton.

Strauss, A. A. and McCarns, E. N. (1958) A linguist looks at aphasia in children. J. Speech Hearing Dis., 23, 54.

Stroh, G. (1962) Psychosis in childhood. Publish Health, 77, 21.

Stutsman, R. (1931) Mental Measurement of Pre-School Children. New York: World Books.

Sullivan, R. C. (Ed.) (1979) Siblings of autistic children. Journal of Autism and Developmental Disorders, 9, 287–298.

Taft, L. T. and Goldfarb, W. (1964) Pre-natal and peri-natal factors in childhood schizophrenia. Dev. Med. Child Neurol., 6, 32.

Taylor, I. (1965) The deaf and the non-communicating child, in Children with Communicating Problems. Franklin, A. W. (Ed.). London: Pitman Med. Publ.

Tec, L. (1956) Vicissitudes in guidance of schizophrenic children. J. Nerv. Ment. Dis., 124, 233.

Terman, L. and Merrill, M. A. (1960) Revised Stanford-Binet Intelligence Scale. 3rd edition. Boston: Houghton Mifflin.

Thieme, G. (1971) Leben mit unserem autistischen Kind. Lüdenscheid: Hilfe für das autistische Kind e.V.

Tiegerman, E., Primavera, L. (1984) Imitating the autistic child: facilitating communicative gaze behavior. Journal of Autism and Developmental Disorders, 14, 27–38.

Timms, N. (1964) Psychiatric Social Work in Great Britain 1939–1962. London: Routledge.

Tinbergen, E. A., Tinbergen, N. (1972) Early Childhood Autism: An ethiological approach. In: Advances in Ethology, 10. Supplement to Journal of Comparative Ethology. Berlin: Paul Parry.

Tinbergen, N., Tinbergen, E. (1983) „Autistic" children: New hope for a cure. London: Allen & Unwin.

Tizard, J. (1964) Community Services for the Mentally Handicapped. London: Oxford Univ. Press.

Tizard, J. and Grad, J. (1961) The Mentally Handicapped and their Families. London: Oxford Univ. Press.

Tramer, M. (1934) Elektiver Mutismus bei Kindern. Z. Kinderpsychiat., 1, 30.

Tsai, L. Y., Tsai, M. C., August, G. J. (1985) Brief report: Implication of EEG diagnosis in the subclassification of infantile autism. Journal of Autism and Developmental Disorders, 15, 339–344.

Tubbs, V. K. (1966) Types of linguistic disability in psychotic children. Journ. of Mental def. Research, 10, 230–240.

Volkmar, F. R., Hoder, E. L., Cohen, D. J. (1986) Compliance, „negativism", and the effects of treatment structure on behavior in autism: A naturalistic behavioral study. In: *Schopler, E., Mesibov, G. G.* (Eds.): Social Behavior in Autism. New York: Plenum Press.

Walton, J. N., Ellis, E. and *Court, D. M.* (1962) Clumsy children: a study of developmental apraxia an agnosia. Brain, **85**, 603.

Wastnedge, E. R. (1963) Number in nature. Teaching Arithmetic, **1**, 10.

Weber, D. (1970) Der frühkindliche Autismus unter dem Aspekt der Entwicklung. Bern: Huber.

Wendeler, J. (1975) Neue Untersuchungen zum frühkindlichen Autismus. Gerda Crummenerl Verlag, Lüdenscheid.

Wendeler, J. (1984) Autistische Jugendliche und Erwachsene. Weinheim: Beltz.

Whittam, H., Mittler, P. and *Simon, G.* (1966) The early development of psychotic children. Dev. Med. Child Neurol. (In press.)

Wilker, F. W. (1981) Die Situation autistischer Kinder und ihrer Familien. Ulm.

Wilson, M. D. (1964) Administrative and social aspects. Proceedings of Conference on the Educational Needs of Psychotic Chilren, Hove, November. (Unpublished.)

Wiltshire, E. B. (1964) The "Psychotic stimulus barrier", in Schizophrenic Children: An Experimental Investigation. Ph.D. Thesis: Univ. London.

Wing, J. K. (1962) Institutionalism in mental hospitals. Brit. J. Clin. Soc. Psychol., **1**, 38.

Wing, J. K. (1966) The modern management of schizophrenia, in New Aspects of the Mental Health Services. Freeman, H. (Ed.). London: Pergamon. (To be published.)

Wing, Lorna (1964) Autistic Children. London: National Assoc. Ment. Health and Society for Autistic Children.

Wing, L. (1969) The handicaps of autistic children – a comparative study. Journal of Child Psychology and Psychiatry, **10**, 1–40.

Wing, L. (1971) Perceptual and language development in autistic children – a comparative study. In: *Rutter, M.* (Ed.): Infantile Autism: Concepts, characteristics and treatment. London: Churchill.

Wing, L. (1975) A study of language impairments in severely retarded children. In: *O'Connor, N.* (Ed.): Language, cognitive defects and retardation. London: Butterworths.

Wing, L., Wing, J. K. (1971) Multiple impairments in early childhood autism. Journal of Autism and Childhood Schizophrenia, **1**, 256–266.

Wing, L. (1972a) Autistic children: A guide for parents and professionals. New York: Brunner/Mazel.

Wing, L. (1972b) The handicaps of autistic children – A review of some aspects of work in the United Kingdom. Unveröffentlichtes Vortragsmanuskript. Vortrag auf der Konferenz der NSAC (USA).

Wing, L. (1972c) A study of language impairments in severely retarded children. Unveröffentlichtes Vortragsmanuskript. Vortrag in der Study Group No 2 bei der Konferenz: „Language and cognition in the handicapped" des Institute for Research into Mental Retardation. London.

Witmer, L. (1922) Don: A curable case of arrested development due to a fear psychosis in a 3 year old infant. Psychol. Clinic, 1919–22, **13**, 97.

Wolery, M., Kirk, K., Gast, D. L. (1985) Stereotypic behavior as a reinforcer: Effects and side effects. Journal of Autism and Developmental Disorders, **15**, 149–161.

Wolf, M., Risley, T. and *Mees, H.* (1964) Application of operant conditioning procedures to the behaviour problems of an autistic child. Behav. Res. Ther., **1**, 305–12.

Wolff, S. and *Chess, S.* (1964) A behavioural study of schizophrenic children. Acta Psychiat. Scand., **40**, 438.

Wolff, S. and *Chess, S.* (1965) An analysis of the language of fourteen schizophrenic children. J. Child Psychol. Psychiat., **6**, 29.

Woodward, M. (1961) Concepts of number in the mentally subnormal studied by Piaget's method. J. Child Psychol. Psychiat., **2**, 249.

Woodward, M. (1962) Concepts of space in the mentally subnormal studied by Piaget's method. Brit. J. Soc. Clin. Psychol., **1**, 25.

Woodward, M. (1963) The application of Piaget's theory to research in mental deficiency, in Handbook of Mental Deficiency. Ellis, N. R. (Ed.). Maidenhead: McGraw-Hill.

Wooten, M., Mesibov, G. B. (1986) Social skills training for elementary school autistic children with normal peers. In: *Schopler, E., Mesibov, G. B.* (Eds.): Social Behavior in Autism. New York: Plenum Press, pp. 305–320.

Yarrow, L. J. (1961) Maternal deprivation. Psychol. Bull., **58**, 459.

Young, J. G. Kavanagh, M. E., Anderson G. M., Shaywitz, B. A., Cohen, D. J. (1982) Clinical neurochemistry of autism and associated disorders. Journal of Autism and Developmental Disorders, **12**, 147–165.

Zangwill, O. L. (1964) Current status of cerebral dominance, in Disorders of Communication. Rioch, D. and Weinstein, E. (Eds.). Baltimore: Williams & Wilkins.

Autorenregister

Sachwortregister

ELTERN-RATGEBER

Valentine Dmitriev
**Frühförderung für ›mongoloide‹
Kinder**
Das Down-Syndrom.
255 S. Br. DM 48,–
ISBN 3-407-83072-6
Dieses Buch ist sowohl Nachschlagewerk als auch Ratgeber für Eltern von Kindern mit Down-Syndrom sowie für Lehrer und andere Betreuungspersonen. Es enthält ein langjährig erprobtes Programm zur Frühförderung der geistigen, körperlichen, sozialen und sprachlichen Entwicklung.

Wolfgang Endres
**Geschwister ... sie haben sich
zum Streiten gern**
Ein Ratgeber für geplagte Eltern.
114 S. Br. DM 19,80
ISBN 3-407-83079-3
Dieser Ratgeber bietet praxiserprobte Ratschläge für Eltern an, die in vernünftiger Weise mögliche Spannungen zwischen ihren Kindern ausgleichen wollen.

Wolfgang Endres u.a.
Die beste Schule für mein Kind
Was kommt nach der Grundschule?
198 S. Br. DM 22,–
ISBN 3-407-83082-3
Ein verständlicher Ratgeber für alle Eltern, die auf sicherer Grundlage eine Entscheidung über die Schullaufbahn ihres Kindes nach der Grundschule treffen wollen.

Britta Kohler
Hausaufgaben
»Helfen – aber wie?«
239 S. Br. DM 19,80
ISBN 3-407-83106-4
Wann, wo und wie Kinder am besten ihre Hausaufgaben machen, wie ihre Eltern sie sinnvoll dabei unterstützen können und was vielleicht dahintersteckt, wenn Hausaufgaben zum Problem werden – das sind Fragen, um die es in diesem Buch für Eltern etwa 6- bis 12jähriger Kinder geht. Dabei sind die Tips so formuliert, daß sie auch für andere Betreuer, z.B. für Mitarbeiter bei Hausaufgabengruppen, eine wirksame Hilfe bedeuten können.

Ingrid M. Naegele
**Schulversagen in Lesen und ·
Rechtschreiben (LRS I)**
Ursachen, Auswirkungen, Abhilfen
144 S. Pappband. DM 24,80
ISBN 3-407-83118-8
Kompetente, verständliche Ratschläge für den Dialog zwischen Eltern und Schule, die bei Lese-Rechtschreib-Schwäche wirksam helfen können,

Bettina v. Bornhaupt,
Klaus Hurrelmann (Hrsg.)
Kinder im Streß?!
Ein Ratgeber für die Lebensprobleme der 6- bis 16jährigen. Mit Zeichnungen von Mareike Siepmann.
167 S. Pappband. DM 24,80
ISBN 3-407-83119-6
Kinder und Jugendliche leiden unter Streß. Der Ratgeber bietet wirksame Hilfen für den Abbbau von Streß an.

Preisänderungen vorbehalten

Beltz Verlag · Postfach 10 01 54 · 6940 Weinheim